LITERATURSTUDIUM

INTERPRETATIONEN

LITERATURSTUDIUM

INTERPRETATIONEN

Shakespeares Dramen

Philipp Reclam jun. Stuttgart

Die Deutsche Bibliothek – CIP-Einheitsaufnahme

Shakespeares Dramen. – Stuttgart : Reclam, 2000
  (Universal-Bibliothek ; 17513 : Literaturstudium :
  Interpretationen)
  ISBN 3-15-017513-5

Universal-Bibliothek Nr. 17513
Alle Rechte vorbehalten
© 2000 Philipp Reclam jun. GmbH & Co., Stuttgart
Gesamtherstellung: Reclam, Ditzingen. Printed in Germany 2000
RECLAM und UNIVERSAL-BIBLIOTHEK sind eingetragene Marken
der Philipp Reclam jun. GmbH & Co., Stuttgart
ISBN 3-15-017513-5

Inhalt

Vorwort

Shakespeares Dramen gehören nicht nur zu den meistgespielten, sondern auch meistinterpretierten Stücken der
Weltliteratur. Im deutschen Sprachraum ist allerdings ein
Sammelband mit neuen Interpretationen zu den rund vierhundert Jahre alten Theatertexten ein Desiderat, dem durch
diese Ausgabe abgeholfen werden soll.

Die Auswahl der vierzehn Dramen aus dem Gesamtwerk
orientiert sich strikt an den Absatzzahlen der ein- und
zweisprachigen Shakespeare-Einzelausgaben in Reclams
Universal-Bibliothek. Man darf wohl mit einigem Recht
annehmen, daß für die meistgelesenen Stücke auch ein
besonders großer Bedarf an begleitender Interpretation besteht. Wer freilich gegenteiliger Ansicht ist und meint, gerade die weniger populären Dramen bedürften um so eher
der Interpretation, der hat sicher auch nicht ganz unrecht.
Ein Erfolg des vorliegenden Bandes könnte den Verlag
durchaus über eine Fortsetzung nachdenken lassen.

Erfreulicherweise hat die Absatzstatistik ergeben, daß alle
vier dramatischen Gattungen, in denen sich Shakespeare betätigt hat – Tragödie, Komödie, Historie, Romanze –, bei
diesen Interpretationen vertreten sind.

Aus Umfangsgründen mußte auf die Übersetzungen der
Zitate leider verzichtet werden. In den entsprechenden zweisprachigen Ausgaben der Universal-Bibliothek sind sie jeweils bequem aufzufinden.

Die Auswahl der Interpreten erfolgte allein durch den
Verlag. Allgemein »verbindliche« Vorgaben für die Interpretationen wurden nicht gemacht. Allerdings bestand Übereinstimmung darin, daß durch sie nicht allein Shakespeare-
Forscher angesprochen werden sollten, sondern vor allem
auch Schüler, Studenten und Lehrer, denen die Shakespeare-
Lektüre eine angenehme Pflicht sein möge, sowie das Theaterpublikum, dem Shakespeares Stücke heute in höchst

unterschiedlichen Formen geboten werden. Daß bei der Individualität der Interpreten verschiedene Interpretationsansätze und -methoden sowie subjektive Deutungen zu erwarten waren, hat sich bestätigt – gewiß zum Vorteil des Ganzen.

Die Interpretationen werden in der mutmaßlichen chronologischen Folge der Dramen abgedruckt. Der Verlag dankt allen Beiträgerinnen und Beiträgern nicht nur für ihre vorzüglichen Essays, sondern auch für die bei solchen Sammelbänden erforderliche Geduld bis zur Drucklegung.

Philipp Reclam jun. Stuttgart

The Taming of the Shrew
Das Spiel mit den Erwartungen

Von Rainer Lengeler

I

Shakespeare beendet *The Taming of the Shrew*[1] nicht mit der Wiederaufnahme des Rahmens vom Anfang, sondern mit der Wette unter den drei frischgebackenen Ehemännern, wer unter ihnen die gehorsamste Frau geheiratet habe. Wider Erwarten verweigern es beide Bräute, Bianca wie auch die Witwe, dem Ruf ihrer Männer zu folgen, Bianca, weil sie angeblich keine Zeit hat, die Witwe hingegen, weil sie einen Scherz der Männer dahinter vermutet. Allein die als widerspenstig verrufene Kate folgt dem von Grumio überbrachten Befehl ihres Bändigers auf dem Fuß, woraufhin Petruchio ihr aufträgt, ihm die beiden halsstarrigen Eheweiber herbeizuprügeln, um auf diese Weise die Wette noch »besser« zu gewinnen. Kurze Zeit darauf führt Kate zur allgemeinen Verblüffung ihrem Dompteurgatten die beiden »als Gefangene ihrer weiblichen Suada« zu, so sein Euphemismus. Jetzt freilich erregt Kates Kappe ihrerseits sein Mißfallen, und er fordert sie auf, den unziemlichen Tand mit Füßen zu treten, was Kate auch tut. Damit erregt sie den Widerspruch der Witwe und besonders Biancas, die von einem »läppischen Gehorsam« redet und ihren Lucentio als Narren hinstellt, wenn er auf ihren Gehorsam wette. Petruchio jedoch hält eisern seine Rolle als Zähmer durch und fordert jetzt:

> Katherine, I charge thee, tell these headstrong women
> What duty they do owe their lords and husbands.

(V,2,131 f.)

1 Zitiert wird nach The Arden Edition of the Works of William Shakespeare: *The Taming of the Shrew*, hrsg. von Brian Morris, London: Methuen, 1981.

So kommt es zu Kates großem Monolog, den Brian Morris in der Einleitung zur New-Arden-Ausgabe als »a solemn affirmation of the great commonplace« (S. 146) gekennzeichnet hat. Daß er das auch ist, würde ich nicht bestreiten; daß er nur »feierlich« sein soll, halte ich jedoch schon für fraglich. Erst recht leuchten mir ein Großteil der Spekulationen, die Morris zur Psychologie der beiden und ihren Motiven anstellt, nicht ein, allen voran die drei verschlüsselten Botschaften zwischen ihnen. Um einmal mit der dritten, der angeblich subtilsten, zu beginnen, so ist Kate nicht aufgefordert, über die Pflichten aller Frauen oder Kates eigene Pflichten ihrem Mann gegenüber zu reden, was Morris zufolge eine besondere Einfühlsamkeit Petruchios verrate, sondern sie soll nur den beiden Halsstarrigen gehörig ins Gewissen reden. Psychologische Kategorien wie Feinfühligkeit angesichts der Rolle des männlichen *shrew*, des selbstherrlichen Tyrannen, den Petruchio gegenüber Kate gegenüber spielt, scheinen mir fehl am Platz. So läßt die Aufforderung, auf der Kappe herumzutrampeln, doch wohl eher auf einen rauhen Scherz schließen. Und woher will Morris wissen, was in Kate vor sich geht, wenn er behauptet: »She is grateful for the delicate way in which he has handled the situation« (S. 149), denn anders als im Fall Petruchios, dessen gelegentliche Monologe uns das eine oder andere über seine Pläne verraten, fehlt es nicht zuletzt in dieser Scheltrede an Einblicken über Kates Denken und Fühlen. Am schlimmsten scheint mir jedoch Petruchios angebliches Angebot, Gewalt gegen die beiden Missetäterinnen im Zusammenhang mit dem »swinge me them soundly« (V,2,105) anzuwenden. Diese ironische Übertreibung versteht Morris nicht als Metapher, sondern legt sie wörtlich aus:

In other words, he offers her the chance to use physical violence on the Widow who has insulted her, and the sly and shrewish sister she has been itching to beat since Act II. And it would all be legitimate, praiseworthy and »obedient«.   (S. 148)

Dies sind wirre und wilde Spekulationen, die nichts mit Shakespeares Text zu tun haben, ihn vielmehr verzerren und verstellen. Ähnliches gilt auch noch für Morris' Interpretation der Zeile: »Why, there's a wench! Come on, and kiss me, Kate« (V,2,181), mit der Petruchio auf Kates Rede reagiert:

> I believe that any actor striving to represent Petruchio's feelings at this moment in the play should show him as perilously close to tears, tears of pride, and gratitude, and love.   (S. 149)

Eine solch rührselige Auslegung ist weder dem Überschwang des Satzes: »Why, there's a wench!« noch der Aufforderung: »Come on, and kiss me, Kate«, angemessen, die übermütig-komisch an Kates frühere Scham erinnert, Petruchio auf offener Straße zu küssen (V,1,131–134). Sie paßt nicht zu der gespielten Unverschämtheit Petruchios in der ganzen Wettszene, wie sie die holzschnittartigen Züge des literarischen Typs vom Frauenzähmer und männlichen *shrew* in eine moderne Psychologisierung umbiegt.

Da dies nicht zuletzt der Komik des Stücks Abbruch tut, spiele ich im folgenden einmal die schwankartigen Elemente (Schwank als Entsprechung zu Shakespeares Wort *jest*) gegen den angeblichen Lehrstückcharakter aus, wohlwissend, daß ich mich zum Schluß gegen die Alternative Schwank oder Exemplum und für eine Vereinigung der Gegensätze aussprechen werde.

Aus Raumgründen soll der Nachdruck auf dem Strang der Zähmung liegen, ohne daß die Verzahnungen beider Handlungen ganz ausgeblendet werden. Außerdem wird das Problem der nicht wieder aufgenommenen Rahmenhandlung mindestens am Schluß zur Sprache kommen.

An dieser Stelle sei zudem betont, daß ich Brian Morris' Einleitung nicht als Ganzes ablehne, die mir auf große Strecken durchaus instruktiv und lesenswert erscheint. Um das von mir bemängelte Zuviel an Subjektivität zu steuern, werde ich selbst allerdings sehr viel stärker auf historische

Vorstellungen und Kategorien zurückgreifen und namentlich auch zahlreiche Spiegelungen im Text selbst herausarbeiten.

II

Bevor Shakespeare die beiden Protagonisten der Zähmungshandlung in I,2 aufeinandertreffen läßt, hat er uns bereits beider Aggressivität vorgeführt: im Falle Kates etwa, wie sie sich mit ihrem Vater und den beiden Freiern ihrer Schwester anlegt und dem einen androht, seinen Schafskopf mit einem dreibeinigen Schemel zu frisieren (I,1,63). Ähnlich erleben wir Petruchio bei seinem ersten Auftritt als Rauhbein, wie er in der Aufwallung über den Unverstand seines alten Dieners Grumio diesem die Ohren langzieht (I,2,15–17).

Im 2. Akt wird Kate ihrerseits handgreiflich. Zunächst bindet sie ihrer Schwester die Hände und schlägt sie mutwillig. Im Verlauf der langen Szene erscheint später der als Musiklehrer verkleidete Hortensio und berichtet verängstigt, daß seine rabiate Schülerin ihm soeben die Laute über den Schädel gehaun und ihn, während sein Kopf in dem musikalischen Halseisen steckte, mit schlimmen Namen verunglimpft habe. Dem Zusammentreffen der beiden Protagonisten stellt Shakespeare dann noch einmal einen kurzen Monolog voran, in dem Petruchio uns über sein Vorgehen ins Bild setzt: »I'll woo her with some spirit« (II,1,169). Das klingt auf Anhieb eindeutig genug, steckt jedoch bei genauerem Zusehen voller Paradoxien. Sollte Kate in Schmähungen und Spott ausbrechen, so will er, Petruchio, ihr ebenso einfach wie deutlich sagen, daß ihr Gesang so süß wie der einer Nachtigall klinge. Sollte sie ihm bedeuten zu verschwinden, so will er ihr danken, als ob sie ihn für eine ganze Woche eingeladen habe. Und sollte sie es rundweg ablehnen zu heiraten, so will er sich entschlossen nach dem Aufgebot und dem Tag der Hochzeit erkundigen.

Petruchio gibt vor, die Dinge beim Namen zu nennen: »[...] I'll tell her plain [...]«, und tut das auch in den jeweils vorangestellten Bedingungssätzen (»Say that she rail«), doch nur, um dann im folgenden Hauptsatz Kates tadelnswertes Verhalten euphemistisch in eine Tugend umzubiegen: »why then I'll tell her plain / She sings as sweetly as a nightingale« (II,1,170 f.).

Aus Platon, Lukrez, Ovid, Juvenal, auch etwa später aus Molière kennen wir solche Euphemismen-Kataloge, an denen ihre Autoren im besonderen Maße die absurde Verblendung von Verliebten ironisieren: Aus Zwergen werden allerliebste Piepmätze, aus zu groß geratenen Frauen langbeinige Gazellen oder – ganz wie in der modernen Werbung – aus fülligen zumindest vollschlanke Matronen. Offenkundig kennt Shakespeare das Verfahren nicht nur, sondern läßt es Petruchio zu ironischen Zwecken einsetzen. Vordergründig simuliert er den Freier, der in blinder Verliebtheit die Anzeichen von Kates Widerspenstigkeit als Vorzüge auslegt. Unüberhörbar jedoch macht gerade der Katalog der aufgelisteten Annahmen (»Say that she rail [...] frown [...] will not speak a word [...] bid me pack [...] deny to wed [...]«, II,1,170–179) auf die Schönfärbereien aufmerksam, wirken die Gegensätze, zum Teil auch die klischierten Bilder und Vergleiche als Ironiesignale und lassen die angebliche Eindeutigkeit noch als Verschleierung und kritische Hinterfragung erkennen.

Für den Leser vielleicht noch mehr als für den Zuschauer im Theater ergibt sich dann als Auswirkung von Petruchios Monolog die Frage, ob seine Rechnung aufgehen wird, ob sein Verhalten und seine Reden so gut wie seine Absichten ausfallen werden und – noch spannender – wie insbesondere Kate seinen Herausforderungen begegnen wird, gibt es doch aus ihrem Munde keinen vergleichbaren Informationsmonolog.

Daß es zu Widerreden kommen wird, steht zu erwarten, zumal Petruchio mit seiner Anrede dies geradezu heraus-

fordert. Denn statt des vollen Namens benutzt er die Kurz-
form Kate, die in elisabethanischen Ohren den Anklang an
das Wort *cat* enthielt. Und Kate beweist dann auch sofort,
daß sie nicht auf den Mund gefallen ist, indem sie ihrerseits
mit der Assonanz der Wörter *heard/hard* spielt, ihn der
Schwerhörigkeit zeiht und ihm spitz den Verstoß in seiner
Anrede unter die Nase reibt:

> Well have you heard, but something hard of hearing;
> They call me Katherine that do talk of me.
>
> (II,1,183 f.)

Darauf antwortet Petruchio im Augenblick mit grobem
Kaliber, um sich gleich – so scheint es – im Spiel mit ihren
unterschiedlichen Spitznamen wieder einzufangen, doch
fällt darunter der Querschläger »Kate the curst«, der das
Übel beim Namen nennt:

> You lie, in faith, for you are call'd plain Kate,
> And bonny Kate, and sometimes Kate the curst;
> [...]   (185 f.)

Spätestens nach diesem Scharfschuß klingen auch die weiteren Spielereien um Kates Namen nicht mehr völlig harmlos, und gerade auch das Lob für ihre »mildness« ist jetzt
deutlich als ironischer Euphemismus erkennbar, so daß
Kate kaum anders als erbost auf Petruchios Werbung reagieren kann, während es dem Zuschauer über seine größere
Informiertheit und Distanz möglich sein sollte, das Ganze
als Spiel zu genießen. In der Tat kann Kate der Versuchung
nicht widerstehen, zuzuschlagen. Damit hat sie deutlich
ihre Unbeherrschtheit verraten, während Petruchio es bei
der Warnung beläßt, beim nächsten Mal zurückzuschlagen,
im übrigen aber sein Doppelspiel fortsetzt:

> [...] I find you passing gentle.
> [...]
> Thou canst not frown, thou canst not look askance,
> Nor bite the lip, as angry wenches will,

Nor hast thou pleasure to be cross in talk.
But thou with mildness entertain'st thy wooers,
With gentle conference, soft and affable.

(II,1,236 und 241–245)

Zum Abschluß ihres allerersten Treffens erklärt Petruchio dann in der gleichen spielerischen Unverschämtheit beider Ehe für beschlossene Sache:

Thus in plain terms: your father hath consented
That you shall be my wife; your dowry 'greed on;
And will you, nill you, I will marry you.
[...]
For I am he am born to tame you, Kate,
And bring you from a wild Kate to a Kate
Conformable as other household Kates.

(II,1,262–271)

Im realen Leben ließe sich das »in plain terms« nur als Unverschämtheit bezeichnen. Berücksichtigt man jedoch den Fiktionscharakter und damit die Komik des Ganzen, so bietet sich für die Elisabethaner der Terminus »boldness« an, von der auch Bacon in seinem Essay »Of Boldness« handelt. Gemeint ist eine absurd-spielerische Unverschämtheit, die als eine Art magischer »Faszination auch dem Weisen in schwachen Stunden Hand und Fuß fessele«. Zu Petruchios Unverschämtheiten hier gehört neben der Vorwegnahme von Baptistas Zustimmung – Kates Vater wird das zu unserem Vergnügen erst im Verlauf der Szene tun – vor allem Petruchios Zuversicht, als Bändiger der Wildkatze Kate auf die Welt gekommen zu sein, wobei die Wortspiele mit dem Namen der Protagonistin den Vergleich mit einer Katze jetzt zum Greifen nahelegen.

Als noch absurder und vor allem unverschämter müssen die Vorwürfe gelten, mit denen Petruchio gleich darauf Baptista dafür tadelt, daß er den Fall Kates ganz falsch dargestellt habe: »If she be curst it is for policy, / For she's not froward, but modest as the dove« (II,1,285 f.). Ja, gegen Kates eigene wilde Ausfälle tischt er jetzt das Märchen von ihrer unglaublichen Zuneigung und von der gemeinsam kurzfristig anberaumten Hochzeit am kommenden Sonntag auf.

Für den Zuschauer allerdings steht nach diesen vielen Unwahrscheinlichkeiten die größte Überraschung noch aus: Statt auf Kates Einwände einzugehen oder wenigstens die Bedenken Gremios und Tranios zu zerstreuen, beglückwünscht Baptista aus heiterem Himmel den »madcap ruffian« und »swearing Jack«, wie ihn Kate tituliert hatte, und erklärt sich mit dem Bund einverstanden.

So sehr nun Baptistas Verhalten auch in ein Lustspiel paßt, weil es allen Erwartungen zuwiderläuft, so wenig taugt es als Reflex elisabethanischer Konventionen. Als Regel galt vielmehr, daß die Väter ihre Söhne und Töchter nicht gegen deren Neigungen verheiraten sollten, wie umgekehrt Söhne und Töchter gehalten waren, bei ihrer Partnerwahl die Einwilligung des Vaters einzuholen. Moralisch und historisch bleiben so Baptistas nachträgliche Erklärungen »von der Ruhe, die er gesucht habe« und von einem »verzweifelten Handel« unglaubwürdig. Doch in einem Lustspiel rangieren nun einmal die Konventionen der Gattung höher als die gesellschaftlichen, und sicherlich kommt die Enttäuschung von Erwartungen des Publikums, die gleichzeitig neue Spannungen aufbaut, den Intentionen eines Lustspiels mit schwankhaften Zügen bestens entgegen.

In einer Aufbauanalyse, die die Verzahnung beider Handlungsstränge stärker in den Blick nimmt, wäre es übrigens nicht abwegig, Baptistas Zustimmung zu dem Pakt als ›erregendes Moment‹ zu bezeichnen, das die eigentliche Handlung erst in Gang setzt. Denn nach dem frühen Entscheid in I,1, die jüngere Tochter erst zu verheiraten, wenn die ältere versorgt sei, tritt der Handlungsstrang um Bianca auf der Stelle, wiewohl etliche besonders wichtige Weichenstellungen dennoch im Verlauf der langen Szene II,1 erfolgen. Dazu zählen namentlich die Jagd nach den Hauslehrerposten und die Aufnahme des falschen Lucentio unter die Bewerber um die Hand Biancas. Wie die angesprochenen Gremio und Hortensio hatten auch die mithörenden Lucentio und sein Diener Tranio Baptistas Entscheid und seine Bitte, ihn bei der Einstellung von Hauslehrern zu unterstützen, mitgehört und sofort ihre Chance erkannt, die Aussetzung der Werbung um die Hand Biancas zu unterlaufen. Zu diesem Zweck vertauschen Lucentio und Tranio ihre Herren- bzw. Dienerrolle. Wenn dann der nichtsahnende alte Gremio seinen jungen Konkurrenten Lucentio als Sprachlehrer Cambio und Petruchio seinen Freund Hortensio, als Musiklehrer Litio verkleidet, bei den Minolas empfiehlt, steht auch Tranio als falscher Lucentio bereit, um die Interessen seines Herrn offiziell bei Baptista wahrzunehmen, während Lucentio selbst als Sprachlehrer bei Bianca aktiv werden kann. Die Vorteile dieser Doppeltaktik werden noch in der gleichen Szene I,2 offenbar. Denn als Folge von Petruchios siegreichen Unverschämtheiten um die Hand Kates forcieren der alte Gremio und der falsche Lucentio sofort – aber eben in Abwesenheit Litio/Hortensios – ihre Werbung und ihre Einsätze um die Hand Biancas bei deren Vater. Dabei agiert Tranio in der Rolle Lucentios ähnlich unverschämt wie vorher Petruchio, droht er doch mit der Erfindung eines horrenden Erbes den Pfeffersack Gremio vor der Zeit aus dem Rennen zu werfen. Allerdings sieht der schamlose Aufschneider am Ende des Akts auch schon die wundersame Aufgabe auf sich zukommen, als falscher Sohn den richtigen Vater noch nachträglich zeugen zu müssen.

Die Bewegung, die der glückhafte Abschluß des Heiratspakts zwischen Petruchio und Baptista Minola plötzlich auch noch in die Bianca-Handlung hineingetragen hat, setzt sich zu Beginn des 3. Akts fort. Erstmalig treten der richtige Lucentio und Hortensio gemeinsam als Lehrer Biancas auf. Auch kommt nicht unbedingt überraschend, daß beide versuchen, die Schulstunde in eine Liebeswerbung umzufunktionieren. Dabei gibt es sofort Streit, den Bianca kaum ver-

hohlen zugunsten von Cambio/Lucentio schlichtet, dem sie
namentlich bei ihrer eigenwilligen Übersetzung einer Ovid-
Passage Hoffnung macht. Hingegen verwirft sie Litio/Hor-
tensios neue Tonleiterauslegung, wie sie überhaupt mit ihrem Verhalten Hortensios Mißtrauen erregt. Sollte sich sein
Verdacht bestätigen, so seine Drohung zum Schluß der kurzen Szene, will er der Flatterhaften zuvorkommen und einer Witwe den Vorzug geben.

Für den Rest des 3. Aktes wird die Bianca-Handlung dann
allerdings erneut fast ganz durch die sensationellen Ereignisse um die kirchliche Trauung von Petruchio und Kate in
den Hintergrund gedrängt. Auffällig für die urkomische
Szene sind dabei die ausgedehnten erzählten Partien und die
drastischen Verstöße gegen das Dekorum, wobei auch jetzt
wieder ein gut Teil der Komik auf der Enttäuschung ange-
spannter Erwartungen beruht. Zu Beginn von III,2 warten
die Hochzeitsgäste, allen voran der Brautvater und die Braut,
frustriert auf die Ankunft des Bräutigams, der jedermanns
Geduld auf eine harte Probe stellt, so daß die in Tränen aufgelöste Braut schon befürchtet, versetzt zu werden, und Baptista schlechten Gewissens Mitleid mit seiner widerspenstigen Ältesten empfindet. Wenn dann endlich Biondello, einer
der vielen närrischen Diener des Stücks, alte und gewaltige
Neuigkeiten vermeldet – er spielt hier mit zwei Bedeutungen
des Wortes *old* –, braucht er an die fünfzig Zeilen, um seinen
neugierig-ungeduldigen Zuhörern klarzumachen, daß Petruchio kommt und auch nicht kommt, will sagen: daß er im
Anmarsch ist; fünfzig Zeilen, in denen er uns ungemein anschaulich und greulich schön Petruchios Don-Quijote-ähn-
lichen Aufzug und den seines monströs aufgetakelten Lauf-
burschen vor Augen stellt, am eindringlichsten jedoch den
gespenstischen Anblick seines Kleppers, der unter der Last
sämtlich-erdenklicher Pferdegebrechen sich dahinschleppt.
Nicht zu Unrecht weist Biondello deshalb auch noch zum
Abschluß seiner Meldung Baptistas ungeduldigen Befund
zurück, daß es Petruchio sei, der komme:

No, sir. I say his horse comes, with him on his back.

(III,2,77)

Auf diese Sorte von Narrentum, dem es unmöglich scheint, die konkrete Bedeutung von Wörtern zu transzendieren, wird später noch zurückzukommen sein. Dagegen sei im Zusammenhang mit Petruchios Ankunft noch einmal an das Ineinander von Spannung, Entspannung und erneuter Anspannung erinnert. Denn kaum ist der Säumige endlich eingetroffen, hat er es plötzlich unheimlich eilig, zu seiner Braut zu kommen, kann unmöglich seinen unziemlichen Aufzug gegen festliche Kleider tauschen und eilt nun allen, die auf ihn gewartet haben, in die Kirche voraus. Doch wer jetzt meint, die Ereignisse wenigstens hautnah miterleben zu dürfen, sieht sich erneut genarrt, denn das unglaubliche Geschehen im Gotteshaus wird einmal mehr nur berichtet, zwar höchst amüsant, jedoch nur im Rückblick und diesmal aus dem Mund des alten Gremio, der sich entrüstet:

A bridegroom, say you? 'Tis a groom indeed,
[. . .]   (III,2,150)

Sein Jawort hat der Rüpel gleich mit einem solch gewaltigen Fluch bekräftigt, daß es dem Gottesmann das Buch aus der Hand geschlagen hat. Als der Vikar sich dann bückte, um das Buch wieder aufzuheben, hat der Wahnsinnskerl gleich beide, Buch und Vikar, Vikar und Buch erneut zu Boden gehen lassen. Dann, so immer noch Gremio, habe der Flegel dem Mesner auch noch die Kuchenreste aus dem Süßwein ins Gesicht geworfen, und zwar nur, weil dessen schütter und hungrig aussehender Bart beim Anblick des trinkenden Bräutigams danach zu dürsten schien. Was uns an dieser phantastischen Ausmalung – denn von einem objektiven Bild kann unmöglich die Rede sein – für die entgangene szenische Darstellung entschädigt, ist außer der Anschaulichkeit und Komik paradoxerweise auch der Eindruck der

Unmittelbarkeit, die Illusion, dem nur berichteten Geschehen doch beizuwohnen, so daß die getäuschte Erwartung dennoch nicht als Enttäuschung erlebt wird.

Im Hinblick auf Petruchios erklärte Rolle, die widerspenstige Kate zu zähmen, enthüllt sein Verhalten bei der Trauzeremonie auch sehr viel deutlicher, als das bisher der Fall war, den Weg, den er bei der Umerziehung einschlägt. Der Weg ist ein Umweg, insofern Petruchio an sich selbst die Unbeherrschtheit und Widerspenstigkeit vorführt, von der er Kate heilen will. Bis dahin bedarf es allerdings noch einer ganzen Reihe solch phantastischer Rollenspiele wie zum Beispiel der sich gleich anschließende verhinderte Hochzeitsschmaus. Im gleichen Satz, in dem Petruchio die Feier in Aussicht stellt, bläst er sie auch wieder ab:

> I know you think to dine with me today,
> And have prepar'd great store of wedding cheer,
> But so it is, my haste doth call me hence,
> [...]   (III,2,183–185)

Auch Kates Bitte zu bleiben, so überraschend sie auch kommt, fruchtet nur zum Schein:

> I am content you shall entreat me stay;
> But yet not stay, entreat me how you can.
>   (III,2,200 f.)

Dann tritt das ein, worauf ein Teil der Gäste sich bereits gespitzt hat. Kates Widerspenstigkeit kommt zum Vorschein:

> The door is open, sir, there lies your way,
> You may be jogging whiles your boots are green.
> For me, I'll not be gone till I please myself.
>   (III,2,208–210)

Hochpathetisch fordert Petruchio jetzt alle in die Schranken, die es wagen sollten, sein Eigentum, zu dem er Kate ausdrücklich unter Berufung auf das Zehnte Gebot zählt, anzurühren, seinen Weg in Padua zu stoppen. Ausgerechnet den alten Grumio fordert er auf, seine Waffe zu ziehen und seine Herrin vor dem Diebsgesindel zu verteidigen. Kate hingegen, der süßen Maid, versichert er, daß niemand sie anrühren werde: »I'll buckler thee against a million« (III, 2,220–237).

Damit wird hier am Ende des 3. Aktes die eigentliche Umerziehung eingeläutet. Akzeptiert man einmal die nicht unproblematische, aber eingebürgerte Aufteilung der Akte III und IV, so erleben wir jetzt auf Petruchios Landsitz den großen Kälteeinbruch sozusagen hautnah mit, will sagen: die hitzigen Schmähungen und Tätlichkeiten auf offener Bühne, mit denen der unbeherrschte Tyrann das ganze Haus, insbesondere die Diener, die jungen, aber auch den alten Grumio, anfährt und traktiert. Es hagelt Flüche und Schläge, und wenn der Choleriker seinen Dienern das »angebrannte« Essen und die Schüssel nicht an den Kopf wirft, so wenigstens vor die Füße.

Obwohl das ganze Theater der Umerziehung Kates dient und die geschurigelten Diener dies auch bald genug erkennen, tut Kate als Hauptangeredete sich schwer, das Spiel zu durchschauen, selber betroffen zu sein. Dies ist um so bemerkenswerter, als sie ja doch in zunehmendem Maße das Opfer von Petruchios Fastenkuren und dem aufgezwungenen Schlafentzug wird. Es bleibt bei milden Einwendungen oder der gelegentlichen Fürsprache für einen der ›Missetäter‹: »Patience, I pray you, 'twas a fault unwilling« (IV, 1,143). Andererseits ist unverkennbar, daß der Kreis der Mitspielenden, d. h. der in Petruchios Szenario der Zähmung einbezogenen Figuren, sich ständig erweitert. Besonders klar läßt sich dieser Ausbau zum mehrsträngigen Neben- und Ineinander des Zähmungsspiels am Fall der Szene IV,3 studieren. Dem Auftritt Petruchios ist als Vorprogramm eine kleine Szene zwischen Kate und Grumio als ihrem scheinbaren Komplizen vorgeschaltet. Darin verrät Kate, daß sie die Taktik ihres Mannes zu durchschauen beginnt und was sie daran am meisten stört:

> And that which spites me more than all these wants
> He does it under name of perfect love;
> [...]   (IV,3,11 f.)

Anfänglich nicht begriffen hat sie jedoch, daß der gerissene Grumio die Karte seines Herrn spielt, daß er ihr die verlockendsten Gerichte verspricht, um sie ihr wenig später als zu gallig vorzuenthalten. Erbost über die Schadenfreude des alten Zwergs – Grumio wird wiederholt als besonders klein von Gestalt hingestellt – läßt sie sich ihrerseits dazu hinreißen, ihn zu schlagen, und der Zuschauer darf sich überlegen, welcher Variante der *shrew(d)ness* er mehr abgewinnt: der Kates, der Petruchios oder jetzt Grumios – oder der Shakespeares, der uns einen weiteren Fall von Komik als plötzlicher Auflösung einer gespannten Erwartung in ein Lachen vorgeführt hat.

Auf diesen Vorspann der Szene folgt später in Gegenwart Kates die Auseinandersetzung mit dem Schneider, bei der sich Petruchio und Grumio gegenseitig in die Hand spielen, augenblicksweise der gerissene Zwerg aber auch noch seinen Herrn überspielt. Beim Anblick von Kates neuem Kleid vergleicht Petruchio das modische Stück mit einem Maskenkostüm, den Ärmel mit einer Halbkanone, die Verzierungen darauf mit dem Gitter einer Apfeltorte und die aufgeschlitzten Ränder mit der Musterung eines Rauchfasses. Offensichtlich haben die vielen Einschnitte sein Mißfallen im besonderen Maß erregt, denn seine Ausmalung läßt uns die Entstehung des Kunstwerks mindestens so sehr hören wie das Resultat sehen:

> Here's snip and nip and cut and slish and slash,
> Like to a censer in a barber's shop.
> Why, what a devil's name, tailor, call'st thou this?
>   (IV,3,90–92)

Da sich der Gescholtene wehrt, wird Petruchio erst recht ausfällig und feuert dem Schneiderlein erregt-kunstvoll in absteigender Klimax gleich zwei Salven an den Kopf:

> [...] thou thread, thou thimble,
> Thou yard, three-quarters, half-yard, quarter, nail,
> Thou flea, thou nit, thou winter-cricket thou!
>
> (IV,3,107–110)

In seiner Not beruft sich der Künstler auf Grumio und seine Anweisungen, was er besser nicht getan hätte, denn der Gauner steht natürlich nicht zu seinem Wort, sondern verlegt sich auf sein Narrentum. Sagt der Schneider, in der Anweisung sei von einem weitbauschigen Ärmel die Rede, so bekennt und verbessert Grumio im gleichen Atemzug: »I confess two sleeves.« Fährt der Schneider fort: »The sleeves curiously cut« (und dieses »curiously« meint in der Tat so etwas wie »aufgeschlitzt«), so sieht Petruchio schon seinen Triumph gekommen: »Ay, there's the villainy.« Doch hat er diesmal die Rechnung ohne seinen alten Grumio gemacht, der weiß, wen die Abreibung trifft, wen es bei diesem Befund bleiben sollte, und so jubelt der Alte in absurd-unverschämter Weise dem Papierstück die Schuld unter:

> Error i' th' bill, sir, error i' th' bill! I commanded the sleeves should be cut out, and sewed up again, and that I'll prove upon thee [...]   (IV,3,143–145)

In Grumios Schlitzohrigkeit stoßen wir nach Kates Widerspenstigkeit und Petruchios anmaßend-tyrannischem Gebaren auf eine dritte Variante der *shrew(d)ness*, die wir ähnlich bei Tranio und Biondello, aber auch noch an Petruchio selbst beobachten können und die eng mit seiner Doppeltaktik der Simulation und Dissimulation verknüpft ist.

Doch weiter zu dem Ende von Kates Umerziehung. Noch zweimal, am Ende der gleichen Szene IV,3 und zu Beginn von IV,5, wird die Widerspenstige Petruchios Pläne durchkreuzen und auf dem eigenen Urteil beharren, bevor sie sich in umwerfender Ergebung dem Willen ihres Mannes unterwirft. Will man den absurden Streit darüber, ob die Sonne oder der Mond scheine, verstehen, so helfen traditio-

nelle Topoi wie die Vorstellung von der Frau als Spiegelbild
des Mannes oder der Sonne/Mond-Vergleich die Weichen
zu diesem Verstehen richtig zu stellen, wohingegen moderne psychologische und emanzipatorische Theorien vom
Text ablenken, statt ihn zu erhellen. Jedenfalls werden vor
dem Hintergrund der erwähnten Topoi die Streitpunkte wie
auch noch der Sinn hinter Kates Einlenken einsichtig:

> Forward, I pray, since you have come so far,
> And be it moon, or sun, or what you please.
> [...]
> What you will have it nam'd, even that it is,
> And so it shall be so for Katherine.

> (IV,5,12–22)

Ähnliches gilt auch noch für den Wahnsinnsscherz, den
sich beide später bei der Verulkung des alten Vincentio her-
ausnehmen. Auf diese Parodie des gleichen Spiegel-Topos
würde wohl kaum jemand moralische oder auch nur psychologische Kategorien anwenden wollen. Aber auch wer
The Taming of the Shrew Züge eines Lehrstücks zuschreiben will, müßte sich schon fragen lassen, wie er solche Szenen damit in Einklang bringt; denn Vincentio ist ein alter
ehrwürdiger Mann, wohingegen Petruchio und Kate keine
Clownsfiguren sind, denen ein solcher Schabernack ohne
weiteres zugestanden wäre.

Erst recht auf die Spitze getrieben wird dann allerdings die
übermütige Komik in der ersten Szene des 5. Aktes, in der
bekanntlich eine Reihe von größeren und kleineren Parallelen auf Gascoignes *Supposes* (1566) als Vorlage verweisen,
darunter etwa die Verleugnung des Vaters durch seinen Zieh-
sohn-Diener, der ähnlich wie Tranio in die Rolle seines jungen Herrn geschlüpft ist. Bevor ich jedoch auf das Spiel mit
den Erwartungen im Fall dieses komischen Höhepunkts ein-
gehe, sei kurz auf das Problem der Zeilen IV,5,59–75 einge-
gangen, in denen Petruchio den alten Vincentio über die
angeblich inzwischen vollzogene Heirat seines Sohnes mit

Bianca informiert. Tatsächlich wird die erschlichene kirchliche Trauung der beiden erst in V,1 erfolgen. Statt aus dieser Unstimmigkeit jedoch auf ein Versehen Shakespeares zu schließen oder darin gar einen Beweis für eine verschollene Urfassung zu sehen, scheint es angebracht, darauf hinzuweisen, daß Petruchio hier nur etwas wiederholt, was er sich auch bereits in II,1,262 f. herausgenommen hat. Dort hatte er im Zuge seiner unverschämten Werbung Kate gegenüber behauptet, daß ihr Vater ihrer Eheschließung zugestimmt habe, was Baptista zur Verblüffung von jedermann erst später in der Szene tun wird. Solche Ärgernisse lösen sich in dem Augenblick in nichts auf, wo die ungerechtfertigte Prämisse eines engen Realismus zugunsten der schwankartigen Züge des Stücks aufgegeben wird. Ein solch angemaßtes Überwissen paßt zu Petruchios *shrew(d)ness* und *boldness*, zum Helden aus einem Schwank (*jest*). Wie seine Regiespiele spiegelt es in komischer Brechung auch das Wirken des Autors.

Nach dem Ulk auf der Straße und der Neuigkeit von der Heirat seines Sohnes kommt es in Padua nicht nur für den alten Vincentio, sondern auch für Petruchio, Kate und Hortensio zu einer ganzen Serie von Überraschungen, da keiner unter ihnen – anders als die Zuschauer – eine Ahnung von dem Rollentausch zwischen Lucentio und Tranio oder von der Existenz des falschen Vincentio hat. Genau auf diesen Schwindler und den Schlingel Biondello, die sich beide nach dem Drehbuch des anfänglich unsichtbaren Tranio verhalten, stoßen jedoch die Hochzeiter vom Lande als erstes. Und so muß der rechtmäßige Vincentio erleben, daß ihn der aus dem Fenster schauende Landstreicher als Hochstapler und als Wahnsinnigen beschimpft, so daß sogar Petruchio sich verdutzt die Augen reibt:

> Why, how now, gentleman! Why, this is flat knavery,
>   to take upon you another man's name [...]   (V,1,31–33)

und ausgerechnet der falsche Vincentio nach der Polizei schreit, um den richtigen festnehmen zu lassen. Dann läuft

ihm zum Glück der Galgenstrick Biondello über den Weg,
der eine von den beiden eigenen Dienern, die er seinem
Sohn Lucentio nach Padua mitgegeben hatte. Die erwartete
Hilfe verkehrt sich jedoch abrupt in ihr Gegenteil, weil der
unverschämte Bengel seinen alten Herrn nicht etwa vergessen hätte, sondern behauptet, ihn nie gesehen zu haben, und
zu allem Überfluß auf den Schwindler im Fenster als seinen
alten Herrn zeigt. Bei dem nun entstehenden Volksauflauf
tritt zusammen mit dem Brautvater der falsche Bräutigam
Tranio auf und fordert ungerührt, den »offenkundig ver-
wirrten« Greis, in Wirklichkeit seinen alten Herrn und
Ziehvater, gegen dessen wilden Protest ins Gefängnis zu
werfen. Bevor das jedoch geschehen kann, erhebt der mißtrauisch gewordene Gremio Einspruch. Allerdings erlischt
auch dieser Hoffnungsschimmer genau so schnell, wie er
aufgeleuchtet ist, weil Gremio keinen Schwur für seinen
Argwohn riskiert. Auf diesem Höhepunkt der Anspannung
erscheinen dann endlich der richtige Lucentio und Bianca,
um vor ihren Vätern in die Knie zu gehen und um Verzeihung zu bitten. In diesem Zusammenhang würde ich dafür
plädieren, die Regieanweisung zu der Flucht der drei Gauner Tranio, Biondello und des falschen Vincentio (»Exeunt
Biondello, Tranio, and Pedant as fast as may be«) erneut an
die Stelle vorzuziehen, die die Folioausgabe (1623) dafür
vorsieht. Dann nämlich bedeutet Biondellos Appell an die
Adresse Lucentios, seinen Vater seinerseits zu verleugnen,
daß der Zuschauer auch diesen Gipfel des schamlosen Spiels
einen Augenblick lang noch für möglich hält, bis er erkennt,
daß Lucentio Anstalten macht niederzuknien und die Gauner Reißaus nehmen.

Freilich folgt dem positiven Ausgang für Vincentio die
Hiobsbotschaft für Baptista auf dem Fuße, wenn sich jetzt
der richtige Lucentio auch ihm zu erkennen gibt und dabei
die ohne Baptistas Einwilligung erfolgte kirchliche Trauung eingesteht. Der Kaufmann ist so verblüfft, daß es ihm
für eine Weile die Sprache verschlägt, oder, was auf das-

selbe hinausläuft, Shakespeare gehen im Augenblick andere Dinge vor: etwa Lucentios gewundene Erklärungen, die Licht in das Dickicht der Namen und Verkleidungen bringen sollen; oder Vincentios Aufwallung, dem Strolch Tranio, der ihn, seinen alten Herrn, tatsächlich ins Gefängnis werfen wollte, erst einmal die Nase aufzuschlitzen, bevor er Lust verspürt, ihm zu verzeihen. Dann endlich gibt auch Baptista Laut, daß sein Fassungsvermögen wieder auf die Beine kommt:

> But do you hear, sir? Have you married my daughter without asking my good will? (V,1,122 f.)

III

Aus den bisherigen Ausführungen dürfte hinlänglich klar geworden sein, daß Shakespeares Text in der Tat als eine magistrale Illustration von Kants berühmter Definition gelten kann, die das Lachen »aus der plötzlichen Verwandlung einer gespannten Erwartung in nichts« herleitet. Wenn ich abschließend noch einmal zu meinem Ausgangspunkt zurückkehre, so soll das Spiel mit den Erwartungen allenfalls noch beiläufig erwähnt werden. Dagegen möchte ich die Wettszene vom Ende des Stücks vor allem dazu benutzen, das Problem der Spiegelungen weiterzuführen und in diesem Zusammenhang auch den Fall der Rahmenhandlung aufgreifen.

Wie wir das aus andern seiner Stücke kennen, läßt Shakespeare auch in *The Taming of the Shrew* dem Hauptbogen der Handlung einen zweiten, sehr viel kürzeren folgen, der den ersten deutlich erkennbar spiegelt und einen potenzierten Spielcharakter aufweist. Für Kates Rückfall in die Widerspenstigkeit spricht zum Beispiel ihre drohende Parteinahme bei dem von Petruchio spielerisch vom Zaun gebrochenen Streit mit der Witwe, wer wen zu fürchten hat: sein Freund Hortensio die Witwe, wie Petruchio meint, oder die

Witwe den Hortensio, wie die frisch Wiederverheiratete Petruchios mißverständlichen Satz (19) ausgelegt hat. Unter den begeisterten Zurufen der Männer führt der Streit zwischen den beiden Frauen in kürzester Zeit zu einer regelrechten Katzbalgerei, die Petruchio die Möglichkeit verschafft, sein Wettangebot in den Ring zu werfen:

PETRUCHIO. To her, Kate!
HORTENSIO. To her, widow!
PETRUCHIO.
    A hundred marks, my Kate does put her down.
                              (V,2,33–35)

Auf verblüffende Weise, die vordergründig mit Biancas Weigerung zu tun hat, sich ihrerseits von Petruchio provozieren zu lassen, erlischt der Streit genau so jäh, wie er aufgebrochen ist, denn nach Bianca verlassen auch Kate und die Witwe die Männer. Wenn auch keine direkte Wiederholung, so doch eine deutliche Spiegelung läßt sich nicht minder in der Taktik beobachten. Hatte Petruchio im Haupthandlungsbogen seine *shrewdness* Kates *shrewishness* entgegengesetzt, aber keineswegs nur dieser, sondern auch den Vorurteilen der Umwelt, einschließlich der Familie, so richtet sich die Wette gezielt gegen die Umwelt und deren selbstsichere Erwartungen. So führt ausgerechnet Baptistas Ansicht über seine ältere Tochter dazu, daß die Wette dann doch zustande kommt:

Now, in good sadness, son Petruchio,
I think thou hast the veriest shrew of all.
                              (V,2,63 f.)

Gegen dieses nach der eben erlebten Katzbalgerei durchaus naheliegende Vorurteil setzt Petruchio seine Wette, und wir erinnern uns, ähnliches beim Abschluß des ›unwürdigen Kuhhandels‹ zwischen Baptista und Petruchio gehört zu haben. Das Knäuel der Parallelen zwischen Vertrag und Wette ist jedoch viel dichter; deshalb wenigstens ein weite-

res Detail, die Formel des »A match!« (V,2,74) im Vergleich
zu »'tis a match« (I,1,312). Das klingt zunächst, und zwar
nicht zuletzt wegen der Formelhaftigkeit, wenig aufschlußreich, doch kann es uns helfen, dem Spiegelungsverhältnis
zwischen Ehepakt und Wette auf die Spur zu kommen, das
für uns verdunkelt ist. Den englischen Wörtern *wager* und *to
wed* (vgl. unser »wetten«) liegt in beiden Fällen die Idee eines
Geschäftspakts zugrunde. Und wenn die Parallele des Textes
zwischen der Ehe und einer Wette, sofern sie uns überhaupt
dämmert, weit hergeholt bis willkürlich erscheint, so war sie
das nicht für Shakespeare und seine Zeitgenossen. Diesbe-
züglich sei an Baptistas Geschäftsgebaren bei der Verheiratung seiner Töchter erinnert oder auch an Lucentios spätere
Vorwürfe an die Adresse Biancas über das viele bei der Wette
verspielte Geld. Übrigens macht auch unsere Redensart »sein
Geld verspielen« darauf aufmerksam, daß der Wette damals
wie heute ein erhöhter Spielcharakter zukam, und so kennzeichnet die Wette als Zentralmotiv durchaus noch den Charakter der Schlußereignisse als den eines Spiels im Spiel.

In die gleiche Richtung gehen auch das Heraufsetzen des
Wetteinsatzes wie Petruchios ironische Kommentare zu den
Mißerfolgen seiner Gegner. Dabei war eigentlich Biancas
Weigerung zu erscheinen durchaus verständlich, nachdem
sie es vorher abgelehnt hatte, sich in den Streit hineinziehen
zu lassen, und auch die Befürchtung der Witwe, das Opfer
eines »goodly jest« zu werden, läßt ihre ablehnende Reaktion plausibel erscheinen. Wirklich verblüffend ist hingegen
Kates promptes Kommen und – nach ihrer vorherigen
Kratzbürstigkeit der Witwe gegenüber – auch ihre Unter-
würfigkeit. Allerdings gibt es auch jetzt wie zuvor bei ihrem
stillschweigenden Weggang keinerlei expliziten Hinweis auf
ihre Motive. Geradezu verräterisch ist jedoch, was Petruchio tut: der Rückfall in die alte Rolle des männlichen
shrew, das anmaßende Gebaren, die ironischen Übertreibungen (»Swinge me them soundly forth«, V,2,105), die
Prahlerei, die Wette noch großartiger zu gewinnen, und

kaum noch zu überbieten, wenn Kate es wider Erwarten doch geschafft hat, ihre Schwester und die Witwe vorzuführen, das Schauspiel der auf ihrer Kappe herumtrampelnden Ehefrau. Und wiederum erleben wir, daß beide Zuschauerinnen dieses Schauspiels ganz menschlich reagieren. Bianca begehrt auf: »Fie, what a foolish duty call you this?« (126), während die Witwe das Ganze als spöttisches Spiel abtut. Im Grunde gibt es auch für den Zuschauer im Parkett außer diesen beiden Alternativen als drittes nur die Vermischung beider Reaktionen im Lachen auf einen unverschämten Scherz, einen »shrewd« oder »bold jest«. Im Spiel der Erwartungstäuschungen jedenfalls hat Petruchios, ja letztlich Shakespeares *shrewdness* den Versuch Biancas und der Witwe, dem angedrohten »bitter jest or two« (V,2,45) durch ihr Weggehen und ihr Fortbleiben zu entkommen, nicht nur vereitelt, sondern die Ahnungslosen überdies in die Rolle der Widerspenstigkeit hineinmanövriert. Zum allgemeinen Gelächter fällt der ihnen so verpaßte neue Ruf auch noch zum Schaden ihrer Männer aus, wohingegen Kate in der Rolle der Musterschülerin ihrem Manne die Wette gewinnen hilft und beiden überdies eine zweite Mitgift einfährt.

Dieses reibungslose Zusammenspiel zwischen Petruchio als Regisseur und Kate in der Rolle der Musterschülerin hatte übrigens Tranio schon vorher im Kontext von Petruchios »taming-school« wie folgt umschrieben:

> [. . .] Petruchio is the master,
> That teacheth tricks eleven and twenty long
> To tame a shrew and charm her chattering tongue.
>
> (IV,2,56–58)

Wenn die ›goldrichtigen Tricks‹ ihren Niederschlag in der Wettszene in Petruchios Regie finden, so fehlt uns noch eine Entsprechung zu der Bändigung der keifenden Schnatterzunge von Kates alter Widerspenstigkeit. Die glänzende Wirkung des ›Zaubers‹ ist das, was uns Kates Musterrede vor Augen und Ohren führt. Als Lobrede auf die Herr-

schaft des Mannes spiegelt sie unbestreitbar die elisabethanische Orthodoxie, doch kann keine Rede davon sein, daß
die Schulübung ausschließlich »a solemn affirmation of the
great commonplace« darstellt, wie Morris gemeint hat (vgl.
S. 146). Das verhindern schon ihr gleichzeitiger Charakter als
Scheltrede auf die Unbotmäßigkeit der beiden Frauen und
die zahlreichen Ironie-Topoi, sarkastisch übertriebene Metaphern und Vergleiche (»Come, come, you froward and un-
able worms«, »our lances are but straws«) wie auch der spielerische Rückgriff auf überlebte Rituale (»And place your
hands below your husband's foot«, V,2,170–178). Rückt man
die Rede in den größeren Zusammenhang der ganzen Wettszene und berücksichtigt deren potenzierten Spielcharakter,
namentlich auch Petruchios Intention als »better jest«, als
übermütigen Streich (bekanntlich wird die gängige Emenda-
tion »bitter« nicht von der Folio gedeckt), so scheint mir keinerlei ernsthafte Feierlichkeit am Platz, sondern nur Lachen,
ein überraschtes Lachen als Reaktion auf die unvorherseh-
bare Wende, die auch noch die letzte Kehre von Petruchios
und Kates Zähmungsspiel genommen hat.

IV

Nach der Überraschung von Kates Scheltrede, in der sie
die Bändigung ihrer eigenen keifenden Zunge dadurch unter Beweis stellt, daß sie eine ebenso geharnischte wie
kunstvoll gebaute Rede gegen die angebliche Widerspenstigkeit ihrer Schwester und der Witwe hält, folgt ein durchaus übliches Nachspiel, in dem Petruchio als Gewinner und
Lucentio bzw. Hortensio als Verlierer der Wette das Wunder und die Auswirkungen des Geschehenen kommentieren. Nicht jedoch folgt die Wiederaufnahme der Rahmenhandlung vom Anfang um den Kesselflicker Sly, wie wir
dies etwa aus dem anonymen Text *The Taming of a Shrew*
(1594) kennen, dessen genaues Verhältnis zu der Version
der Shakespeare-Folio (1623) freilich nach wie vor nicht

restlos aufgehellt ist. In den beiden Szenen, die Shakespeare als sogenannte Induktion dem Hauptgeschehen voranstellt, wird der Kesselflicker und Trunkenbold Christopher Sly das Opfer eines Streichs (Ind. 1,34 und 43), den ihm eine Jagdgesellschaft und eine fahrende Schauspieltruppe spielen. Nachdem Sly aufgelesen und aus seinem Tran erwacht ist, läßt er sich einreden, er sei kein Bettler, sondern ein vornehmer Herr, mit einer jungen Frau verheiratet, der allerdings seit Jahren unter dem Wahn leide, der Kesselflicker Sly zu sein. Zur Ablenkung von seiner Krankheit führt die Schauspieltruppe eine »heitere Komödie« (Ind. 2,130) auf, eben die Haupthandlung von Shakespeares Stück, an der Sly in der Rolle des Zuschauers auf der Bühne teilnehmen soll. Anders jedoch als in dem anonymen *The Taming of a Shrew* erleben wir ihn nach den Induktionsszenen als Kommentator nur mehr ein einziges Mal am Ende von I,1. Dort zeigt er sich nicht sonderlich von dem Stück angetan: »Would 'twere done« (I,1,253), und taucht danach in Shakespeares Text nicht wieder auf.

Nun stellen Dramen, in denen der anfänglich vorhandene Rahmen nicht bis zum Schluß durchgezogen wird, im englischen Drama der Zeit um 1600 nichts Außergewöhnliches dar. Anstatt dem Phantom einer nicht erhaltenen früheren Fassung von *The Taming of the Shrew* nachzujagen, für die es bislang jedenfalls nur vage Indizien, aber keinen schlüssigen Beweis gibt, erscheint es angezeigt, einmal ernsthaft einem möglichen Sinn hinter der angeblichen Lücke in Shakespeares Text nachzuspüren. Einen praktischen Weg dazu bieten Spiele im Spiel an oder doch Szenen, in denen Akteure zeitweilig das Geschehen auch kommentieren. Noch aufschlußreicher sind solche Szenen, wenn darin zusätzlich handlungsübergreifende Schlüsselmotive und Schlüsselmetaphern auftauchen, wie dies z. B. in IV,1,166–174 geschieht. In dieser ›Zwischenszene‹ kommentieren am Abend des ersten Tages auf dem Landsitz vier Diener die Umerziehung ihrer neuen Herrin durch Petruchio. Ihr Gespräch könnte durchaus Teil einer Rahmenhandlung sein, doch genügt ein Satz wie Peters Befund: »He kills her in her own humour« (IV,1,167), um zu begreifen, daß dieses Urteil im Mund des geistig beschränkten Sly unmöglich klingen würde. Ähnliches gilt auch für das Bild, das Curtis von Petruchios Poltern und Kates Reaktion darauf zeichnet:

> [he] rails and swears, and rates, that she, poor soul,
> Knows not which way to stand, to look, to speak,
> And sits as one new risen from a dream.
>
> (IV,1,171–173)

Diese Darstellung aus dem Mund des Kesselflickers wäre denkbar unglaubwürdig. Kein Zweifel andererseits, daß das Bild vom Erwachen aus einem Schlaftraum unwillkürlich an den Streich erinnert, den die Jagdgesellschaft im Verein mit der Schauspieltruppe gerade dem aufsässigen Trunkenbold und Bettler spielen wollte:

> These fifteen years you have been in a dream,
> Or when you wak'd, so wak'd as if you slept.
>
> (Ind. 2,80 f.)

Um es kurz zu machen: Shakespeare hat seine Rahmenhandlung nicht etwa vergessen, gibt aber bereits am Ende von I,1 zu verstehen, daß der Kesselflicker – anders als die widerspenstige Kate – im Schlaftraum seines Lasterlebens verharren wird. Ersatzweise werden jedoch die ab I,2 ausbleibenden Rahmenkommentare in die Haupthandlung integriert, wie dies etwa das Gespräch der Diener auf Petruchios Landsitz vorführt.

Um zu dem Nachspiel der Wette zurückzukommen, so werden auch in den gereimten Wortspielen von Petruchio, Lucentio und Hortensio der Ausgang und die Folgen der Wette kommentiert. Der Schluß des ganzen Stücks wäre in der Tat auch die Stelle, wo eine Wiederaufnahme der Rahmenhandlung zu erwarten wäre. Offenkundig jedoch steht für Shakespeares Wettspieler-Kommentatoren nicht das Problem vom Leben als ein Traum (vgl. Ind. 1,34–42) obenan, sondern die viel handfestere Frage, ob es nach den etwas anrüchigen kirchlichen Traufeiern, nach dem *wedding* endlich zum *bedding* kommt. In diesem Punkt sieht sich Petruchio nach der gewonnenen Wette den beiden andern Wettstreitern gegenüber allerdings gewaltig im Vorteil:

> Come, Kate, we'll to bed.
> We three are married, but you two are sped.
>
> (V,2,185 f.)

Richtig ist, daß die Ehe nicht durch das kirchliche Gelöbnis, sondern letztlich erst durch die Bettgemeinschaft vollzogen wird. Man erinnert sich in diesem Zusammenhang an Bertrams berüchtigten Satz aus *All's Well that Ends Well* III,2,20 f.: »I have wedded her, not bedded her, and sworn to make the ›not‹ eternal.« Der unheimliche Gehorsam, den Kate bei der Wette zur Schau trägt, deutet auf die Gleichgerichtetheit des Wollens als wichtige Voraussetzung für die eheliche Gemeinschaft, doch bleibt die Überprüfung in einem Wettspiel Sophisterei, eben ein Scherz. Hortensio und Lucentio sind zu gute Verlierer, als daß sie dem Freund bzw. neuen Schwager den Triumph darüber, daß er sie hereingelegt hat, streitig machen wollten. Dennoch gibt es gerade in Lucentios Einwürfen zusätzliche Hinweise darauf, daß alles nur Scherz und Spiel war. Ein gutes Beispiel ist die Mehrdeutigkeit seiner Replik auf Petruchios überschwengliches »Kiss me, Kate«:

PETRUCHIO.
> Why, there's a wench! Come on, and kiss me, Kate.

LUCENTIO.
> Well, go thy ways, old lad, for thou shalt ha't.
>
> (V,2,181 f.)

Neben dem Anklang in Kates Namen an eine Katze schlägt hier vor allem die Mehrdeutigkeit des Idioms in der Futurform »thou shalt have it« zu Buche. Dem *OED* zu-

folge (vgl. *have*, v. 14c, d) bedeutet der Satz ebenso sehr
»es wird dich schon erwischen« wie auch »du wirst dich
durchsetzen«. Über die Überraschung, die auf den Kesselflicker wartet, falls er vor der Zeit, wie er das möchte, mit
seiner jungen Frau ins Bett steigen sollte, hat uns Shakespeare bereits in der Induktion informiert. Das liebreizen-
de Frauchen würde sich unweigerlich als Pagenjunge Bar-
thol'mew entpuppen. Wie es dagegen um den Ehealltag der
drei jüngst geschlossenen Ehen bestellt sein würde, darüber
hat sich Shakespeare ausgeschwiegen, weil nun einmal auch
der gelungenste Scherz nicht mit der Wirklichkeit verwech-
selt werden sollte.

Literaturhinweise

Anon.: The Taming of a Shrew. In: Narrative and Dramatic Sources of Shakespeare. Hrsg. von Geoffrey Bullough. Bd. 1. London 1957. S. 69–158.

William Shakespeare: The Taming of the Shrew. Hrsg. von H. J. Oliver. Oxford 1982. (The Oxford Shakespeare.)

– Der Widerspenstigen Zähmung. Englisch und Deutsch in der Übersetzung von Schlegel und Tieck. Hrsg. von L. L. Schücking und Horst Weinstock. Berlin 1963. (Rowohlts Klassiker der Literatur und der Wissenschaft.)

– The Taming of the Shrew / Der Widerspenstigen Zähmung. Engl./Dt. Übers. und hrsg. von Barbara Rojahn-Deyk. Stuttgart: Reclam, 1997 [u. ö.]. (Universal-Bibliothek. 8032.)

Alexander, P.: The Original Ending of *The Taming of the Shrew*. In: Shakespeare Quarterly 20 (1969) S. 111–116.

Blaicher, G.: Mortifikation. Ein vernachlässigter Aspekt der Komödientheorie. In: Arbeiten aus Anglistik und Amerikanistik 13 (1988) S. 139–153.

Bradbrook, M. C.: Dramatic Role as Social Image. A Study of *The Taming of the Shrew*. In: Shakespeare-Jahrbuch 94 (1958) S. 132–150.

Brunvand, J. H.: The Folktale Origin of *The Taming of the Shrew*. In: Shakespeare Quarterly 17 (1966) S. 345–359.

Boost, L.: Scolding Brides and Bridling Scolds. Taming the Woman's Unruly Member. In: Shakespeare Quarterly 47 (1991) S. 179–213.

Duthie, G. I.: *The Taming of a Shrew* and *The Taming of the Shrew*. In: Review of English Studies 19 (1943) S. 337–356.

Heilman, R. B.: The Taming Untamed, or, The Return of the Shrew. In: Modern Language Quarterly 27 (1966) S. 147–161.

Hibbard, G. R.: *The Taming of the Shrew*: A Social Comedy. In: Shakespearian Essays. Hrsg. von A. Thaler und N. Sanders. Knoxville 1964. S. 15–28.

Houk, R. A.: The Evolution of *The Taming of the Shrew*. In: Publications of the Modern Language Association of America 57 (1942) S. 1009–1038.

Hosley, R.: Was there a »Dramatic Epilogue« to *The Taming of the Shrew*? In: Studies in English Literature 1 (1961) S. 17–34.

– Sources and Analogues of *The Taming of the Shrew*. In: Huntington Library Quarterly 27 (1963/64) S. 289–308.

Huston, J. D.: Enter the Hero: The Power of Play in *The Taming of the Shrew*. In: J. D. H.: Shakespeare's Comedies of Play. New York 1981. S. 58–93.

Magister, K.-H.: Jest-Books bei Shakespeare. Zum Problem volkstümlicher Schwankstrukturen in drei frühen Komödien. In: Shakespeare-Jahrbuch (Ost) 117 (1981) S. 37–48.

Marcus, L.: The Shakespearean Editor as Shrew-Tamer. In: English Literary Renaissance 22 (1992) S. 177–200.

Mikesell, M. L.: »Love Wrought these Miracles«. Marriage and Genre in *The Taming of the Shrew*. In: Renaissance Drama 20 (1989) S. 141–167.

Nevo, R.: Comic Transformations in Shakespeare. London 1980. S. 37–52.

Newman, K.: Renaissance Family Politics and Shakespeare's *Taming of the Shrew*. In: K. N.: Fashioning Femininity and English Renaissance Drama. Chicago 1991. S. 33–50.

Salingar, L.: Shakespeare and the Traditions of Comedy. Cambridge 1974.

Sanders, N.: *The Taming of the Shrew*. New York 1967.

Seronsy, C. C.: »Supposes« as the Unifying Theme in *The Taming of the Shrew*. In: Shakespeare Quarterly 14 (1963) S. 15–32.

Wayne, V.: Refashioning the Shrew. In: Shakespeare Studies 17 (1985) S. 159–187.

Wentersdorf, K. P.: The Authenticity of *The Taming of the Shrew*. In: Shakespeare Quarterly 5 (1954) S. 11–32.

– The Original Ending of *The Taming of the Shrew*. A Reconsideration. In: Studies in English Literature 18 (1978) S. 201–215.

King Richard III

Von Elfi Bettinger

I

In seinem Buch *Kill All the Lawyers* (1994) entwirft der Jurist Daniel J. Kornstein ein zwar ahistorisches, aber reizvolles Planspiel: König Richard III. klagt vor Gericht gegen den Dramatiker William Shakespeare und das Globe Theatre wegen Verleumdung, Rufmord, Verletzung der Privatsphäre sowie Betrug durch Unterschlagung und Verfälschung wichtiger Beweisstücke. Zu Schmerzensgeld, Schadensersatz und Wiedergutmachung verurteilt, könnte sich Shakespeare als Autor eines Doku-Dramas aber auf die Verfassungsartikel zur Meinungsfreiheit und zur Informationspflicht bei Personen des öffentlichen Lebens berufen. Präzedenzfälle ließen einen Freispruch oder zumindest einen Vergleich erwarten, vielleicht eine außergerichtliche Einigung unter großer Anteilnahme einer Medienöffentlichkeit, die sich in Pro- und Anti-Ricardianer gespalten hätte.

Dieses Szenario greift auf die konfligierenden Richtungen der Geschichtsschreibung zurück, die Richard III. entweder als Verkörperung des mörderischen Tyrannen schlechthin überliefert oder ihn als Opfer der Tudors sieht, von dessen Verleumdung sein Gegner und historischer Sieger, Henry Richmond, zweifellos profitierte, weil seine eigenen Interessen am Tod möglicher Rivalen verschleiert wurden (Seward, 1997). Darüber hinaus bildet das Szenario einen durchaus prägnanten Resonanzraum für die legalistischen Argumente, die Shakespeares Figuren im Drama aufbieten. Richard Duke of Gloucester ist als jüngster Bruder trotz seiner Verdienste um die Machtergreifung seiner Familie York von der Thronfolge durch seine Brüder Edward und George

sowie deren Kinder weit abgedrängt. Auf seinem unaufhalt-
samen, mit Leichen gepflasterten Aufstieg zur Krone beruft
er sich mit Vorliebe auf das Recht, denn »I was born so
high« (I,3,263), er sieht sich als »the Lord's anointed« (IV,4,
151).[1] Von seinem dienstfertigen Königsmacher Buckingham läßt er sich in dessen Funktion als vermeintliches
Sprachrohr der Untertanen bitten:

> [...] we heartily solicit
> Your gracious self to take on you the charge
> And kingly government of this your land,
> Not as Protector, steward, substitute,
> Or lowly factor for another's gain,
> But as successively from blood to blood,
> Your right of birth, your empery, your own.
>
> (III,7,129–135)

Es ist durchaus im Sinne traditioneller Juristenschelte,
daß diese für sich selbst das Recht beanspruchen, das Recht
anderer aber durch Winkelzüge außer Kraft setzen. Die
letzten Szenen von Akt III lassen keinen Zweifel daran, wie
ein juristisch versierter Richard im eingangs konstruierten
Verfahren gegen einen unliebsamen Kommentator agieren
könnte. Mit seinem Widersacher Hastings macht Richard
kurzen Prozeß, indem er ihn in die Falle des Hochverrats
lockt: Daß er nicht sofort und bedingungslos einer fabri-
zierten Beschuldigung der Königin und Mistress Shore wegen Hexerei zustimmt, dient Richard als Vorwand für Hastings' sofortige Hinrichtung: »Thou art a traitor: / Off with
his head!« (III,4,75 f.). Eine Hinrichtung ohne Prozeß und
Urteil stellt eine derart offene Verachtung für das Gesetz
dar, so daß selbst der unterwürfige Bürgermeister nachfragt
(III,5,39). Ihn belehrt Richard:

---

1 Zitiert wird nach The Arden Edition of the Works of William Shakespeare:
King Richard III, hrsg. von Antony Hammond, London: Methuen, 1981.

> What, think you we are Turks or infidels?
> Or that we would, against the form of law,
> Proceed thus rashly in the villain's death,
> [...]   (III,5,40–42)

Die eigene Legitimität bedarf zumindest des Anscheins der Legalität. Um diesem zu genügen, wird, christlich zivilisiert, die Tat pro forma durch schriftliche Niederlegung einer Anklage heuchlerisch legitimiert, ein dubioses Vorgehen, das dem Gerichtsschreiber nicht entgeht:

> Here's a good world the while! Who is so gross
> That cannot see this palpable device?
> Yet who's so bold but says he sees it not?
> Bad is the world, and all will come to naught
> When such ill-dealings must be seen in thought.
>   (III,6,10–14)

Vor Gericht könnte sich König Richard als juristisch unberechenbare Gegenpartei erweisen, gelingt es der Dramenfigur doch selbst in aussichtslos scheinenden Situationen, die Oberhand zu gewinnen.

Eine rhetorische *tour de force*, in der Richard alle Register einsetzt, um die Beweislage zu entkräften und eine Anklage in Zustimmung umzubiegen, ist die Werbungsszene: Am Sarg ihres von ihm ermordeten Schwiegervaters Heinrich VI. verführt Richard die Witwe des ebenfalls von ihm ermordeten Edward zur Heirat. Zunächst scheinen die Beweise der Klägerin übermächtig, durch Gottesurteil bestätigt, denn der tote Körper fängt an zu bluten. Doch geschickt lockt der angeklagte Richard die Klägerin Anne zum Schlagabtausch, indem er provozierend den höfischen Liebesdiskurs mit der Sprache des Rechts verschränkt:

> Vouchsafe, divine perfection of a woman,
> Of these supposed crimes, to give me leave,
> By circumstance, but to acquit myself.
>   (I,2,75–77)

Annes Replik zeugt von der Wirksamkeit der Strategie; ihre parallele Struktur zu derjenigen Richards spiegelt die bereits einsetzende Ansteckungsgefahr: »Thou dost infect mine eyes« (151). Zwar pariert sie sein Kompliment mit einer Beleidigung und seine Entlastung mit einer Anschuldigung, doch auch so wird sie unaufhaltsam hineingezogen in den »keen encounter of our wits« (I,2,119):

> Vouchsafe, diffus'd infection of a man,
> Of these known evils, but to give me leave,
> By circumstance, t'accuse thy cursed self.
>
> (I,2,78–80)

In einer Art Kreuzverhör leugnet Richard noch den Mord: »I did not kill your husband« (92), versucht, die Tat auf seinen Bruder abzuwälzen. Mit der Aussage einer Augenzeugin, Queen Margaret, konfrontiert, belastet er diese sogleich als Verleumderin. Eine Reihe wendiger Manöver schließt überraschend mit einer unglaublich direkten Zustimmung:

> ANNE. Didst thou not kill this King?
> RICHARD.   I grant ye, yea.
>
> (I,2,102)

Doch das blanke Geständnis unterminiert nicht etwa seine Dominanz, indem Anne Recht erhielte. Vielmehr entzieht er ihrer kurzfristigen Sicherheit durch die Sprache der höfischen Liebe den Boden – nicht aber ohne sie zugleich aus der Position der Klägerin in die des Tatmotivs, ja sogar der Angeklagten, zu katapultieren:

> Is not the causer of these timeless deaths
> [. . .]
> As blameful as the executioner?
> [. . .]
> Your beauty was the cause of that effect:
> [. . .]
>
> (I,2,121–125)

Annes Position verschiebt sich so von der der Anklägerin zu der der Angeklagten, ein Prozeß, der sie als Komplizin in Zweideutigkeit und Täuschung verstrickt. Wenn Richard im Schlußmonolog der Szene triumphierend fragt: »Was ever woman in this humour woo'd? / Was ever woman in this humour won?« (232 f.), so fragt er weniger – wie die Literaturkritik – nach der Schwäche der Frau, als daß er sich selbst zum Erfolg seiner Darbietung gratuliert: »I am subtle, false and treacherous«. In einer theatralischen Selbstreflexion stellt er sich in die Tradition des *Vice* aus den Moralitäten: »Thus, like the formal Vice, Iniquity, / I moralize two meanings in one word« (III,1,82 f.).

Nach Linda Charnes (1993) unterliegt dem Drama ein subtil gesponnenes Netz metadramatischer Reflexion, das den Shakespeareschen Richard beständig mit seiner historisch berüchtigten Identität konfrontiert. Seine frühe Äußerung: »I am determined to prove a villain«, als passivische Konstruktion gelesen, die seine Funktion bereits festschreibt, nimmt die späte Erkenntnis wieder auf: »And every tale condemns me for a villain« (V,3,196). Die Reihe der »tales« zu Richard war bereits lang, als sie bei Shakespeare ankam. Und in jedem einzelnen Text fände unser hypothetischer Kläger Beweise der Voreingenommenheit genug, um eine Klage wegen Verleumdung als mordender, tyrannischer Usurpator, als eine Geißel Gottes, als Bösewicht und Erzschurke anzustrengen. Für die anhaltende Wirkung der Rufschändung könnte er anführen, daß es seither keinen einzigen König seines Namens in der Geschichte der englischen Monarchie mehr gab.

Für Verschwörungstheorien eignet sich die Geschichtsschreibung zu Richard vorzüglich, da sie ihren Anfang bei eben jenem Richmond nimmt, der Richard III. in der Schlacht bei Bosworth getötet hatte. Als Heinrich VII. gekrönt, gab der erste Tudorkönig dem am Hof weilenden italienischen Humanisten Polydore Virgil den Auftrag zu einem historiographischen Werk, *Historia Angliae* (1534), das seine Herrschaft legitimierte. Von Heinrich VIII. protegiert, führte Edward Hall das Unterfangen mit *The Union of the Two Noble and Illustre Families of Lancastre and Yorke* (1548) fort. Während der Regierungszeit Elizabeths I. schrieb Raphael Holinshed an *The Chronicles of England, Scotland, and Ireland* (1577). Der Tudormythos (Tillyard, 1965) konstruiert eine Nationalgeschichte mit heilsgeschichtlicher Dimension; er interpretiert die Absetzung und Ermordung von König Richard II. als ›Sündenfall‹, der durch den blutigen Rosenkrieg der Lancasters und Yorks bestraft und mit dem Tod von Richard III. gesühnt wird. In der Versöhnung beider Häuser zum Wohle des Landes erbringt der Tudormythos ein wirkungsvolles ideologisches Moment im sich herausbildenden Staat. Im Dunstkreis der Tudors entstand auch Thomas Mores *The History of King Richard III* (1514–18). Der Lordkanzler von Heinrich VIII. und Freund Polydore Virgils wuchs im Haushalt von Morton, dem Bischof von Ely, auf (der Richard im Drama zunächst Erdbeeren bringt, später aber zu Richmond, Heinrich Tudor, überläuft). Mores Text bricht zwar mit der Thronbesteigung Richards ab, aber er zeigt Anfänge jener dramatischen Qualität, die den Shakespeareschen Richard zur theaterwirksamen Starrolle macht (Candido, 1987).

Obgleich im Drama die poetische Gerechtigkeit siegt und Richard III. geschlagen wird, erfährt die Figur als Inkarnation des Bösen mitnichten eine Verbannung aus dem kulturellen Gedächtnis. Vielmehr beflügelt sie seither die Phantasie, in historischen Romanen ebenso wie im Londoner Wachsfigurenkabinett von Madame Tussaud. In den Theatern ist nicht etwa *Hamlet, King Lear* oder *Macbeth*, eine weit vielschichtigere Gestalt des Bösen, sondern *King Richard III* das seit seiner ersten Aufführung vor über vier Jahrhunderten meistgespielte Drama Shakespeares, das ein weltweites Publikum fasziniert. Richard III. und sein Drama – ein Exzeß, wie die Wirkungsgeschichte zeigt, der Dramatiker, Regisseure, Schauspieler, Publikum und auch die Literaturwissenschaft in seinen Bann zieht.[2]

2 Siehe *Richard III: An Annotated Bibliography*, hrsg. von James A. Moore, New York 1986.

II

Zur Zeit, als Burbage Richard III. spielte, verliebte sich eine Bürgerin so sehr in ihn, daß sie nach dem Ende der Aufführung mit ihm verabredete, er solle in der kommenden Nacht unter dem Namen »Richard III.« zu ihr kommen. Shakespeare erlauschte diese Vereinbarung, kam zuvor und hatte seinen Spaß, bevor Burbage eintraf. Auf die Nachricht, Richard III. sei an der Tür, ließ Shakespeare antworten, Wilhelm der Eroberer sei Richard III. zuvorgekommen.[3]

Diese gern und oft erzählte Anekdote aus John Manninghams Tagebuch von 1602 dient zum einen als Indiz für die erotische Anziehungskraft und den schlagfertigen Witz der beteiligten Männer. Zum anderen spricht sie von der unabweisbaren Faszination, die die Figur des mißgestalteten und skrupellosen Bösewichts auch auf Frauen ausübt. Legion ist die Zahl der Schauspieler, die sich mit ihrer Interpretation des Richard in die Theatergeschichte einschrieben. Im 20. Jahrhundert verbindet sich die Starrolle zuallererst mit Laurence Olivier (1955), dessen weitverbreiteter Film über Jahrzehnte die Interpretation vorgab, mit der sich alle folgenden Richard-Darsteller auseinandersetzen mußten.[4]

Bühnenaufführungen hingegen sind, trotz Rezensionen und Bildmaterial, flüchtig. Doch drei Darsteller haben ihren Kampf mit der Rolle medial festgehalten: Antony Sher, ein charismatischer Richard, dessen Krücken und lange Ärmel erstaunliche tierische Metamorphosen erlaubten, schildert seinen Aneignungsprozeß in *The Year of the King* (1985). In den neunziger Jahren kamen gleich zwei Filme auf den Markt: Al Pacinos *Looking for Richard* (1995), ein Doku-

3 Zit. nach: William Shakespeare, *König Richard der Dritte*, übers. von A. W. Schlegel, hrsg. von Dietrich Klose, Stuttgart: Reclam, 1971 (Universal-Bibliothek, 62), S. 120.
4 Zur Aufführungsgeschichte siehe R. Chris Hassel Jr., *Songs of Death: Performance, Interpretation, and the Text of Richard III*, Lincoln (Nebr.) 1987.

mentarfilm mit Spielszenen, unternimmt nicht ohne Selbstironie eine spezifisch amerikanische Annäherung an die ver-
wirrend fremden Königsgeschichten des bewundert-ge-
fürchteten britischen Kultdramatikers. Ian McKellen und
Richard Loncraine siedeln das Drama in einem von faschi-
stischen Umtrieben geprägten England um 1930 an und ak-
tivieren die im kollektiven Gedächtnis gespeicherten Bilder
einer überbordenden Nach- (und Vor-)Kriegsgesellschaft in
Zeiten diktatorischer Regimes. Indem sie die populären
Genres des britischen Heritage-Films und des amerikanischen Gangsterfilms der dreißiger Jahre zusammenführen,
macht sich ihr Film die narrativen und technischen Mittel
des Mediums zunutze, nachzuvollziehen im Buch zum Film
(1996).

Während Shakespeares erste Dramen, *Titus Andronicus*
und die Dramen der *Henriade (1–3 Henry VI)* große Figu-
renensembles vorstellen, bildet Richard den Fokus seines
Dramas. Keine andere Figur ist derart stark präsent; seine
Sichtweise dominiert in den zahlreichen Szeneneingangs-
und -endmonologen. Zudem nutzt er die häufigen *asides* zu
konspirativen Zielen: Er zieht das Publikum in ein Wissen
hinein, das den Mitspielern versagt bleibt – eine Verfüh-
rungsstrategie des *Vice*. Doch Richard kommentiert nicht
nur, sondern bewertet seine eigene Darbietung; mithin verweist der Schauspieler auf seine performative Leistung. Er
macht sich neben dem theatralischen Raum der Bühne, dem
locus der Darstellung, die *platea* zu eigen, die Rampe, auf
der nach Robert Weimann der Schauspieler die Macht über
sein gesprochenes Wort und die Zuschauer hat.

Auf der Bühne und im Film bewirkt das Beiseitesprechen
als Durchbrechung des illusionären Darstellungsraums ein
selbstreflexives Moment, da die Positionen von Spielern
und Zuschauern gebrochen und vervielfacht werden. So
blickt das Publikum, wissend um Richards Inszenierung,
auf das vor den Mitspielern gespielte Spiel – in Komplizenschaft und mit Teilhabe an den Omnipotenzgefühlen des

Manipulators. Bis zum Höhepunkt seines Aufstiegs zum König, der zugleich seinen Niedergang einleitet, gelingt diesem Spielmacher alles, was er sich vornimmt. Indem Richard die Zuschauer in die Planung seiner Machenschaften, Intrigen und Komplotte einweiht, läßt er sie seine Überlegenheit mitgenießen. Aber woher kommt diese willig lustvolle Entgrenzung zwischen Publikum und Bösewicht, dessen Taten nach moralischen Maßstäben nur zu verurteilen sind?

»Shakespeare knew that, given the choice, we prefer our monsters to be entertaining«[5] – doch Gewalt und Spaß gehen eine beunruhigende Verbindung ein, wenn die ahnungslosen Opfer, die, mit Ausnahme von Anne und den Prinzen, gleichfalls schuldbeladen sind, tödlich getäuscht werden. Die Zuschauer kennen als einzige Richards Absichten, im Gegensatz zu den sich sicher wähnenden Mitspielern wissen sie um die Doppelbödigkeit seiner Worte. So verspricht er dem Bruder, der zum Tower abgeführt wird: »Well, your imprisonment shall not be long. / I will deliver you or else lie for you. / Meanwhile, have patience« (I,1, 115–117) – was für Clarence nur Zuspruch ist, erfährt das Publikum als getarnte Drohung. Richards unbändige Schadenfreude ist die des *Vice*, der frivol Laster und Sünden dem Gelächter preisgibt und so die Ordnung ins Chaos stürzt. Mit unverhohlenem Spaß kostet er den Erfolg seiner heuchlerischen Verstellung aus, um die das Publikum weiß. Der Hofgesellschaft hingegen gibt er sich als rauher, wortkarger Kriegsmann, zu schlicht für intrigante Schlauheit:

> Because I cannot flatter, and look fair,
> Smile in men's faces, smooth, deceive and cog,
> Duck with French nods and apish courtesy,
> I must be held a rancorous enemy.
> Cannot a plain man live and think no harm

---

5 S. P. Cerasano, »Churls Just Wanna Have Fun: Reviewing *Richard III*«, in: *Shakespeare Quarterly* 36 (1985), H. 5, S. 618–629, hier S. 623.

But thus his simple truth must be abus'd
With silken, sly, insinuating Jacks?

(I,3,47–53)

Berechnend gipfelt die Selbstdarstellung, scheinbar absichtslos mit Beleidigungen durchsetzt, in der Pose kindlicher Unschuld: »I am too childish-foolish for this world« (I,3,142) und frommer Demut: »I thank my God for my humility« (II,1,72). Nur den Zuschauern gegenüber wird offengelegt: »thus I clothe my naked villainy / [...] / And seem a saint, when most I play the devil« (I,3,336–338). Den grausigen Humor begleitet ein bruchloser Übergang von hoher Rhetorik zu derber Alltagssprache. Richard durchkreuzt ernsthafte Anlässe und stört feierliche Rituale mit profanen Kommentaren, er unterhöhlt die zeremonielle Feierlichkeit einer sich als verbindlich erachtenden Ordnung. Indem seine Position ständig oszilliert zwischen dem kalt berechnenden Blick des Außenseiters, den er mit uns teilt, und seiner Position der relativen Machtfülle als Prinz und Protektor, der sich selbstverständlich im Zentrum der Macht bewegt und diese herausfordert, eignet er sich zur Projektionsfläche widersprüchlicher Phantasien.[6]

Seine mißgebildete Körpergestalt garantiert ihm enorme theatralische Präsenz: Die ungewöhnlichen Bewegungen des Körpers mit einem verkürzten Bein, der hochgezogenen buckligen Schulter und dem lahmen Arm fesseln die Schaulust. Der Schauspieler kann mit erfinderischem Einsatz des Körpers, seiner idiosynkratischen Gestik und oft überraschender Akrobatik die Zuschauer in nervöse Spannung versetzen. Francis Bacons Essay »On Deformity« bezeugt noch eine unverhohlene Neugier der Elisabethaner auf Mißbildungen und Abnormitäten. Heutige, für die Diskriminierung Behinderter sensibilisierte Zuschauer schockieren hingegen die drastischen Beleidigungen »poisonous hunch-

---

6 In diesem Format der Figur besteht offensichtlich der Gegensatz zu Bertolt Brechts entdämonisiertem schmierenkomödiantischem Gangster Arturo Ui.

back'd toad« und »bottled spider« – Befangenheit mischt
sich mit Mitgefühl, Abneigung und Ekel, ein Gefühlschaos,
das nicht nur bei Anne eine perverse Attraktion erzeugt
(Charnes, 1993). Der Ekel signalisiert die Gefährdung der
eigenen Grenzen, seine Verwerfungen sind entscheidend
für die Subjektkonstitution: »Die Faszination, die von
dem Grauenerregenden ausgeht, entspricht umgekehrt dem
Wunsch nach Entdifferenzierung, der die Kehrseite der
Angst ist«.[7]

In seinen Betrachtungen »Einige Charaktertypen aus der
psychoanalytischen Arbeit« (1916) weist Sigmund Freud
»auf jene von dem größten Dichter geschaffene Gestalt
[Richard III.]« hin, die jenen Neurotikern gleicht, die sich
durch das Gefühl einer ungerechten Benachteiligung als
Ausnahme fühlen. Wenn ihre Leiden nicht als zufällig, sondern als mitgebrachte Erbschaft empfunden werden, rebel-
lieren diese, indem sie aus diesem Unrecht Vorrechte ablei-
ten – »ich darf selbst Unrecht tun, denn an mir ist Unrecht
geschehen«. Freuds wirkungsästhetische Überlegungen sind
aufschlußreich:

> [...] der Dichter muß bei uns einen geheimen Hinter-
> grund von Sympathie für seinen Helden zu schaffen
> verstehen, wenn wir die Bewunderung für seine Kühn-
> heit und Geschicklichkeit ohne inneren Einspruch ver-
> spüren sollen, und solche Sympathie kann nur im Ver-
> ständnis, im Gefühle einer möglichen inneren Ge-
> meinschaft mit ihm, begründet sein.[8]

---

7 Elke Rövekamp, »Das ›Grauen vor dem Weib‹. Psychoanalytische Anmerkungen zum Verhältnis von Ekel, Differenz und Moral«, in: *Psychoanalyse,
  Politik und Moral*, hrsg. von Angelika Ebrecht und Andreas Wöll, Tübingen 1998, S. 187–204, hier S. 202.
8 Sigmund Freud, »Einige Charaktertypen aus der psychoanalytischen Arbeit
  (1916)«, in: S. F., *Studienausgabe*. Bd. 10: *Bildende Kunst und Literatur*,
  Frankfurt a. M. 1969, S. 231–235, hier S. 234.

Weil wir alle frühe Kränkungen unseres Narzißmus, unserer Eigenliebe, erfahren haben, können wir uns mit Richard identifizieren. So ist Richard, die Ausnahme, zugleich eine gigantische Vergrößerung von uns – an der Größe des Helden und seiner Gewalt wider Gesetz und Moral können sich transgressives Wunschdenken und Machtphantasien entzünden. Sind diese an ihrem Ziel, der absoluten Macht des Königs, können sie durch Fall und Vernichtung befriedigt verworfen werden.

Colley Cibbers Bühnenversion aus dem 18. Jahrhundert, lange der Originalfassung vorgezogen, macht die Figur noch gigantischer: Richards Repliken werden vervielfacht, Gegenspieler wie Richmond beschnitten, Widersacher, vor allem die Frauenfiguren, verstümmelt oder gestrichen. Der mächtige Mann wird zum alleinigen Zentrum: »It is fascinating how loath critics, actors, directors and audiences have been to let him go.«[9] Verloren aber geht Shakespeares Kontext der Moralitätenspiele, der Rachetragödien, der Tudorgeschichte, der dramatischen Struktur, der Historie zugunsten der Tragödie, die Gattung, die nach Catherine Belsey (1985) eng mit der frühneuzeitlichen Herausbildung des männlichen Subjekts einherging. Eben dessen Ausprägung feiert der Romantiker Charles Lamb: »[...] Shakespeare's better Genius was forced to struggle against the prejudices, which made a monster of Richard. He set out to paint a *monster*, but his human sympathies produced a *Man*«[10]; interessant ist die Frage, wie dieser entstand.

---

9 Hassel, *Songs of Death*, S. 26 f.

10 Ch. Lamb, »Letter to Robert Lloyd, 26 June 1801«, in: *Shakespeare's Early Tragedies »Richard III«, »Titus Andronicus« and »Romeo and Juliet«*, hrsg. von Neil Taylor und Bryan Loughrey, London 1990, S. 26.

III

MARGARET. I had an Edward, till a Richard kill'd him;
  I had a husband, till a Richard kill'd him:
  Thou hadst an Edward, till a Richard kill'd him;
  Thou hadst a Richard, till a Richard kill'd him.
DUCHESS OF YORK.
  I had a Richard too, and thou didst kill him
  I had a Rutland too: thou holp'st to kill him.

(IV,4,40–45)

Die Monotonie der Namen täuscht; tatsächlich handelt es
sich trotz der frappierend-verwirrenden Namensgleichheit
um sechs Tote.[11] Die Litanei der Frauen aus den verfeindeten Häusern York und Lancaster erwähnt ausschließlich deren Ehemänner und Söhne. Die Bilanz der Getöteten des
Rosenkriegs aus der ersten Heinrich-Tetralogie hingegen
macht den Blutzoll, den die Adelsfehde forderte, augenfällig; die Aristokratie rottete sich auf den Schlachtfeldern aus.
Obgleich die Dramen beständig die bedrohliche Widerna-
türlichkeit der kämpfenden Frauen, Margaret und Joan of
Arc, verhandeln, war das Kriegsgeschäft selbst ein Gewalt-
exzeß von Männern, Feldherren und Soldaten. Deren gefei-
erte und gewinnbringende Aggressivität ließ sich aber in
den Friedenszeiten nicht einfach abstellen.

Now is the winter of our discontent
Made glorious summer by this son of York;
And all the clouds that lour'd upon our House
In the deep bosom of the ocean buried.

(I,1,1–4)

---

11 Margaret beklagt den Tod ihres Sohns Edward, Ehemann Annes, der wie
sein Vater, ihr Ehemann König Henry VI., auch von Richard Duke of
Gloucester, später Richard III., getötet wurde. Richards Mutter, die Duchess of York, hat ihre Enkel, die beiden Prinzen im Tower namens Edward
und Richard, Söhne Edwards IV., ebenfalls durch den von Richard ange-
ordneten Mord verloren. Ihr Mann, Richard Duke of York, sowie ihr
jüngster Sohn, Rutland, starben in der Schlacht von Tewkesbury durch
Königin Margarets Hand.

Richards Eingangsmonolog führt den erfolgreichen Krieger vor, dessen Männlichkeit sich über den Ausschluß der als verweichlicht und verweiblicht verachteten Hofkultur konstituiert. Der dekorierte Kriegsheld (»with victorious wreaths«) faßt in Zeiten des angebrochenen Friedens den Bruch in seiner Existenzweise in Gegensätze, die zunächst dem Frieden günstig scheinen: »bruised arms« werden zu »monuments«, die »stern alarums« von den vom Treiben »lustiger Feste« verdrängt und die »furchtbaren Märsche« machen »vergnüglichen Unternehmungen« Platz. Aber der Krieg, als rauhgesichtig personifiziert, vertreibt sich nun, schwachgeworden, in Gemächern von Damen lüstern die Zeit. Nur Richard sieht sich fehl am neuen Platz:

> But I, that am not shap'd for sportive tricks,
> Nor made to court an amorous looking-glass;
> I, that am rudely stamp'd, and want love's majesty
> To strut before a wanton ambling nymph:
> [...]   (I,1,14–17)

Den Gegensatz zum männlichen Kriegsgeschäft bildet eine wollüstige Weiblichkeit, die den Mann zum Gecken macht. Seine Abneigung gegen das verweichlichte Leben der Friedenszeit schiebt Richard auf seinen Ausschluß aus dem erotischen Treiben durch sein mißgestaltetes Äußeres:

> Cheated of feature by dissembling Nature,
> Deform'd, unfinish'd, sent before my time
> Into this breathing world scarce half made up –
> [...]
> And therefore, since I cannot prove a lover
> To entertain these fair well-spoken days,
> I am determined to prove a villain,
> And hate the idle pleasures of these days.
>
>   (I,1,19–31)

In der wiederholten adversativen Struktur von »but I, that«, »I, that«, »why I« artikuliert sich eben die Pose des Außenseiters als die Ausnahme, von der Freud spricht. Doch allein als Kompensation gekränkter Selbstliebe ist die Verachtung für das weibliche Geschlecht kaum zu deuten. Seine Misogynie richtet sich zunächst auf die Königin Elizabeth sowie Mistress Shore, deren Macht er als Machtmißbrauch deutet, da sie sich seiner Kontrolle entzieht: »when men are rul'd by women / [...] / We are not safe, Clarence, we are not safe!« (I,1,62–70). Damit werden zeitgenössische Ängste aufgerufen. Die weibliche Sexualität zersetzt den wehrhaften König, seinen Bruder, der »over-much consum'd his royal person: / [...] / Where is he, in his bed?« (140–142). Die Furcht vor dem gefährdenden weiblichen Umgang für eine kriegerisch konzipierte Männlichkeit verbindet sich mit einer Sexualfeindlichkeit, die später die Puritaner auszeichnet (H. Richmond, 1984).

Um so überraschender zeigt ihn die Werbung um Anne als kompetenten Rhetoriker der Liebe, der zur Kontrolle der Frau das von ihm als effeminisiert gebrandmarkte Benehmen des schmeichelnden Werbens kalkulierend einsetzt. Indem Richard chamäleonartig Masken und Strategien wechselt, produziert er eine Verunsicherung in seinen Mitspielern, die dieses Verhalten vor dem Hintergrund der zeitgenössischen Männlichkeitsvorstellungen nicht lesen können.

> ANNE. I would I knew thy heart.
> RICHARD. 'Tis figured in my tongue.
> ANNE. I fear me both are false.
> RICHARD. Then never was man true.
>
> (I,1,196–199)

Die Kategorien von wahr und falsch brechen zusammen, wie auch die Vorstellung, was ein Mann ist, Geltung verliert. Die Zeichen fallen auseinander; wer sich auf den inneren Zusammenhang von Zeichen verläßt, wie Hastings, der sich sicher wähnte: »His Grace looks cheerfully and smooth today« (III,4,48), landet auf dem Schafott, im Tower oder im Ehebett. Daß das Rad der Fortuna sich unaufhaltsam

dreht, daß die Großen zu Fall kommen, verlangt hier nicht
die Tragödie allein, sondern auch der Verlauf der Geschichte. Nach Tillyard findet sich *The Tragedy of King
Richard III* deshalb unter den Historien aufgeführt:

> In spite of the eminence of Richard's character the
> main business of the play is to complete the national
> tetralogy and to display the working out of God's plan
> to restore England to prosperity.[12]

Wie die elisabethanische Historiographie ist auch die moderne nie voraussetzungslos, niemals unschuldig. Weder
Tillyards Tudormythos, der im *Elizabethan World Picture*
(1965) Shakespeares Glaube an eine göttlich harmonische
Ordnung ansetzt, noch Jan Kott, dessen *Shakespeare heute*
den »reine[n] Gang des Großen Mechanismus«[13] entlarvt,
der jegliche Freiheit gnadenlos zu einer Blutspur nieder-
walzt, kann sich den historisch-spezifischen Interessen seiner Zeit entziehen. Konträr aufeinander bezogen begreifen
beide Positionen Geschichte als teleologisch, blenden Konflikte und Widersprüche zugunsten eines Prinzips aus. Wird
hingegen *Richard III* als Auseinandersetzung mit den sozialen und politischen Kämpfen des Englands der frühen
Neuzeit verstanden, werden die »Shakespearean Negotiations« (Greenblatt, 1988) jener historischen Konflikte sichtbar, die uns heute noch in ihren Bann zu ziehen vermögen.
Die historische Dimension gewinnt schärfere Konturen,
wenn *Richard III* als Endpunkt der Tetralogie analysiert
wird, deren Figuren bereits ihre Geschichte haben. Wenn
weniger die innere Kohärenz von Charakteren interessiert
als die Genealogie ihrer Brüche und Konflikte, bündeln sich
im Kontext ihrer Entstehungszeit alle Fragen in der Monarchie und in Queen Elizabeth I. Die Welle der historischen

---

12 E. M. W. Tillyard, »*Richard III* and the Tudor Myth«, in: *Shakespeare's
Early Tragedies*, S. 41.
13 Jan Kott, *Shakespeare heute*, aus dem Polnischen übers. von Peter Lachmann, München 1964, hier S. 25.

Dramen begann mit dem Sieg über die spanische Armada 1588 und verebbte 1603 mit Elizabeths Tod. Während die Dramen lange als Verklärung der Größe und des Wohlstands interpretiert wurden, rücken nun unüberhörbar die Fragen nach der Macht ins Zentrum. Die Gefahr durch Kriegshelden, die nach dem Krieg den Krieg gegen die Ordnung eröffnen, die ihnen nicht den erhofften Platz zuweist, drohte noch im von Elizabeth regierten England. Zahlreiche Adlige, wie Essex, die sich auf dem Schlachtfeld für Ehre und Reichtum auszeichnen wollten, sahen sich von einer vorsichtig taktierenden Königin, einer alten Frau ohne Thronfolger, zurückgewiesen. Nur durch eine geschickte Machtpolitik konnte Elizabeth die verschiedenen Fraktionen im Zaum halten. Shakespeares *Richard III* dramatisiert die Gefahr, die von der Verselbständigung einer ihren eigenen Gesetzen folgenden Kriegerkaste für die Staatsführung, aber auch für Frieden und Wohlstand des Landes ausgeht.

Nach den frühneuzeitlichen Männlichkeitsidealen konnte keiner der Könige aus Shakespeares Historien, von Richard II. bis Richard III., als positive Herrschergestalt gelten – mit Ausnahme von Heinrich V., dessen Tod den Anfangs- bzw. Endpunkt der beiden Tetralogien bildet. Zwar gelten in der *Henriade* die ›männlich‹ kämpferischen Frauen als Problem, doch das Land wird von verunsichernd effeminierten Männern ins Chaos gestürzt. Nach dem frühen Tod Heinrichs V. wird sein Sohn Heinrich VI. als Knabe König – ein Lebensalter, dem kein Geschlecht zugewiesen war. Unter dem Einfluß starker Frauen, gilt er als weich, als »unnatural King«, der den eigenen Sohn zugunsten des Duke of York enterbt (*3 Henry VI* I,1,170–180). Edward VI. hingegen wird durch den sexuellen Umgang mit Frauen zum effeminierten Herrscher, eine damalige Auffassung, die Richard teilt.[14] Von

---

14 Vgl. Phyllis Rackin, »Foreign Country: The Place of Women and Sexuality in Shakespeare's Historical World«, in: *Enclosure Acts: Sexuality, Property, and Culture in Early Modern England*, hrsg. von Richard Burt und John Michael Archer, Ithaca 1994, S. 68–95.

seiner Sinnlichkeit geleitet, riskiert er mit seiner Heirat den Bruderbund: »But in your bride you bury brotherhood« (*3 Henry VI* I,1,54) und alte Allianzen.

Für Familienehre und Treue zum Männerbündnis stürzt sich heroische Männlichkeit in selbstzerstörerische Schlachten. Die Stärke dieser männlichen Kriegergesellschaft speist sich aus ihrem inneren Zusammenhalt als auf feudaler Loyalität gründender Gemeinschaft (Moulton, 1996). Doch mit dem Tod seines Vaters, von Margaret gedemütigt und besiegt, wird Richard monströs:

> I cannot weep, for all my body's moisture
> Scarce serves to quench my furnace-burning heart;
> Nor can my tongue unload my heart's great burden;
> [...]
> To weep is to make less the depth of grief:
> Tears, then, for babes; blows and revenge for me!
> (*3 Henry VI* II,1,79–86)

Sein Übermaß an Hitze, Ausweis einer Hypermaskulinität, bleibt ohne Tränen. Aus dem Gleichgewicht (auch der Körpersäfte) geraten, wenden sich all die männlichen Qualitäten, die ihn zum Gewinn für die Yorkisten machten – Ehrgeiz, kriegerische Fähigkeit, Aggressivität und grausame Intelligenz – unbemerkt von seiner auf Familienloyalität eingeschworenen Umgebung gegen die patriarchale Ordnung selbst, gegen den vom Vater verfügten Bruderbund. Noch ermordet das Brudertrio, »lascivious Edward«, »perjur'd George« und »misshapen Dick« (*3 Henry VI* V,5, 34 f.), den Thronfolger Edward, doch die gemeinschaftliche Bluttat kann die Konflikte zwischen den Brüdern, die das Recht des Erstgeborenen heraufbeschwört, nicht aufhalten. Richards aggressives Insistieren auf seiner Einzigartigkeit, seiner Individualität, verdeutlicht die Sprengkraft dieses »Subject of Tragedy« (Belsey, 1985):

I have no brother. I am like no brother;
And this word »love«, which greybeards call divine,
Be resident in men like another,
And not in me: I am myself alone.

(3 Henry VI V,6,80–83)

Die prekäre Instabilität dieser Ordnung erweist sich darin,
daß der sich gegen sie auflehnende Richard mühelos die nur
oberflächlich verdeckten Konflikte zwischen den Brüdern
und Parteien zur Spaltung und Intrige nutzen kann (Pearlman, 1992).

Gegenläufig zum Tudormythos läßt die Vernichtung
Richards durch »shallow Richmond« eine dramatische Ambivalenz zu, die für das repräsentierte Geschlechterverhält-
nis relevant wird. Die dynastische Heirat soll den Krieg, in
dem Brüder gegen Brüder und Väter und Söhne gegeneinander kämpfen, überwinden – ein Frauentausch, der das Fun-
dament für das Männerbündnis legt. Der Schlußmonolog
des siegreichen Richmond beschwört eine neue Zukunft:

O now let Richmond and Elizabeth,
The true succeeders of each royal House,
By God's fair ordinance conjoin together,
And let their heirs, God, if Thy will be so,
Enrich the time to come with smooth-fac'd peace,
With smiling plenty, and fair prosperous days.

(V,5,29–34)

Das von Richard besetzte Feld ungezügelt aggressiver
Männlichkeit, die sich über den »grim-visag'd war« (I,1,9)
ebenso wie über den Besitz und die Kontrolle von Frauen
definiert: »Shall these enjoy our lands? Lie with our
wives? / Ravish our daughters?« (V,3,337 f.), bleibt leer zurück. Doch drängt es immer wieder zur Darstellung. Als ein
Erbe dieser frühneuzeitlichen Ambivalenz von Kritik und
Bewunderung einer als heldenhaft gefeierten männlichen

Gewalt treibt es unsere Kultur noch am Ende des 20. Jahrhunderts um. Die Zelebrierung männlicher Aggression vor allem im Kino – in den Action- und Gangsterfilmen, an die Loncraines *Richard III* anknüpft – drängt zugleich eine Konzeption von Weiblichkeit zur Repräsentation.

IV

There, at your meet'st advantage of the time,
Infer the bastardy of Edward's children;
[...]   (III,5,73 f.)

Der Schachzug Richards, die Kinder seines Bruders von der Thronfolge auszuschließen, indem er öffentlich behaupten läßt, sie seien illegitim, wirft ein schlechtes Licht auf den toten Bruder, Queen Elizabeth und die Kinder – falls er gelingt. Falls nicht, erhöht er noch den Einsatz: »Nay, for a need, thus far come near my person« (III,5,84). Als Steigerung bietet er Buckingham an, die Illegitimität seines eigenen Bruders Edward anzudeuten. Minimale Skrupel, die eigene Mutter als Ehebrecherin zu verleumden, beziehen sich nur auf die Form, nicht auf die Aussage selbst.

Tell them, when that my mother went with child
Of that insatiate Edward, noble York
My princely father then had wars in France,
And by true computation of the time
Found that the issue was not his-begot;
Which well appeared in his lineaments,
Being nothing like the noble Duke, my father –
Yet touch this sparingly, as 'twere far off;
Because, my lord, you know my mother lives.
                                    (III,5,85–93)

Geschlechterdifferenz wird konstruiert, indem sie repräsentiert wird: Das Sprechen über zügellose weibliche Sexualität und über Frauen, die sich der Unterordnung unter den

Mann eigenmächtig entziehen, durchdringt Predigten, Traktate, medizinische Abhandlungen, Gesetze wie das Theater. Die frühneuzeitliche Konzeption verstand den männlichen Körper als geschlossen, heiß und trocken – weshalb ein Richard ohne Tränen als hypermaskulin, ein heterosexuell aktiver Edward IV. als effeminiert gelten konnte. Der weibliche Körper hingegen wurde als offen konzeptualisiert, sinnlich, überbordend, zu dessen notwendiger (männlicher) Kontrolle drei Schwellen homolog angesetzt wurden: Mund, Scham und Haus (Stallybrass, 1986). Die sprechende, sich aus dem Haus begebende Frau ist schamlos – eine Vorstellung, der sich Elizabeth I. mit ihrer enorm erfolgreichen Selbststilisierung im *body politic* als *Virgin Queen* aktiv widersetzte. Doch die verunsichernden Fragen nach der Legitimität der Macht machten sich am weiblichen Körper der Königin fest.

Auf die Vorstellung weiblicher Unkeuschheit kann Richards Verleumdungstaktik zurückgreifen. Doch sein Sprachrohr Buckingham erweitert die Liste mit Anschuldigungen auch gegen Edward. Im Drama zeitigt dies für Richard kurzfristig den gewünschten Effekt – doch die verleumdeten Frauen werden es ihm nicht vergessen. Daß zudem eine weitere Frau Probleme bereiten könnte, dokumentieren die Streichungen folgender Zeilen Buckinghams in der Quarto-Ausgabe von 1597:

> I did, with his contract with Lady Lucy,
> And his contract by deputy in France;
> [...]   (III,7,5 f.)
> And his enforcement of the city wives;
> [...]   (III,7,8)
> And his resemblance, being not like the Duke.
>   (III,7,11)

Nicht aufführungstechnische Gründe, sondern die Rücksicht auf Königin Elizabeth I. scheint hier eine gewichtige Rolle zu spielen.[15] Denn ihr Herrschaftsanspruch war zeitlebens umstritten – mit zwei Geschwistern teilte sie das Schicksal, lebenslang als »bastard« zu gelten (Hunt, 1997). Die schwierige Lage dokumentiert sich darin, daß sie ihren Beratern folgte und ihre offizielle »Bastardisierung« in der Parlamentsakte von 1537 nie widerrief. Von den Anschuldigungen, die auf sie zielen konnten, scheint jene, dem Vater nicht zu ähneln, noch die geringste. Alle anderen betreffen die Herrschaftsfrage an den wunden Punkten, die in der zeitgenössischen Diskussion verhandelt wurden. Sie rühren an Heinrichs VIII. ausschweifendes Sexualleben, das zu dynastisch und rechtlich problematischen Ehe- und Vaterschaftsverhältnissen führte. Schließlich brächte eine widerrechtliche Ehe (»loath'd bigamy. / [. . .] his unlawful bed«, III,7,188 f.) von Edward IV. und Elizabeth Woodville, der Großmutter Heinrichs VIII., unangenehme Legitimationsprobleme mit sich. Bezogen auf die Tudorideologie wandelte Shakespeare in den Historien auf heißem Boden.

In der Kritik haben die Frauengestalten des Dramas selten andere als abschätzige Beurteilung erfahren: Margaret als verrückte Alte, Elizabeth als wankelmütiges Weib, Anne als treulose Witwe und die Duchess of York als herzlose Mutter. Vereinzelt nur sind die Aufführungen, die das Potential aller oder zumindest einer der Frauenfiguren ausloten. Margaret wird meist gestrichen, da sie die dramatische Handlung nicht befördert, sondern »nur« spricht; einige ihrer wirkungsvollen Repliken werden an Elizabeth vergeben. Gegen die dominierende männliche Titelrolle konnten sich nur wenige Schauspielerinnen in der Theatergeschichte behaupten.

In *Richard III* überleben Witwen und Waisen recht- und schutzlos. Aus der dramatischen Handlung heraus an die

---

15 Siehe dazu Hammonds Erläuterungen in den Fußnoten der Arden Edition.

Klagemauer gedrängt – der Verschiebung von Historie zu
Tragödie geschuldet (Howard/Rackin, 1997) –, erinnert ihre
dezentrierte Existenz an vergangenes Unrecht. Doch statt
den Opferstatus zu beweinen, lohnt eine Analyse ihrer
theatralischen Funktion: Sie schüren das Mißtrauen gegen
Richard von Anbeginn und sind seine einzigen Widersacher,
bevor Richmond schließlich landet. Richards Aufstieg und
Fall sind spiegelbildlich mit den Schicksalen der Frauenfiguren verknüpft: Seine Siege sind ihre Niederlagen, ihre
Siege bereiten seinen Untergang vor.

Zunächst gelingt es Richard, seine Mitspielerinnen in den
Rededuellen situativ und rhetorisch zu überwältigen. Doch
ihre Widerworte im direkten Schlagabtausch mit ihm verschaffen ihnen als dem einzig dramatisch artikulierten Ge-
genpol eine performative Kraft. Elizabeth, die ihre erfolgreiche Machtpolitik – ihre ganze Familie hat bei Hof reüssiert – durch Richards Protektorat gefährdet sieht: »A man
that loves not me, nor none of you« (I,3,13), wehrt sich
energisch. Auch wenn die Bühnenanweisung vorgibt: »Enter Queen Elizabeth with her hair about her ears« (II,2),
sieht sie klar die Bedrohung durch den Tyrannen (II,4,49–
54). Ihr verbürgtes Recht auf Kirchenasyl wird ihr verweigert – eine Begebenheit, die Thomas Mores Chronik nutzte,
um Elizabeth als humanistisch gebildete Rhetorikerin vor-
zustellen (Shepard, 1995); aber das Drama hat die Peripetie
noch nicht erreicht. Elizabeths Stunde kommt später, als der
bedrohte Richard ihre Tochter heiraten will.

Herausragendes Zeichen für seinen Fall, sowohl vom
Thron als auch aus der Zuschauergunst, ist der Verlust seiner Ironie. In dieser zweiten Werbungsszene ist es nun
Elizabeth, die mit der Mehrdeutigkeit der Zeichen spielt,
eine Umkehrung, die sich in seiner Bitte manifestiert: »Be
not so hasty to confound my meaning« (IV,6,262). Der vor-
malige Usurpator der Bedeutung verliert sie zusehends:

KING RICHARD.
  Your reasons are too shallow and too quick.
  ELIZABETH. Oh no, my reasons are too deep and dead:
  Too deep and dead, poor infants, in their graves.

(IV,4,361–363)

Auf ihre ausweichende Antwort »Write to me very shortly, / And you shall understand from me her mind« (427 f.)
scheint Richards Urteil verfrüht: »Relenting fool, and shallow, changing woman!« (431), denn statt ihm gibt sie ihre
Tochter seinem Feind Richmond zur Frau (V,5). Daß sich
die Kritik vielfach Richards Urteil anschließt, sagt nichts
über den Text oder über Elizabeth.[16] Ihr ist mit Dorset ein
Sohn geblieben und ihre Tochter wird Königin – eine be-
achtliche Erfolgsbilanz bei einer derart geringen Überle-
bensrate.

  Als Überlebende des Rosenkriegs besteht die dramatische
Funktion der alten Frauen im Wachhalten der Vorgeschichte. Richards Mutter, ihrem Sohn nie bedingungslos zugetan,
gibt ihm anfangs noch den Segen: »God bless thee, and put
meekness in thy breast; / Love, charity, obedience and true
duty« (II,2,107 f.). Am Ende verbündet sie sich mit der verfeindeten Margaret und Elizabeth im Haß auf Richard:
»teach me how to curse« (VI,6,117). Der Mutter Fluch vor
der Schlacht von Bosworth »[...] take with thee my most
grievous curse / [...] / Bloody thou art; bloody will be thy
end« (IV,4,188, 195) ist Vorspiel nur für die Galerie der Geister seiner Opfer, die ihn in der Nacht heimsuchen und seinem Gegner Richmond Kriegsglück versprechen.

  Wie Richard im Sprechen *ad spectatores* den Raum der
Bühne überwindet, so führt Margaret aus der präsentischen
Zeit des Bühnengeschehens in die Vergangenheit, in ihre

16 Vgl. E. M. W. Tillyard, »*Richard III* and the Tudor Myth«, in: *Shakespeare's Early Tragedies*, S. 55: »Are we to think that Elizabeth had outwit-
ted Richard and had consented, only to deceive? This is so contrary to the
simple, almost negative character of Elizabeth and so heavily ironical at
Richard's expense that I cannot believe it.«

Zeit als kriegerische Amazone der *Henriade*. Als Kassandrafigur prophezeit sie eine Zukunft, die sich noch im nahen Präsens erfüllt. Margaret steht außerhalb der dramatischen Handlung, doch ihre Sprechakte, die Tiraden der Flüche, Verwünschungen und Beschimpfungen, die Litaneien von Klagen und Schuldzuweisungen sind von großer theatralischer Wucht. Nur anfangs gelingt Richard eine wirkungsvolle Replik:

> MARGARET. Thou elvish-mark'd, abortive, rooting hog,
>   Thou that wast seal'd in thy nativity
>   The slave of Nature, and the son of hell;
>   Thou slander of thy heavy mother's womb,
>   Thou loathed issue of thy father's loins,
>   Thou rag of honour, thou detested –
> RICHARD. Margaret!
>   (I,3,228–234)

Ihre Magie steht im Kosmos des Dramas nicht in Frage, der bestimmt ist von den blutenden Wunden des ermordeten Heinrich VI. bei Anwesenheit des Mörders, dem Omen von Hastings stolperndem Pferd, dem vorausdeutenden Traum von Clarence und dem Zug der verwünschenden Geister vor der Schlacht. Margarets Fluch, daß Richard nicht mehr schlafen möge, erfüllt sich wie ihre Prophezeiungen. So eröffnen sich dem machiavellistischen Machtmenschen auf der höchsten Stufe seines Erfolgs die Abgründe seiner inneren Hölle. Sein Zusammenbruch gipfelt in der klagenden Erkenntnis:

> I shall despair. There is no creature loves me;
> And if I die, no soul will pity me –
> And wherefore should they, since that I myself
> Find in myself no pity to myself?
>   (V,3,201–204)

Es liegt eine dramatische Ironie darin, daß ihm während des Dramas nichts anderes vorgeführt wurde. Doch galt ihm die Rede der Frauenfiguren auch nicht viel mehr als den Dramaturgen, die sie regelmäßig aus dem Text entfernen.

V

Was haben Dramatiker, Historiographen, Chronisten, dramatische Helden, Schauspieler, Regisseure und Dramaturgen im Fall von *Richard III* gemeinsam? Im elisabethanischen Theater waren sie garantiert alle männlich, denn dort wurden selbst die Frauenrollen von Jünglingen gespielt. Die Praxis der Verkleidung junger Männer als Frauen ließ wiederum deren Männlichkeit als gefährdet erscheinen, ihre erotische Ausstrahlung auf männliche Zuschauer legte Sorge um deren Begehren nahe. Die Frauen hatten ihren Platz im Publikum. Ein »Männertheater«, wie Ina Schabert darlegt, dessen männliche Macht der Mimesis aber zur weiblichen Mimikry genutzt werden kann.[17]

In *Richard III* scheint das subversive Potential der Frauenfiguren, die patriarchale Kultur auch nur zu stören, begrenzt. An die Ränder gedrängt, bieten sie wenig Projektionsfläche für Wunschphantasien: Annes kurzfristige Macht über Richards entblößte Brust verschafft nur kurzen Lustgewinn, Elizabeths Triumph bleibt dramatisch unsichtbar. Über einen einfachen Identifikationsmechanismus läßt sich eine lustvolle weibliche Subjektposition nicht konstruieren – es sei denn, man setzt eine grundlegend masochistisch verfaßte Weiblichkeit an. Fazit: Die Faszination der Zuschauerin muß anders als über die Identifikation mit den Frauenfiguren gefesselt werden.

Freuds Aufsatz zu neurotischen Charaktertypen liefert hierzu einen Denkanstoß, wenn er unvermittelt von Richard III., der Ausnahme, auf die strukturell analoge Position von Frauen überleitet. Deren Anspruch auf Vorrechte und Befreiung sieht er darin begründet, daß sie sich als Ausnahme fühlen, weil sie »ohne ihre Schuld um ein Stück verkürzt und zurückgesetzt« geboren wurden. Mit »verkürzt und zurückgesetzt« scheint Freud selbst einen biologischen und einen kulturellen Erklärungsrahmen anzusetzen, die je-

---

17 Vgl. Ina Schabert, »Männertheater«, in: *Shakespeare-Jahrbuch* 134 (1998) S. 11–28.

doch wieder an den Körper zurückgebunden werden. In der Mißgestalt Richard kann die Zuschauerin ihre eigene Kastration und ihren kulturellen Ausschluß gespiegelt sehen; indem sie sich mit ihm identifiziert, hat sie an seinem transgressiven Begehren teil. Gleichzeitig offeriert ihr der als Spektakel inszenierte deformierte Körper einen Blick auf verunsicherte Männlichkeit. Deren hypermaskuline Vorführung bezeugt gerade, daß männliche Macht nicht naturhaft ist, sondern hergestellt werden muß – und somit bedrohbar ist. Die Zuschauerin erfährt ein gedoppeltes Begehren: über die Identifikation und das gleichzeitige Gefühl eigener weiblicher Macht.[18]

Richards Wandlungsfähigkeit, sein Gleiten durch Subjektpositionen ohne Tiefe, macht seine Wahrheit nur wieder zu einer neuen Maskerade: Die ausgestellte Hypermaskulinität kann umschlagen in eine homoerotische Begehrensstruktur: »Play the maid's part: still answer nay, and take it« (III,7,50).[19] Selbst sein deformierter Körper verbürgt so keine Wahrheit; doch in seiner exzessiven Repräsentation hält sich das unstillbare Begehren nach grenzenloser Entdifferenzierung, nach Auslöschung von Differenz wach, die zugleich das Begehren hervorruft.

Richards Vorgeschichte stellt die gefährlich verführerische Maskerade programmatisch vor. Nicht umsonst vergleicht sich Richard in seinem Monolog »Why, I can smile and murder while I smile« (*3 Henry VI* III,2,182) mit einer

---

18 Dieses Überlegenheitsgefühl äußert sich gerade im abgrenzenden Urteil: »Richard is politically and intellectually stupid, cowardly, and boring« (Marguerite Waller, »Usurpation, Seduction, and the Problematics of the Proper: A ›Deconstructive‹, ›Feminist‹ Rereading of the Seductions of Richard and Anne in Shakespeare's *Richard III*«, in: *Rewriting the Renaissance: The Discourse of Sexual Difference in Early Modern Europe*, hrsg. von Margaret Ferguson, Maureen Quilligan und Nancy Vickers, Chicago 1986, S. 159–174, hier S. 162).

19 Die Verfilmungen inszenieren diese männliche Parade – der Strumpfhosen bei Olivier, der Militäruniformen bei Loncraine und McKellen – auch mit Gusto.

Meerjungfrau: Seine sirenenhafte Verführungskunst kann mehr Seeleute in den Tod locken. Für seine Wechselgestalt erkennt er keinerlei Grenzen an:

> I can add colours to the chameleon,
> Change shapes with Proteus for advantages,
> And set the murderous Machiavel to school.
>
> (3 Henry VI III,2,191–193)

Wenn das Chamäleon als Metapher, wie Lothar Fietz ausführt, in jener Zeit zwei verschiedene, nicht kompatible Bedeutungen erhält, so kann darin ein Hinweis auf die Polyvalenz von Richard III und seine anhaltende Faszination liegen. Die ältere Bedeutung der Metapher verbindet das Chamäleon mit Dissimilation, Unehrlichkeit, machiavellistischem Verrat und Betrug.[20] Die neue Bedeutung in der Renaissance faßt das Rollenspiel als self-fashioning, das nun anstatt auf einem festen Platz in der Hierarchie auf der persönlichen Freiheit des autonomen Subjekts zur Selbstverwirklichung insistiert – ein historischer Prozeß, in dem die Frau die Position des anderen Geschlechts erhält, Weiblichkeit in die Maskerade gebannt wird.

Die Phantasie vom autonomen, selbstbestimmten Subjekt, das zumindest zeitweise über uneingeschränkte Macht verfügt, zielt ins Zentrum der Glücksversprechungen des entstehenden bürgerlichen Individualismus und seiner maskulinen Kultur, die den Mann als Norm setzt. Wenn die Chamäleon-Metapher einen noch offenen, frühneuzeitlichen Subjektbegriff umreißt, der Identität nicht als fest, sondern als dynamischen Prozeß vorstellt, so scheint dieser Subjektbegriff dem als lustvoll dezentriert imaginierten Subjekt der Postmoderne sehr nahezukommen. Doch die Elisabethaner erfuhren diese Instabilität weniger als befreiend denn als höchst bedrohlich. Indem Richard sich mit den

---

20 Lothar Fietz, »The Chameleon and the Player: Reflections on the Relation between English and Continental Renaissance Thought«, in: Anglia 110 (1992), H. 1, 2, S. 85–99.

Göttern vergleicht und den mörderischen Machiavel beleh-
ren will, verdeutlicht sich die Gefahr dieser Hybris. Deren
Verlockungen nach grenzenloser Machtfülle versprechen einen Lustgewinn, den nur die Repräsentation im Symbolischen leisten kann. Ansonsten wird sie – mörderisch.

Literaturhinweise

William Shakespeare: The Third Part of King Henry VI. Hrsg. von Andrew S. Cairncross. London 1964. (The Arden Shakespeare.)
– The First Quarto of King Richard III. Hrsg. von Peter Davison. Cambridge 1996. (The New Cambridge Shakespeare.)
– König Richard der Dritte. Übers. von A. W. Schlegel. Hrsg. von Dietrich Klose. Stuttgart: Reclam, 1971. (Universal-Bibliothek. 62.)

Allen, David: *Richard III*: »Trial by Jury«. In: Armchair Detective 20 (1987) H. 4. S. 403–411.
Bacon, Sir Francis: On Deformity. In: F. B.: The Essayes or Counsels, Civill and Morall. Hrsg. von Michael Kiernan. Oxford 1985. S. 133 f.
Belsey, Catherine: The Subject of Tragedy. London 1985.
Candido, Joseph: Thomas More, the Tudor Chroniclers, and Shakespeare's Altered *Richard*. In: English Studies 68 (1987) H. 2. S. 137–141.
Carroll, William C.: »The Form of Law«: Ritual and Succession in *Richard III*. In: True Rites and Maimed Rites: Ritual and Anti-Ritual in Shakespeare and His Age. Hrsg. von Linda Woodbridge und Edward Berry. Urbana (Ill.): 1992. S. 203–219.
Charnes, Linda Anne: Notorious Identity. Materializing the Subject in Shakespeare. Harvard 1993.
Cerasano, S. P.: Churls Just Wanna Have Fun: Reviewing *Richard III*. In: Shakespeare Quarterly 36 (1985) H. 5. S. 618–629.
Clemen, Wolfgang: Kommentar zu Shakespeares *Richard III*. Interpretation eines Dramas. Göttingen 1957.
Day, Gillian M.: »Determined to Prove a Villain«. Theatricality in *Richard III*. In: Critical Survey 3 (1991) H. 2. S. 149–156.
Dollimore, Jonathan / Sinfield, Alan: History and Ideology: The Instance of *Henry V*. In: Alternative Shakespeares. Hrsg. von John Drakakis. London 1983. S. 206–227.
Enclosure Acts: Sexuality, Property, and Culture in Early Modern England. Hrsg. von Richard Burt und John Michael. Ithaca 1994.
Fietz, Lothar: The Chameleon and the Player: Reflections on the Relation between English and Continental Renaissance Thought. In: Anglia 110 (1992) H. 1, 2. S. 85–99.
Freud, Sigmund: Einige Charaktertypen aus der psychoanalytischen Arbeit (1916). In: S. F.: Studienausgabe. Bd. 10: Bildende Kunst und Literatur. Frankfurt a. M. 1969. S. 231–235.

Gibinska, Marta: Villains on the Throne. Some Remarks on the Dramatic Craft of *Richard III* and *Macbeth*. In: Word and Action in Drama: Studies in Honour of Hans-Jürgen Diller on the Occasion of His 60th Birthday. Hrsg. von Günther Ahrends [u. a.]. Trier 1994. S. 81–91.

Greenblatt, Stephen: Shakespearean Negotiations. The Circulation of Social Energy. Berkeley (Cal.) 1988.

Hassel Jr., R. Chris: Songs of Death: Performance, Interpretation, and the Text of *Richard III*. Lincoln (Nebr.) 1987.

– Context and Charisma: The Sher-Alexander *Richard III* and Its Reviewers. In: Shakespeare Quarterly 36 (1985) H. 5. S. 630–643.

Howard Jean E. / Rackin, Phyllis: Engendering a Nation. A Feminist Account of Shakespeare's English Histories. London 1997.

Hunt, Maurice: Shakespeare's *King Richard III* and the Problematics of Tudor Bastardy. In: Papers on Language and Literature 33 (1997) H. 2. S. 115–141.

Kornstein, Daniel J.: Kill All the Lawyers. Shakespeare's Legal Appeal. Princeton 1994. S. 143–155.

Kott, Jan: Shakespeare heute. Aus dem Polnischen übers. von Peter Lachmann. München 1964.

Lamb, Charles: Letter to Robert Lloyd, 26 June 1801. In: Shakespeare's Early Tragedies *Richard III, Titus Andronicus* and *Romeo and Juliet*. A Casebook. Hrsg. von Neil Taylor und Bryan Loughrey. London 1990. S. 25 f.

Loehlin, James N.: »Top of the World, Ma«. *Richard III* and Cinematic Conventions. In: Shakespeare, the Movie: Popularizing the Plays on Film, TV, and Video. Hrsg. von Linda E. Boose und Richard Burt. London 1997. S. 67–79.

McKellen, Ian: William Shakespeare's *Richard III*. London 1996.

Moulton, Ian Frederick: »A Monster Great Deformed«. The Unruly Masculinity of Richard III. In: Shakespeare Quarterly 47 (1996) H. 3. S. 251–268.

Pearlman, E.: The Invention of Richard of Gloucester. In: Shakespeare Quarterly 43 (1992) H. 4. S. 410–429.

Rackin, Phyllis: Foreign Country: The Place of Women and Sexuality in Shakespeare's Historical World. In: Enclosure Acts: Sexuality, Property, and Culture in Early Modern England. Hrsg. von Richard Burt und John Michael Archer. Ithaca 1994. S. 68–95.

Rewriting the Renaissance: The Discourse of Sexual Difference in Early Modern Europe. Hrsg. von Margaret Ferguson, Maureen Quilligan und Nancy Vickers. Chicago 1986.

Reynolds, Peter: Acting *Richard III*. In: Shakespeare's Early Tragedies. A Casebook. S. 91–98.

Richard III: An Annotated Bibliography. Hrsg. von James A.
Moore. New York 1986.

Richmond, Hugh M.: *Richard III* and the Reformation. In: Journal
of English and Germanic Philology 83 (1984) H. 4. S. 509–521.

Rövekamp, Elke: Das »Grauen vor dem Weib«. Psychoanalytische
Anmerkungen zum Verhältnis von Ekel, Differenz und Moral.
In: Psychoanalyse, Politik und Moral. Hrsg. von Angelika
Ebrecht und Andreas Wöll. Tübingen 1998. S. 187–204.

Schabert, Ina: Männertheater. In: Shakespeare-Jahrbuch 134 (1998)
S. 11–28.

Seward, Desmond: *Richard III*. England's Black Legend. London
1997.

Shakespeare's Early Tragedies *Richard III, Titus Andronicus* and
Romeo and Juliet. A Casebook. Hrsg. von Neil Taylor und
Bryan Loughrey. London 1990.

Shepard, Alan Clarke: »Female Perversity«, Male Entitlement: The
Agency of Gender in More's *The History of Richard III*. In: The
Sixteenth Century Journal 26 (1995) H. 2. S. 311–328.

Sher, Antony: The Year of the King. London 1985.

Stallybrass, Peter: Patriarchal Territories. The Body Enclosed. In:
Rewriting the Renaissance. S. 123–142.

Tillyard, E. M. W.: The Elizabethan World Picture. Harmondsworth 1965.

– *Richard III* and the Tudor Myth. In: Shakespeare's Early Tragedies. A Casebook. S. 41–56.

Waller, Marguerite: Usurpation, Seduction, and the Problematics of
the Proper: A »Deconstructive«, »Feminist« Rereading of the Seductions of Richard and Anne in Shakespeare's *Richard III*. In:
Rewriting the Renaissance. S. 159–174.

Weimann, Robert: Performance-Game and Representation in *Richard III*. In: Textual and Theatrical Shakespeare: Questions of Evi-
dence. Hrsg. von Edward Pechter. Iowa City 1996. S. 66–85.

A *Midsummer Night's Dream*

Von Günther Jarfe

1. *Zur Struktur*

Der *Dream*[1] wird nach übereinstimmender Meinung der Shakespeare-Forschung auf die Jahre 1595/96 datiert und gilt als Höhepunkt des frühen Komödienschaffens. Frank Kermode sieht in dem Stück sogar das vollkommenste der Shakespeareschen Lustspiele.[2] Für dieses Urteil lassen sich in der Tat gute Gründe anführen. Die Raffinesse, mit der Shakespeare vier klar voneinander abgegrenzte Personengruppen und scharf umrissene Handlungsstränge thematisch und strukturell miteinander verknüpft, ist ebenso eindrucksvoll wie die Virtuosität, mit der das Lustspiel seinen Charakter als Bühnenfiktion immer aufs neue thematisiert.

Die Handlung des Stücks spielt in einem sagenhaften Athen. Die Personen sind: Theseus, der Herzog von Athen, der die Amazonenkönigin Hippolyta besiegt hat und sie nunmehr zu seiner Frau machen will; Hermia und Helena, deren Glück plötzlich in Frage gestellt zu sein scheint, seit Demetrius sich von Helena ab- und Hermia zugewandt hat und damit deren Freund Lysander Konkurrenz macht; die Athener Handwerker, die sich abmühen, das traurige Stück von *Pyramus and Thisbe* für die Hochzeitsfeierlichkeiten des Theseus einzustudieren und aufzuführen; und der Feenkönig Oberon und seine Königin Titania, die im Athe-

---

1 Zitiert wird nach The Arden Edition of the Works of William Shakespeare: *A Midsummer Night's Dream*, hrsg. von Harold F. Brooks, London: Methuen, 1979. Der Titel des Stücks wird im folgenden abgekürzt als *Dream*.
2 Vgl. Frank Kermode, »Shakespeare's Best Comedy«, in: Antony W. Price (Hrsg.), »*A Midsummer Night's Dream*«. *A Selection of Critical Essays*, London 1983, S. 113: »I should myself be prepared to maintain that *A Midsummer Night's Dream* is Shakespeare's best comedy.«

ner Wald ihren heftigen Ehezwist austragen. Shakespeares besondere Kunst zeigt sich nun darin, wie diese vier Handlungsstränge – alles Variationen über das Thema Liebe – kontrapunktiert und enggeführt werden. Das Stück besteht aus neun Szenen: Die ersten und letzten beiden spielen in Athen, die dazwischen liegenden fünf, der größere Teil des Stücks, spielen im Athener Wald. Dort haben nicht nur Oberon und Titania das Sagen, sondern dorthin beschließen Hermia und Lysander zu fliehen, um sich dem Athener Recht zu entziehen. Sie weihen allerdings Helena in ihre Absicht ein, die ihrerseits dem Demetrius von den Fluchtplänen erzählt. Prompt irren bald alle vier im nächtlichen Wald umher. Ebendort haben sich auch die Handwerker zur Probe verabredet, um möglichst ungestört üben zu können. Beiden Gruppen, den Liebenden wie den Handwerkern, wird durch den Kobold Puck, die rechte Hand Oberons, übel mitgespielt, indem er einerseits die polygamen Tendenzen von Lysander und Demetrius befördert, andererseits Bottom mit einem Eselskopf versieht und dadurch sowohl die Theaterprobe auffliegen läßt, als auch das Techtelmechtel zwischen Titania und Bottom anbahnt. Auch eine grobe Strukturskizze wie die folgende kann die überlegte szenische Verteilung und Kombination der Figurengruppen und die verblüffende Symmetrie der Szenenabfolge veranschaulichen:

(Akt)	I		II		III		IV		V
(Szene)	1	2	3	4	5	6	7	8	9
(Schauplatz)	ATHEN		EIN WALD BEI ATHEN					ATHEN	
Theseus Hippolyta	X						X		X
Hermia Lysander Demetrius Helena	X		X	X		X	X		X
Oberon Titania Puck			X	X	X	X	X		(X)
Handwerker Bottom		X			X		(X)	X	X

Damit hat das Stück die für viele Komödien typische ABA-Struktur bzw. ABA'. Wie in *As You Like It* spielt auch hier der Gegensatz zwischen der Alltagswelt mit ihrer fest gefügten Ordnung (Athen) und einer »green world«, in der die gewohnten Regeln außer Kraft gesetzt sind (ein Wald bei Athen), eine zentrale Rolle. Auch daß die ›Unordnung‹ durch eine Rückkehr zur ›Ordnung‹ überwunden werden muß, ist klar. Die besondere Bedeutung dieses strukturellen Grundmusters muß freilich mittels einer gründlichen Analyse erschlossen werden.[3]

3 Dieses Stück ist schon so häufig und unterschiedlich interpretiert und über die sehr wechselhafte Rezeption ist schon so viel veröffentlicht worden, daß es wenig sinnvoll erscheint, die Wirkungsgeschichte des *Dream* ein weiteres Mal zu rekapitulieren. Ich verweise auf die Bücher von Jay L. Halio und Gary Jay Williams. Die nachfolgende Interpretation klammert auch so Shakespeare-typische Fragen wie die nach der Entstehungsgeschichte, nach den Quellen, der Textüberlieferung usw. aus, weil diese wiederholt erschöpfend behandelt worden sind. Vgl. die jeweilige »Introduction« der angeführten Ausgaben.

2. *Kott, Brook und die Folgen*

Der Aufstieg des *Dream* zu einem der beliebtesten und meistgespielten Stücke Shakespeares begann erst vor wenigen Jahrzehnten. Die sehr späte Erfolgsgeschichte hat zweifellos damit zu tun, daß es früheren Jahrhunderten ungleich schwerer fiel, dieses Konglomerat heterogener Elemente (aus griechischer Mythologie, elisabethanischem Volksglauben, Hofkultur und ländlicher Alltagswelt) als Einheit zu begreifen. Die im 19. Jahrhundert sich herausbildende Sicht des Stücks als Zauber- und Märchenspiel fand ihre Fortsetzung und Weiterentwicklung bei all jenen Kritikern und Forschern, die den *Dream* mit der pastoralen Tradition in Verbindung bringen und den Figuren ein Wachstum »to a harmony of spiritual health« zubilligen und dem Schluß eine »vision of grace and harmony« bescheinigen (Foakes, S. 26). Diese bei vielen Shakespeare-Herausgebern auch heute noch verbreitete Konzeption bedeutet nach der Meinung Jan Kotts (1965) eine unzulässige Verharmlosung. Er trat ihr mit seiner Auffassung des Stücks als »brutal and violent« (S. 178) vehement entgegen. Für ihn ist das Hauptthema ein »passing through animality« (S. 180). Sein Fazit lautet: »The world is mad and love is mad. In this universal madness of Nature and History, brief are the moments of happiness« (S. 190). Auf eine solche radikale Neubewertung schien das Theater nur gewartet zu haben. 1970 inszenierte Peter Brook den *Dream* in Stratford. »Probably no single Shakespearean production of the last fifty years has been so influential, or so controversial. [...] What did Brook do with the play? Briefly, he turned it into a circus – not in any crude sense, but in order to evoke the magic and the delight in performance for its own sake that mark the circus at its best« (Dawson, S. 15). Brook inszenierte das Stück aus antiromantischem Affekt heraus. Sowohl die beträchtlichen Unterschiede zwischen den Figurengruppen wie die zwischen den Schauplätzen wurden eingeebnet. Während bis dahin üblicherweise und im Einklang mit den tatsächlichen Proportionen des Stücks einerseits die Feenwelt, andererseits die Liebenden und die Handwerker gemeinsam im Zentrum des Interesses standen, veränderte Brook den Fokus des Stücks beträchtlich, indem er Theseus und Oberon sowie Hippolyta und Titania in jeweils eine Figur zusammenzog und damit das Herrscherpaar in den Mittelpunkt rückte. Die Geschehnisse im Athener Wald sollten als ein Ausagieren der unterschwelligen Ressentiments von Theseus und Hippolyta gegeneinander verstanden werden. »So the two couples were played by the same actors, in order to suggest that the events in the wood represented the dark animal fantasies beneath the public front which Theseus and Hippolyta present to the world [...]« (Warren, S. 56). Aufgrund dieser zweifellos originellen Deutung wird naturgemäß die Begegnung von Titania mit Bottom (III,1) zum Höhepunkt des Stücks. Theseus/Oberon will Hippolyta/Titania demütigen, indem er sie mit einem Grobian kopulieren läßt: »Titania's body arches with desire, she cries out, the fairies carry Bottom in state to her bed, an arm raised through his legs like a giant phallus, with Mendelssohn's ›Wedding March‹ bursting triumphantly on the audience and huge confetti paper plates showering down from the gallery« (zit. in: Dawson, S. 18).

Brooks Inszenierung wurde überwiegend bejubelt und viel gepriesen. Ihre Folgen sind bis heute spürbar. Ausgelöst durch das Buch von Kott und ratifiziert durch die berühmte Aufführung von Brook, scheint sich eine *communis opinio* über das Thema des Stücks herausgebildet zu haben, dem sich die meisten Regisseure und Rezipienten nur schwer entziehen zu können meinen. Diese Sogwirkung einer immer wieder variierten Deutung stellt für den Interpreten eine nicht zu übersehende Herausforderung dar. Es besteht heute – jedenfalls unter Theaterleuten – ein weitreichender Konsens über eine (angeblich vorhandene) sexuelle Grun-

dierung des *Dream*.[4] Viele Regisseure scheinen die Geschehnisse im Athener Wald so zu verstehen, daß man sich
erst einmal sexuell austoben muß, bevor man für die Ehe
reif ist. Und zwar nicht etwa nur mit dem künftigen Partner. Kott verkündet mit dem Brustton der Überzeugung:
»The entire action of this hot night [...] is based on complete exchangeability of love partners« (S. 176). Belegbar an
dem behaupteten Bäumchen-wechsel-dich-Spiel ist aber lediglich, daß Lysander und Demetrius anfänglich Hermia
den Hof machen, später dagegen Helena und daß ob dieses
Loyalitätswechsels auch die innige Freundschaft der beiden
jungen Frauen zu zerbrechen droht. Wer das nächtliche
Umherirren, die aus dem Wankelmut der Männer entstehenden Verwirrungen und Streitereien als Sexorgie interpretiert, projiziert unsere Welt der Illustrierten und Medien,
in der Sex einen zentralen Platz einnimmt, in die Welt einer
Shakespeareschen Komödie und stellt die im Stückverlauf
angelegte Sinngebung völlig auf den Kopf. Das heißt keineswegs, daß die zwischen den vier jungen Leuten bestehende Liebe entsexualisiert werden soll. Natürlich haben
die Liebenden auch sexuelle Wünsche und Bedürfnisse und
lassen das gelegentlich durchblicken. So möchte Lysander
seiner Hermia beim Schlafengehen möglichst nahe auf den
Leib rücken. Aber warum sollte Hermia darauf bestehen,
daß Lysander sich in einer gewissen Entfernung von ihr
schlafen legt: »Such separation [...] / Becomes a virtuous

---

4 Die Shakespeare-Forschung ist daran nicht völlig unschuldig. Ihre zeit-
weilige Überbetonung von Einflüssen volkstümlicher Feiertagsbräuche
(z. B. der Maifeiern) auf Form und Inhalt besonders der Komödien hat die
irrige Zuschreibung sexueller Freizügigkeiten geradezu gefördert. In seinem
Beitrag über »Shakespeare and the Traditions of Comedy« rückt David Daniell (1986) die überstark gesetzten Akzente etwas zurecht, wenn er an-
merkt: »Confident assertions concerning life in Elizabethan England [...]
do not always carry conviction. C. L. Barber's service in showing how close
comedy could be to the spirit of ancient English festivals, in *Shakespeare's
Festive Comedy* (1959), has given rise to exaggeration« (S. 120).

bachelor and a maid« (II,2,57 f.), warum sollte Demetrius Helena davor warnen, ihren guten Ruf und ihre »virginity« aufs Spiel zu setzen (II,1,214–219), warum sollte sie selber sich als »virgin« bezeichnen (III,2,160), wenn alle bereits miteinander geschlafen hätten? Das ganze Verwirrspiel im Wald ist vielmehr als Prüfung angelegt, durch deren Bestehen man sich erst einer dauerhaften Beziehung als würdig erweist. Man besteht sie, indem man die richtige Partnerwahl trifft und auf die vorschnelle Befriedigung sexueller Bedürfnisse verzichtet. Es gilt zu bedenken: Das Personal in Shakespeares Komödie gehört zu einer streng gegliederten Ständegesellschaft, zu deren erklärten Zielen es gehört, Leidenschaften einzudämmen und in gesellschaftlich sanktionierte Bahnen zu lenken. Insbesondere ist voreheliche Sexualität, das machen die Ereignisse im Athener Wald unzweideutig klar, unerwünscht. Ziel ist vielmehr die Annäherung an eine ideale Verhaltensnorm, die im Stück als »courtesy« bezeichnet wird: So bittet Hermia ihren Lysander: »But, gentle friend, for love and courtesy, / Lie further off, in human modesty« (II,2,55 f.). Und Helena beklagt sich gegenüber Demetrius: »If you were civil, and knew courtesy, / You would not do me thus much injury« (III,2, 147 f.). Die hier anklingende Verzichtsethik ist allerdings unserer Zeit fremd geworden. Doch man kann sich nicht über sie hinwegsetzen, ohne den Text grob zu mißachten.

Ähnlich großzügig über den Text hinweggelesen wird bei der Begegnung zwischen Titania und Bottom. Nach Peter Brooks Meinung ist Oberons Absicht bei der Bestrafung Titanias »having her fucked by the crudest sex machine he can find« (zit. in: Brown, S. 45). Diese Sicht hat erst vor kurzem eine erneute Bestätigung erfahren in der vielbeachteten Inszenierung von Karin Beier. Volker Canaris, der sich ausführlich und rühmend damit beschäftigt, schreibt u. a. darüber: »[...] in der Beziehung zum Bottom-Esel, zum ›monster‹ (dem ›Menschenvieh‹, wie Frank Günther übersetzt) geschieht das Wesentliche: die Begegnung (sie steht nicht im

Text, ist pures Theater und zugleich essentieller Shakespeare) wird von Josette Bushell-Mingos Titania geführt, sie
verführt den Esel-Mann [...], umgarnt ihn in einem schlan-
genhaft ekstatischen Tanz, bietet sich ihm an, bis er bereit
ist, sie zu nehmen: in diesem Moment nimmt er den Eselskopf ab, hält ihn wie einen großen Phallus vor sich und in
grober Deutlichkeit zwischen ihre gespreizten Beine« (Canaris, S. 26 f.). Das ist wirkungsvoll und entspricht unseren
durch Film und Fernsehen geprägten Erwartungen. Die
Achillesferse dieses Konzepts, die von Canaris immerhin
eingestanden wird, ist die ungenügende Textbasis. Das für
Canaris Wesentliche »steht nicht im Text«, soll aber »zugleich essentieller Shakespeare« sein. Aber ist es das wirklich? Das erklärte Ziel von Titanias Liebe zu Bottom ist: »I
will purge thy mortal grossness so, / That thou shalt like an
airy spirit go« (III,1,153 f.). Titania liebkost Bottom und
umschmeichelt ihn. Und der Text – soviel ist richtig –
schließt sexuelle Intimitäten nicht aus. Aber angesichts von
Bottoms Desinteresse an Titania und seiner übergroßen
Schläfrigkeit sind sie auch nicht eben wahrscheinlich. John
Russell Brown (1974) hat die Abwegigkeit einer solchen Interpretation gründlich nachgewiesen und kommt am Ende
zu dem Schluß: »Finally, the object of devotion is not an
ass, but a man with an ass's head who never says a word
that suggests an intention to fuck her, crudely or otherwise.
Bottom's first thought is of how to escape, his second of an-
swering Titania's attendants with requisite courtesy. When
Titania is seen ›coying‹ his cheeks and kissing his ears, he is
irritated by an itch, feels hungry, and then announces sim-
ply – or perhaps ambiguously – that he is tired (IV.i.1–42).
The director, with his actors to help him, has discovered a
concept of the play that is not represented in the play-text
at all, but springs from reactions, predispositions, theatrical
consciousness and fantasies of their own [...]« (S. 45).

3. *Zur Thematik*

Wovon handelt der *Dream*? Hier ist ein Ausschnitt aus Helenas Monolog am Ende der ersten Szene:

> Things base and vile, holding no quantity,
> Love can transpose to form and dignity:
> Love looks not with the eyes, but with the mind,
> And therefore is wing'd Cupid painted blind;
> Nor hath Love's mind of any judgement taste:
> Wings, and no eyes, figure unheedy haste.
> And therefore is Love said to be a child,
> Because in choice he is so oft beguil'd.
> As waggish boys, in game, themselves forswear,
> So the boy Love is perjur'd everywhere;
> [. . .]   (I,1,232–241)

Diese Passage ist in mehrfacher Hinsicht symptomatisch. Die Häufigkeit des Wörtchens *love* und die dem Cupido zugeschriebenen Eigenschaften der Blindheit, der Eile und der ständigen Eidesbrüchigkeit (»perjur'd everywhere«) lassen keinen Zweifel, daß es bei den anschließenden Verwicklungen in erster Linie um Verirrungen der Liebe gehen wird, die sich deren verwandelnder Kraft verdanken. Gleichzeitig eignet diesen Versen ein ostentatives Element des Theatralischen, das den *Dream* insgesamt (besonders aber die petrarkistisch überhöhte Sprache der Liebenden) auszeichnet. Der Rückgriff auf Liebesmythologie und -emblematik mit geflügeltem Liebesgott, eingelassen in Helenas Klage über den untreuen Demetrius, ist im Grunde genommen ein *set piece, out of character* gesprochen. Wenn Helena die von ihr hier verkündete Einsicht verinnerlicht hätte und beherzigen würde, könnte sie sich den Verrat an Hermia sparen, das Geheimnis für sich behalten und in Athen abwarten, bis Demetrius wieder zur Vernunft kommt. Liebe, Theater und Verwandlung bilden ein Themengemenge, das im folgenden etwas entwirrt werden soll.

3.1

Wie in vielen Komödien werden wir im *Dream* mit verschiedenen Spielarten und Stadien der Liebe konfrontiert, die sich wechselseitig erhellen und relativieren. Am Anfang scheinen sich tragische Entwicklungen anzubahnen. Als Hermia vom Vater wegen ihrer Unbotmäßigkeit dem Theseus als Richter vorgeführt wird, schlägt dieser sich auf die Seite des Egeus und setzt ihr eine Entscheidungsfrist bis zu seiner eigenen Eheschließung:

> Upon that day either prepare to die
> For disobedience to your father's will,
> Or else to wed Demetrius, as he would,
> Or on Diana's altar to protest,
> For aye, austerity and single life.
>
> (I,1,86–90)

Lysander faßt die gemeinsame Einsicht, daß alles sich gegen ihre Liebe verschworen habe, in die Worte:

> And, ere a man hath power to say »Behold!«,
> The jaws of darkness do devour it up:
> So quick bright things come to confusion.
>
> (I,1,147–149)

Das klingt düster und aussichtslos. Tragik kann sich hier freilich gar nicht entfalten, weil Lysander im nächsten Moment einen Fluchtplan ausbreitet und weil, wie sich sehr bald erweist, die Männer wankelmütig sind und »true love« (I,1,134) in ihrem Mund bloß Worte. Schon hier zeichnet sich ab, daß der mit dem Wortgepränge erhobene Anspruch und die bescheidene Statur der Protagonisten auseinanderklaffen und dadurch der Komik Tür und Tor öffnen. Die Tragik der verhinderten und zerstörten Liebe ist auch Thema des *Spiels im Spiele*. Diese Liebe endet tödlich. Die Tragik kann sich aber auch hier nicht entfalten, weil die Unfähigkeit der Darsteller und die Gnadenlosigkeit der Zuschauer das traurige Geschehen zur Burleske verdammen. Aber wenn auch, wie Philostrate bemerkt: »in all the play / There is not one word apt, one player fitted« (V,1,64 f.), so ist die unbedingte Liebe von Pyramus und Thisbe dennoch ein Maßstab, an dem sich die anderen Spielarten der Liebe messen lassen.

Davon werden uns drei vorgeführt. Den Auftakt bildet die fürstliche Verbindung zwischen Theseus und Hippolyta, deren bevorstehende Hochzeit der Handlung des Stücks als Auslöser und Zielpunkt dient. Aus Theseus' Worten spricht gedämpfte Leidenschaft, Hippolyta schweigt sich über ihre Gefühle aus. Immerhin gesteht Theseus:

> Hippolyta, I woo'd thee with my sword,
> And won thy love doing thee injuries;
> [. . .]   (I,1,16 f.)

Ganz freiwillig war Hippolytas Jawort also nicht. Und es gibt verschiedene Phasen im Verlauf der Handlung – so der Auftritt des Egeus (I,1,20–127) –, in denen Hippolytas Schweigen als innerer Vorbehalt gedeutet werden kann. Auch der letzte Akt zeigt eine Frau, die sich zwar offenbar mit ihrem Los versöhnt hat, aber ohne Zögern das Recht auf Widerspruch und ein eigenes Urteil beansprucht. Das zweite Paar, dem wir begegnen, Oberon und Titania, ist seit langem verheiratet und trägt wegen eines Wechselbalgs, in den Titania völlig vernarrt ist und den Oberon auf Biegen und Brechen seinem Gefolge einverleiben möchte, einen heftigen Ehezwist aus. Zwar versöhnen sie sich schließlich (»Now thou and I are new in amity«, IV,1,86), doch lassen die Heftigkeit ihrer Äußerungen, der Anlaß ihres Streits und die von Oberon praktizierte Strategie zur Beilegung des Konflikts erkennen, daß ihre Ehe sich keineswegs zur Nachahmung empfiehlt. Im Zentrum der Liebesthematik steht zweifellos das sogenannte Liebesquartett, das – mit Ausnahme von I,2; III,1 und IV,2 – in wechselnder Konstellation in sämtlichen Szenen anwesend ist. Die Liebenden müssen in dieser Nacht erfahren, daß Verliebtheit mit einer gehörigen Portion Leiden erkauft sein kann. Und zwar keineswegs, weil äußere Hindernisse ihre Liebe durchkreuzen würden, sondern weil sie sich ihrer eigenen Gefühle nicht sicher sind und einer ernsthaften Belastung ihrer jungen Liebe nicht gewachsen zeigen. Helena ist zu Beginn die Verlassene, ist aber so hoffnungslos verliebt und hat der abweisenden Haltung des Demetrius wegen ein so geringes Selbstwertgefühl, daß sie wie ein Hund hinter ihm herläuft und ihn anfleht: »only give me leave, / Unworthy as I am, to follow you« (II,1,206 f.). Das plötzliche Umworbenwerden durch beide Männer bringt sie vollends außer Fassung. Sie vermutet ein abgekartetes Spiel zwischen Hermia und den Männern und hat nur noch den Wunsch: »To Athens will I bear my folly back« (III,2,315). Hermia ergeht es nicht viel besser. Erst wird sie von Demetrius mit Liebesschwüren bedrängt, von denen sie nichts wissen will, dann erklärt ihr Lysander, daß er sie nicht mehr ausstehen könne. Hermia wird dadurch bis an den Rand des Identitätszweifels gebracht: »Am not I Hermia? Are not you Lysander?« (III,2,273). Die Männer wiederum fallen von einem Gefühlstaumel in den anderen und sind beim Wechsel ihrer Loyalitäten keineswegs zimperlich. Die frühere Freundin Helena wird von Demetrius auf rüde Weise abserviert: »I am sick when I do look on thee« (II,1,212). Wenn sie ihn weiter verfolge, werde er sich an ihr vergreifen: »I shall do thee mischief in the wood« (II,1,237). Lysander, der eben noch Hermia geschworen hatte: »And then end life when I end loyalty!« (II,2,62), schwenkt im nächsten Moment, als ihm Helena über den Weg läuft, um: »And run through fire I will for thy sweet sake!« (II,2,102) und verläßt die schlafende Hermia mit der Ankündigung: »Of all be hated, but the most of me!« (II,2,141).

Das alles deutet in seiner Hektik und sprachlichen Hyperbolik darauf, daß sich der Gefühls- und Hormonhaushalt dieser jungen Leute in Aufruhr befindet. Anders aber

als in Mozarts *Così fan tutte* bleibt die stürmische Werbung
der Männer um die Verlobte des jeweils anderen erfolglos.
Sie müssen die Qualen der Zurückweisung erdulden. Demetrius leidet unter Hermias Unnahbarkeit, kommt sich
»Pierc'd through the heart with your stern cruelty« (III,
2,59) vor. Lysander muß sich von Helena sagen lassen: »you
do me wrong [...] / In such disdainful manner me to woo«
(II,2,128 f.). Die erfolglosen Werbetiraden der Männer, die
durch den Alptraum des Verlassenwerdens erschütterte Ge-
fühlssicherheit der Frauen führen zu einer heillosen Zer-
strittenheit aller. Es sind aber in erster Linie die Frauen,
welche durch die abwechselnde Anbetung und Verstoßung
seitens der Männer heftigen Gefühlsschwankungen ausgesetzt und schließlich zur Verzweiflung gebracht werden.
Die früher eng befreundeten Frauen kennen sich plötzlich
selbst nicht mehr und gehen wie Furien aufeinander los.
Selbst die Männer erfahren, wozu es führen kann, wenn
man die eigenen Gefühle nicht mehr unter Kontrolle hat
und der Verliebtheit keine Zügel anzulegen weiß. Es fehlt
nicht viel und sie hätten sich duelliert. Die Aufregungen
dieser einen Nacht vermitteln demnach den vier jungen
Leuten die Erkenntnis, daß ein Ausleben unkontrollierter
Emotionen Bindungen aufheben und schnurstracks in die
Katastrophe führen kann.

Dennoch ist die Rede vom Liebesquartett irreführend.
Auch wenn die Individualisierung der Figuren sich in engen
Grenzen hält, ist doch die Behauptung, sie seien ununter-
scheidbar bzw. in gleicher Weise von den Ereignissen betroffen, nachweisbar falsch. Das gilt in erster Linie für das
unterschiedliche Verhalten der Geschlechter und die daraus
resultierende Sympathielenkung. Unstreitig wird Helena
und Hermia größere Sympathie entgegengebracht, weil sie
als unerschütterlich in ihrer Liebe gezeigt werden. Allerdings stellt sich gegen Ende des Stücks, nach der Aufführung des *Interlude*, die bange Frage, ob sie sich mit der un-
verbrüchlichen Treue zu diesen ›Schlawinern‹ nicht doch ei-

nen Bärendienst erwiesen haben. Es sind der Leichtsinn und
der Wankelmut der Männer, welche die Verwicklungen auslösen. Zwar ist zuzugeben, daß Shakespeare das irrationale
Verhalten der Männer durch das Eingreifen höherer Mächte
motiviert (Puck träufelt ihnen Liebessaft in die Augen). Indessen liegt es nahe und dürfte schon der Mehrzahl von
Shakespeares Zeitgenossen nicht schwer gefallen sein, diesen Saft als Chiffre für Unbeständigkeit und leichte Ent-
flammbarkeit zu verstehen. Anders gesagt: Pucks »love-in-
idleness« (II,1,168) signalisiert bei den Männern Unreife
und (wie auch bei Titania) die Unvernunft eines törichten
Verliebtseins. Dieser Zustand wird zumeist als »doting«
oder »dotage« bezeichnet. Gipfel einer solchen pervertierten Verliebtheit ist das Tête-à-tête zwischen Titania und
dem eselsköpfigen Bottom: »How I dote on thee!« (IV,
1,44). Mit dem Erwachen bei Tagesanbruch stellen sich
Ernüchterung und Einsicht ein. Die nächtliche Blindheit
scheint verflogen. Während das Beziehungsgeflecht der jungen Leute zu Beginn der sich überstürzenden Ereignisse
etwa so veranschaulicht werden könnte:

Hermia   Helena
 ↑↓   ↖   ↓
Lysander   Demetrius,

trifft der Herzog am nächsten Morgen auf eine ›normali-
sierte‹ Paarbildung, die im übrigen der Situation vor Beginn
des Stücks entspricht:

Hermia   Helena
 ↑↓   ↑↓
Lysander   Demetrius.

Demetrius, der durch seinen Anspruch auf Hermia den
Konflikt in gewisser Weise ausgelöst hatte, sagt sich nun
deutlich los von diesem früheren Zustand, den er als »sick-
ness« (IV,1,172) ansieht:

> [...] my love to Hermia,
> Melted as the snow, seems to me now
> As the remembrance of an idle gaud
> Which in my childhood I did dote upon;
> [...]   (IV,1,164–167)

Er glaubt, sozusagen in einer Nacht erwachsen geworden zu sein und reif für Helena, die er ja schon früher einmal geliebt hatte:

> And all the faith, the virtue of my heart,
> The object and the pleasure of mine eye,
> Is only Helena.   (IV,1,168–170)

»From dotage to love« ist also die Devise, die diesem Reifungsprozeß zugrunde liegt, wenn es denn einer ist.

3.2

Shakespeare leistet sich im *Dream* einen besonders raffinierten Spaß. Indem er darin ein Theaterstück besetzen, proben und aufführen läßt, thematisiert er den Bereich des Theaters mit all seinen Problemen von der Besetzung der Rollen über die szenische Realisierung bis hin zum Verhältnis von Schauspielern und Publikum. Da Verfasser und Darsteller des *Spiels im Spiel* ihrer Aufgabe auf klägliche, aber äußerst komische Weise nicht gewachsen sind, kann Shakespeare innerhalb des eigenen brillanten Lustspiels nicht nur antiquiertes Theater parodieren und satirisch bloßstellen, sondern gleichzeitig die eigene Überlegenheit ausspielen und dabei sein Publikum auch noch köstlich unterhalten. Die langwierigen Überlegungen der Handwerker, wie die für ihre Aufführung erforderlichen Requisiten »Mondlicht« und »Mauer« herbeizuschaffen seien, erscheinen noch naiver, als sie es ohnehin schon sind, wenn man sie neben das lapidare »I am invisible« (II,1,186) des Oberon stellt. Souverän bedient sich Shakespeare hier einer Konvention, auf die der Zuschauer lediglich hingewiesen wird, um dem Geschehen folgen zu können. Die Funktion des *Interlude* geht allerdings über die eines Divertissements weit hinaus. Zwischen der Handwerkerposse und der Haupthandlung bestehen inhaltliche und formale Parallelen und Analogien; es ergibt sich ein wechselseitiges Spiegelungsverhältnis. Das betrifft sowohl die Ausgangssituation Hermias und Lysanders, die durch das Nein des Egeus und seine Intervention nicht unähnlich der von Pyramus und Thisbe ist, als auch die mondnächtliche Kulisse. Weiterhin stehen Helena und Hermia an Unbedingtheit, mit der sie ihrer Liebe folgen, dem Ovidischen Liebespaar in nichts nach. Wie Pyramus und Thisbe führen auch die jungen Liebenden öfter als nötig den Tod im Munde (so etwa II,1,244; II,2,155; III,2,47–49; III,2,269). Die Parallelen und Anklänge lassen sich bis in einzelne situative und sprachliche Korrespondenzen hinein verfolgen. Helenas Apostrophe der Nacht: »O weary night, O long and tedious night« (III,2,431) weist voraus auf Pyramus' »O grim-look'd night! O night with hue so black! / O night [...]« (V,1,168 f.). Der im *Spiel im Spiele* kulminierende Aspekt theatralischer Selbstbezüglichkeit durchdringt das ganze Stück, insofern auch die Haupthandlung um das Liebesquartett sich (nicht nur aus der Sicht Pucks) als Theater, als »fond pageant« (III,2,114) darstellt; und das heißt: Der mangelnden Professionalität der Handwerker, die ihrer Aufgabe als Schauspieler nicht gewachsen sind, entspricht die mangelnde existentielle Reife der Liebenden (vor allem der Männer), die noch zu sehr dem »doting« verfallen sind und deren Anerkennung des Realitätsprinzips (Freud) noch zu wünschen übrigläßt. Puck findet dafür die Formel: »Lord, what fools these mortals be!« (III,2,115).

Die Selbstbezüglichkeit des *Dream* mit all seinen burlesken, grotesken und ironischen Elementen bewirkt, daß dieses Stück weder sich selbst, noch die Liebe, noch die Autorität ganz ernst nimmt. Agenten dieser Subversivität sind Oberon und Puck, die während der Szenen im Wald als Zuschauer, Mitspieler und Regisseure auftreten. Sie sorgen von Anfang an dafür, daß das tragische Potential der Verwicklungen sich in Grenzen hält. Dafür sorgt freilich auch die Inauthentizität der Liebenden selber. Wann immer sie den Mund aufmachen, ist, was sie sagen, eine Spur zu schrill, überdreht, gestelzt, gedrechselt, um als Ausdruck eigener Erfahrungen und Gefühle gelten zu können. Des Demetrius' Ausbruch: »O Helen, goddess, nymph, perfect, divine!« (III,2,137) ist in seiner Posenhaftigkeit nicht weniger theatralisch übertrieben als Bottoms »The raging rocks, / And shivering shocks, / Shall break the locks« (I,2,27–29). Es ist, als müßten sie sich rhetorischer Figuren und mythologischer Bezüge bedienen, um sich der eigenen Wichtigkeit zu versichern. Daß die Welt eine Bühne sei (diese bei Shakespeare immer und besonders in den Komödien latent vorhandene Metapher), wird folglich nicht nur durch Oberon und Puck manifest, welche die jungen Leute wie Marionetten an den von ihnen gezogenen Fäden zappeln lassen, sondern gleichfalls dadurch, daß deren Denken und Tun von Anfang an ein theatralisches Element beigemengt ist, ein Moment des Unechten, Angemaßten. Da stellt sich unweigerlich der Eindruck ein: Es ist ja alles bloß Theater.

Es bleibt deshalb zu erörtern, ob und inwieweit die in IV,1 erreichte Harmonie durch die Verhaltensweisen der Liebenden im letzten Akt konsolidiert oder in Frage gestellt wird. Festzuhalten ist nämlich erstens, daß mit der Rückkehr in den Palast Hermia und Helena völlig verstummen, kein einziges Wort mehr über ihre Lippen kommt; und zweitens, daß Demetrius und Lysander während der Aufführung mit spöttischen, geistreichelnden Bemerkungen sich zu übertrumpfen versuchen. Das Schweigen der Frauen könnte sowohl durch die Betroffenheit darüber motiviert sein, wunderbarerweise dem Schicksal der Thisbe entronnen zu sein, als auch durch ihre Scham über die Takt- und Herzlosigkeit der Männer. Demetrius und Lysander sind entweder erschreckend vergeßlich, oder sie suchen durch

Witzeleien das eigene Unbehagen zu überspielen. Jedenfalls zeigen sie sich der Spiegelung ihrer eigenen Situation gegenüber völlig unempfindlich. Sie verhalten sich nicht unähnlich Puck, der ihnen selber noch vor kurzem übel mitgespielt hatte.

3.3

Seit der Veröffentlichung von Barbers Buch *Shakespeare's Festive Comedy* (1959) gilt es vielen Kritikern als ausgemacht, daß die in vielen Komödien zu beobachtende Raumstruktur (die Schauplatzabfolge Stadt/Land/Stadt oder Hof/Natur/Hof) einen Lern- bzw. Reifungsprozeß signalisiere, der – mit Barbers Worten – »through release to clarification« (S. 4, 6 und passim) führe. Das ist griffig und läßt sich auf einer vordergründigen Ebene auch im *Dream* nachweisen. Denn der in IV,1 zwischen den jungen Frauen und Männern erreichte »gentle concord« (142) setzt offensichtlich die nächtlichen Aufregungen im Athener Wald voraus und wird umgehend durch den Herzog öffentlich beglaubigt und ratifiziert: »These couples shall eternally be knit« (180). Hippolyta glaubt gar aufgrund von deren Erzählungen, daß die Liebenden verwandelt seien: »all their minds transfigur'd« (V,1,24). Theseus (als höchster Rechtsvertreter!) setzt sich jedenfalls über die bestehende Rechtsnorm hinweg und sanktioniert die Liebesheirat: Hermia bekommt ihren Lysander. So weit, so gut.

Diese typische Komödienlösung wäre unproblematisch, wenn das Stück an dieser Stelle mit dem gemeinsamen Gang zum Altar schließen würde. Indessen, was nun kommt, der 5. Akt mit der Aufführung des *Interlude* und dem alles in allem sehr merkwürdigen Verhalten der jungen Leute, kann rückwirkend die Entscheidung des Theseus als übereilt und fragwürdig erscheinen lassen. Infolgedessen bleibt auch das Konzept der Liebesheirat nicht unangetastet. Über dem Schluß, der dreifachen Heirat, liegt vielmehr eine feine Ironie. Denn die Harmonie und das Liebesglück, die hier zelebriert werden, sind nicht über jeden Zweifel erhaben. Der Leser/Zuschauer kann sich sehr wohl an die Ereignisse erinnern, die den Festlichkeiten vorausgingen. Hermias und Helenas Schweigen während der Aufführung von *Pyramus and Thisbe* ist ebenso beredt wie die seichte Geschwätzigkeit der Männer. Die speichelleckerische Anbiederei von Lysander und Demetrius bei Theseus hat etwas Beklemmendes. Die verständnislose Art, mit der sie das Was und Wie des *Interlude* aufnehmen und kommentieren, wird zum Urteil über ihre Sympathieunfähigkeit. Lysanders Wort »it is not enough / to speak, but to speak true« (V,1,120 f.) fällt auf ihn selbst zurück. Denn was haben die beiden jungen Männer aus den nächtlichen Verwirrungen gelernt? Der Übergang von einer kurz anklingenden Betroffenheit (IV,1, 145–198) zu der bemüht witzigen Geistreichelei ist zu abrupt, um glaubhaft zu sein. Entweder waren sie gar nicht wirklich betroffen oder sie verdrängen und überspielen erfolgreich diese Erfahrung. In jedem Fall verrät ihr Verhalten eine ziemliche Unreife. Danach fragt sich der Leser ernsthaft, ob nicht doch Pucks zynische Sicht der Ereignisse

> Jack shall have Jill,
> Naught shall go ill;
> The man shall have his mare again, and all shall be well.
>
> (III,2,461–463)

den tatsächlichen Sachverhalt letztlich besser trifft als Oberons Segenswunsch »So shall all the couples three / Ever true in loving be« (V,1,393 f.). Denn auch bei den reiferen Paaren werden Liebe und Treue nicht als restlos geglückt vorgeführt. Theseus ist, wie der Mythenkundige weiß und wie auch im *Dream* betont wird, kein unbeschriebenes Blatt, sondern ein Schwerenöter, der auch mit Titania ein Techtelmechtel hat(te) (II,1,74–80). Titania wirft ihrerseits dem Oberon vor, mit Hippolyta angebändelt zu haben (II,1,68–73). Oberon und Titania, in der Seinsordnung höher anzusetzen als die Herrscherfigur des Theseus, sind, was eine etwaige Leitbildfunktion angeht, noch zweifelhafter. Wie bereits erwähnt, sind sie in einen bösen Ehezwist verwickelt. Da keiner nachzugeben gewillt ist, wird Titania von ihrem Mann auf wenig appetitliche Weise von dem indischen Knaben abgelenkt und zum Nachgeben gezwungen. Welcher Art ist denn nun die *clarification*, wenn sich Demetrius und Lysander während der Aufführung des *Interlude* an die eigene Gefährdung der vergangenen Nacht offenbar nicht erinnern können oder wollen? Wer ist am Ende verwandelt und in welcher Weise?

3.4

Man muß nicht lange suchen, um verschiedene Spielarten von Verwandlung zu entdecken: Da ist Bottoms vorübergehende Verwandlung in ein Monster (»Bottom, bless thee! Thou art translated«, III,1,113 f.); da sind die atemberaubenden Verhaltens- und Gefühlsänderungen der jungen Männer (»What change is this, / Sweet love?«, III,2,262 f.); da ist Pucks naturgegebene Fähigkeit, jede Gestalt anzunehmen und dadurch Verwirrung zu stiften (II,1,44–57); und da sind die Handwerker, die sich größte Mühe geben – allen voran Bottom –, sich als Schauspieler zu profilieren. Aber Verwandlung ist nicht möglich ohne Phantasie, ob und wie weit sie gelingt, hängt von deren Qualität ab. Das zeigt sich besonders drastisch bei den Handwerkern. Ihre groteske Überschätzung der eigenen Darstellungsmöglichkeiten, gepaart mit der Fehleinschätzung, das Publikum könne nicht zwischen Fiktion und Wirklichkeit unterscheiden oder dem Schauspieler mit der eigenen Phantasie zu Hilfe kommen, zeigt einen beachtlichen Mangel an Phantasie. Sie sind einer Verwandlung nicht fähig, bleiben immer die, die sie sind, sind bloß verkleidet. Komplizierter und vielschichtiger ist der Sachverhalt bei den Liebenden und Verliebten. Wie es verschiedene Arten der Liebe gibt – im Text werden neben

»love« auch die Begriffe »desire« und immer wieder »dote«
verwendet, um auf das sexuelle Verlangen bzw. das törichte
Vernarrtsein abzuheben –, so gibt es auch verschiedene Arten und Grade der Verwandlung. Und, das ist ja eine der
Lehren des Stücks, die Verwandlungskraft der Liebe infolge
von Phantasie ist so gewaltig, daß sie sich nicht immer kon-
trollieren läßt und auch unerwünschte, zwanghafte, zweifel-
hafte Verwandlungen herbeiführt. Leitmotivisch wird diese
potente, aber zweischneidige Verwandlungskraft der Liebe
in Helenas berühmtem Satz

> Things base and vile, holding no quantity,
> Love can transpose to form and dignity
>
> (I,1,232 f.)

angesprochen. Das kann sehr Verschiedenes heißen, je nachdem, welcher Art die verwandelnde Liebe ist, und je nachdem auch, ob die Verwandlung auf den Liebenden beschränkt bleibt oder auch das geliebte Objekt erfaßt. Das
spektakulärste Beispiel für eine illusionäre Art von Verwandlung durch die korrumpierte Phantasie des Liebenden
ist offenkundig Bottom mit seinem Eselsgesicht, welcher
der erwachenden Titania als Engel erscheint und sie so völlig gefangennimmt (»enthralled«, III,1,134), daß sie ihm auf
der Stelle ihre Liebe erklärt. Daß Bottom sich gegen ihre
vorschnelle Idealisierung verwahrt (»you should have little
reason for / that«, III,1,137 f.), zeigt allerdings, daß er selber psychisch unberührt und unverwandelt ist, also auch
nicht liebt. Auch als menschlicher Esel und Liebhaber der
Feenkönigin bleibt er unerschütterlich Bottom. Titanias abwegige Verliebtheit ist ein Anfall von »doting love«, von
der sie geheilt werden muß. Entsprechend müssen alle anderen *doting lovers* zu einer reiferen Form von Liebe und
Verwandlung gebracht werden, so wie es in Demetrius' Bekenntnis (IV,1,163–175) anklingt. Wie mehrfach betont, ist
aber zweifelhaft, ob die im Stück präsentierten Überwin-
dungen des »doting« als glaubhaft gelten dürfen.

Locus classicus für die Kritik an einer korrumpierten Phantasie ist die Rede des Theseus zu Beginn des 5. Aktes. Die Liebenden haben von ihren Erlebnissen im Athener Wald berichtet. Hippolyta kommen sie merkwürdig vor. Theseus aber urteilt:

> [...] I never may believe
> These antique fables, nor these fairy toys.
> Lovers and madmen have such seething brains,
> Such shaping fantasies, that apprehend
> More than cool reason ever comprehends.
> [...]
> One sees more devils than vast hell can hold;
> That is the madman: the lover, all as frantic,
> Sees Helen's beauty in a brow of Egypt.
>
> (V,1,2–11)

Theseus geht entschieden über die früher zitierte Auffassung Helenas hinaus. Für ihn ist alle Liebe unvernünftig, weil und wenn sie sich überschäumender Phantasie bedient. Es ist klar, daß er sich mit dieser Äußerung gegenüber Hippolyta von seiner eigenen Vergangenheit als *doting lover* distanzieren und als würdiger Herrscher präsentieren will. Wenn aber »cool reason« der alleinige Beurteilungsmaßstab ist, wer außer ihm selbst hätte sich dann als ernstzunehmender Liebender qualifiziert? Allerdings wird seine kritische Sicht der Phantasie nicht nur von Hippolyta selbst relativiert, sondern innerhalb des Phantasiegebildes des *Dream* muß seine Position auch vom Stückganzen her als beschränkt erscheinen (zumal seine Kritik sich auch auf die Phantasie des Dichters bezieht). Dennoch ist er der einzige, der sich dem völlig mißglückten Versuch der Handwerker gegenüber zumindest theoretisch als großzügig und großherzig erweist, indem er die abfällige Bemerkung Hippolytas: »This is the silliest stuff that ever I heard« (V,1,207) mit dem Hinweis beantwortet:

> The best in this kind are but shadows; and the worst
> are no worse, if imagination amend them.   (V,1,208 f.)

Er weiß um die nötige Mitarbeit des Zuschauers und bringt
zumindest im Ansatz die dafür nötige Phantasie auf. In der
Praxis läßt er es dann freilich auch daran fehlen. Noch bla-
mabler aber lassen die jungen Männer jegliche Großmut
und Phantasie vermissen. Deren abfällige und herablas-
sende Kommentare treffen weniger die armen Laienspieler,
deren Versagen mit Händen zu greifen ist. Sie fallen vielmehr auf die jungen Männer zurück. Es ist sicher kein Zufall, daß während der Aufführung Theseus das Konzept der
»courtesy« wiederaufgreift: »in courtesy, in all reason, we /
must stay the time« (V,1,244 f.). Diese Selbstzucht gelingt
Demetrius und Lysander nicht. Hippolyta empfindet immerhin – bei aller Bissigkeit ihrer Kommentare – ein wenig
Sympathie für Pyramus/Bottom (»I pity the man«, V,1,
279). Bei Demetrius und Lysander hingegen hat die Verwandlung offenbar nicht lange vorgehalten: des Herzogs
»young hangers-on (only in name, I think, are they the
young lovers with whom we might have sympathised in the
earlier acts of the play) [...] palpably fail to live up to the
image of the generous audience which Theseus proposes«
(Mangan, S. 80). Das aber heißt: Sie sind nicht nur als Zuschauer herzlos, es fehlt ihnen auch das Zeug zum guten
Ehemann. Daß ausgerechnet Oberon der Segensspruch in
den Mund gelegt wird und daß Puck, der Verwandlungs-
künstler schlechthin, buchstäblich das letzte Wort hat, wird
so zum Beleg dafür, daß das geheime Erziehungsprogramm
– aus *dotage* muß Liebe werden – nur unvollkommen verwirklicht worden ist.

3.5

Eine Komödie ist der *Dream* nicht nur, weil die Hindernisse der Liebe am Ende überwunden werden und mehrere Hochzeiten zu feiern sind, sondern weil er die in ihm auftretenden Figuren, deren Konflikte und Lösungen immer wieder spöttisch aufs Korn nimmt. Das Stück macht sich lustig über die jungen Liebenden, die da meinen, ihre Liebe sei etwas Besonderes, Unverwechselbares; über Theseus, der meint, der Phantasie zugunsten der Vernunft eine Absage erteilen zu müssen; über die Feenwelt, in der es so gar nicht feenmäßig zugeht, sondern allzu menschlich; und nicht zuletzt über die Handwerker, deren Unfähigkeit Shakespeare Gelegenheit gibt, sich über veraltetes, unprofessionelles Theater lustig zu machen. Darin steckt eine gehörige Portion satirischer Energie: Fast jeder kriegt »sein Fett weg«. Besonders aber die Männerwelt. Diese satirische Stoßrichtung wird durch den harmonischen Schluß keineswegs kompensiert, sondern vielmehr in ihm aufgehoben. Eine Möglichkeit, die traditionell anmutende Lösung der Konflikte durch eine dreifache Hochzeit differenzierter zu sehen, ohne den Text Shakespeares ändern oder über Gebühr strapazieren zu müssen, eröffnet sich nämlich, wenn man die unterschiedlichen Verhaltensweisen und Standpunkte der Frauen genauer betrachtet und von denen der Männer abhebt. Die Modernität des Textes liegt dann nicht in einer Vorwegnahme sexueller Freizügigkeit, sondern in der Unterminierung des traditionellen Selbstverständnisses der Männer. Das Stück präsentiert uns eine feudale und patriarchale Gesellschaft, in der die Männer das Sagen haben und die Frauen, wenn sie diese Situation nicht akzeptieren wollen, auf drastische Weise in die Schranken gewiesen werden. Dieses Verhaltensmuster läßt sich in allen Handlungssträngen nachweisen. Theseus wird zwar in vielen Interpretationen als abgeklärter Staatslenker, Ordnungshüter und weiser Schiedsrichter angesprochen, aber er hat die Amazonenkönigin, die er zu ehelichen gedenkt, mit dem Schwert geworben. Und diese läßt sich bis zuletzt nicht unterkriegen. Es ist auch schon öfter bemerkt worden, daß Theseus' abfällige Bemerkung »I never may believe / These antique fables, nor these fairy toys« (V,1,2 f.) gegenüber Hippolytas positiver Einschätzung dessen, was die vier Liebenden erzählt haben, als kurzsichtig und unempfindlich erscheinen muß. Tatsächlich beweist dieser Theseus Züge von Selbstgefälligkeit, die gelegentlich aus der Situation heraus in ein ironisches Licht gerückt werden. So etwa, wenn Theseus beim Anblick der schlafenden jungen Leute sagt: »what nymphs are these?« und die – wie der Zuschauer weiß – völlig abwegige Vermutung äußert: »No doubt they rose up early, to observe / The rite of May; and hearing our intent, / Came here in grace of our solemnity« (IV,1,126; 131–133). An solchen Stellen wird deutlich, daß Theseus durchaus nicht nur eine rundum positiv gezeichnete Herrscherfigur ist. Zwar ist ihm zugute zu halten, daß er als Repräsentant des Rechts und der Ordnung auch einmal ein Auge zuzudrücken vermag (hinsichtlich der Aufmüpfigkeit Hermias). Auch seine Benevolenz gegenüber den kümmerlichen Bemühungen der Handwerker darf als nobel gelten. Allerdings paart sich die Anerkennung der kleinen Leute mit herablassender Arroganz und hebt sich dadurch teilweise wieder auf. Insbesondere aber ist dieser Herrscher befangen in einer Überschätzung des Rationalen und einer geflissentlichen Leugnung bzw. Verdrängung der eigenen wenig rationalen Vergangenheit, die Oberon wohl nicht ganz zufällig zur Sprache bringt (II,1,77–80).

Sämtliche Männer in diesem Stück werden als aggressionsbereit gezeigt und, was noch wichtiger ist, sie werden durch die Art, wie sie vorgeführt werden, zurechtgestutzt: Das betrifft am drastischsten Hermias Vater Egeus. Seiner Absicht einer patriarchalen Verschacherung der Tochter wird nach einem kurzen Auftritt in IV,1,153–158, in dem er ungerührt auf seinem alten Rechtsstandpunkt beharrt, eine klare Absage erteilt. Dieser thematische Aspekt läßt sich auch in der Aufführung von *Pyramus and Thisbe* wiederfinden. Burlesk mißglückt, wie sie dargeboten wird, zeigt sie doch, wohin es führen kann, wenn Väter zur Liebe ihrer Kinder nein sagen. Auch Oberon spielt eine zwielichtige Rolle. Er geriert sich einerseits als Schutzpatron Hermias und Helenas; die Lektion, die den jungen Männern erteilt wird, geht letztlich auf ihn zurück. Aber wie er sich andererseits im Streit mit seiner eigenen Frau verhält, ist ein Kabinettstück männlicher Arroganz. Da Titania sich weigert, seiner Forderung nachzugeben, wird sie auf demütigende Weise gefügig gemacht. Hinter ihrem Rücken beschließt Oberon: »thou shalt not from this grove / Till I torment thee for this injury« (II,1,146 f.). Selbst Bottom würde am liebsten einen Tyrannen spielen. Als Liebhaber wie als Autoritätsvertreter machen die Männer keine überzeugende und glückliche Figur. Wenn Hermia gleich bei ihrer ersten Verabredung mit Lysander an den »false Trojan« erinnert, um dessentwillen Dido sich verbrannte, und dann bemerkenswerterweise »By all the vows that ever men have broke« (I,1,174 f.) schwört, so hat das leitmotivischen Charakter. Die Versöhnungen erfolgen allzu schematisch oder werden von den Männern erzwungen. Auf die Aggressionsbereitschaft der jungen Männer im Athener Wald wurde schon hingewiesen. Bei Demetrius und Lysander bleibt aber die Unreife auch nach der Hochzeit erhalten. Das zeigt ihr anmaßendes Gebaren und die darin sich ausdrückende Persönlichkeit. Die früher im Athener Wald von Hermia getroffene Feststellung »Lysander riddles very prettily« (II, 2,52) kennzeichnet auch das während der Aufführung gezeigte Verhalten.

Man wird also den harmonischen Komödienschluß insofern umdeuten dürfen, als begründeter Verdacht besteht, daß die neue Ordnung eigentlich immer noch die alte ist. Diese wird zwar nominell nicht in Frage gestellt, sondern (oberflächlich) durch die Hochzeiten sogar in ihrem Bestand gefestigt. Dennoch baut Shakespeare eine Reihe von Signalen in das Stück ein, die eine gehörige Portion Skepsis gegenüber der wiederhergestellten Ordnung anzeigen. Insbesondere wird die Männerwelt so geschildert, daß man die Legitimität ihrer unumschränkten Herrschaft und die Dauerhaftigkeit ihrer Verwandlung mit Fug in Zweifel ziehen kann. Das festliche Ende des Stücks mit drei Hochzeiten und segenspendenden Feen enthält Widersprüche, die einer verharmlosenden Aufnahme entgegenstehen. Damit nähert sich meine Deutung, obwohl von ganz anderen Voraussetzungen herkommend, einem der wenigen Punkte, die heute noch unter den divergierenden kritischen Schulen (*psychoanalysts*; *cultural materialists*; *new historicists* usw.) konsensfähig scheinen, nämlich: »that the happy ending once so roundly applauded is subtly but severely compromised [. . .]« (Calderwood, S. XXIV).

Literaturhinweise

William Shakespeare: A Midsummer Night's Dream. Hrsg. von R. A. Foakes. Cambridge 1984. (The New Cambridge Shakespeare.)
– A Midsummer Night's Dream. Hrsg. von Peter Holland. Oxford 1994. (The Oxford Shakespeare.)

Barber, C. L.: Shakespeare's Festive Comedy. A Study of Dramatic Form and its Relation to Social Custom. Princeton (N. J.) 1959.
Brown, John Russell: Free Shakespeare. London 1974.
Calderwood, James L.: *A Midsummer Night's Dream*. Hemel Hempstead 1992. (Harvester New Critical Introductions to Shakespeare.)
Canaris, Volker: »All the Text's a Stage«: Erfahrungen mit dem nichtliterarischen Realismus Shakespeares. In: Shakespeare-Jahrbuch 133 (1997) S. 11–28.
Daniell, David: Shakespeare and the Traditions of Comedy. In: Stanley Wells (Hrsg.): The Cambridge Companion to Shakespeare Studies. Cambridge 1986. S. 101–121.
Dawson, Anthony B.: Watching Shakespeare. A Playgoer's Guide. London 1988.
Dutton, Richard (Hrsg.): *A Midsummer Night's Dream*. London 1996. (New Casebooks.)
Fender, Stephen: Shakespeare: *A Midsummer Night's Dream*. London 1968.
Halio, Jay L.: *A Midsummer Night's Dream*. Manchester 1994. (Shakespeare in Performance.)
Kehler, Dorothea (Hrsg.): *A Midsummer Night's Dream*. Critical Essays. New York 1998.
Kott, Jan: Shakespeare our Contemporary. London 1965. – Dt. Shakespeare heute. Aus dem Polnischen übers. von Peter Lachmann. München 1964.
Mangan, Michael: »The tedious brief death of young Pyramus«: Illusion and the Breaking of Illusion in *A Midsummer Night's Dream*. In: Linda Cookson / Bryan Loughrey (Hrsg.): *A Midsummer Night's Dream*. Harlow 1991. S. 72–84. (Longman Critical Essays.)
Price, Antony W. (Hrsg.): *A Midsummer Night's Dream*. A Selection of Critical Essays. London 1983. (Casebook Series.)

Warren, Roger: *A Midsummer Night's Dream*: Text and Performance. London 1983.

Williams, Gary Jay: Our Moonlight Revels. *A Midsummer Night's Dream* in the Theatre. Iowa City 1997.

Romeo and Juliet

Von Dietrich Rolle

Die wohl berühmteste, den Zuschauer am tiefsten anrührende Liebestragödie der Weltliteratur enthält so viel komödienhaftes Material wie keine andere. Entfernt vergleichbar ist ihr allenfalls *The Winter's Tale* (1611), im Shakespeare-Kanon meist »Romanze« genannt, den allgemeinen Gattungsmerkmalen nach in das Genus der Tragikomödie einzuordnen. Spiegelbildlich zu *Romeo and Juliet*[1] folgt hier auf einen rein tragischen ein rein komischer Teil.

Eine Liebesgeschichte als Tragödie anzulegen, war in der Renaissance ungewöhnlich. Die kongeniale dramatische Form für diesen Bereich menschlicher Erfahrung war die Komödie, in der sich immer wieder unerwartete Auswege aus Schwierigkeiten auftun, Intrigen und Täuschungsmanöver den amüsierten Beifall der Zuschauer finden und die Vereinigung des Liebespaares am Ende den Fortgang des Lebens verbürgt und allgemeine Harmonie symbolisiert. Viele Elemente dieser ursprünglichen Symbiose von Gegenstand und Form bleiben in *Romeo and Juliet* erhalten; daß aber das Drama den gattungstypischen glücklichen Verlauf nicht nehmen wird, macht Shakespeare von Anfang an deutlich. Es ist sein Prinzip, den Zuschauer – vornehmlich mit indirekten Mitteln – auf die Handlungsentwicklung und den Ausgang vorzubereiten und ihm keine wirklichen Überraschungen zuzumuten. In einem Drama, das den zunächst geweckten Erwartungen so drastisch zuwiderläuft wie *Romeo and Juliet*, tut er ein übriges, um die Perspektive

---

1 Zitiert wird nach The Arden Edition of the Works of William Shakespeare: *Romeo and Juliet*, hrsg. von Brian Gibbons, London: Methuen, 1981. Andere Dramen Shakespeares werden gleichfalls aus den jeweiligen Einzelbänden dieser Ausgabe zitiert, Dramen seiner Zeitgenossen nach der parallel angelegten Reihe The Revels Plays.

von vornherein festzulegen: Er benutzt das etwas altertümliche Mittel des Prologs – das er ansonsten kaum verwendet –, und zwar in der Versgestalt des Sonetts; damit knüpft er schon zu Beginn formal an eine gewichtige Dichtungstradition an, die im Drama selbst die Aussageweise wie die Versform entscheidend bestimmen wird. (Manche deutsche Übersetzungen – wie auch die meisten Inszenierungen – lassen den Prolog fort.)

Ausrichtung auf das tragische Ende

Das erste Quartett des Gedichts – und somit der erste Satz des ganzen Werkes – spricht nicht von der Liebeshandlung, sondern vom Streit der beiden Patrizierhäuser: Er gefährdet das Staatswesen und verurteilt die Liebenden zum Untergang. Da es ihre Herkunft aus den verfeindeten Familien ist, die »fatal« (Prol.,5) genannt wird, scheint festzustehen, welches Fatum über ihnen waltet: der gegenseitige Haß früherer Generationen, also menschliches Verschulden, mit dem sie selbst nichts zu schaffen haben. Doch zugleich sind sie »star-cross'd lovers« (6) – dieses pointierte und eingängige Zitat wird gerne dazu benutzt, das Geschehen zu charakterisieren –, also offenbar einer teilnahmslosen oder bösartigen kosmischen Macht ausgeliefert. Auch Romeo glaubt an die Macht der Sterne (I,4,106–111), gegen die er sich auflehnt (V,1,24) und deren Joch er schließlich abschüttelt (V,3,109–112). Die Frage, wie weit das, was dem Liebespaar widerfährt, Vorherbestimmung, mißgünstige Fortuna, gar bloßer Zufall oder aber Konsequenz eigenen Tuns ist, wird den Zuschauer die ganze Handlung hindurch beschäftigen.

Die *low comedy* in der Sphäre der Diener, mit der die erste Szene beginnt, hat zwar ersichtlich mit dem bürgerkriegsähnlichen Streit zwischen den Capulets und den Montagues zu tun; das rapide Hin und Her der Wortspiele und derben Unanständigkeiten läßt aber zunächst keinen

Gedanken an ernstzunehmende Konflikte aufkommen – bis Benvolio, der die Raufbolde zu trennen versucht, von dem haßerfüllten Tybalt attackiert wird: »Turn thee, Benvolio, look upon thy death« (I,1,64) und der Fürst sich genötigt sieht, weitere Störungen des Friedens mit dem Tode zu bedrohen (I,1,79–101).

Nach diesem unheilkündenden Auftakt beobachten die Zuschauer den an Liebesmelancholie leidenden Romeo halb gerührt, halb erheitert; doch klingen in der Schilderung seines besorgten Vaters schon beklemmende Töne an, wenn er Romeos Seelenlage »black and portentous« nennt (I,1,139) und mit dem Bild der Knospe, an der ein Wurm nagt, die Vorstellung vorzeitigen Sterbens heraufbeschwört (I,1,149–151). Romeo selbst greift, ehe er das Haus der Capulets betritt, in düsterer Vorahnung das Motiv der unheilvollen Sterne aus dem Prolog auf (»[...] Some consequence yet hanging in the stars / Shall bitterly begin his fearful date [...]« I,4,107 f.); er sieht sich als einen Schuldner, der am Fälligkeitstermin mit seinem Leben wird zahlen müssen (I,4,106–111). Vermögensgeschäfte haben ihren festen Platz in der Bildersprache für menschliche Beziehungen und sind – entgegen dem ersten Anschein – durchaus imstande, reine, tiefe Liebe auszudrücken (wie Juliet es in II,6,32–34 tun wird und wie wir es in Shakespeares Sonetten 4 und 6 und in *The Merchant of Venice* – besonders III,2 – finden). Wirtschaftliches schwingt auch im Bild der Seefahrt mit, das Gefährdung und zugleich Hoffnung auf reichen Gewinn in sich schließt und den Helden durch die Handlung begleiten wird: »But he that hath the steerage of my course / Direct my suit« (I,4,112 f.). Nachdem er Juliet erblickt hat, läßt sein überschwengliches Lob »for earth too dear« (I,5,46) schon das Schicksal anklingen, das nicht nur Juliets Schönheit, sondern auch die gegenseitige Liebe der beiden erwartet. Daß der Wüterich Tybalt »that villain Romeo« erstechen will (I,5,63), ist eine gegenwärtige Gefahr, die durch die Autorität des Gastgebers erwartungsgemäß gebannt wird; die

Drohung, mit der Tybalt abgeht – »I will withdraw; but this intrusion shall / Now seeming sweet, convert to bitt'rest gall« (I,5,90 f.) –, bleibt als fortwirkende Bedrängnis bestehen, auch wenn sie durch den unmittelbar folgenden Liebesdialog zunächst überstrahlt wird.

Danach stellt Juliet in ihrer angstvollen Annahme, Romeo könne für sie unerreichbar sein, die Verbindung zwischen Brautbett und Grab, Liebe und Tod her, die die Quintessenz der Handlung ausmacht und als Leitmotiv das ganze Drama durchzieht: »[...] If he be married, / My grave is like to be my wedding bed« (I,5,133 f.). Als sie sich noch vor der Hochzeitsnacht für immer von dem verbannten Romeo getrennt fühlen muß, tritt der Tod an die Stelle des Geliebten: »[...] I'll to my wedding bed, / And death, not Romeo take my maidenhead« (III,2,136 f.). Andere Personen führen die Vorstellungsreihe variierend weiter und machen sie zu einer Deutung des Geschehens, die über Juliets individuelles Empfinden hinausgeht. Friar Laurence sieht Romeo in dieser Situation als Ehegatten des Unglücks (»wedded to calamity«, III,3,3; als es gilt, Romeo davon zu überzeugen, wieviel Hoffnungsvolles doch noch in seiner Lage sei, wendet er das Bild ins Positive: »Happiness courts thee in her best array [...]«, III,3,141). Die Ehe, zu der die Eltern Juliet zwingen wollen, und ihr scheinbarer Tod rufen wiederum die Gleichsetzung von Hochzeit und Tod wach. Die rücksichtslose Mutter wünscht der widerstrebenden Tochter: »I would the fool were married to her grave« (III,5,140); die verzweifelte Juliet beschwört ihre Mutter:

> Delay this marriage for a month, a week,
> Or if you do not, make the bridal bed
> In that dim monument where Tybalt lies.
>
> (III,5,199–201)

Angesichts der leblosen Juliet eröffnet Capulet dem Grafen Paris: »O son, the night before thy wedding day / Hath Death lain with thy wife« (IV,5,35 f. – In charakteristischer

Ichbezogenheit fährt er fort: »Death is my son-in-law, Death is my heir«, 38). Auch der verbannte Romeo muß seine Frau für tot halten und bricht von Mantua nach Verona auf, um sich als Toter zu der Toten zu gesellen: »Well, Juliet, I will lie with thee tonight« (V,1,34). Ein letztes Mal verschlingen sich die Vorstellungen »Liebe« und »Tod«, als Romeo im Grabgewölbe die unverminderte Schönheit Juliets bestaunt:

> [...] Ah, dear Juliet,
> Why art thou yet so fair? Shall I believe
> That unsubstantial Death is amorous,
> And that the lean abhorred monster keeps
> Thee here in dark to be his paramour?
>
> (V,3,101–105)

Dann kulminiert die Abfolge der sprachlichen Evozierungen für beide Partner in dem tatsächlichen Einswerden von liebender Zuwendung und Sterben (V,3,120, 169).

Diese teleologisch angelegte Bildkette wird begleitet von Einzelverweisen, die teils konkrete Befürchtungen benennen, teils indirekt spätere Geschehnisse andeuten. In ihrer Gesamtheit halten sie schon im ersten Teil des Dramas unter der komödienhaften Oberflächenstruktur die Ahnung wach, das Geschehen werde unglücklich enden. In der nächtlichen Gartenszene spricht Juliet es deutlich aus, daß Romeo sich in Lebensgefahr befindet (II,2,64 f., 70); sie versinnlicht im Bild des Blitzes ihre Sorge, der so schnell geschlossene Bund könne ein ebenso schnelles Ende finden (II,2,118–120), und führt spielerisch-zärtlich den sprichwörtlichen Gedanken ein, daß zu große Liebe ihren Gegenstand zu töten vermag (II,2,182 f.).[2] Die Bemerkungen des Ordensbruders über »baleful weeds« (II,3,4) und eine Droge, die »alle Sinne und

---

2 Die Vorstellung von der »Affenliebe« (»The ape kills her young with kindness«, Tilley, *Dictionary of Proverbs*, A 264 und K 51) findet sich humoristisch in Shakespeares *Taming of the Shrew* (IV,1,195), in tragischem Wörtlichwerden in Heywoods *A Woman Killed with Kindness* (XIII,153–156, XVII,140).

das Herz zum Stillstand bringt« (»stays all senses with the heart«, II,3,22), deuten recht spezifisch, aber noch ohne erkennbare Plausibilität Romeos spätere Todesart an; auf die Bedeutung, die Drogen für Juliet haben werden, bereiten sie uns nur insofern vor, als sie den Franziskaner als kenntnisreichen Pharmakologen ausweisen. In die Situation unmittelbar vor der Eheschließung führt Romeo durch seinen Überschwang ungewollt eine Vorwegnahme des tragischen Endes ein:

> Do thou but close our hands with holy words,
> Then love-devouring death do what he dare:
> It is enough I may but call her mine.

> (II,6,6–8)

(Unrecht hat er nur darin, daß er dem Tod die Übermacht zuschreibt: am Ende wird er – wie in dem von Donne formulierten christlichen Paradox »Death thou shalt die« [*Holy Sonnets*, 6] – in Juliets Grab den Sieg über den Tod konstatieren: »Death, lie thou there, by a dead man interr'd«, V,3,87). Die Warnungen des Mönchs »These violent delights have violent ends [...]« usw. (II,6,9 ff.), die die sprichwörtliche Ermahnung »Eile mit Weile« aus der früheren Szene aufnehmen (II,3,90), wirken demgegenüber nur wie die konventionelle Weisheit des Alters, die dem außergewöhnlichen Charakter dieser Liebe in fast schon komischer Weise unangemessen ist.

Als der zweite Kampf auf offener Straße die Handlung ins Tragische umschlagen läßt, erfaßt Romeo instinktiv, daß es beim Tod Mercutios nicht bleiben wird: »This day's black fate on moe days doth depend: / This but begins the woe others must end« (III,1,121 f.). Weiß er, daß die Situation und sein eigener Charakter ihm in der nächsten Minute keine andere Wahl lassen werden, als sich für die Beschimpfung »villain« und für die Tötung seines Freundes an Tybalt zu rächen und dadurch schuldig zu werden? Juliet, in freudiger Erwartung Romeos und noch ohne Kenntnis der blutigen Wendung, beschwört in einer Fülle von Bildern die Nacht, die für ihr Gefühl zu lange mit ihrem Kommen zögert; doch die Sagengestalt des Phaeton (III,2,2–4), der mit den durchgehenden Sonnenpferden Unglück über die Erde brachte und dann selbst den Tod fand, kontrapunktiert die rauschhafte Vorfreude durch die Andeutung eines aus Übermut entsprungenen Unheils. Als Juliet dann zunächst Romeo – und nicht Tybalt – für tot halten muß, sieht sie sich mit ihm auf einer Totenbahre vereinigt (III,2,60). Romeos optimistische Voraussage beim Abschied nach der Hochzeitsnacht entspricht dem Duktus einer Komödie, die nach Verwicklungen glücklich endet: »[...] all these woes shall serve / For sweet discourses in our times to come« (III,5, 52 f.). In schmerzlichem Kontrast dazu steht ihre angstvolle Vorahnung:

> O God, I have an ill-divining soul!
> Methinks I see thee, now thou art so low,
> As one dead in the bottom of a tomb.
> (III,5,54–56)

Den unspezifischen Ängsten fügt die überaus rachsüchtige Lady Capulet (schon nach den tödlichen Duellen hat sie insistiert: »Romeo slew Tybalt. Romeo must not live«, III,1,183) eine sehr reale Drohung hinzu, die geeignet ist, Juliet – und die Zuschauer – in Furcht zu versetzen:

> [...] I'll send to one in Mantua,
> Where that same banish'd runagate doth live,
> Shall give him such an unaccustom'd dram
> That he shall soon keep Tybalt company;
> [...] (III,5,88–91)

Hier kommt dramatische Ironie ins Spiel: Ohne das Zutun der Sprecherin wird in der Tat »jemand in Mantua« Romeo zu dem Gift verhelfen, das ihn zu Tybalts Gefährten im Tode macht. Juliets spezifische Todesart wird gleichfalls im Text vorweggenommen und sogar durch das konkrete

Werkzeug veranschaulicht. Auf den Entschluß »If all else fail, myself have power to die« (III,5,242) folgen die Ankündigung gegenüber dem Mönch – in der intensivierenden Form einer Prolepsis – »'Twixt my extremes and me this bloody knife / Shall play the umpire, [...]« (IV,1,62 f.) und ihre Bekräftigung in Juliets »dismal scene« (IV,3,19): »Shall I be married then tomorrow morning? / No! No! This shall forbid it. Lie thou there« (22 f.). Im Augenblick des Sterbens nennt Juliet die Waffe noch einmal ausdrücklich: »Yea, noise? Then I'll be brief. O happy dagger. / This is thy sheath. There rust, and let me die« (V,3,168 f.).

Zeitablauf und Zufall

Die Vorausdeutungen, die im Zuschauer die Erwartung eines tragischen Endes aufbauen (ihre Reihe ließe sich noch fortsetzen), werden in ihrer Wirkung verstärkt durch die offensichtliche Schnelligkeit, mit der die Vorgänge ablaufen. Die Geschehensstruktur und die zahlreichen, meist sehr genauen Zeitangaben, die die Personen machen, legen die Dauer auf nicht mehr als fünf Tage – von Morgen zu Morgen – fest. Zudem wird den Dramenfiguren, und mit ihnen den Zuschauern, immer wieder das Phänomen der Zeit und ihres Verfließens bewußt: die historische Tiefe (Juliets Lebensspanne, I,3,10–15; die Ferne der Jugendzeit Capulets und seines Generationsgenossen, I,5,30–40), der unaufhaltsame Verlauf im Kleinen (II,4,119–121), die gern als Paradoxon ausgedrückte Tatsache des subjektiven Zeitempfindens (JULIET. »[...] I must hear from thee every day in the hour, / For in a minute there are many days«, III,5,44 f.; ähnlich II,2,167–169 und Beginn und Ende von Juliets Monolog in III,2); seine berühmteste Veranschaulichung hat dieses Phänomen in dem zärtlichen Streit der Liebenden über Nachtigall und Lerche am Morgen nach der Hochzeitsnacht gefunden (III,5,1–7).

Zum Eindruck eines geradezu atemlosen Ablaufs tragen auch die szenischen Kontraste bei. Sie gehören zum elementaren dramatischen Handwerk, entfalten aber hier, vor dem Hintergrund des engen Zeitgerüstes, eine besonders eindringliche Wirkung. Innerhalb von I,1 folgt auf die lärmende Streitszene die Einführung des in sich gekehrten Liebesmelancholikers Romeo. Zu der ganz auf einen religiösen Ton gestimmten ersten Begegnung von Romeo und Juliet am Ende von I,5 bilden Mercutios sexuelle Anzüglichkeiten über Rosaline (II,1) einen sehr irdischen Gegensatz, ebenso zu dem großen Liebesdialog im nächtlichen Garten (II,2). In der Helligkeit des folgenden Morgens stellt Friar Laurence seine gelassenen Reflexionen an (II,3). Die kurze Szene, die der Eheschließung vorausgeht (II,6), ist auf der Bühne das Vorspiel zu den tödlichen Duellen, die dem Geschehen seine tragische Wendung geben (III,1). Dazu stehen Vorfreude und Ungeduld der nichtsahnenden Juliet in geradezu schmerzlichem Kontrast und werden ihrerseits innerhalb der Szene von Verzweiflung abgelöst (III,2). Die Trennung der Liebenden nach der Hochzeitsnacht (III,5) – oft nach ihrem Gegenstück in der Lyrik als *aubade* oder Tagelied bezeichnet – ist flankiert von den bedrohlichen Vorbereitungen der Eltern auf die Heirat mit Paris (III,4) und ihrem zerstörerischen Einbruch in die Welt Juliets (III,5, 65 ff.). Auch Juliets verzweifelter Versuch, diese Heirat abzuwenden (III,5,116 ff.), und die Vorfreude des Grafen (IV,1) kontrastieren scharf miteinander, ebenso die eiligen Festvorbereitungen im Hause Capulet (IV,4) und die Entdeckung von Juliets scheinbarem Tod (IV,5). Schließlich folgt auf Romeos hoffnungsvollen Traum unvermittelt die falsche Schreckensnachricht (V,1).

Die Intensität des erlebten Augenblicks drückt sich besonders prägnant in Bildern aus, die Juliet und der Mönch verwenden. Eigentlich als Warnungen vor bedingungsloser Hingabe an das Jetzt gemeint, sprechen sie – geradezu physikalisch korrekt – das Lebensgesetz dieser Liebe aus: Das

Freiwerden so gewaltiger Energien kann nur einen Moment
anhalten; Dauer ist ihm von Natur aus nicht beschieden.

> JULIET. Well, do not swear. Although I joy in thee,
>   I have no joy of this contract tonight:
>   It is too rash, too unadvis'd, too sudden,
>   Too like the lightning, which doth cease to be
>   Ere one can say »It lightens«. [...]
>
>   II,2,116–120)
>
> FRIAR L. These violent delights have violent ends
>   And in their triumph die, like fire and powder,
>   Which as they kiss consume. [...]
>
>   (II,6,9–11)

Auf der Ebene der Handlung ist die Geschwindigkeit eigentlich für Komödie und Tragödie in gleichem Maße kon-
stitutiv. In der Komödie aber findet sich auch unter Zeit-
druck (der oft die Beteiligten zu besonderem Einfallsreich-
tum anspornt) immer noch in letzter Minute ein Ausweg,
während der Mangel an Zeit in der Tragödie eher als Un-
heilsfaktor wirkt. Der Tod Tybalts beschleunigt die Hei-
ratspläne (III,4; III,5), die anfangs für Vater und Tochter
noch in beruhigend weiter Ferne lagen (I,2; I,3); Juliets tak-
tisches Nachgeben veranlaßt den übereifrigen Vater, die
knappe Frist noch um einen Tag zu verkürzen (IV,2). Unglückliche Zufälle können nicht mehr korrigiert werden,
Notlösungen haben verderbliche Nebenwirkungen. In *Romeo and Juliet* häufen sich fatale Verfehlungen des richtigen Zeitpunktes vor allem im letzten Akt. Der Brief des
Mönchs erreicht Romeo nicht (V,2); Romeo erhält die
Nachricht vom vermeintlichen Tod Juliets und reagiert auf
sie (V,1), ehe Friar Laurence die mißlungene Information
nachholen kann. Während Juliet befürchtet hat, sie könne
zu früh erwachen und durch die Atmosphäre des Grabes erstickt oder zum Wahnsinn getrieben werden (IV,3,30–54),
wirkt die Droge so lange, daß Romeo die Geliebte noch vor

ihrem Erwachen antrifft und daraufhin den geplanten Selbstmord ins Werk setzt (V,3,22–120). Solche Koinzidenzen, bei denen eine mögliche Rettung um Haaresbreite verfehlt wird, haben Shakespeare den Vorwurf eingetragen, für eine Tragödie spiele der Zufall eine zu große Rolle im Geschehen. So erscheint es als fast dummes Zusammentreffen, daß Capulet in I,2 ausgerechnet einen analphabetischen Diener mit der Gästeliste für den Ball ausschickt, daß der gerade des Weges kommende Romeo diesem behilflich sein kann und daß daraus der Plan entsteht, uneingeladen das Fest zu besuchen – der Vorgang, der zum Auslöser für die eigentliche Handlung wird. Rein pragmatisch betrachtet, hätte genausogut Mercutio, einer der Eingeladenen, seine Freunde informieren und auf den Ball mitnehmen können. Offenbar kommt es dem Autor gerade darauf an, daß neben dem vorgegebenen Verhängnis der Familienfehde und menschlichen Fehlhandlungen auch der Zufall – als irdischer Handlanger der Fortuna – am Zustandekommen der Katastrophe mitwirkt. Shakespeares jüngerer Zeitgenosse John Webster, der in mancher Hinsicht an ihn heranreicht, hat die Einsicht in die tragische Teleologie des Zufälligen in *The Duchess of Malfi* (1614) gültig formuliert: »Fortune makes this conclusion general: / *All things do help th'unhappy man to fall*« (III,4,43 f.).

Fortsetzung der Komödienstrukturen

Ist die Vorahnung des tragischen Endes schon im komödienhaft gestimmten ersten Teil immer gegenwärtig, so setzen sich andererseits Komödienstrukturen bis weit in den tragischen Teil hinein fort (keineswegs nur in der fast gänzlich komischen Gestalt der Amme, die im Gegensatz zu Mercutio, ihrer Parallelfigur auf höherer Ebene, den Wendepunkt des Dramas überlebt hat). Das ist deshalb möglich, weil die Handlung, trotz der Verdüsterung des Horizonts und dem

Anwachsen aller Gegenkräfte ins wirklich Bedrohliche, eben doch Liebesintrige bleibt. Der von den Eltern aufgezwungene Partner (den Shakespeare schon eingeführt hat, bevor Romeo und Juliet einander begegnet sind); die unentbehrlichen Helfer – die Amme für das Praktische, der Mönch als väterlicher Berater und als Autorität, der auch eine Vermittlung zuzutrauen ist –; das Verbergen der wahren Gefühle hinter Doppeldeutigkeiten; das vermeintliche Eingehen auf die Forderungen der Eltern, um Zeit und Spielraum zu gewinnen – all dies könnte auch in einer typischen Komödienhandlung seinen Platz finden. Ferner häufen sich triviale Geschehensmuster, die schon im 1. Akt begonnen haben: In die Sphäre der Liebenden bricht die Amme als Vertreterin oder Vorläuferin der Familie ein (I,5, 110; II,2,137, 149 und 151; III,3,70, 73, 75, 77 und 79; III,5,37; IV,5,1–13). Solche Störungen lassen sich als komisch verkleinerte Analogien – komisch auch durch ihre bald vorhersagbare Wiederholung – zu den großen und ernsthaften Bedrängnissen verstehen, mit denen die Außenwelt das Liebespaar überfällt. Ein ähnliches wiederkehrendes Symbol für die Schwierigkeiten, mit denen die Liebenden zu kämpfen haben, ist die Mühe, die Juliet hat, von der Amme wichtige Auskünfte zu bekommen: erst über Romeos Plan, wie die Trauung ins Werk zu setzen ist (II,5,25–70), dann (III,2,37–68) über den Ausgang der blutigen Begegnung in III,1. Auch diesem zweiten Vorgang der anfänglichen Informationsverweigerung, der den ersten steigernd wiederholt, ist ein bestimmtes komisches Potential nicht abzusprechen, wissen die Zuschauer doch, daß Romeo am Leben ist, und kennen bereits die unkontrollierte, lächerliche Langatmigkeit der Amme. Juliets Verzweiflung angesichts der mißverstandenen, weil völlig mißverständlichen Todesnachricht ist freilich alles andere als komisch, weil die Zuschauer sich emotional mit der Heldin identifizieren und sich ihr in dieser Lage nicht – wie sie es auf Grund ihres besseren Wissens tun könnten – überlegen fühlen möchten.

Hier könnte man paradox von einer Erzeugung tragischen Empfindens durch komische Mittel sprechen.

So läßt sich auch das vieldiskutierte Phänomen beschreiben, das mit dem – wie ich meine – irreführenden Namen *comic relief* belegt wird: die Einfügung zweifellos lächerlicher Elemente in einen tragischen Kontext. Dies findet sich auch in *Romeo und Juliet*, allerdings nur als Nachspiel zu einer in ihrer Intention und Wirkung etwas problematischen Szene. In IV,5 wird mit großem Aufwand an teils komischer Rhetorik über den vermeintlichen Tod Juliets geklagt. Das anschließende Geplänkel zwischen dem Diener Peter und den für die Hochzeit bestellten Musikanten (IV,5,96–141) mit seinen Wortspielen und Albernheiten ist leicht einzuordnen: Einfältige Leute ohne Sinn für die Situation schaffen mit ihren gänzlich unangemessenen Äußerungen einen scharfen Kontrast zu der eigentlich bedrückenden Situation. Hamlet charakterisiert ein solches Verhalten treffend in der Totengräberszene: »Has this fellow no feeling of his business a [that he] sings in grave-making?« (*Hamlet* V,1,65 f.). Dieses Begreifen geht auch dem *Clown* ab, der Cleopatra mit der Giftschlange für ihren Selbstmord beliefert: »I wish you all joy of the worm« (*Antony and Cleopatra* V,2,259). Solche Worte sind weit entfernt davon, die tragische Spannung erleichternd zu lösen, wie die Rede vom *comic relief* unterstellt; vielmehr verschärfen sie als Signale einer völlig verständnislosen Umwelt unseren Sinn für die Tragödie und besonders für die Vereinzelung der tragischen Protagonisten.

Schwieriger ist die vorangehende Klageszene zu bewerten. Manche ihrer Ausdrucksmittel wirken sicherlich komisch: die einfallslose Wiederholung von »woeful« und »day« im Munde der Amme (Vorwegnahme oder Vorbild von Henry Fieldings Burleske *The Tragedy of Tragedies*, 1731), die Übertreibungen, die prononciert eingesetzten rhetorischen Figuren. Andererseits sind alle Sprecher des guten Glaubens, eine Tote zu beweinen; daß die Gefühle des Grafen Paris für

Juliet – der konventionell arrangierten Heirat zum Trotz –
echt und tief sind, bestätigt sein rührendes Ritual in der
letzten Szene, das ihn schließlich auch das Leben kostet.
Einer wirklichen Sympathie mit den Trauernden steht indessen die überlegene Kenntnis der Zuschauer im Wege.
Wie bei anderen fingierten Todesfällen (oder auch Verkleidungen) in Komödien hat Shakespeare sie rechtzeitig unter-
richtet. Wissen sie mehr über die wirklichen Umstände als
ein tragischer Held, so können sie um ihn fürchten, weil sie
in die Pläne der Gegner eingeweiht sind oder eine Entscheidung, die er in seinem begrenzten Wissen getroffen hat, als
falsch und verhängnisvoll erkennen. Wegen ihrer emotionalen Anteilnahme kommt ein Überlegenheitsgefühl nicht
auf; unter den distanzierenden Bedingungen einer Komödie
hingegen gehört es zur Wirkungsabsicht und kann sich zur
Schadenfreude steigern. Die Eltern Capulet sind längst als
bedrohliche Gegner erkannt; die Amme ist von Juliet ab-
gefallen (III,5,212–225) und von ihr verstoßen worden
(III,5,235–240). So gönnt der Zuschauer ihnen den fehlge-
leiteten Schmerz und empfindet: »Wärt ihr vorher einfühl-
samer mit Juliet umgegangen, so brauchtet ihr jetzt nicht
um sie zu klagen.« Einzig Graf Paris ist ohne sein Verschulden in die zwiespältige Situation geraten.

Die Sprache

Ein starkes Element des Komischen in *Romeo and Juliet* ist
der Wortwitz; in derber und oft obszöner Form in der
Sphäre der Diener und der Amme, in virtuoser und manchmal nicht minder obszöner Form im Bereich der ernsthaften Gestalten. Vor allem Mercutio brilliert auf diesem Ge-
biet. Die Unanständigkeiten sind nicht nur Unterhaltung
für einen bestimmten Teil von Shakespeares Publikum (den
heutige deutsche Regisseure offenbar für den allein maßge-
benden halten); in erster Linie liefern sie mit ihrer Fixie-

rung auf die physische Seite der Geschlechtlichkeit die kontrastierende Folie für Romeos anfängliche petrarkistische Beziehung zu der unerreichbaren Rosaline und danach für die volle personale Liebe zwischen den Titelgestalten.

Wortspiele (das häufigste Vehikel sexueller Anzüglichkeiten) werden heute wohl durchweg als humoristisch oder wenigstens auflockernd empfunden; in der Sprache der Elisabethaner haben sie eine viel weitere und oft ernsthafte Funktion. Sie verknüpfen oder kontrastieren Dialogstellen im Sinne einer Bestätigung, Fortführung oder Widerlegung; vor allem decken sie in der sprachlich intendierten Wirklichkeit unvermutete Zusammenhänge oder Widersprüche auf. Sie gehören zum Inventar einer durchaus artifiziellen Sprache, die einerseits für Gedanken einen verknappten, überraschenden, oft antithetischen, ja paradoxen Ausdruck sucht, andererseits für Schilderungen gern zu ausladenden Metaphern, Vergleichen, Personifikationen (und vielen anderen rhetorischen Figuren) greift und Analogien besonders zwischen Mensch und Natur einfallsreich weiterverfolgt. Dazu sind nicht nur die witzigen jungen Leute aufgelegt, sondern durchaus auch die gesetzte ältere Generation. So beschreibt Montague das Verhalten seines Sohnes während der petrarkistischen Anfangsphase: »[...] With tears augmenting the fresh morning's dew, / Adding to clouds more clouds with his deep sighs; [...]« (I,1,130 f.). Eine solche Ausdrucksweise, die unerwartete, oftmals einleuchtende, manchmal freilich gesucht wirkende Verbindungen herstellt, wird als *conceit* bezeichnet (von ital. *concetto*). Ihre eigentliche Domäne ist die *metaphysical poetry* von John Donne bis Abraham Cowley; der Verleger der ersten (»schlechten«) Quarto-Ausgabe von *Romeo and Juliet* (1597) hatte aber durchaus recht, wenn er das Drama auf dem Titelblatt als »An excellent conceited Tragedie« vorstellte: »voll scharfsinniger Wort- und Sinnspiele«. Neben dem *conceit* in diesem prägnanten Sinn ist eine spezifische rhetorische Figur kennzeichnend für *Romeo and Juliet*: das Oxymoron, die Zusammenfügung zweier eigentlich unvereinbarer Begriffe (meist als Substantiv und Adjektiv). Diese Stilfigur, aus der petrarkistischen Liebesdichtung übernommen, dient in der Regel dazu, das widersprüchliche Wesen der Liebe oder der geliebten Person auszudrücken. Romeo umschreibt das Phänomen als »heavy lightness, serious vanity«, »Feather of lead, bright smoke, cold fire, sick health« (I,1,176, 178).

Eine derart ausgeklügelte, fast übertrieben rational konstruierte Sprachgestalt scheint zum Ausdruck wahrer Gefühle nicht zu taugen. So haben sich viele Interpreten darauf geeinigt, den charakteristischen *conceit*-Stil bei Romeo nur bis zu dem Punkt zu finden, an dem er dank Juliet zur wahren Liebe erwacht, und ihm danach eine andere Redeweise zuzuschreiben. Tatsächlich aber sind *conceits*, Oxymora und auffällige rhetorische Figuren im ganzen Drama und im Munde aller ernstzunehmenden Gestalten anzutreffen – wenn auch in abgestufter Qualität, die mindestens die Unterschiede zwischen bloß witziger Jugend, leidenschaftlich empfindender Jugend und eher konventionell-gravitätischem Alter erkennen läßt. Der sprachliche Gestus ist im Zusammenhang der jeweiligen Situation zu sehen. So wütet Juliet in der ersten Verzweiflung darüber, daß Romeo ihren Verwandten Tybalt erstochen hat: »Beautiful tyrant, fiend angelical, / [...] / A damned saint, an honourable villain!« (III,2,75, 79). Nach einem schier unerträglichen Wechselbad von Liebeshoffnung, Verwirrung und Schrecken sind gerade die Oxymora ihr spontanes Mittel, auf die Widersprüchlichkeit, ja Widersinnigkeit der Welt zu antworten. (Ähnlich hat sie nach ihrer ersten Begegnung mit Romeo auf die Auskunft reagiert, er sei ein Montague: I,5,137–140.) Als die unangemessenen Einlassungen der Amme sie zum Widerspruch und mithin zum rationalen Argumentieren nötigen, überzeugt sie sich selbst in Antithesen, Parallelen und anderen Stellungsfiguren, daß die Lage nicht hoffnungslos ist. Damit übernimmt sie, auf sich gestellt, notgedrungen die Funktion, die der Mönch in der folgenden Szene III,3 gegenüber Romeo ausübt. Ganz identisch sind dann die Reaktionen der Liebenden auf die Nachricht vom Urteilsspruch des Fürsten: Das eine Wort »banished« (»banishment«, »exiled«) ist nicht nur ein sprachliches Zeichen, sondern hat tötende Kraft. Die Identifikation von »Verbannung« und »Tod« wird von beiden in immer neuen Variationen vollzogen, das unheilvolle Wort kehrt mit geradezu zwanghafter Häufigkeit wieder (III,2,112–133; III,3,12–67).

> »Romeo is banished«: to speak that word
> Is father, mother, Tybalt, Romeo, Juliet,
> All slain, all dead. [...]
>
> (III,2,122–124)

»[...] Then ›banished‹ / Is death, misterm'd. [...]« (III,3, 20 f.). Durch ihre Sprechakte sind Romeo und Juliet miteinander vereinigt, auch wenn räumliche Entfernung sie voneinander trennt.

Gegenüber dem kontextgebundenen Gebrauch, den die Jugend von auffälligen sprachlichen Mitteln macht (dazu sind auch die verbalen Florettgefechte zwischen Benvolio, Romeo und Mercutio in den ersten beiden Akten[3] zu rechnen), neigt die ältere Generation eher dazu, ihre rhetorischen Künste situationsunabhängig in längeren Passagen zur Schau zu stellen: Capulet zu Paris (I,2,7–34), Lady Capulet zu Juliet über Paris (I,3,79–94), Friar Laurence über die vielfältigen und ambivalenten Kräfte der Natur (II,3, 1–18) und in seiner Strafpredigt an Romeo (III,3,107–133; danach wird er konkreter und am Ende, 145–157, ganz praktisch), Capulet über Juliets Tränen (III,5,126–137), Laurence über die Todessymptome, die sein Schlaftrunk bei Juliet hervorrufen wird (IV,1,95–106). Die Funktionen dieser *set speeches* sind durchaus unterschiedlich. Während etwa die traditionelle Buchmetapher, mit der Lady Capulet das Wesen des Grafen Paris ausmalt, von ihrer Person ablösbar

3 Vgl. I,1,158–236; I,2,45–103; I,4,1–52; II,1,3–42; II,4,1–146.

ist und nur ein (dramaturgisch nicht unwichtiges) positives Bild des Werbers liefert, läßt sich die Selbstgefälligkeit, mit der ihr Mann angesichts der weinenden Juliet sein *conceit*, einen Sturm auf See, pedantisch ausspinnt und erläutert, sehr wohl als Ausdruck eines ich-zentrierten Charakters deuten. Der Auftrittsmonolog des Mönchs hat unübersehbar thematische Bedeutung; im 3. Akt scheint Laurence sich auch seiner homiletischen Geschicklichkeit zu freuen wie im 4. seiner medizinisch-pharmakologischen Kompetenz – beide Male indessen in bezug auf das Wohl seiner Schützlinge.

Es muß auffallen, daß ausgerechnet Mercutio, der Meister der raschen Replik und der witzigen Obszönität, auch in die Reihe der statiösen Redner gehört: mit seiner *Queen Mab speech* (I,4,53–103). Sie scheint den Aufbruch der jungen Leute zum Fest ungebührlich lange zu verzögern und in ihrem poetischen Charakter auch nicht recht zur Person des Sprechers zu passen. Da *Romeo and Juliet* und *A Midsummer Night's Dream*, annähernd gleichzeitig entstanden, viele Motive gemeinsam haben – nicht nur die burleske Variation des tragischen Themas in dem komisch mißglückenden Laienspiel von Pyramus und Thisbe –, kann man die Passage zunächst einmal als Bindeglied zwischen den beiden *companion pieces* sehen.[4] Durchaus mit Mercutios Charakter vereinbar und in die immer auch kritische Tendenz einer Komödie passend ist die Tatsache, daß das Verhalten bestimmter Personengruppen – vom Liebhaber bis zum Soldaten – der Lächerlichkeit preisgegeben wird. Robert O. Evans findet die Hauptthemen des Dramas (Liebe, Gesellschaft, Gewalt) in Mercutios Rede wieder und sieht sie im Hinblick auf ihre rhetorische Gestaltung als Bestandteil

---

4 C. L. Barber, *Shakespeare's Festive Comedy*, Princeton (N.J.) 1959, S. 158 f., stellt einleuchtende Verbindungen zwischen den Dramen her: »*A Midsummer Night's Dream* is a play in the spirit of Mercutio; the dreaming in it includes the knowledge ›that dreamers often lie‹. The comedy and tragedy are companion pieces: the one moves away from sadness as the other moves away from mirth« (S. 159).

eines fortlaufenden witzigen Wettstreits zwischen Romeo und Mercutio.[5]

Bei der Bewertung offensichtlich artifiziellen Sprechens muß man die banale Tatsache im Auge behalten, daß die Sprache im poetischen Drama nicht unmittelbar mimetisch sein soll, sondern in einem weiten Variationsbereich stilisiert ist, vom Rhythmus der Prosa über den Blankvers und das – in *Romeo and Juliet* äußerst häufige – Reimpaar bis zum rhetorisch durchkonstruierten Versgebilde. Ein Bekenntnis zum schlichten Ausdruck (wie das Juliets in II,6, 30–34) kann durchaus kunstvoll formuliert sein, ohne deshalb an Echtheit einzubüßen. (So darf auch Othello von sich sagen: »Rude am I in my speech« [I,3,81] – wie es dem Bild des Soldaten gemäß ist – und zugleich eine Sprache höchster dichterischer Intensität führen, die seine Empfindungsweise symbolisch wiedergibt.)

Höhepunkt solcher sinnbildlichen Sprachgestalt ist das Ende des 1. Aktes. In der zweiten Szene hat Romeo noch seine Verehrung für Rosaline ins Religiöse übersteigert, so daß die Umschau nach einer zugänglicheren Geliebten – wie Benvolio sie vorschlägt – eine durch Verbrennung zu ahndende Ketzerei wäre (I,2,90–93). Als er Juliet erblickt, erhält dieser petrarkistische Überschwang einen ganz anderen und tieferen Sinn: Juliet wird zum nicht fernen, sondern erreichbaren und berührbaren Heiligtum (I,5,49 f.). Ausdrucksmittel aus der Phase der eigentlich objektlosen Schwärmerei werden in die wirkliche Liebeshandlung mitgenommen und dort mit neuem Inhalt gefüllt. Danach dient äußerste Künstlichkeit dem Ausdruck tiefsten Gefühls: Die ersten Sätze, die das Paar miteinander wechselt, verschränken sich zu einem Sonett (I,5,92–105), in dem die gegenseitige Anziehung in die Sprache der Religion gekleidet ist und die Vereinigung der Seelen sich in einer höchst symbolischen Versgestalt ausdrückt.

---

5 Vgl. R. O. Evans, *The Osier Cage*, Lexington (Ky.) 1966, S. 72; 78–80.

Im wesentlichen war das Sonett bisher die monologische Aussageform einer oft unerfüllten Liebe.[6] Hier nun lassen die Liebenden gemeinsam ein Sonett entstehen: erst abwechselnd in zwei Quartetten, die – entgegen Shakespeares üblicher Technik – dadurch miteinander verbunden sind, daß Juliet in ihrem Vierzeiler (statt zwei neue Reime einzuführen) Romeos *b*-Reim aufnimmt, und zwar sogar als identischen Reim (*this/this, kiss/kiss*); dann – im dritten Quartett und im schließenden Reimpaar – in noch engerer Verschlingung durch Stichomythie. In diesem zeilenweisen Alternieren beginnen sie ein weiteres Sonett und teilen sich die letzte Zeile des ersten Quartetts (109); danach wird ihr Zweiklang – wiederum durchaus symbolisch – von der Amme als Vertreterin der familiären Zwänge unvermittelt abgebrochen (110).

Conceits, Oxymora und rhetorische Figuren sind sicher die auszeichnenden sprachlichen Phänomene in *Romeo and Juliet*, während die reine Metaphorik dieses Drama vielleicht ihrem Umfang nach, nicht aber prinzipiell von anderen Werken Shakespeares abhebt. Auch der Bildgebrauch hat an der Gegensätzlichkeit des Sprachduktus teil, die sich im Oxymoron oder Paradoxon nur am schärfsten ausprägt. Die Lichtmetaphorik – wohl der wichtigste und aussagekräftigste Bildbereich, mit dem die Liebenden einander charakterisieren – ist ein prägnantes Beispiel dafür. Während der um Rosaline schmachtende Romeo das Tageslicht flieht (I,1,132–138), wird ihm Juliet beim ersten Anblick zum Inbegriff strahlender Helligkeit: »O, she doth teach the

---

6 Allerdings fügt Sidney in seinen Zyklus *Astrophil and Stella* (1591) nach Petrarcas Vorbild *Songs* ein, für die zum Teil Stella als Sprecherin zu denken ist, und verleiht ihm dadurch Ansätze zu einer dialogischen Struktur. – Eine kleine Vorübung für das Sonett am Ende des 1. Aktes liefern Benvolio und Romeo in I,2, indem sie nicht nur – wie so oft – in *couplets* sprechen, sondern mit dem Reimschema *efef gg* das letzte Quartett samt dem schließenden Reimpaar nachbilden (45–50, 90–95). In die gleiche Form sind dann das Ritual des Grafen Paris an Juliets Grab (V,3,12–17) und die Schlußworte des Fürsten gefaßt (V,3,304–309).

torches to burn bright« (I,5,42). Die nächtliche Begegnung im Garten wird für ihn erhellt durch Juliet als die Sonne (II,2,2 f.; auch 155), ihr Glanz beschämt die Sterne (19 f.), ihre Augen können die Nacht zum Tage machen (20–22). In gleicher Verherrlichung des Partners bittet Juliet in ihrem – oft als *Epithalamium* bezeichneten – Monolog »Gallop apace, you fiery-footed steeds« (III,2,1 ff.) die Nacht, aus Romeo ein Heer von Sternen zu machen (20–25). Zugleich ist die Nacht mit ihrer inbrünstig ersehnten Dunkelheit die Beschützerin der Liebenden (5–11, 15, 20 und schon II,2,75, 85–87), das Tageslicht eine Bedrohung (III,5,7 f., 35 f., 41). In der Sterbeszene macht Juliets Schönheit das Grab für Romeo zu einem lichtdurchstrahlten Festsaal (V,3,84–86).

Den in seiner leitmotivischen Verwendung auffälligsten Gegensatz stellt das Ineinander von Liebe und Tod dar, das antizipierend das Geschehen begleitet und im tatsächlichen Liebestod von der Ebene der Sprache auf die der Handlung übergeht. In sich ambivalent ist die Seefahrtsmetapher, die Schiffbruch wie Heimkehr mit reichem Ertrag bedeuten kann. Romeo hat sich trotz seiner Vorahnungen vor dem Beginn der Liebeshandlung diesem Risiko überlassen (I,4, 112 f.) und bekräftigt in der Gartenszene seinen Entschluß, sich bis zu der entferntesten Küste zu wagen, um Juliet zu gewinnen (II,2,82–84). Sie nimmt sein Bild in anderer Weise auf, die nur die positiven Konnotationen des Meeres gelten läßt: »My bounty is as boundless as the sea, / My love as deep: [...]« (II,2,133 f.). Am Ende sieht er sich als nicht mehr seetüchtiges Boot, das der Steuermann, die Giftampulle, absichtlich an der Klippe zerschellen läßt (V,3,116–118). Das Gift seinerseits erscheint als herzstärkende Arznei, weil es ihn mit Juliet vereinen wird (V,1,85); sie sieht es in ihren letzten Augenblicken als Belebungsmittel (V,3, 165 f.). Diese paradoxe Beschaffenheit des Giftes weist zurück auf die Gedanken des Mönchs über die Ambivalenz der Naturkräfte, die sich in Medizinalpflanzen ebenso wie im Menschen offenbart (II,3,1–26). Seine Sentenz »Virtue itself turns vice being misapplied, / And vice sometime's by action dignified« (17 f.) faßt die Problematik menschlichen Handelns – zumal in einer Tragödie – zusammen. Gerade, als er sie äußert, tritt Romeo auf, der sie am Wendepunkt des Dramas exemplifizieren wird: Freundesliebe und Ehrgefühl, eigentlich achtenswerte Motive, werden in dieser Situation zu falschen Antrieben; die Haltung, die er gegen Tybalt zunächst einnimmt und die von Mercutio als »dishonorable, vile submission« verunglimpft wird (III,1,72), hätte »Würde« gehabt, wenn er bei ihr geblieben wäre.

Das Liebespaar und seine Umwelt

Widersprüche solcher Art, die sich fast zu dem Paradox »fair is foul, and foul is fair« aus *Macbeth* summieren, umgeben und spiegeln nur den großen, zentralen Gegensatz: den zwischen den Liebenden und der Welt, in die sie hineingestellt sind. Auf der Ebene der Handlung werden sie bald isoliert und sehen sich nur aufeinander verwiesen. Romeos petrarkistischer Einsamkeitskult, der ihn Freunden und Eltern entfremdet, erscheint wie eine Vorübung für die viel radikalere Trennungslinie, die demnächst zwischen ihm und den anderen Gestalten gezogen werden wird. Seine Freunde wissen und verstehen nichts von seiner Liebe zu Juliet; Mercutio brennt in komischer Phasenverschiebung noch immer ein Feuerwerk lasziver Bonmots über Romeos Schwärmerei für Rosaline ab (II,1,3–42), als Romeo schon unter Lebensgefahr die Nähe Juliets sucht. Juliet ihrerseits findet sich in einer Familie, die sie zwar selten allein läßt, für sie aber nur eine konventionelle Heirat planen kann und im übrigen ohne Verständnis und Rücksicht ist. Die Verläßlichkeit der beiden einzigen Vertrauten und Helfer stößt auch früher oder später an ihre Grenzen. Der amoralische Opportunismus der Amme, die gleichmütig Bigamie für Juliet in Kauf nehmen möchte, reißt einen unüberwindlichen

Graben auf. Friar Laurence, bis zuletzt findig im Ersinnen von Auswegen, läßt Juliet auf dem Friedhof schließlich doch aus Angst im Stich (nachdem er flink auf einen weiteren Ausweg verfallen ist, nämlich Juliet in ein Kloster zu schicken). Daß seine Flucht Juliets Selbstmord möglich macht, ist freilich nur sehr vordergründig ein Verschulden; im Sinne der Teleologie dieser Tragödie ist es unerläßlich. Was dem Mönch objektiv zur Last zu legen ist, sind die gutgemeinten, aber kleinlichen Tricks, mit denen er den Liebenden zu helfen sucht; sie sind für eine solche Liebe schlechthin zu niedrig. Gewiß wäre es unsinnig, zu argumentieren, was er statt dessen hätte tun sollen: der Familie den – von Capulet durchaus nach Verdienst geschätzten – Schwiegersohn nahebringen, an die Großmut des Grafen Paris und die Gnade des Fürsten appellieren; es geht ja nicht darum, aus dem Geschehen eine glücklich endende Komödie werden zu lassen. Vielmehr ist die Welt der Gewalt und des Hasses unvereinbar mit der unbedingten Liebe dieser zwei Personen; noch so weltklug ersonnene Schachzüge könnten nichts daran ändern.

Indem die Liebenden aus ihren bisherigen Bindungen heraustreten und die landläufigen Umstände des Lebens und der Liebe unter sich lassen, gewinnen sie zugleich eine neue Bestimmung ihrer selbst. Schon in der Gartenszene erkennen sie, daß sie ihre bisherige Identität, die – an den Namen geknüpft – in der Familie verwurzelt ist, aufgeben müssen, um zu ihrer wahren Identität zu finden (II,2,33–61). Schien der Name zunächst ein Hindernis, so wird er bald bedeutungslos. Juliet scheut sich nicht, Romeo mit dem einst verhaßten Namen anzureden: »[...] fair Montague« (II,2,98), »Sweet Montague« (II,2,137). Erst in der Verzweiflung über die Auswirkungen, die seine Bluttat auf Juliet hat, will Romeo später seinen Namen aus seinem Körper reißen, als sei er etwas Materielles: »In what vile part of this anatomy / Doth my name lodge? [...]« (III,3, 105 f.). Er fällt damit hinter Juliets Einsicht zurück, daß der

Name etwas Insubstantielles, für die Person Unwichtiges ist
(II,2,39–47). Bekräftigt und bestätigt wird die neue, autonome Identität, als Juliet den Geliebten bittet:

> [...] Do not swear at all.
> Or if thou wilt, swear by thy gracious self,
> Which is the god of my idolatry,
> And I'll believe thee.
>
> (II,2,112–115)

Unwissend und mit ganz anderer Meinung – somit im
Sinne dramatischer Ironie – zollt Mercutio danach dem
Freund (der zu Beginn des Stückes erklärt hat: »I have lost
myself, [...] / This is not Romeo, [...]«, I,1,195 f.) das Lob:
»[...] now art thou Romeo; [...]« (II,4,89).

Gibt es neben der grundlegenden Umorientierung ihres
Lebens, die zwei junge Menschen hier vollziehen, noch eine
nachverfolgbare Entwicklung, wie das Ineinandergreifen
von Charakter und Geschehen im Drama erwarten ließe?
Von Anfang an ist Juliet trotz ihrem Alter (das Shakespeare
gegenüber seiner Quelle von sechzehn auf vierzehn Jahre
verringert hat) ihrem Geliebten an Umsicht voraus. Das
frühere Erwachsensein ist natürlich geschlechtsspezifisch;
zudem läßt Shakespeare seine Komödienheldinnen in der
Regel aufgeweckter und witziger sein als ihre Partner.
(Schon bei der Erkundigung nach Romeos Namen hat Juliet
in weiblicher Schläue zunächst nach zwei anderen gefragt
und dann, scheinbar beiläufig, auch nach ihm: I,5,127–131.)
In der Gartenszene ist sie darauf bedacht, ihre gegenseitige
Verzauberung in die rechte Bahn zu lenken (II,1,116–122,
142–152); sie sorgt sich immer wieder um Romeos Sicherheit (64 f., 70, 74, 176) und stellt auch durchaus praktische
Fragen: »How cam'st thou hither [...]?« (62), »By whose
direction found'st thou out this place?« (79), »What o'clock
tomorrow / Shall I send to thee?« (167 f.). Romeos Antworten darauf sind immer noch hochpoetisch; er hat seinen
Stil in sein neues Leben mitgenommen – in solchem Maße,

daß er dem Mönch nur verrätselt und abstrakt von seinem neuen Zustand berichten kann (II,3,45–50) und sich ermahnen lassen muß: »Be plain, good son, and homely in thy drift; [...]« (51). Auch seine Bitte, Juliet möge ihrer beider Glück in Worte fassen, gerät ihm zu einem ornamentalen Stück Deklamation (II,6,24–29); so muß er von der Geliebten lernen, daß wahrer Reichtum jenseits des Zählbaren und Ausdrückbaren liegt (30–34). Doch sind seine verbalen Kunststücke nur überschießende erotische Energie – nichts, was seiner Ernsthaftigkeit Abbruch täte. Er hat mit dem – durchaus auch symbolischen – Eindringen in den Garten der Capulets bewußt sein Leben aufs Spiel gesetzt und war sogleich bereit, um Juliets willen seine Identität aufzugeben. In bestürzender Weise hingegen offenbart sich seine tiefe emotionale Bindung an Juliet durch die haltlose Verzweiflung, der er sich nach dem Verbannungsurteil überläßt (III, 3,12–70, 101–107); aus diesem Exzeß muß ihm Friar Laurence heraushelfen. Wie er danach wieder an Statur gewonnen hat, bezeugt seine männliche Entschlossenheit angesichts der Todesnachricht: »Is it e'en so? Then I defy you, stars!« »Well, Juliet, I will lie with thee tonight« (V,1,24, 34). Sein Weg zu Juliets Grab und zum eigenen Tod hat bei aller Intensität seines Empfindens nichts Exaltiertes. Dem auf ihn eindringenden Paris begegnet er souverän und mitfühlend (V,3,58–67, 74–84), dem toten Tybalt versöhnlich (97–101).

Juliet muß sich nach der Trennung von dem Geliebten durch mehrere extreme Situationen hindurchkämpfen. Das Gespräch mit der Mutter, in dem es zunächst nur um den Täter Romeo und sein Opfer Tybalt geht (III,5,68–110), fordert ihr eine Selbstbeherrschung ab, die auch überlegte Verstellung einschließt; die drohende Verheiratung und der erschreckende Konflikt mit den Eltern bringen sie zu dem Entschluß: »If all else fail, myself have power to die« (III,5,242). Mehr als diesen einen Tod wagt sie, indem sie auf den verzweifelten Plan des Mönchs eingeht (IV,3,24–29). Die Ängste, mit denen sie ihr Sterben antizipierend durchlebt (30–58), ohne ihnen nachzugeben, sind die eindringlichsten Zeugnisse ihrer unbeirrbaren Entschlossenheit. Indem die Liebenden über Zeit und Raum hinweg einander mit den Elixieren zutrinken, sind sie schon vor der endgültigen Vereinigung wieder miteinander verbunden: »Romeo, Romeo, Romeo, here's drink! I drink to thee!« (IV,3,58). »Here's to my love!« (V,3,119).

Die tragische Auflösung

Durch welchen pragmatischen Mechanismus der unaufhebbare Gegensatz zwischen dem Liebespaar und seiner Umwelt offenkundig gemacht wird, ist im Grunde zweitrangig. Romeo, durch die Heirat mit Juliet friedfertig gegenüber Tybalt gestimmt, antwortet auf dessen Beschimpfung »thou art a villain« (III,1,60) ruhig und versöhnlich: »I see thou knowest me not« (III,1,64). Diese gelassene Zurückweisung eines moralischen Verdammungsurteils impliziert natürlich (was Tybalt nicht wissen kann) die neue verwandtschaftliche Beziehung, die nun zwischen den beiden besteht. Romeo kann sie nur in der Form andeuten: »And so, good Capulet, which name I tender / As dearly as mine own, be satisfied« (III,1,70 f.). In einer Komödie wäre hier die *anagnorisis* und damit die Versöhnung zum Greifen nahe. Weniger durch Tybalts als vielmehr durch Mercutios Streitlust findet sich Romeo aber unversehens in einer Situation, in der er meint, seine Ehre erfordere es, Tybalt zu töten. Es wäre nicht ganz abwegig, darin seinen tragischen Fehler im Sinne der aristotelischen *hamartia* zu sehen: Romeo mißachtet für einen schicksalhaften Augenblick die Tatsache, daß Juliet und damit ihre Familie nun einen höheren Anspruch an ihn hat als die Freundschaft zu Mercutio und die eigene Ehre. (Am Ende des *Merchant of Venice* wird das gleiche Problem komödienhaft harmonisch gelöst.) Damit würde aber die Tragik zu einseitig an eine moralische Schuld – dazu noch einer einzelnen Person – geknüpft. (Noch weniger kann man im Sinne eines wohltemperierten bürgerlichen Ethos ein Verschulden der Liebenden darin sehen, daß sie in bedenkenloser Eile ihrer gegenseitigen Anziehung nachgegeben haben.) Plausibler scheint die Deutung von Harold C. Goddard, daß Furcht für mehrere Personen das Motiv ist, das sie in der Schlußphase zu Handlungen mit fatalen Folgen treibt: Romeo hat Angst vor dem Ehrenkodex, die an der Beförderung des Briefes Beteiligten vor der Pest, der Apotheker vor der Armut, Friar Laurence vor den Folgen seiner Helferrolle.[7] Auch hier aber erfolgt eine Schuldzuweisung nach moralisch-psychologischen Kategorien.

Besteht der grundlegende Konflikt darin, daß eine so unbedingte Liebe wie die Juliets und Romeos mit der Welt, wie sie ist, nicht koexistieren kann, so ist dem Geschehen mit Begriffen wie *tragedy of fate* oder *hamartia* nicht beizukommen. Da die Welt eine Welt des Hasses und der Gewalttätigkeit ist, kann man das Geschehen als Zusammenstoß dieses Prinzips mit der Liebe sehen. Die Repräsentanten des besseren Prinzips gehen unter, aber besiegeln im Tode den Sieg ihrer Idee, weil sie um ihretwillen auch den Tod nicht gescheut haben.[8] Sie hinterlassen – wie Roger

---

7 Vgl. H. C. Goddard, *The Meaning of Shakespeare*, Bd. 1, Chicago 1951, S. 138.
8 Obwohl Oscar Mandel *Romeo and Juliet* als »an idyll with an adventitiously melancholy ending« (S. 27) nur zu den »Paratragedies« (S. 26–30) rechnet, scheint seine Tragödiendefinition auch auf dieses Drama zuzutreffen: »A work of art is tragic if it substantiates the following situation: *A protagonist who commands our earnest good will is impelled in a given world by a purpose, or undertakes an action, of a certain seriousness and magnitude; and by that very purpose or action, subject to that same given world, necessarily and inevitably meets with grave spiritual or physical suffering*« (O. Mandel, *A Definition of Tragedy*. New York: The Gotham Library, 1961, S. 20).

Stilling es ausdrückt – »the seeds of a new society«, die auf Liebe gegründet ist.[9]

Es ist einzuräumen, daß der Schluß des Dramas (V,3,187–309) gegenüber diesem hochgemuten Ertrag etwas abfällt: nicht so sehr wegen seiner technisch-pragmatischen Erläuterungen, die für die Bühnengesellschaft nötig, aber für die Zuschauer redundant sind, als vielmehr deshalb, weil das Fazit des Fürsten auf einer moralisierend-didaktischen Ebene bleibt (»See what a scourge is laid upon your hate, [...]«, V,3,291; »Some shall be pardon'd, and some punished, [...]«, V,3,307) und im abschließenden *couplet* nur den hohen Preis erwägt, den der Sieg gekostet hat. Gerade dadurch aber wird noch einmal deutlich, daß Romeo und Juliet eine Welt hinter sich gelassen haben, die der Einzigartigkeit ihrer Liebe nicht gerecht werden konnte.

9 Vgl. R. Stilling, *Love and Death in Renaissance Tragedy*, Baton Rouge (La.) 1976, S. 81.

Literaturhinweise

William Shakespeare: Romeo and Juliet. Hrsg. von T. J. B. Spencer. Harmondsworth 1967. (The New Penguin Shakespeare.)
– Romeo and Juliet. Hrsg. von G. Blakemore Evans. Cambridge 1984. (The New Cambridge Shakespeare.)

Barber, C. L.: Shakespeare's Festive Comedy: A Study of Dramatic Form and its Relation to Social Custom. Princeton (N.J.) 1959.
Brodwin, Leonora Leet: Elizabethan Love Tragedy 1587–1625. London 1972. [Die Vf. erweitert den Begriff der *love tragedy*, der bisher im wesentlichen auf *Romeo and Juliet* angewendet wurde, und stellt eine Typologie auf, die auch *false romantic love* und *wordly love* einschließt. *Romeo and Juliet* erscheint als legitime Fortsetzung der mittelalterlichen *courtly love* mit ihren transzendentalen Qualitäten, die sie notwendig in Konflikt mit den Werten der Gesellschaft bringen.]
Dickey, Franklin M.: Not Wisely but too Well: Shakespeare's Love Tragedies. San Marino (Cal.) 1957. [Der Vf. kommt aus der Schule von Lily B. Campbell, *Shakespeare's Tragic Heroes: Slaves of Passion*, Cambridge 1930. In konsequenter Fortführung wertet er die Katastrophen der Liebestragödien als gerechte Folgen irrationalen Verhaltens: »Shakespeare is careful to make Romeo guilty of sinful action under the influence of passion.« Andererseits arbeitet er die komischen Elemente des Dramas deutlich heraus.]
Evans, Robert O.: The Osier Cage: Rhetorical Devices in *Romeo and Juliet*. Lexington (Ky.) 1966. [Der Vf. argumentiert, daß Rhetorik und tiefes Gefühl einander nicht ausschließen, »the great rhetoricians of the play are Romeo and Juliet«, und verteidigt die Funktion von Mercutios *Queen Mab speech*: »he is dealing in the real subjects of the play.«]
Farrell, Kirby: Play, Death, and Heroism in Shakespeare. Chapel Hill (N.C.) 1989.
Garber, Marjorie: Coming of Age in Shakespeare. London 1981.
Goddard, Harold C.: The Meaning of Shakespeare. Bd. 1. Chicago 1951.
Leimberg, Inge: Shakespeares *Romeo und Julia*. Von der Sonettdichtung zur Liebestragödie. München 1968. [Aus einer Untersuchung früherer Liebestragödien und insbesondere der Sonettdichtung gewinnt die Vf. die Trias »Fortuna, Liebe und Tod« als

Komplex, der auch *Romeo and Juliet* bestimmt; für die tragische Konzeption des Werkes findet sie die Mythen von Ikarus und Aktäon als Hintergrund.]

Mahood, M. M.: Shakespeare's Wordplay. London 1957.

Mandel, Oscar: A Definition of Tragedy. New York: The Gotham Library, 1961.

Marsh, Derick R. C.: Passion Lends Them Power: A Study of Shakespeare's Love Tragedies. Manchester 1976.

Snyder, Susan: The Comic Matrix of Shakespeare's Tragedies. Princeton (N.J.) 1979.

Stilling, Roger: Love and Death in Renaissance Tragedy. Baton Rouge (La.) 1976. [Ähnlich wie Brodwin differenziert der Vf. ein Korpus von Dramen in seiner historischen Abfolge. *Romeo and Juliet* ist der letzte und höchste Ausdruck der optimistischen romantischen Liebe, die ihre Erfüllung in der Liebesheirat sucht und trotz ihrer Wendung gegen die Gesellschaft keine zerstörende, sondern heilende Wirkung hat.]

The Merchant of Venice

»Shylock geht – und immer kehrt er wieder«

Von Sabine Schülting

Die Neuaufführung von Rainer Werner Fassbinders umstrittenem Stück *Die Stadt, der Müll und der Tod* am Berliner Gorki-Theater hat 1998 – wie bereits 1976 und 1985 – den Protest der jüdischen Gemeinde hervorgerufen. Ihr Vorsitzender, Andreas Nachama, bescheinigte dem Stück um die Figur des jüdischen Frankfurter Spekulanten »goebbelssche Qualität«.[1] Gegenüber den Mahnungen, daß eine Aufführung die Gefühle der jüdischen Bevölkerung verletzen und die ideologische Basis des Holocaust kritiklos reproduzieren würde, wird von der Gegenseite erneut auf die Freiheit der Kunst gepocht. Sind die Proteste Beispiele übertriebener »political correctness«, oder ist Zensur in manchen Fällen unerläßlich? Sollten Theaterstücke oder Kunstwerke verboten werden, wenn sie in einer Tradition des Antisemitismus und Rassismus stehen, den Holocaust verharmlosen und dem Fremdenhaß Vorschub leisten? Wann aber ist ein Theaterstück überhaupt antisemitisch? Und kann man davon ausgehen, daß ein solches Stück zwangsläufig antisemitisches Gedankengut beim Publikum schürt? Zur Diskussion steht letztlich das Gewaltpotential von Kunst und Literatur, es geht um die mögliche Wirkungsweise dieser Gewalt und darum, wie mit solcher Gewalt umgegangen werden soll und kann. – William Shakespeares *The Merchant of Venice*[2] ist ein Stück von sicherlich anderem Format als das von Fassbinder. Doch auch an ihm haben sich immer wieder ähnliche

---

1 Jörg Lau, »Die Stadt, der Müll und der Streit«, In: *Die Zeit*, 3. 9. 1998.
2 Zitiert wird nach der Ausgabe: William Shakespeare, *The Merchant of Venice*, hrsg. von Molly M. Mahood, Cambridge: Cambridge University Press, 1987 (The New Cambridge Shakespeare).

Diskussionen entzündet. Weiterhin ist umstritten, ob nach dem Holocaust das Stück vor einem deutschen Publikum überhaupt noch gezeigt werden dürfe. Jede Aufführung ist auch ein politisches Ereignis, und das gilt nicht nur für deutsche Bühnen. Gerade in den USA entgeht kaum eine Inszenierung vehementer öffentlicher Kritik und werden Forderungen wenn nicht nach Zensur laut, dann doch danach, das Stück aus den schulischen Lehrplänen und universitären Kanones zu verbannen.

Die Frage nach antisemitischer Gewalt stellt sich im Zusammenhang mit Shakespeares *The Merchant of Venice* nicht nur im Hinblick auf die Wirkung des Stückes, seine Interpretations- und Aufführungsgeschichte bis und nach 1945. Gewalt ist dem Stück selbst eingeschrieben, bestimmt sie doch nachhaltig die Konflikte zwischen den Venezianern und dem Juden Shylock. »You call me misbeliever, cutthroat dog, / And spit upon my Jewish gaberdine« (I,3, 103 f.) – mit diesen Worten begegnet Shylock dem Anliegen des venezianischen Kaufmanns Antonio, ihm dreitausend Dukaten zu leihen, die dessen Freund Bassanio für seine Werbung um die schöne (und vor allem wohlhabende) Portia benötigt. Antonio habe ihm gegenüber nur Verachtung gezeigt, ihn bespuckt, ihn öffentlich beschimpft, ihn des Wuchers angeklagt – warum solle er ihm nun Geld geben? Und doch willigt er schließlich ein und macht Antonio – wie er sagt – ein Angebot zur Güte. Er verlangt keine Wucherzinsen, sondern ein Pfund Fleisch aus Antonios Körper als Pfand. Als Antonio das Geld nicht zurückzahlen kann, sieht Shylock seine Stunde gekommen, sich für vergangene Demütigungen zu rächen. Er pocht auf sein Recht, Antonio das Fleisch aus dem Körper zu schneiden. Bassanio sucht abzuwiegeln, Antonio habe es doch gar nicht so gemeint: »Every offence is not a hate at first« (IV,1,68). Shylock entgegnet mit der Frage, wer sich wohl freiwillig ein zweites Mal quälen lassen würde: »What, wouldst thou have a serpent sting thee twice?« (IV,1,69). Die Beleidigungen Antonios haben ihn verletzt, ihm »Verwundungen« zugefügt, die er körperlich zu empfinden scheint:

> Hath not a Jew eyes? Hath not a Jew hands, organs, dimensions, senses, affections, passions? Fed with the same food, hurt with the same weapons, subject to the same diseases, healed by the same means, warmed and cooled by the same winter and summer as a Christian is? If you prick us, do we not bleed? If you tickle us, do we not laugh? If you poison us, do we not die? And if you wrong us, shall we not revenge?
>
> (III,1,46–52)

Shylocks bewegendes Plädoyer im 3. Akt gründet sich nicht auf eine Idee von gegenseitiger Toleranz im Sinne eines aufklärerischen Humanismus – und hierin unterscheidet sich Shakespeares Stück etwa von Lessings *Nathan der Weise*, auch wenn die Shylock-Figur gerade nach 1945 oft so interpretiert worden ist. Shylocks Argument ist die prinzipielle Gleichheit des menschlichen Körpers, unabhängig von Kultur und Religion. Eben dieser physische Körper ist die Zielscheibe der christlichen Kränkungen und Erniedrigungen. Wenn Shylock schließlich vor Gericht sein Recht auf das Pfand einklagt und Antonio das Pfund Fleisch aus dem Körper herausschneiden will, besteht er auf seinem Recht, seinem Widersacher entsprechende körperliche Wunden zuzufügen. Shylocks Handeln orientiert sich somit an der alttestamentarischen Maxime »Auge um Auge, Zahn um Zahn«. Shylock will Gewalt mit Gegengewalt sühnen. Doch Portias alias Balthazars rhetorisches Geschick läßt seine Rachepläne scheitern. Shylock dürfe Antonio zwar das Pfund Fleisch herausschneiden, aber der Schuldschein erlaube kein Gramm mehr, und vor allem dürfe Shylock kein Blut vergießen. Zudem habe er gegen die Gesetze Venedigs verstoßen, da er nach dem Leben eines Venezianers trachte. Zwar wird ihm die Todesstrafe erlassen und nicht sein ganzes Vermögen genommen, doch muß er ein Bußgeld an den Staat zahlen, seiner zum Christentum konvertierten Tochter Jessica und ihrem Ehemann Lorenzo sein Geld vererben und selbst ebenfalls Christ werden. Im damaligen Verständnis siegt damit christliche Gnade über jüdische Grausamkeit. Die Zwangskonversion stellte für die frühneuzeitliche christliche Welt keineswegs eine Strafe dar, sondern war selbst Gnadenbeweis, rettete sie doch Shylocks Seele vor der ewigen Verdammnis. Ein nachhaltiger Wandel wurde erst durch Edmund Keans Interpretation der Shylock-Figur im Jahre 1814 eingeleitet. Kean spielte den Shylock ohne die traditionelle rote Perücke und falsche Nase, stellte die Widersprüchlichkeit der Figur heraus und zeigte, daß Shylocks Handeln die Folge endloser Kränkungen war. Heinrich Heine berichtet von einer Londoner Aufführung mit Kean in der Rolle des Shylock, während der eine schöne Engländerin mit Tränen in den Augen ausgerufen haben soll: »The poor man is wronged!« – Doch schon der Text selbst gibt Zeugnis von dieser Gewalt: Die Strafe beraubt Shylock nämlich nicht nur seiner finanziellen Autonomie und seiner religiösen Identität. Sie ›kränkt‹ ihn, macht ihn im wahrsten Sinne des Wortes krank. Mit den Worten »I pray you give me leave to go from hence; / I am not well« (IV,1,391 f.) verläßt er die Bühne im vorletzten Akt und kehrt in der harmonischen Schlußszene in Belmont nicht mehr wieder.

Antisemitische Angriffe in *The Merchant of Venice* sind im wahrsten Sinne des Wortes ver le tz end, sind Zugriffe auf den Körper des anderen. Oder ist Shylocks Rede vom Unwohlsein und Gekränktsein nur als Bild zu verstehen, bloß eine Redensart? Meinen wir tatsächlich körperliche Wunden, wenn wir davon sprechen, daß Worte kränken und verletzen? Zweifellos gibt es einen Unterschied zwischen Worten und Taten, Beleidigungen und körperlichen Angriffen. Aber gerade die Geschichte des Antisemitismus hat gezeigt, daß das eine oft nicht vom anderen getrennt werden kann, daß Verfolgung und Ermordung von Juden und Jüdinnen an rhetorische Strategien gebunden waren, durch sie vorbereitet, begleitet und legitimiert wurden. So haben Kritiker von Aufführungen des *Merchant of Venice* immer wieder zu bedenken gegeben, daß das Stück auf mehreren Ebenen Gewalt ausübe, da es nicht nur die Gefühle der jüdischen Bevölkerung verletze, sondern auch den Boden für antisemitische Ausschreitungen und damit materielle Gewalt bereite. Wohl nicht zuletzt aus diesem Grund beschloß 1960 der Intendant des Mannheimer Nationaltheaters, *The Merchant of Venice* abzusetzen, als er angesichts erneut einsetzender antisemitischer Demonstrationen die Wirkung des Stückes fürchtete. Schließlich hatte Hitler Shakespeares Komödie geliebt. Die Inszenierung im Jahre 1943 am Wiener Burgtheater, in der Werner Krauß die Rolle des Shylock spielte, reproduzierte ungebrochen die nationalsozialistische Propaganda. Ein zeitgenössischer Kritiker schrieb:

> Die Maske allein schon, das von grellrotem Haar und Bartwuchs umrahmte blaßrosa Gesicht mit den unstet pfiffigen Äuglein, der speckige Kaftan mit dem umgeschlagenen gelben Kulttuch [...] die krallige Gestik der Hände, das gröhlende oder murmelnde Organ – dies alles eint sich zum pathologischen Bild des ostjüdischen Rassentyps mit der ganzen äußeren und inneren Unsauberkeit des Menschen bei Hervorhebung des Gefährlichen im Humorigen.[3]

Die faschistische Ideologie, die die Grundlage des Genozids bildete, wird durch die Aufführung bestätigt, im wahrsten Sinne des Wortes in Szene gesetzt und in der Rhetorik dieser Besprechung noch einmal in Worte gefaßt.

---

3 Zit. nach: Ruth Freifrau von Ledebur, »*The Merchant of Venice:* Drama – Bühnengeschichte – Theaterrezension«, in: Rüdiger Ahrens (Hrsg.), *William Shakespeare: Didaktisches Handbuch*, Bd. 3, München: Fink, 1982, S. 283.

Das Beispiel der Wiener Inszenierung von 1943 zeigt, daß der Text des Shakespeare-Stückes seit dem deutschen Faschismus gerade deshalb ein solches Potential von Gewalt birgt, da er auf den nationalsozialistischen Rassendiskurs und seine modernen Varianten bezogen wurde bzw. bezogen werden kann. Rassistische Sprache verletzt, weil sie Stereotypisierungen zitiert, sie endlos wiederholt und auf diese Weise gesellschaftliche Hierarchien verfestigt. Eine Geschichte der institutionellen und physischen Gewalt gegen die ausgegrenzte Gruppe wird erinnert und ihre Wiederholung in der Zukunft angekündigt oder, besser, angedroht. Für die amerikanische Philosophin Judith Butler besteht ein enger Zusammenhang zwischen der »Sprache des Hasses« und Traumata. Von Trauma spricht man, wenn ein Subjekt nicht in der Lage ist, ein bestimmtes Ereignis psychisch zu bewältigen. In wiederkehrenden Träumen erlebt er oder sie die traumatische Erfahrung immer wieder aufs neue. Sprachliche Gewalt funktioniert ähnlich, denn auch sie unterwirft das Opfer einer beständig wiederkehrenden Kränkung, auch sie substituiert die Verletzung durch Zeichen – die Sprache – und reinszeniert sie auf diese Weise. In bezug auf den Täter heißt das, daß nicht der einzelne – weder der Kritiker der Wiener Aufführung noch Shakespeares Antonio –, der den kulturell anderen beschimpft, von sich aus die Macht besitzt zu verletzen. Diese Macht wird ihm erst durch die historisch gewachsenen Konventionen seiner Gesellschaft oder Gruppe verliehen. Doch jede einzelne rassistische Äußerung reproduziert diese gesellschaftliche Macht. Der Sprecher erklärt sich als Mitglied und repräsentativer Stellvertreter der Gruppe, der definieren kann, wer zu dieser Gruppe gehört und wer nicht. Den anderen wird diese Position und damit auch die Teilhabe an der Kultur abgesprochen.

Shakespeare hat *The Merchant of Venice* wahrscheinlich Ende 1596 geschrieben, und seit dieser Zeit ist Shylock immer wieder auf die Bühne zurückgekehrt. Wenige Stücke haben sich einer solchen Popularität erfreuen können, aber wenige Stücke haben auch im Laufe ihrer vierhundertjährigen Wirkungsgeschichte so vielfältige Deutungen erfahren wie *The Merchant of Venice*. Dies wird nicht zuletzt daraus ersichtlich, welch unterschiedlichen Genres man das Stück zugeordnet hat. Obwohl *The Merchant of Venice* in der Erstausgabe als Historie bezeichnet wurde, begriff man es wegen seines Happy-Ends bis zum 18. Jahrhundert als Komödie, bis dann die Theaterpraxis und -kritik des 19. Jahrhunderts eine Tragödie aus ihm machten. Parallel dazu kristallisierte sich eine andere Tradition heraus, die Ornament und Märchenhaftes in den Vordergrund stellte, mit Tanz, Pantomime und aufwendigen Kostümen und Bühnenbildern arbeitete bzw. über *The Merchant of Venice* die ›Aura‹ Venedigs zu erschaffen suchte. Beispiele sind die Meininger Inszenierung im späten 19. Jahrhundert sowie Max Reinhardts *Kaufmann von Venedig*, der ab 1905 am Deutschen Theater in Berlin und dann in vielen europäischen Städten zu sehen war. In der zweiten Hälfte des 20. Jahrhunderts ist aus Shakespeares Komödie schließlich ein ›Problemstück‹ geworden. Antonios Haßtiraden gegen Shylock sowie Shylocks Enteignung und Zwangskonversion zum Christentum sind heute alles andere als komisch, können sie doch wohl kaum anders als eine beklemmende Antizipation der Judenverfolgung im deutschen Faschismus verstanden werden. George Taboris Inszenierung aus dem Jahre 1978 ließ diesen Konnex sichtbar werden. Shakespeares Geschichte vom Juden Shylock wurde mit der Geschichte deutscher Juden und Jüdinnen verwoben, die verfolgt, gefoltert und ermordet wurden. »Ich wollte, meine Tochter wäre tot und hätte die Juwelen in den Ohren« war der Titel der Tabori-Inszenierung, die im Probenraum der Münchner Kammerspiele stattfand, nachdem eine Aufführung auf dem Gelände des ehemaligen Konzentrationslagers Dachau verboten worden war. In verschiedenen Variationen verband das Stück die Figuren des Shylock und seiner Tochter Jessica mit KZ-Opfern. Shylock erschien dreizehnfach: einmal wie eine groteske »Stürmer«-Karikatur eines Juden, ein andermal inmitten einer Gruppe von jüdischen KZ-Gefangenen, dann nach seiner Taufe in weißem Taufkleid und bayerischen Wadenstrümpfen. In Taboris Inszenierung war Shylock gleichermaßen Stereotyp, Ankläger wie Opfer. Jessica verwandelte sich in ihren (Alp-)Träumen in einen KZ-Häftling, so daß die ursprüngliche Liebesromantik des letzten Aktes zur Folterszene geriet: »Shakespeares Text vom Mondlicht, das süß auf den Hügeln schläft [sic] und den Tönen süßer Harmonie, hat, wo diese Szene sich ereignet, keine Chance.«[4] Aus Taboris Inszenierung gestrichen war die Portia-Handlung, die mit der Grausamkeit der Judenverfolgung nicht in Einklang gebracht werden konnte.

Das Nebeneinander der beiden disparaten Handlungsstränge hat Kritiker seit jeher irritiert. Venedig, die ›männliche‹ Welt des Handels, der unerbittlichen Konkurrenz, des Geldes und der Melancholie, will nicht recht zu Belmont passen, der ›femininen‹ Welt des Reichtums, der Liebe, der Harmonie und der Musik. G. Wilson Knight (1936) urteilte daher, daß die Verknüpfung von so widersprüchlichen Themen zu einem organischen Ganzen nicht gelungen sei. Andere sahen in dem Antagonismus der Schauplätze die Opposition von Werten und Handlungsmaximen gespiegelt: Recht versus Gnade, Berechnung versus Liebe, Alter versus Neuer Bund. Neuere Ansätze konzentrieren sich dagegen zumeist auf die geschichtliche Eingebundenheit des Stückes in Politik, Wirtschaft, Familien- und Gesellschaftsstruktur der frühen Neuzeit. Dabei gerät jedoch der Antisemitismus des Stückes vielfach aus dem Blickfeld. Aus ihrem vorrangigen Interesse für die Figur der Portia, die die zeitgenössische Geschlechterhierarchie nachhaltig in Frage stellt, drängen feministische Interpretationen die Shylock-Handlung oftmals ganz in den Hintergrund. In vielen kulturwissen-

---

4 Helmut Schödel, »Der dreizehnfache Shylock«, in: *Die Zeit*, 1.12.1978.

schaftlichen Analysen wird Shylock dagegen zu einer Metapher für eine bestimmte ökonomische Haltung der frühen Neuzeit. Er wird als Verkörperung eines ›archaischen‹ Prinzips des Wuchers gelesen, das sich der Zirkulation der Güter und des Geldes im frühneuzeitlichen See- und Außenhandel zu widersetzen sucht. Solche Interpretationen haben ihre Berechtigung, aber sie vernachlässigen die Einbindung des Stückes in eine Geschichte des Antisemitismus, die sich mit der Ökonomie und der patriarchalen Ordnung berührt, jedoch nicht auf diese zu reduzieren ist. Anders formuliert: Der ökonomische ist neben dem rassentheoretischen und dem religiösen Diskurs ein integraler Bestandteil des Antisemitismus – aber eben auch nur einer neben anderen. Gleichzeitig ist der Antisemitismus auf komplexe Art und Weise mit der Geschlechterhierarchie verwoben. – Wie aber können die beiden Handlungsstränge von *The Merchant of Venice* miteinander vereinbart werden, ohne damit gleichzeitig den Antisemitismus des Stückes zu ignorieren oder unter einem anderen Thema zu subsumieren?

Ein Ansatzpunkt wäre, anhand von *The Merchant of Venice* zu analysieren, wie eine Gesellschaft bestimmt, wer ›dazugehört‹ und wer als Fremder ausgeschlossen ist. Die Handlungsstränge in Venedig wie in Belmont führen letztlich vor, wie kulturelle Identitäten definiert und – gewaltsam – gegen die anderen behauptet werden. Die Aktualität dieser Problematik liegt auf der Hand, aber das Stück gibt auch Aufschluß über die Geschichte solcher Ausschlußmechanismen, über frühneuzeitliche Strategien der Fremd- und Selbstdefinition. Gleichwohl wäre Shylock in einer solchen Lektüre keine realistische Repräsentation der venezianischen oder englischen Juden des späten 16. Jahrhunderts. Den Juden in Venedigs Ghetto waren lukrative Finanzgeschäfte weitgehend verwehrt; ironischerweise waren sie eher im Überseehandel engagiert. Unter den englischen Geldverleihern gab es überhaupt keine Juden, denn Edward I. hatte bereits 1290 die jüdische Bevölkerung des Landes verwiesen; erst nach 1656 kehrten sie zurück. Zu Shakespeares Zeit lebte in London nur eine kleine Gemeinde von achtzig bis hundert offiziell zum Christentum konvertierten Juden und Jüdinnen: die Marranos. Die Figur des Shylock ist somit weder eine authentische Widerspiegelung des jüdischen Lebens in der frühen Neuzeit, noch gibt sie ein ideologisch verzerrtes ›falsches‹ Bild der Wirklichkeit. Shylock muß vielmehr als ein rhetorisches Konstrukt verstanden werden, gegen das sich christliche/englische Identität abgrenzt und damit gleichzeitig selbst begründet.

In der Anlage der Figur Shylocks wird offenbar, wie Strategien der Fremd- und Selbstdefinition, kulturelle Ausgrenzung und potentieller Widerstand in Szene gesetzt werden und ihre Wirkung entfalten. Rassistische Diskriminierung erhält ihre Kraft aus der Wiederholung des bereits Gesagten, aus dem Zitat, aus der Wiederkehr des Stereotyps. Shakespeare konnte auf eine lange Tradition des christlichen Antisemitismus zurückgreifen: Überlieferung, volkstümliche und zeitgenössische Literatur stellten ihm einen reichhaltigen Fundus an Geschichten zur Verfügung, die er in *The Merchant of Venice* verarbeitete. Horrormärchen um blutige jüdische Ritualmorde, Brunnenvergiftungen und Hostienschändungen, die seit dem Mittelalter kursierten, verknüpfte Shakespeare mit einem bekannten Stoff: der Geschichte um die Verpfändung eines Pfundes menschlichen Fleisches für einen Schuldschein. Die direkte Vorlage fand er in einer derben Novelle von Ser Giovanni Fiorentino aus der Sammlung *Il Pecorone* (spätes 14. Jahrhundert), die auch die Werbung um die Dame von Belmont beinhaltete. Die Gestalt des geldgierigen jüdischen Schurken war bereits aus den Fronleichnamsspielen bekannt und tauchte seitdem immer wieder (nicht nur) in der englischen Literatur auf: Als Beispiel wären wären Robert Wilsons Drama *The Three Ladies of London* (1584) oder Christopher Marlowes Stück *The Jew of Malta* (1589/90) zu nennen. Die gängige Assoziation von Judentum mit Wucher in der Literatur der Zeit war bereits seit dem 12. und 13. Jahrhundert, einer Zeit tiefgreifender wirtschaftlicher Umbrüche in Europa, ein Gemeinplatz. Dabei hieß Wucher zunächst nur, Geld gegen Zinsen zu verleihen. Christen war der Geldverleih verwehrt; man berief sich auf das Buch Deuteronomium im Alten Testament, worin das Zinsnehmen von Brüdern verboten war. Mit der Ausweitung des Geldverkehrs verschärften sich die Angriffe gegen Wucherer und weiteten sich auch auf jüdische Geldverleiher aus. Ein zentrales Argument war dabei die Vorstellung von der Unfruchtbarkeit des Geldes: Die Sünde des Wucherers, so hieß es, sei eine Sünde gegen die Natur, da er aus Geld Geld erzeugen wolle »wie ein Pferd aus einem Pferd«. Auf diese Logik bezieht sich Antonio in *The Merchant of Venice*, wenn er betont, daß er den Geldverleih für Zinsen grundsätzlich ablehne. Er mahnt Shylock:

> If thou wilt lend this money, lend it not
> As to thy friends, for when did friendship take
> A breed for barren metal of his friend?

> (I,3,124–126)

Shylock sucht mit der biblischen Geschichte von Jakob und Laban Antonios Vorbehalte zu entkräften. Laban hatte Jakob als Lohn für seine Dienste alle neugeborenen scheckigen Lämmer seiner Herde versprochen. Jakob griff daraufhin zu einer List: Da man glaubte, daß sich das, was die Mutter bei der Zeugung sehe, auf die Leibesfrucht auswirke, stellte er gefleckte und gestreifte Gerten vor den sich begattenden Tieren auf und wurde so reich. Auf Antonios Einwurf, daß Jakob nur aus der natürlichen Fruchtbarkeit der Natur Gewinn geschöpft habe, erwidert Shylock, daß Jakob dabei aber sehr wohl mit menschlicher Schläue und Berechnung nachgeholfen habe.

Im 16. Jahrhundert erhält die gewissermaßen ›alte‹ Verknüpfung von Judentum und Wucher neue Aktualität und wird verstärkt auch in literarischen Texten aufgegriffen.

Dies geschieht vor dem Hintergrund einer Debatte um
den Geldverleih und den Wucher, die in England seit dem
frühen 16. Jahrhundert mit äußerster Vehemenz geführt
wurde. Den moralischen und religiösen Vorbehalten gegen
das Zinsnehmen standen ökonomische Notwendigkeiten
gegenüber, denn Aristokratie, Bürgertum und Krone benö-
tigten für ihre aufwendige Lebensweise, für Handel und
Kriegführung ›flüssiges‹ Kapital. Der daraus resultierende
argumentative Spagat manifestierte sich in Elisabeths Act
against Usury von 1571, der zwar den Wucher noch nominell verdammte, aber Kredite bis zu einem Zinsfuß von
10 % für rechtens erklärte. Trotzdem wurde in Pamphleten
wie Thomas Wilsons *Discourse uppon usurye* (1572), Philip
Caesars *A general discourse against the damnable sect of
usurers* (1578) oder Thomas Lodges *An alarum against usurers* (1584) der Geldverleih noch für lange Zeit mit Häresie,
Rebellion und vielfach sogar mit Sodomie und Kannibalis-
mus assoziiert. Die Wucherer lebten auf Kosten anderer, ar-
gumentierten die Verfasser der Streitschriften. Sie saugten
ihren Mitmenschen wie Raubtiere das Blut aus, anstatt im
Schweiße ihres Angesichts ihr Brot zu essen, wie es im Alten Testament zum Schicksal des Menschen erklärt worden
war. So geifert Gratiano in der Gerichtsszene gegen Shylock:

> [...] Thy currish spirit
> Governed a wolf, who – hanged for human slaughter –
> Even from the gallows did his fell soul fleet,
> And whilst thou layest in thy unhallowed dam
> Infused itself in thee; for thy desires
> Are wolfish, bloody, starved, and ravenous.
>
> (IV,1,133–138)

In dem Motiv vom menschlichen Fleisch als Pfand für einen
Schuldschein wird die Metapher vom »Blutsaugen« wört-
lich genommen; der Wucherer wird zum Anthropophagen.
Hier zeigt sich, wie die christliche Verurteilung des Wuchers

seit jeher auch ein antisemitisches Argument war und sich die Rhetorik der Pamphlete mit der des Antisemitismus überschnitt.

Shylock gehört nicht zu den Venezianern, er ist ein Fremder, dessen Charakter, Konfession und Profession ihn aus der Gesellschaft Venedigs ausschließen. Und diese Fremdheit sehen ihm die Venezianer an, lesen sie von seinem Körper ab. Anders verhält es sich mit Jessica: Im Gespräch mit Solanio und Salarino beschwört Shylock seine Tochter zwar als sein »Fleisch und Blut«, doch Salarino entgegnet ihm, daß diese Familienbande durch ihre religiöse und damit auch kulturelle Konversion nichtig geworden seien. Der Unterschied wird als ein körperlicher gefaßt:

> There is more difference between thy flesh and hers
> than between jet and ivory; more between your bloods
> than there is between red whine and Rhenish.
>
> (III,1,31–33)

Als Jessica ihn nämlich verläßt, um Lorenzos Frau und Christin zu werden, scheint sie ihre ›jüdische Körperlichkeit‹ zu verlieren. Gratiano, der sie bei der Flucht am Fenster sieht, bemerkt erstaunt: »Now by my hood, a gentle and no Jew!« (II,6,52). »Gentle« meint »edles, vornehmes Mädchen«, spielt aber auch mit der Bedeutung von »gentile«, also Nichtjude bzw. Nichtjüdin. Impliziert wird hier folglich, daß Gratiano ihre innere Konversion auf den ersten Blick erkennen kann. Der Körper Jessicas scheint durch die Abkehr von ihrem Vater einen Wandel zu erleben, denn nun gehört sie nicht nur als Gattin Lorenzos und als Christin zu den Venezianern, sondern ähnelt ihnen auch äußerlich. Der Körper ist in *The Merchant of Venice* das Produkt kultureller Identifikation.

Wohl wird es Jessica zugestanden, einen christlichen Mann zu heiraten, doch erscheint die umgekehrte Variante undenkbar. Die Bewerber um Portias Hand sind samt und sonders Fremde – heute würde man wohl Ausländer sagen. Weder

der Neapolitaner noch der Franzose, Engländer, Schotte, Deutsche, Marokkaner oder Spanier haben eine Chance bei Portia. Gegenüber ihrer Zofe Nerissa begründet sie, warum sie keinen von ihnen heiraten will und wiederholt dabei nationale Stereotypen (vgl. I,2,30–81). Der Neapolitaner denke nur an seine Pferde, der Deutsche sei immer betrunken, und der Engländer spreche weder Französisch noch Latein und habe zudem in puncto Kleidung einen recht merkwürdigen Geschmack. Zwei dieser Fremden versuchen ihr Glück bei der Kästchenwahl und scheitern, bevor Bassanio antritt und mit dem bleiernen Kästchen dasjenige wählt, welches Portias Bild beinhaltet. Zweifellos folgt Shakespeare hier der Märchenstruktur, nach der immer der dritte Anwärter das Rätsel löst und die Hand der Prinzessin gewinnt. Doch sind der Prinz von Morocco und der Prinz von Arragon nicht irgendwelche Bewerber. Aufgrund seiner Herkunft wird das zeitgenössische Publikum Morocco als Mohammedaner gesehen habe. Die Regieanweisung in II,1 – »Enter [the Prince of] Morocco, a tawny Moor« – sowie seine Bitte an Portia »Mislike me not for my complexion« (II,1,1) identifizieren ihn zudem als dunkelhäutigen Nordafrikaner, als der er immer wieder auf der Bühne dargestellt worden ist. Arragon dagegen ist als Spanier nicht nur Katholik, sondern vertritt auch die Nation, der England am Ende des 16. Jahrhunderts den Rang als größte Seemacht streitig machte und mit der es sich seit den späten achtziger Jahren des Jahrhunderts in einem unerklärten Krieg befand. Mit Moroccos wie Arragons Scheitern bei der Kästchenwahl und der Verurteilung Shylocks wird somit der Sieg über die kulturellen, religiösen und politischen Gegner auf die elisabethanische Bühne gebracht.

Nach Moroccos falscher Wahl seufzt Portia erleichtert: »Let all of his complexion choose me so« (II,7,79). Seine Werbung hatte ein Schreckgespenst auf den Plan gerufen, das der europäische Rassismus von altersher reproduziert hat und das Shakespeare ausführlicher in *Othello* aufgriff:

die Vorstellung, daß ein kulturell anderer eine weiße Christin zur Frau nehmen könne. ›Rassenmischung‹ findet in *The Merchant of Venice* aber durchaus statt. Lorenzo wirft nämlich dem Diener und Clown Lancelot vor, er habe eine »Mohrin« geschwängert (vgl. III,5,31). Diese Bemerkung ist der einzige Hinweis auf die schwarze Frau, die in dem Stück nie wieder erwähnt wird. Lorenzos Bemerkung ist daher einigermaßen kryptisch, wirkt fast wie ein Versehen Shakespeares. Und doch hat die Anspielung auf eine Affäre zwischen Lancelot und der Schwarzen eine ganz klare Funktion, indem sie nämlich die Verbindung zwischen Lorenzo und Jessica spiegelt, sie dabei aber ins Negative verkehrt, aufs Körperliche reduziert. Lancelot hatte Jessica gemahnt, daß sie als Tochter eines Juden der ewigen Verdammnis anheimfalle und daß Lorenzos Verhalten zu kritisieren sei, da der Übertritt von Juden zum Christentum die Schweinepreise steigen lasse. Dieser derben Kritik an christlicher Missionierung, die für einige Lacher gesorgt haben wird, mußte zweifellos widersprochen werden. Lorenzo führt aus, daß sein eigenes Verhalten um einiges wertvoller für die Gemeinschaft sei als Lancelots, der sich nur um den Körper, nicht aber um das Seelenheil der Schwarzen gekümmert habe. Er selbst habe die ›fremde‹ Frau geheiratet und sie auf diese Weise zur Christin gemacht. Und auch Jessica widerspricht Lancelot: »I shall be saved by my husband; he hath made me a Christian« (III,5,15). Jessicas Verteidigung gegen Lancelots Angriffe gründet sich darauf, daß in der frühen Neuzeit die kulturelle Identität der Frau über den Mann definiert wurde und dabei der Gatte den Vater ablöste. Eine Heirat zwischen Portia und Morocco hätte somit eine Christin dem Islam überlassen – für viele (nicht nur) in der damaligen Zeit eine entsetzliche Vorstellung. Mittelalterliche und frühneuzeitliche Angriffe gegen den Islam stützten sich gemeinhin auf die angebliche Lüsternheit der Mohammedaner, in der sie ihrem Propheten folgen würden und die sich in der Polygamie manifestiere. Auf diese Stereotypen wird auch in *The Merchant of Venice* angespielt, wenn Morocco davon spricht, daß ihn die besten Jungfrauen seines Landes geliebt hätten (vgl. II,1,10f.). Er stellt Reichtum und Adel in den Hintergrund und nennt erotisches Begehren als Motiv seiner Werbung:

> [...] all the world desires her.
> From the four corners of the earth they come
> To kiss this shrine, this mortal breathing saint.
> The Hyrcanian deserts and the vasty wilds
> Of wide Arabia are as throughfares now
> For princes to come view fair Portia.

> (II,7,38–43)

Auch nach 1945 sind diese nationalen und rassistischen Vorbehalte noch dominant geblieben. Dies gilt selbst für die deutsche Fernsehfassung von 1969 mit Fritz Kortner, die eindrücklich und bewegend den Antisemitismus der Venezianer anprangerte und doch so offensichtlich den der Deutschen im Nationalsozialismus meinte. Arragon ist hier ein Spanier wie aus dem Bilderbuch: Er sieht aus wie eine Mischung aus Zorro und Stierkämpfer, ist eitel und geschwätzig. Morocco tritt als Scheich auf, der wiederholt in kehliges (Pseudo-)Arabisch verfällt und schließlich seine Lüsternheit recht deutlich zum Ausdruck bringt, als er – beinahe stöhnend – den Schlüssel zum goldenen Kästchen mit heißen Küssen bedeckt. Shylock ist mit Kaftan, Bart, Gebetskäppchen und -tuch zwar ähnlich stereotyp als religiöser Jude gezeichnet, doch agiert er nicht wie eine Abziehfigur. Statt dessen ist er ein durch und durch gütiger und gläubiger Mensch, der angesichts unablässiger antisemitischer Angriffe sein Recht auf Rache zu behaupten sucht, darin scheitert und in einem eindrucksvollen Abgang die gesellschaftliche Ausgrenzung offenbart. Anders als Morocco und Arragon ist er deutlicher Sympathieträger. Noch 1969 wollte man sich Portia wohl nicht als potentielle Frau eines Nordafrikaners vorstellen, während man den

durstigen Deutschen nicht in der Reihe der abgewiesenen
Bewerber sehen mochte: Er wurde kurzerhand gestrichen.

Die Frage, wer ›dazugehört‹, wer an der Kultur teilhaben
darf, ist in *The Merchant of Venice* somit sehr eng mit Körperlichkeit, mit Ehe, Sexualität und vor allem dem Recht auf
Nachkommenschaft verbunden. Morocco wird als Gatte
von Portia abgewiesen, und wie die anderen Verlierer muß
er lebenslange Enthaltsamkeit schwören. Portia hatte ihn
gewarnt:

> [...] You must take your chance,
> And either not attempt to choose at all
> Or swear before you choose, if you choose wrong,
> Never to speak to lady afterward
> In way of marriage [...].
>
> (II,1,38–42)

Bleiben Morocco und Arragon somit legitime Nachkommen verwehrt, wird Shylock die Vaterschaft der schönen
Jessica aberkannt, als sie sich für Lorenzo entscheidet. Erst
nach seiner Taufe wird ihm die traditionelle patriarchale
Rolle, seiner Tochter und ihrem Gatten sein Vermögen zu
vererben, wieder zugestanden.

Jessicas und Portias Aufbegehren gegen den Willen ihrer
Väter (und damit ihr Verstoß gegen die traditionelle Ordnung der Geschlechter) wird nicht zuletzt deshalb immer
wieder auf Sympathie gestoßen sein, da Nationalismus,
Rassismus und Antisemitismus ihr Verhalten sanktionier-
ten. Jessica schämt sich für ihren Vater und empfindet ihr
Zuhause als Hölle (vgl. II,3,2), der sie entfliehen will. Portia
hadert so lange mit dem väterlichen Gebot und fordert das
Recht der Frau auf freie Gattenwahl ein, wie eine – aus
nationalistischer Sicht – Mesalliance droht: »I may neither
choose who I would, nor refuse who I dislike, so is the will
of a living daughter curbed by the will of a dead father«
(I,2,19–21). Wenn sie im 4. Akt in die Rolle des Mannes
schlüpft und Recht spricht, unterläuft sie zweifellos die Ge-

schlechterhierarchie, doch bestätigt sie gleichzeitig die gesellschaftliche Macht gegenüber den kulturell anderen.

Diese Macht sucht Shylock zu brechen, indem er Gleichheit vor dem Gesetz einklagt, nachdem die Venezianer ihm seine körperliche Gleichheit abgesprochen haben. Das heißt nicht, daß sich Shylock mit den Venezianern identifiziert. Im Gegenteil: Gewissermaßen hat er das Stereotyp akzeptiert, und dies wird nun die Grundlage für seinen Rachefeldzug. Als er Antonio verhaften läßt und dieser um Gnade bittet, entgegnet er: »Thou call'dst me dog before thou hadst a cause, / But since I am a dog, beware my fangs« (III,3,6 f.). Die Identifikation mit dem überlieferten Konstrukt des blutrünstigen Juden wird zur Strategie seiner Vergeltung. Zunächst scheint es, als ob das venezianische Gesetz über alle gesellschaftliche Macht erhaben ist, weder Rassismus noch Ausgrenzung von Fremden kennt. Dem Vorschlag Bassanios, das Recht zu beugen und Shylock abzuweisen, erteilt Portia alias Balthazar eine klare Absage:

> It must not be; there is no power in Venice
> Can alter a decree establishèd.
> 'Twill be recorded for a precedent,
> And many an error by the same example
> Will rush into the state: it cannot be.
>
> (IV,1,214–218)

Shylock kann sein Glück kaum fassen und vergleicht sie mit Daniel, dem alttestamentarischen Richter. Das Gesetz Venedigs verspricht ihm endlich Genugtuung für die unaufhörlichen Beleidigungen und Schmähungen. Dasselbe scheint auch Antonios Rede zu implizieren, der, als er verhaftet wird, resigniert feststellt:

> The Duke cannot deny the course of law;
> For the commodity that strangers have
> With us in Venice, if it be denied,
> Will much impeach the justice of the state,

Since that the trade and profit of the city
Consisteth of all nations.

(III,3,26–31)

Doch Antonio ist nur deshalb von der Gleichheit von
Fremden und Venezianern vor dem Gesetz überzeugt, da es
der wirtschaftlichen Prosperität der Stadt zugute kommt.
Wenn den Fremden aber nur deshalb Recht gewährt werden
muß, um die Wirtschaft Venedigs zu stablisieren, zeigt sich
das Gesetz ganz offensichtlich der gesellschaftlichen Macht
aufs engste verbunden, ist diese erst die Grundlage des Gesetzes. Portias Richterspruch bestätigt das. Ihre wörtliche
Auslegung des Schuldscheins erlaubt es ihr, im Sinne des venezianischen Gesetzes Recht zu sprechen, um damit aber
gleichzeitig Shylock erneut als ›Fremden‹ zu markieren. Es
entsteht die paradoxe Situation, daß Shylocks Forderung
nach Gleichheit vor dem Gesetz bestätigt, auf diese Weise
aber erneut seine Ungleichheit festgeschrieben wird. Portia
alias Balthazar urteilt:

It is enacted in the laws of Venice,
If it be proved against an alien
That by direct or indirect attempts
He seek the life of any citizen,
The party 'gainst the which he doth contrive
Shall seize one half his goods, the other half
· Comes to the privy coffer of the state,
And the offender's life lies in the mercy
Of the Duke only [...].

(IV,1,344–352)

Die Buchstaben des Gesetzes sind nicht verletzt, und doch
wird die Staatskasse durch das Vermögen Shylocks gefüllt.
In Venedig (und nicht nur dort) gewährt die verfassungsmä-
ßig garantierte Gleichheit vor dem Gesetz nicht zwangsläufig Gleichbehandlung. Verstöße gegen dieses Grundrecht
sind in *The Merchant of Venice* nicht einklagbar.

Portias Urteil bestätigt noch einmal Shylocks Differenz zu den Venezianern, um dann die von dieser Fremdheit ausgehende Bedrohung endgültig zu tilgen. Shylock wird gezwungen, sich taufen zu lassen und sein Erbe seinen christlichen Nachkommen zu hinterlassen. ›Der Jude‹ als Verkörperung des potentiell beunruhigenden Anderen verschwindet, und es ist kein Wunder, daß Shylock im letzten Akt nicht mehr auftritt. In der harmonischen Schlußszene, in der süß das Mondlicht auf den Hügeln schläft, kann Shylock nur störend wirken. Doch das Urteil über ihn ist die Voraussetzung dieser Harmonie, von Antonios wirtschaftlichem Erfolg, der Wiedervereinigung der Liebenden sowie der Aussöhnung von ehelicher Liebe mit der homosozialen Freundschaft zwischen Antonio und Bassanio. Allein Lorenzo und Jessica werfen zu Beginn des 5. Aktes ein melancholisches Licht auf die Szenerie. Sie erinnern an berühmte Liebespaare der Mythologie, wohlgemerkt jedoch an unglückliche: Troilus und Cressida, Pyramus und Thisbe, Aeneas und Dido, Jason und Medea:

> [...] In such a night
> Stood Dido with a willow in her hand
> Upon the wild sea banks, and waft her love
> To come again to Carthage.
>
> (V,1,9–12)

Lorenzos Geschichte von Dido vergegenwärtigt aber auch das Schicksal der mythologischen Figur Ariadne, die von Theseus am Ufer der Insel Naxos zurückgelassen wurde. Wie die Love-Story von Aeneas und Dido sowie Jason und Medea handelt die Geschichte der Ariadne nicht nur von einer unglücklichen Liebe, sondern auch von einem Liebespaar unterschiedlicher kultureller Herkunft – und dies verbindet sie mit Lorenzo und Jessica. In der Mythologie verrät und verläßt der Mann immer wieder die Frau, die nicht seiner eigenen Kultur angehört. Es liegt nahe, diese pessimistische Sicht auf die Verbindung zwischen dem Christen

Lorenzo und der konvertierten Jüdin Jessica zu übertragen. Zumindest sie scheint das gleiche Schicksal wie Dido, Medea und Ariadne zu fürchten:

> [...] In such a night
> Did young Lorenzo swear he loved her well,
> Stealing her soul with many vows of faith,
> And ne'er a true one.
>
> (V,1,17–20)

»Stealing her soul« meint hier nicht nur das Verliebtsein, sondern bezieht sich natürlich auch auf ihren Übertritt zum Christentum, die Abkehr von ihrer Religion, Kultur und Familie. In diesem Zusammenhang gewinnt ihre Kritik an Lorenzos »vows of faith« ebenfalls eine Doppelbedeutung: als falsche Liebesschwüre und als unechte Glaubensbezeugungen. In dem Wortspiel um »Nerissa's ring« (V,1,307) – Schmuckstück und weibliches Genital – zeigt sich, daß sich auch die beiden anderen Paare ihrer Treue nicht absolut sicher sein können, da die Frauen mit ehelicher Untreue drohen. Doch in Lorenzos und Jessicas Fall kommt zu den Reibereien zwischen den Geschlechtern noch ein Unbehagen der Kulturen und Religionen. Erst mit dem erneuten Verweis auf den Urteilspruch über Shylock und das zukünftige Erbe wird diese Unsicherheit aufgehoben. Nerissa verheißt ihnen:

> There do I give to you and Jessica
> From the rich Jew, a special deed of gift
> After his death of all he dies possessed of.
>
> (V,1,291–293)

Und Lorenzo antwortet erleichtert: »Fair ladies, you drop manna in the way / of starvèd people« (V,1,294 f.). Nerissa verkündet nicht nur, daß über Shylock gerichtet wurde, sondern stellt zudem Wohlstand in Aussicht, der mit dem Tod des Juden verknüpft ist. Nachdem Shylock am Ende des 4. Aktes gezwungen wurde, seiner jüdischen Identität abzuschwören, im 5. Akt nur erwähnt wird, ohne selbst noch einmal auf die Bühne treten zu dürfen, wird nun auch das endgültige Verschwinden seiner körperlichen Existenz versprochen. Dies geschieht unmittelbar vor dem Ende des Stückes: In *The Merchant of Venice* bedeutet der Tod des Juden und der Antritt seines Erbes durch die Christen das Happy-End. Die Gewaltsamkeit dieses Schlusses, den das christliche Abendland bis ins 19. Jahrhundert hinein als glücklich empfunden hat, offenbarte die Fernsehfassung von 1969 mit Fritz Kortner. Hier hatte Shylock zwar auch nicht das letzte Wort, wohl aber dominierte eine in Tränen aufgelöste Jessica das letzte Bild.

Shakespeares *Merchant of Venice* ist ein Stück, das aufs engste mit einer jahrhundertelangen Geschichte antisemitischer Gewalt verwoben ist. Mit jeder Inszenierung, mit jedem neuerlichen Auftritt Shylocks auf der Bühne wurde diese Tradition bestätigt und fortgeschrieben. Erst seit Anfang des 19. Jahrhunderts kommen andere Interpretationen in die Theater, beispielsweise in Berlin unter dem Einfluß des Salons der Rahel Levin-Varnhagen oder in Wien unter dem Druck der jüdischen Gemeinde. Doch auch solche philosemitischen Inszenierungen konnten keinen grundsätzlichen Bruch herbeiführen, wie die Rezeption des Stückes im Nationalsozialismus beweist. Wie nun mit einem solchen Stück umgehen? »Spielt es nicht mehr!« forderte der Kritiker Rolf Hochhuth. Ebenso sah es auch ein Rezensent der Tabori-Inszenierung aus dem Jahr 1978, der betonte, »die einzige ehrliche Art, den ›Kaufmann von Venedig‹ heute zu spielen, ist, ihn nicht mehr zu spielen.«[5] Und der Regisseur Heinz Hilpert wollte das Stück erst dann wieder aufführen, »wenn 40 Juden im Parkett sitzen und darüber lachen«. Aber wird es jemals wieder möglich sein, *The Merchant of*

---

5 Anon., »Shylock im Souterrain«, in: *Die Welt*, 23. 11. 1978.

Venice lustig zu finden? Ist es denkbar, daß die Figuren dieselben Worte sprechen, ohne gleichzeitig auch die antisemitische Gewalt des Stückes zu artikulieren? Oder wäre es nicht tatsächlich besser, das Stück aus Schulen, Universitäten und Theatern fernzuhalten? – Judith Butler hat betont, daß die Wiederholung verletzender Worte zwar die Verletzung wiederholt, aber gleichzeitig auch deutlich machen kann, auf welche Weise die Sprache Gewalt inszeniert. Die Wiederholung kann zeigen, daß dem Wort selbst diese Gewalt nicht innewohnt, daß es erst durch seine Geschichte der endlosen Zitation diese Macht erhält. Das heißt aber auch, daß es grundsätzlich offen für Neueinschreibungen ist. Doch keine Interpretation wird unschuldig sein und die Geschichte des Antisemitismus ignorieren können. Es bleibt immer zu berücksichtigen, wer die Worte des Hasses spricht, in welchem Kontext sie gesprochen werden, welche Schmerzen sie auslösen und welche Drohungen sie implizieren.

Die Aufführungs- und Rezeptionsgeschichte von *The Merchant of Venice* kennt viele Beispiele für solche Ansätze, die Gewalt des Stückes offenzulegen und damit bis zu einem gewissen Punkt zu brechen. Die Inszenierungen sind gleichwohl grundverschieden, reichen von jiddischen Inszenierungen in den USA der Jahrhundertwende und Aufführungen im heutigen Israel über Arnold Weskers versöhnliches Gegenstück aus dem Jahr 1976 bis zur Inszenierung des Stückes 1995 am Deutschen Nationaltheater in Weimar. Bei dem israelischen Regisseur Hanan Snir war *The Merchant of Venice* ein Stück im Stück: Jüdische Häftlinge müssen es in einem KZ-Casino zur Unterhaltung der SS-Offiziere und deren Familien aufführen. Daß es auch möglich ist, ohne eine solche Rahmenhandlung die Gewalt des Stückes offenzulegen, bewies beispielsweise Bill Alexanders Inszenierung des *Merchant* für die Royal Shakespeare Company 1987/88, in der der Südafrikaner Anthony Sher, selbst jüdischer Herkunft, den Shylock spielte. Im Gegensatz zu

Laurence Olivier, der 1970 Shylock als tragischen (westlichen) Helden spielte, betonte Sher gerade die Fremdheit des Juden, dessen Körperlichkeit, Kleidung und Verhalten abstoßend wirkte. In Kaftan und Pluderhosen, mit ungekämmten Haaren, ungepflegtem Bart und fremdländischem Akzent war Shers Shylock exotisch, vulgär, gemein, so daß die Zuschauer und Zuschauerinnen Portias Gerichtsurteil über Shylock mit spontanem Applaus bedachten. Das (bürgerliche) Publikum wurde so mit seinem eigenen Rassismus, seiner eigenen Intoleranz und Xenophobie konfrontiert. In einem Interview sagte Sher, daß er nicht nur den Antisemitismus im Auge gehabt habe. Statt dessen habe er Shylock als Konglomerat der Ängste der heutigen westlichen Welt spielen wollen: Fundamentalismus, Terrorismus, religiöser Fanatismus, politische Unberechenbarkeit, Brutalität. Die Inszenierung sollte aufzeigen, wie rassistische Gewalt entsteht und legitimiert wird.

Ganz anders Peter Zadeks Inszenierung 1988 am Wiener Burgtheater, die das Geschehen an die New Yorker Wallstreet verlegte. Portias Frage im 4. Akt, »Which is the merchant here and which the Jew?« (IV,1,170), war bei Zadek nicht mehr so einfach zu beantworten. Gert Voss als Shylock war ein Börsenmakler wie alle anderen auch, er trug den gleichen makellosen schwarzen Anzug, hatte die gleiche Zeitung unter dem Arm, Aktentasche und Handy wie seine Gegenspieler. Wenn er am Ende verlor, war das die Niederlage des Geschäftsmannes, der ohne Wimpernzucken seinen Bankrott unterschrieb und damit seinen Gegnern die Freude an ihrem Sieg nahm. Ein Rezensent schrieb: »Shylock geht – doch diesmal trägt er nicht die Tragödie seines Volkes auf den Schultern. Er geht nicht (wie andere Shylocks) düster seinem Untergang entgegen, er geht auch nicht in Richtung Auschwitz. Diesen Juden (das wissen die Christen und deshalb sind sie so peinlich berührt) wird man so schnell nicht los. [...] Shylock geht – und immer kehrt er wieder.«[6] In Zadeks Interpretation kann sich die christliche Gesellschaft der ›Fremden‹ nicht erwehren, wird die Grenze zwischen Eigenem und Fremden, zwischen Opfer und Täter brüchig. Der Jude Shylock bleibt, er ist bei Zadek Teil der Gesellschaft, die sich weiterhin mit ihm und ihren eigenen Vorurteilen auseinandersetzen muß. – Eine Form der Auseinandersetzung mit Shakespeares Stück wäre, den *Merchant of Venice* weiter zu spielen, Shylock wiederkehren zu lassen.

6 Benjamin Heinrichs, »Das Messer im Koffer: ›Der Kaufmann von Venedig‹: Peter Zadeks verblüffende Shakespeare-Inszenierung«, in: *Die Zeit*, 16. 12. 1988.

Literaturhinweise

Anon.: Shylock im Souterrain. In: Die Welt, 23. 11. 1978.

Barnet, Sylvan (Hrsg.): Twentieth-Century Interpretations of *The Merchant of Venice*: A Collection of Critical Essays. Englewood Cliffs (N.J.): Prentice-Hall, 1970.

Belsey, Catherine: Love in Venice. In: Shakespeare Survey 44 (1991) S. 41–53.

Berkowitz, Joel: »A True Jewish Jew«: Three Yiddish Shylocks. In: Theatre Survey 37 (1996) H. 1. S. 75–98.

Bulman, James C.: *The Merchant of Venice*. Shakespeare in Performance. Manchester / New York: Manchester University Press, 1991.

Butler, Judith: Excitable Speech: A Politics of the Performative. New York / London: Routledge, 1997.

Cohen, Walter: Drama of a Nation: Public Theater in Renaissance England and Spain. Ithaca/London: Cornell University Press, 1985.

Drakakis, John: Historical Difference and Venetian Patriarchy. In: Nigel Wood (Hrsg.): *The Merchant of Venice*. Buckingham/Bristol: Open University Press, 1996. S. 23–56.

Enzensberger, Christian: Das Schöne im Warentausch: William Shakespeares *Kaufmann von Venedig*. In: Ch. E.: Literatur und Interesse. Bd. 2. München/Wien: Hanser, 1977. S. 15–89.

Fiedler, Leslie: The Roots of Anti-Semitism: A View from Italy. In: L. F.: Fiddler on the Roof: Essays on Literature and Jewish Identity. Boston: Godine, 1991. S. 3–29.

Greenblatt, Stephen: Marlowe, Marx, and Anti-Semitism. In: St. G.: Learning to Curse: Essays in Early Modern Culture. New York / London: Routledge, 1990. S. 40–58.

Gross, John: Shylock: Four Hundred Years in the Life of a Legend. London: Chatto & Windus, 1992.

Heinrichs, Benjamin: Das Messer im Koffer. »Der Kaufmann von Venedig«: Peter Zadeks verblüffende Shakespeare-Inszenierung. In: Die Zeit, 16. 12. 1988.

Howard, Jean: Crossdressing, the Theatre, and Gender Struggle in Early Modern England. In: Shakespeare Quarterly 39 (1988) S. 418–440.

Lau, Jörg: Die Stadt, der Müll und der Streit. In: Die Zeit, 3. 9. 1998.

Ledebur, Ruth Freifrau von: *The Merchant of Venice:* Drama – Bühnengeschichte – Theaterrezension. In: Rüdiger Ahrens (Hrsg.): William Shakespeare: Didaktisches Handbuch. Bd. 3. München: Fink, 1982. S. 851–883.

Londré, Felicia Hardison: Confronting Shakespeare's »Political Incorrectness« in Production: Contemporary American Audiences and the New »Problem Plays«. In: Marc Maufort (Hrsg.): Staging Difference: Cultural Pluralism in American Theatre and Drama. New York [u. a.]: Lang, 1995. S. 85–95.

Newman, Karen: Portia's Ring: Unruly Women and Structures of Exchange in *The Merchant of Venice*. In: Shakespeare Quarterly 38 (1987) S. 19–33.

Normand, Lawrence: Reading the Body in *The Merchant of Venice*. In: Textual Practice 5 (1991) H. 2. S. 55–73.

Oz, Avraham: Transformations of Authenticity: *The Merchant of Venice* in Israel. In: Dennis Kennedy (Hrsg.): Foreign Shakespeare: Contemporary Performance. Cambridge: Cambridge University Press, 1993. S. 56–75.

Schödel, Helmut: Der dreizehnfache Shylock. In: Die Zeit, 1. 12. 1978.

Weiß, Wolfgang: »Spielt das Stück nicht mehr«: Über die Schwierigkeiten im Umgang mit einer Komödie. In: William Shakespeare: Der Kaufmann von Venedig. Zweisprachige Ausgabe. Übers. von Frank Günther. München: dtv, 1995. S. 260–279.

Much Ado About Nothing

Von Wolfgang Riehle

Much Ado About Nothing gehört zu Shakespeares reifsten Komödien und ist Ende 1598 oder Anfang 1599, also kurz vor der Eröffnung des Globe Theatre, entstanden. Der nonchalante Titel, der an *Twelfth Night, or What you Will* wie an *As You Like It* erinnert, ist freilich geeignet, von der beeindruckenden Komplexität dieser Komödie abzulenken, zu deren Erschließung jede Interpretation nur einführende Hinweise zu geben vermag. Gerade dieses Drama hat indes neuerdings das besondere Interesse der Forschung geweckt, konfrontiert es uns doch mit einer bemerkenswerten Dramatisierung der Geschlechterproblematik. Es muß aus heutiger Sicht auffallen, daß uns hier bereits die intellektuell emanzipierte und eindrucksvoll vitale Frau begegnet und daß sich die Männer schon die Frage stellen, ob die Institution der Ehe wirklich die beste Form einer partnerschaftlichen Beziehung ist; denn sie sind sozusagen von der fixen Idee beherrscht, irgendwann einmal von ihren Frauen Hörner aufgesetzt zu bekommen. Doch da in *Much Ado* auch der Mann die Gefühle der Frau verletzt, erteilt Shakespeare einer doppelten Moral sozusagen indirekt eine Absage mit dem Lied: »Sigh no more, ladies, sigh no more / *Men* were *deceivers* ever« (II,3,62 f.).[1] Mit gutem Grund hat darum auch Kenneth Branagh aus diesem Liedtext geradezu ein Motto für seine bemerkenswerte, wenn auch stark kürzende Verfilmung gemacht.

Ohne Zweifel reüssiert eine gute Aufführung dieser Komödie vor allem durch die beiden großen Theaterfiguren Beatrice und Benedick. Sie nämlich machen *Much Ado* trotz

---

1 Zitiert wird nach The Arden Edition of the Works of William Shakespeare: *Much Ado About Nothing*, hrsg. von Arthur R. Humphreys, London: Methuen, 1981; sämtliche Hervorhebungen von W. R.

mancher hintergründiger Aspekte zu einer der heitersten Komödien überhaupt, und durch sie entfaltet sich die besondere »theatricality« dieses Dramas. Dabei sind gerade Beatrice und Benedick Shakespeares eigene Erfindung, auch wenn er aus der elisabethanischen Literatur manche Anregungen für das Thema des geistigen Kräftemessens junger Verliebter entnehmen konnte.[2] Die höchst sympathische Einzigartigkeit der beiden Komödienfiguren liegt indes in einer Verbindung von physischer Vitalität und intellektueller Agilität. Der von ihnen praktizierte »merry war« reicht als Motiv bis in die Antike zurück; in *Much Ado* tritt er zugleich an die Stelle einer angedeuteten kriegerischen Aktion zur Befreiung Siziliens, die zu Ende gekommen ist, als die Komödie beginnt.

Der heitere Liebeskrieg wird vor allem in Form einer geistreich-witzigen Konversation ausgetragen. Benedick und Beatrice verstehen sich in ihren Prosa-Dialogen vorzüglich auf die Kunst des Repartee, des Aperçu und des Syllogismus.[3] Dabei steht Beatrice Benedick in nichts nach; doch sie, die unter einem tanzenden Stern geboren ist, beeindruckt durch eine entspanntere Heiterkeit. Gelegentlich ist sie aber auch zu einer heftigeren verbalen Aggressivität als Benedick fähig. Dieser orientiert sich eher am Ideal der *sprezzatura*, der weltgewandten intellektuellen Souveränität und spielerischen Nonchalance im gesellschaftlichen Verhalten, wie es etwa in Baldassare Castigliones *Il Libro del Cortigiano* (1528) beschrieben wird.[4]

Die Ähnlichkeit der beiden intellektuellen Kombattanten läßt sich bis in die Similarität sprachlicher Äußerungen verfolgen. Daß sie sich als Gegner betrachten, ist daher eher als

---

2 Vgl. Humphreys (Hrsg.), S. 19 ff.

3 Siehe dazu B. Vickers, *The Artistry of Shakespeare's Prose*, London 1968; vgl. auch den Aufsatz von Barish und die Ausführungen von Humphreys (Hrsg.), S. 25 f.

4 Darauf wies unlängst S. Greenblatt hin in der Einleitung zu *Much Ado* in dem von ihm herausgegebenen *Norton Shakespeare*, New York 1997, S. 1381–88, bes. S. 1382.

ein Spiel zu verstehen, sind sie doch von Anfang an aufeinander fixiert, wie bereits aus Beatrices erster Äußerung, mit der sie sich nach Benedick erkundigt (I,1,28 f.), zu erkennen ist. Ihre Freunde bemerken, daß Beatrice Benedicks Idealbild einer Frau ziemlich entspricht, und prophezeien ihnen daher auch, daß sie bald ihr Single-Dasein durch ihre Heirat beenden werden. Doch steht zunächst ihre Selbstverliebtheit, speziell ihr Insistieren auf der eigenen souveränen Intellektualität der Entwicklung einer tiefen menschlichen Liebe im Wege. Indem sie zu stolz sind, sich einzugestehen, daß sie durch eine Partner-Beziehung erst eigentlich zu sich selbst finden würden, üben sie sich weiterhin in einem »skirmish of wit« (I,1,57), pochen auf ihre Unabhängigkeit und gefallen sich darin, das Joch der Ehe abzulehnen. Doch muß die Art, wie sie sich gegenseitig durch ihren *wit* attakkieren, zugleich auch als Schutz vor der eigenen Verletzbarkeit verstanden werden.

Verschiedene Versuche, die Essenz dieser Komödie auf den heiteren Krieg zwischen Beatrice und Benedick und ihr endliches Zusammenfinden zu reduzieren, wofür etwa Hector Berlioz' Oper *Béatrice et Bénédict* (1862) ein Beispiel ist, verzichten dennoch auf den besonderen Reiz von *Much Ado*. Es ist nämlich höchst bewundernswert, mit welcher Kunst Shakespeare die Beziehung dieser beiden großen Theaterfiguren mit einer Liebeshandlung um Claudio und Hero verbindet, die durchaus nicht frei von Problemen ist, und wie er auch die echten Volkstheaterfiguren Dogberry und Verges mit diesem *plot* verquickt. Für die Liebeshandlung um Claudio und Hero gibt es zahlreiche dramatische und nichtdramatische Vorbilder.[5] Shakespeare kannte indes besonders Versionen aus Ariosts *Orlando Furioso* (Canto V) und Bandellos Geschichtensammlung *Novelle*. Anregungen aus beiden hat er kunstvoll miteinander verknüpft. Die Verbindung zwischen den Paaren wird äußerlich dadurch erreicht, daß

5 Zur Quellenfrage vgl. die in den Literaturhinweisen angeführten Ausgaben und die Monographie von C. T. Prouty (1951).

sich Claudio und Hero in der Absicht, das Warten auf die Hochzeit zu verkürzen, an einer heiteren Intrige gegen Benedick und Beatrice beteiligen, ohne daß sie die leiseste Ahnung haben, daß sie selbst bald – wie später Othello und Desdemona – das Opfer einer gefährlichen Intrige werden. Aus der Dominanz zweier großer und gleichrangiger Intrigenhandlungen, zu denen sich weitere Täuschungsmanöver wie der Scheintod Heros hinzugesellen, resultiert in *Much Ado* freilich eine andere Gesamtatmosphäre als in den romanesken Komödien, wo sich etwa die Figuren aus einer städtischen oder höfischen Welt in die Natur begeben und geläutert zurückkehren. In *Much Ado* dagegen spielt sich das Geschehen in einer karnevalesk gestimmten festlichen Welt ab, der wir zwar auch sonst in Shakespeares Komödien begegnen, die in unserem Drama jedoch nicht mit einem speziellen Ort verbunden ist, dessen Atmosphäre einen Gegensatz zu einer konfliktgeladenen Ausgangssituation bilden würde.

Die festliche Stimmung suggeriert zunächst das Bild einer problemlos organisierten Gesellschaft. Doch schon bald bilden sich deutliche Gefahrenmomente heraus. Die zerstörerischen Kräfte nehmen ihren Ausgang bei Don John, dem Bastard-Bruder des Prinzen, der sich selbst in schonungsloser Offenheit zur Haltung eines »plain-dealing villain« (I,3, 30) bekennt, der aber wegen seiner mangelnden intrigantischen Souveränität nur das Zeug zu einem Schurken innerhalb einer Komödie hat. Mit seiner Begründung, durch Claudio sozial ins Hintertreffen gelangt zu sein, repräsentiert er den bekannten elisabethanischen Typ des Malcontent. Den gesellschaftlichen Mittelpunkt bildet der Gouverneur Leonato, während die entsprechende Figur bei Bandello nur ein armer Edelmann ist. Er lädt zwar großzügig zu Festivitäten ein, die sich über einen ganzen Monat hinziehen dürfen, doch kann sein Verhalten in extreme Engherzigkeit umschlagen, wenn er aus Zorn über die angeblich verlorene Ehre seiner Tochter das Vertrauen in sie plötzlich verliert und er sich den gegen sie erhobenen Vorwurf zu eigen macht. Wenn er dann auch noch nach Heros schockierender Verleumdung eigenhändig zu ihrem Tod beitragen möchte, weil er ihn als einzige Konsequenz aus ihrer angeblichen Ehrverletzung erachtet, dann ist der Höhepunkt der Gewaltbereitschaft in diesem Stück erreicht. Wie eine genauere Untersuchung der Sprache ergibt, ist indes in dieser Gesellschaft überhaupt eine Tendenz zur Gewalt recht verbreitet.[6] So gilt Shakespeares Interesse hier der Dramatisierung der Gesellschaft von Messina in ihrer Gesamtheit; ihre genauere Beleuchtung fördert jedoch immer neue Überraschungen zutage, die gerade in jüngster Zeit zunehmend erkannt worden sind.

Mit der Konzeption des Prinzen Don Pedro als der höchsten sozialen Instanz und des mit ihm befreundeten Claudio hat Shakespeare eine nicht unbedeutende Änderung gegenüber den Quellen vorgenommen. Bei Bandello ist König Don Piero von Aragon nämlich nicht an der Handlung beteiligt; die Heiratsvermittlung wird durch einen anonymen Dritten vollzogen. In *Much Ado* jedoch wird mit dem Thema der stellvertretenden Werbung in auffallender Weise gespielt, was von der Forschung meist nicht genügend beachtet wird. Nachdem wir nicht einmal die Entstehung von Claudios Liebe miterlebt haben, sondern darüber nur durch seinen Bericht informiert werden, sucht er sich aus unerfahrener Schüchternheit des Wertes seiner Auserwählten durch ein Urteil seines Freundes Benedick zu vergewissern und weiht auch den Prinzen Don Pedro in seine Liebe ein, nicht ohne seine Hilfe zu erhoffen. Es ist sodann der Prinz selbst, der den Vorschlag macht, stellvertretend für Claudio um Hero zu werben. Die Art, wie Don Pedro dann die Heiratsvermittlung betreibt, ist erstaunlich. Er genießt es offenbar, in Claudios Rolle Hero heiratsbereit zu machen (»And tell fair Hero *I am Claudio*«, I,1,302), und denkt sich nichts bei

6 Vgl. Greenblatt (Hrsg.), S. 1384.

seiner folgenden Ankündigung: »And in her bosom *I'll un-clasp my heart*«. (Mit genau diesen Worten wird Orsino in *Twelfth Night* davon sprechen, daß er Cesario sein Inner-stes anvertraute.) Don Pedro spielt somit nur mit Gefühlen, wie er auch Beatrice ganz beiläufig fragt, ob sie ihn heiraten wolle.[7]

Mit dem Vorschlag einer stellvertretenden Werbung er-öffnet Don Pedro eine Serie von Rollenspielen und Ver-kleidungen mit daraus resultierenden Täuschungen und falschen Schlüssen. Gerade seine auf Hero bezogene An-kündigung »I'll unclasp my heart« schafft nämlich die Voraussetzung für ein nicht eben kleines Mißverständnis: Leonatos Bruder hat diese Aussage gehört, mißdeutet sie verständlicherweise und hinterbringt Leonato daher, der Prinz *selbst* habe sich in Hero verliebt. Daraufhin setzt Le-onato Hero von dieser neuen, ihm sehr willkommenen Ent-wicklung in Kenntnis, in der Absicht, ihr die Antwort auf die Avancen des Prinzen zu erleichtern; denn Leonato er-wartet natürlich, daß Hero in der Gattenwahl seinen väter-lichen Wünschen entspricht. Vorübergehend glauben auch Beatrice und Benedick an die Liebe des Prinzen zu Hero, und Don John sucht Claudio von der Echtheit dieses Spiels seines Bruders zu überzeugen. Auf dem Maskenball beginnt dann Don Pedro mit Hero einen Dialog mit erotischen Konnotationen, bittet sie jedoch: »Speak low if you speak love« (II,1,91) – sein Spiel soll ja von der Gesellschaft nicht bemerkt werden. Was freilich danach geschieht, nämlich Heros Reaktion, als sie erkennt, sie solle nicht Don Pedro, sondern Claudio heiraten, wird hinter die Bühne verlegt und bleibt somit der Beurteilungsmöglichkeit des Zuschau-ers entzogen. Auffällig ist dabei, daß Don Pedro, der ein so täuschendes Werbungsspiel inszeniert hat, in der späteren Verleumdungsszene keinerlei Grund dafür sieht, die ver-leumderische Anklage gegen Hero überprüfen zu lassen. Er

---

7 Vgl. dazu auch J. D. Huston, S. 124 ff.

und Claudio konnten doch unmöglich Heros angebliche Untreue beobachtet haben; denn erstens standen sie weit ab von Heros Fenster (III,3,146), und überdies war es dunkle Nacht. Dennoch lehnt es Don Pedro nach Heros Verleumdung kategorisch ab, sich für sie einzusetzen, und behauptet später erstaunlicherweise, die Anschuldigung sei »very full of proof« (V,1,105) gewesen. Damit wird er seiner Verpflichtung, die er als Prinz für die Aufklärung hätte, keinesfalls gerecht. Trotz seiner allzu großen Leichtfertigkeit erhält Don Pedro jedoch in der Forschung das lobende Attribut, »considerate and helpful«[8] zu sein.

Claudio dagegen, ein militärisch bewährter junger Graf, der soeben im Krieg Ehre erwarb, hat sich schon oft Kritik gefallen lassen müssen. A. Barton beurteilt ihn freilich wohl etwas zu unfair mit der Behauptung, dieser sachlich denkende, nüchterne und kluge Mann sehe nach der Schlacht die Zeit gekommen, den Verlust an Menschenleben durch eine Eheschließung mit der Absicht der Fortpflanzung wieder auszugleichen.[9] Als Claudio glauben muß, Don Pedro habe ihn verraten und werbe für sich selbst um Hero, kommt ihm, freilich in sehr nüchternen Worten und recht spät, die Erkenntnis, daß man in der Liebe mit der ganzen eigenen Person gefordert ist: »Let every eye *negotiate for itself*« (II,1,166). Kurz danach wird ihm von Leonato klargemacht, seine Eifersucht sei völlig unbegründet, da seine Ehe mit Hero beschlossene Sache sei (»his Grace *hath made the match*«, II,1,285). Diese Klarstellung beantwortet Claudio mit einer langen, beredten Stille des Erstaunens (»Speak, Count, 'tis your cue«, 287), ein Schweigen, das er dann nachträglich als »the perfectest herald of joy« (288) positiv zu deuten sucht; doch kann sich dahinter auch ein unausgesprochener Vorwurf über Don Pedros täuschendes Spiel

8 Humphreys (Hrsg.), S. 54.
9 Vgl. dazu Anne Bartons Einleitung zu *Much Ado about Nothing* in: *The Riverside Shakespeare*, hrsg. von G. Blakemore Evans [u. a.], Boston: Houghton Mifflin, 1974, S. 328.

verbergen, das ihn nun in völlige Perplexität gestürzt hat. Auch Hero, die sich ganz in Schweigen hüllt, was nicht als Konformität mit der seinerzeit von der Frau erwarteten Rolle zu verstehen ist, da sie ja zu sprechen aufgefordert wird, wirkt fast zu zurückhaltend. Wir erleben hier einen der großen Augenblicke der Stille bei Shakespeare, wie sie sich vor allem in seinen späten Dramen ereignen, die man freilich bei der bloßen Lektüre zu überlesen geneigt ist.

Die Bekanntgabe von Don Pedros »match-making« ist auch deshalb dramaturgisch bedeutungsvoll, weil erst, wenn man sie in einen Bezug zur kirchlichen Hochzeitsszene setzt, das hochdramatische, fast tragisch sich entwickelnde Scheitern dieser Trauung nicht mehr wie etwas Fremdes in der Komödienwelt erscheint, da man sozusagen die konsequente Logik dieser Entwicklung erkennt. Claudio hat nämlich in der Kirchenszene nichts aus der Tatsache gelernt, daß er schon einmal mit seiner Vermutung, Don Pedro habe ihn betrogen, den bloßen Schein als Realität mißdeutet hat. Auch hatte er die nächtliche Szene mit Margarets Verkörperung Heros nicht unvorbereitet und »objektiv« beobachtet, sondern er hatte sich die »Realität« geschaffen, wie er sie seiner Erwartung entsprechend sehen wollte: »*If I see anything tonight why I should not marry her tomorrow* [...] I [will] shame her« (III,2,112 ff.). Trotz oder vielleicht gerade wegen seiner vorigen Eifersucht auf Don Pedro ist er nun erst recht bereit, sich seine »Wirklichkeit« zu formen und Hero zu mißtrauen, die ein zweites Mal ihre Gefühle schweigend verbirgt. Daß Claudio auf die Verleumdungsintrige hereinfällt, ist bei ihm obendrein kein Wunder angesichts seines Vorurteils, das er bei dem Verdacht auf Don Pedros Falschspiel geäußert hatte: »beauty is a *witch* / Against whose charms faith melteth into blood« (II,1,167 f.).

Wenn Claudio so leicht von der Untreue seiner Braut zu überzeugen ist, so ist zu fragen, wie es überhaupt um eine Beziehung bestellt sein mag, die mit einer stellvertretenden Werbung geknüpft wurde. Ist es nicht verwunderlich, daß die beiden in keiner einzigen Liebesszene auf der Bühne zu sehen sind und daß Hero auch in der Kirche wiederum kein Wort über ihre Liebe zu Claudio äußert? Nur ein einziges Mal, im spielerischen Kontext, spricht sie von »my *dear* Claudio« (III,1,93). Jedenfalls hätte sie im ganz privaten Gespräch mit Margaret, unmittelbar vor der Hochzeit, die Gelegenheit gehabt, ihre Gefühle zur Sprache zu bringen. Merkwürdigerweise erwähnt sie jedoch nur, abgesehen von einer dunklen Vorahnung, daß Claudio ihr das modische Accessoire eines parfümierten Handschuhs geschenkt habe! So erfahren wir schließlich auch kaum etwas über Heros Identität. Keine Frage, dieser Beziehung haftet etwas Oberflächliches an, und Shakespeare unterstreicht dies auch dadurch, daß ironischerweise ihr Name auf jene große junge Liebende in der Antike verweist, deren geliebter Leander über den Hellespont schwimmend sich mit ihr vereinen wollte, bei diesem Versuch aber ertrank, worauf sie sich den Tod gab (vgl. V,2,29 f.). Zu solcher Unbedingtheit aus Liebe wären weder Claudio noch Hero fähig. Andererseits kann aus dieser Beziehung aber auch keine intensive Tragik entstehen, sondern für sie ist ein komödienhaftes Ende weit angemessener.

Damit haben wir einen ersten Eindruck vom Wesen der Gesellschaft in dieser Komödie gewonnen, für die der Maskenball im 2. Akt ein überaus sprechendes Bild ist. Die Figuren sind wesentlich daran interessiert, wie sie von anderen beurteilt werden, oder sie sind damit beschäftigt, andere zu be- bzw. verurteilen oder auch zu täuschen. Da *noting* als Terminus dieser gesellschaftlichen Aktivität in elisabethanischer Zeit klanglich fast mit *nothing* zu verwechseln war, deutet, wie oft bemerkt wurde, bereits der Titel »Much Ado About Nothing« wortspielhaft diese sehr verbreitete gesellschaftliche Betätigung an. Indem sich die Figuren an dem, was die Gesellschaft schätzt, an »fame« bzw. »reputation« orientieren, messen sie der »fashion«, einem rekurrenten Motiv dieser Komödie, eine besondere Relevanz bei.

Interessanterweise war Margarets harmlose Freude an Heros modischem neuen Kleid der Grund, warum sie sich in diesem Gewand kurz am Fenster sehen ließ, und dies wiederum war der eigentliche Anlaß für Heros Verleumdung. Wenn sich Borachio, der die Intrige inszenierte, in einem Dialog mit Conrade über die Macht der »fashion« unterhält (III,3), so ist dies als indirekter Kommentar zu Margarets Verkleidungslust zu verstehen; zugleich dient dieser von der Wache belauschte Dialog dann aber auch zur Aufdeckung des nächtlichen Rollenspiels. In einer Gesellschaft, in der solchermaßen der äußere Schein, die Lust an Rollenspiel und Verkleidung, dominiert, wird die Erkenntnis des Seins zu einem schier unlösbaren Problem. Bezeichnenderweise ist in der Kirchenszene nur der unbeteiligte Friar in der Lage, Heros äußeres Verhalten richtig zu »lesen« (»noting«, IV,1,158) und dadurch die Unschuld ihres Charakters, ihre »maiden truth« (164) zu erkennen.

Um den Tücken und Gefahren in dieser Gesellschaft zu begegnen und sich in ihr erfolgreich zu behaupten, sieht sich das Individuum zu einem »fashioning the self« aufgerufen, wie Greenblatt neuerdings betont hat.[10] Dies schließt in *Much Ado* die Entstehung einer »romantischen Liebe« aus. In dieser Komödie wird kein Liebender von der Schönheit der Geliebten so ergriffen, daß sich seine Leidenschaft bis zum Wahnsinn steigert und auch einen geradezu gesellschaftsfeindlichen Charakter annehmen kann. Und hier endet auch die Parallelität der Definition des Courtier in *Much Ado* und in Castigliones *Il Libro del Cortigiano*. Denn gerade die dortige große, klimaktische Schlußdiskussion über das Wesen von Schönheit und Liebe findet in *Much Ado* keine Entsprechung. Für Pietro Bembo und seinen höfischen Kreis kommt alles darauf an, die durch die Schönheit erweckte Lust der körperlichen Sinne zu überwinden und sich von der Offenbarung irdischer Schönheit

---

10 Vgl. Greenblatt (Hrsg.), S. 1382.

zur himmlischen Schönheit des Göttlichen hinanziehen zu lassen. In *Much Ado* dagegen besitzt die Schönheit (für Claudio) den verführerischen Charakter einer Hexe, oder sie wird (von Benedick) als eine Eigenschaft unter vielen genannt. Die Liebe wird entweder zu oberflächlich erlebt, oder man schützt sich vor ihrem Ausbruch durch die der Empfindung »vorgelagerten« Witzgefechte. Bei beiden Paaren bedarf die Liebe für ihren Erfolg daher erst der gesellschaftlichen Vermittlung. Diese kommt jedoch nicht aus ohne Intrige bzw. ein Täuschungsmanöver – Heros Scheintod.

Die *love-plots* sind zunächst dadurch miteinander verbunden, daß eine Liebe durch Don Pedro in die Ehe mündet und eine andere sich durch seine komödiantische Intrige zu entwickeln beginnt. Mit dieser Intrige korrespondiert das zerstörerische Komplott Don Johns.[11] Sodann werden die Intrigen in eine kunstvolle dramatische »juxtaposition« gestellt: Don Pedro verkündet nämlich seinen Plan mit den Belauschungstricks, unmittelbar b e v o r Don John seine Intrige im Detail mit Borachio vorbereitet. Daraus folgt, daß der Zuschauer selbst die beiden Intrigen miteinander vergleichen kann. Es gehört ferner zu Shakespeares souveräner Dramaturgie, daß der Zuschauer von Anfang an den überlegenen Blick über das gegen Benedick und Beatrice gerichtete Täuschungsmanöver besitzt. Er vermag deshalb den Vorgang der Manipulation ihrer Realitätserkenntnis zu registrieren und die feinen, überaus subtilen Unterschiede in der Reaktion von Benedick und Beatrice auf die Täuschung zu erkennen. (Man vergleiche z. B. Benedicks Antwort auf die Täuschung durch seine witzigen Monologe mit Beatrices mehr gefühlsbetontem verkürztem Sonett am Ende der Szene III,1.)

Durch die Absicht Don Pedros, Claudios und Heros, mit den beiden Szenen in der Geißblattlaube die lauschenden Beatrice und Benedick »into a mountain of affection th' one

11 P. und M. Mueschke, S. 58.

with th' other« (II,1,342 ff.) zu bringen, entsteht ein bedeutender Kontrast zur Entwicklung der »ernsten« Liebeshandlung, bei der übrigens Belauschungen ebenfalls eine wichtige Funktion erfüllen: Wenn Claudio nämlich wenig später als heimlicher Beobachter fast einem tragischen Irrtum erliegt, weil er sieht, was er sehen will – Heros Untreue –, so erkennt hier Benedick im Gegenteil genau umgekehrt, was er sehen soll – »some marks of love« (II,3,237) in Beatrice. Was mit Benedick dabei geschieht, könnte man mit den Worten beschreiben: Der Liebende sieht mit den Augen der Gesellschaft, und genau dieser Gedanke findet in *Much Ado* auch seinen sprachlichen Ausdruck. Als Beatrice und Benedick einander das Jawort gegeben haben, erfahren sie von den Intriganten, daß diese ihnen die Augen der Liebe erst geliehen hätten (»That eye my daughter lent her / [...] / The sight whereof I think you had from me«, V,4,23 ff.). Daher darf der Anspruch der Vertreter der Gesellschaft, die neuen Liebesgötter zu sein, nicht wundernehmen: »Cupid is no longer an archer; his glory shall be ours, for we are the only love-gods« (II,1,362 ff.).

Beide Liebesbeziehungen in *Much Ado* werden, wir sagten es schon, gesellschaftlich vermittelt, wobei die Liebe zwischen Claudio und Hero durch eine Verleumdung zunächst zu scheitern droht, während umgekehrt eine Verleumdung ganz anderer Art bei Beatrice und Benedick geradezu zum Liebeserfolg führt. In *Much Ado* wird nämlich in der Tat der Verleumdung (»slander«) ein breiter Raum zugewiesen, einem sozialen Phänomen, das in elisabethanischer Zeit ein großes Thema war, dem eine neue Studie aus der Schule des New Historicism gewidmet ist.[12] Botticelli hat sie als allegorische Figur Calunnia in Form einer häßlichen Alten gemalt. Zunächst verstehen sich gerade auch Benedick und Beatrice auf die gesellschaftliche Aktivität der

---

12 Vgl. M. L. Kaplan, *The Culture of Slander in Early Modern England*, Cambridge 1997.

falschen Nachrede. Während er sie mit Attributen wie
»Lady Disdain«, »harpy« und sogar »infernal Ate« bedenkt, behauptet sie, er sei lediglich für die Rolle des
»Prince's jester« gut genug, in die er zwar durchaus auch
verfällt, doch wirft sie ihm zugleich ein Talent für »impossible slanders« (II,1,128) vor. Interessanter noch: Die Verleumdung beeinflußt die Struktur der heiteren Intrige,
schon bevor sie bedrohliche Ausmaße in der Claudio-
Hero-Handlung annimmt. Hero äußert die Absicht, sie
wolle für Beatrice »honest *slanders* / To stain my cousin
with« (III,1,84 f.) ausdenken, um sie in Benedick verliebt zu
machen. Sie weiß, es ist ein »false sweet bait« (33), eine un-
wahre, also verleumderische Aussage, zu sagen, Don Pedro
und Claudio (von denen sie selbst verleumdet werden wird)
hätten behauptet: »Benedick loves Beatrice so entirely«
(37), und somit ist es ganz verständlich, daß sie ihre Intrige
mit dem Paradoxon »honest slanders« definiert. Es ist geradezu faszinierend zu beobachten, wie nunmehr der stillen
und zuvor ganz farblosen Hero eine intellektuelle Agilität,
ja sogar die Funktion einer Regisseurin, zuwächst. Ihr Begriff »honest slanders« enthält freilich noch eine zusätzliche
Implikation. Um sie zu erfassen, nützt uns ein Blick in
G. Puttenhams Schrift *The Arte of English Poesie* (1589).
Dort werden die Dichter als »the trumpetters of all praise
and also of slaunder (not slaunder, but well deserued re-
proch« [sic])[13] definiert. Genau dies nun – »well deserued
reproach« – impliziert auch Hero mit ihrem Terminus
»honest slanders«. Durch den doppelten Belauschungstrick
soll nicht nur das gesellschaftlich noch nicht evidente und
existente Verliebtsein Beatrices und Benedicks sprachlich
antizipiert und realiter provoziert werden, sondern es soll
auch der tiefere Grund für ihr bisheriges Liebesversagen,
nämlich ihre Egozentrik und ihr dünkelhafter Stolz, ins Bewußtsein gehoben werden.

---

13 Zit. nach: Kaplan, S. 30.

Die Komödie erhält dadurch auch die Funktion einer Korrektur sozialen Fehlverhaltens, eine Aufgabe, die das europäische Lustspiel von seinem Beginn an erfüllt.[14] Auch ein zweites Mal übernimmt *Much Ado* diese traditionelle Funktion der Komödie – bei der Korrektur von Claudios Fehlhaltung; ihm wird bewußt gemacht, wie sehr er sich dem Schein überließ und daher dessen Opfer wurde und auch welches Unrecht er damit verübt hat. Er hat Heros und Leonatos »fame« bzw. »honour« in »shame« konvertiert (V,3,7 f.) und muß sich dafür einem Bußritual unterziehen, bevor ihm sein unreifes Verhalten vergeben wird.

Es wäre jedoch verfehlt, wegen dieses Motivs der Vergebung *Much Ado* in einen christlichen Assoziationszusammenhang zu stellen. In einer vielzitierten Studie versuchte R. G. Hunter Claudios Verhalten und das Ende der Komödie in Beziehung zur Tradition der Morality Plays zu stellen.[15] Indem Claudio einen entscheidenden Fehler mache und ihm nachher verziehen werde, erreiche er die Qualität eines Sünders, an dem die Vergebung praktiziert werde; damit sei er ein Abkömmling der *Humanum Genus*-Figur der Morality Plays. Doch diese Deutung ist keineswegs überzeugend. Das Ende der ernsten Handlung ist durchaus nicht christlich gefärbt, auch wenn ein Mönch darin agiert. Das Verzeihen ist ja auch keine christliche Besonderheit, denn damit enden auch schon Lustspiele in der Tradition der antiken Neuen Komödie, an die sich Shakespeare durch eine bemerkenswerte Plautus-Rezeption anschließt. Er bleibt also mit dem Thema der Vergebung dezidiert im Bereich der humanistischen Komödienkonzeption. Dazu paßt auch, daß die Stirb-und-Werde-Idee, die dem Scheintod-Motiv beigegeben wird, stoischen Ursprungs ist.

Die Frage jedoch wird neuerdings oft gestellt: Inwiefern vermag die auf Claudios Wandlung angesetzte Scheintod-

14 Siehe z. B. C. Hoy, *The Hyacinth Room*, London 1964.
15 Vgl. R. G. Hunter, *Shakespeare and the Comedy of Forgiveness*, New York 1965, S. 85–105.

Intrige des Friar zu überzeugen? Führt sie bei ihm wirklich
zu einer Läuterung und Reinigung? Bei aufmerksamer Lektüre ist nicht zu übersehen, daß Claudio am Ende keineswegs so reagiert, wie es der Mönch vorausgesagt hatte, was
man auf Claudios Gefühllosigkeit hat zurückführen wollen.[16] Wir erleben nämlich kaum, daß er etwa durch Heros
»Tod« tiefe Reue empfinden oder daß sich die Vision des
Friar von Claudios Läuterung erfüllen würde (IV,1,224 ff.).
Zwar gibt er sein Mißtrauen auf, wenn er darauf verzichtet,
seine »neue« Braut entschleiert zu sehen. Doch es nimmt
wunder, wie Claudio in der Phase der Trauer um Hero seinen *wit* praktiziert und ihn an jenem Benedicks zu messen
sucht. Dieser bestätigt ihm jedoch, nicht gereift, sondern ein
»boy« und »Lord Lackbeard« geblieben zu sein. Der einzige Fehler, den Claudio zuzugeben vermag, ist, sich getäuscht zu haben: »yet sinn'd I not / But in mistaking«
(V,1,268 f.). Man sollte diesem Komödienschluß allerdings
kein zu großes Gewicht beimessen. Wenn die Scheintod-Intrige uns bereits an die späten Romanzen, speziell an *The
Winter's Tale*, erinnert, wo ebenfalls eine totgeglaubte Frau,
Hermione, wie durch ein Wunder wieder »auferstehen«
wird, so zeigt dieser Vergleich auch, daß der Schluß von
Much Ado mit größerer Leichtigkeit konzipiert ist und daß
die transzendenten Assoziationen der Romanzen noch
nicht ins Spiel gebracht werden. Doch muß betont werden,
daß die Inszenierung dieses Rituals auf der Bühne sehr eindrucksvoll sein kann. Auch sollte man nicht übersehen, daß
der Scheintod eng mit dem thematischen Kern von *Much
Ado* verbunden ist, da er ja die verbreiteten Rollenspiel-
und Intrigen-Motive wieder aufnimmt. Zudem erscheint
mit der verschleierten, »auferstandenen« Hero die ebenfalls
verschleierte Beatrice, womit auch sie als Repräsentantin
des zweiten Handlungsstrangs in diese Situation integriert
ist: Auch Beatrice erlebt durch die Abnahme des Schleiers,

16 Vgl. C. Cook, S. 197.

der als Symbol ihrer früheren Maske gedeutet werden kann, sozusagen eine gewandelte Identität.

Die Heros Scheintod auslösende, überaus kühne Kirchenszene erfüllt die wichtige Funktion, bei den Figuren tiefe Gefühle freizusetzen. Bei beiden Liebespaaren vollzieht sich dieser Wandel in unterschiedlicher Intensität. Dazu trägt bei Benedick und Beatrice wesentlich eine soziale Bewährungsprobe nach Heros Verleumdung bei. Die Liebe bleibt nämlich in Shakespeares Komödien nie auf der Stufe eines »Egoismus zu zweit«, sondern sie wird statt dessen, nachdem sie aufgeblüht ist, endgültig in einen sozialen Bezug gestellt. Dies gilt ganz besonders für *Much Ado*, ein »play [...] of close-knit relationships«.[17] Bereits Claudio und Hero hatten dazu beigetragen, daß Benedick und Beatrice zueinanderfanden. Man könnte auch sagen: Dies Engagement gehört zu ihrem Reifungsprozeß, weil Beatrice, die von sich sagte, dazu geboren zu sein, »to speak all mirth and no matter« (II,1,310 f.), bisher keinen Grund zur Beeinträchtigung ihrer heiteren Unbeschwertheit gehabt hatte. Was für ein wundervoller Einfall Shakespeares, daß sich Benedick und Beatrice nach den »gulling scenes« erst wieder im Anschluß an Heros Verleumdung in der Kirche begegnen, d. h. in einer Situation, in der nun ihr *wit* völlig versagt und in der statt dessen auf einmal ihre Gefühle – und zwar durch ihre Teilnahme am Schicksal einer ihnen nahestehenden Person – aktiviert werden! Beatrice fühlt mit untrüglicher Sicherheit: »O, on my soul my cousin is belied« (146). Benedicks Frage »Lady Beatrice, have you *wept* all this while?« (IV,1,255) bereitet den intensivsten Augenblick im ganzen Stück vor, den Moment, in der er ihr – in der einfachsten Prosa – seine Liebe gesteht: »I do love nothing in the world so well as you« (266). Nachdem er sie aufgefordert hat: »Come, bid me do anything for thee«, sucht ihre Emotion ein Ventil in ihrem berühmten lakonischen Rache-

17 Humphreys (Hrsg.), S. 49.

befehl: »Kill Claudio!« (287). Mit dieser Reaktion auf verletzte Ehre erinnert sie ihn an seine Pflicht als »gentleman«. Beatrices spontaner Befehl – sicher im Affekt gesprochen – hat den Sinn, Benedick zu einem unbedingten Engagement zu bewegen und dadurch zudem seine Liebe zu ihr zu beweisen. Auch wenn es, schon wegen Benedicks alter Freundschaft zu Claudio, nicht zur Austragung des von Benedick geforderten Duells kommt, geht jener immerhin so weit, ihn als »villain« (V,1,144) zu deklarieren, der eine unbescholtene junge Frau getötet habe.

Bald jedoch stellt sich die alte intellektuelle Spielfreude und komödienhafte Vitalität wieder ein – freilich vor dem Hintergrund durchlebten Ernstes. *Much Ado* ist eben bei aller Hintergründigkeit auch eine übermütige Komödie, freilich eine Komödie mit äußerst starken Stimmungs- und Tempowechseln und einem daraus resultierenden mitreißenden Rhythmus. Betrachten wir beispielsweise kurz den Übergang von Szene V,1 zu V,2: Soeben hat sich noch Claudio bereit gefunden, um Hero zu trauern, und Leonato will von Margaret erfahren, wie es eigentlich geschah, daß sie den »lewd fellow« (V,1,326) Borachio kennenlernte, der die Verleumdungsintrige inszenierte, als Benedick ausgerechnet mit Margaret zusammentrifft, der Unschuldig-Schuldigen, von deren folgenschwerer Verkleidung als Hero er jedoch noch gar nichts weiß. In seiner Unwissenheit übt er daher keinerlei Zurückhaltung, sondern wechselt im Dialog mit ihr sinnenfrohe Obszönitäten, an denen übrigens auch Margaret schon bei einem früheren Anlaß, im Gespräch mit Beatrice, Gefallen gefunden hatte. Mit diesem komödiantischen Übermut überspielt Benedick zugleich die Tatsache, daß er mit seiner beschlossenen Heirat Wortbruch begeht. Der Frage »How dost thou, ›Benedick the married man‹?« (V,4,98) war er schon in der Szene II,3 zuvorgekommen, als er seinen Entschluß zur Ehe rechtfertigte mit dem Argument: »When I said I would die a bachelor I did not think I should live till I were married« (234 f.). Nun lautet seine humane Antwort: »man is a giddy thing, and this is my conclusion« (107). Und er bekräftigt seinen Entschluß zur Ehe noch damit, daß er auch Don Pedro, den doppelten Ehestifter, expressis verbis auffordert, sich eine Frau zu nehmen, worauf er wie ein »Regisseur« die ganze Komödie beendet. Dieser aber, der eigentliche Regisseur, und Don John, sein Halbbruder und negatives Schattenbild, sind am Ende isoliert und haben nicht teil an dem sozial befriedeten Ende der Komödie. Beide weisen dadurch eine gewisse Ähnlichkeit auf, auch wenn Don Pedros Intrigenkunst auf die Knüpfung und nicht wie jene Don Johns auf Zerstörung sozialer Verbindungen gerichtet war.

Ohne der Gefahr der Spekulation zu erliegen, darf versuchsweise gefragt werden, wie sich wohl die Ehe von Beatrice und Benedick gestalten wird. Shakespeare bezieht nämlich in seine Komödien auch den Ausblick auf den Ehealltag mit ein. Hatte nicht Leonato prophezeit: »if they were but a week married they would talk themselves mad« (II,1,330 f.)? Und wird nicht einige Zeit nach ihrer Hochzeit bei beiden der Wunsch nach Unabhängigkeit erneut die Oberhand gewinnen? Diese in die Zukunft vorgreifende Frage legt sich deshalb nahe, weil sie gegen ihren Willen in die Ehe hineinmanövriert worden sind und weil sie den Entschluß zu einem gemeinsamen Leben auf eine eigentümlich ambivalente Weise in die Tat umsetzen. Einerseits akzeptieren sie zwar die Institution der Ehe als Konsequenz ihrer Liebe, andererseits aber weisen sie ausdrücklich die »honest slanders« in den Geißblattlaubenszenen (»BENEDICK. They swore that you were almost sick for me. – BEATRICE. They swore that you were wellnigh dead for me«, V,4,80 f.) als unwahr zurück (»'Tis no such matter«, 82). Mit derselben Wendung hatte Don Pedro die Möglichkeit verneint, daß nach den Belauschungsszenen Beatrice und Benedick in eine gegenseitige »dotage« verfallen (II,3,208). Sie erteilen somit einer Leidenschaft als einer Beziehung, die vom andern Besitz zu ergreifen sucht, eine Absage und wünschen sich eine Liebe »in friendly recompense« (V,4, 77 ff.), die von »reason« geleitet wird. Dies ist sozusagen ihre Antwort auf die Einwände ihres Intellekts, der ihnen die Vorzüge ihres Single-Daseins bewußt machte. Auch wünschen sie sich die Ehe aus Gründen sozialer Respektabilität. Beatrice allerdings läuft Gefahr, ihre Emanzipation gegen die traditionelle Rolle der Ehefrau eintauschen zu müssen. Hinzu kommt, daß sie schon einmal, was oft übersehen wird, Gefühle für Benedick entwickelt hatte und daraufhin von ihm verletzt und enttäuscht worden war (II,1,211 ff.). Und schließlich hatte Beatrice in einem ausgerechnet an Hero gerichteten Rat das Scheitern der Ehe als üblicherweise letzte Phase in der Beziehung zwischen Mann und Frau gedeutet: »For hear me, Hero: wooing, wedding, and *repenting* is as a Scotch jig, a measure, and a cinque-pace: the first suit is hot and hasty like a Scotch jig [...] the wedding mannerly-modest as a measure [...] and then comes *repentance* and [...] falls into the cinque-pace faster and faster [...]« (II,1,66 ff.). Da diese ernste Aussage durch den Vergleich mit diversen Tänzen ins Spielerische, Komödiantische gewendet wird, klingt am Komödienende mit dem abschließenden Tanz immerhin eine leise Skepsis mit an.

Beatrices höchst originelle Definition zwischenmenschlicher Beziehungsphasen soll für uns Anlaß zu der Frage sein, inwiefern sie sich durch ihre Weiblichkeit von Benedick unterscheidet. Seit Barbara Everetts einflußreichem Artikel wurde nämlich als ein besonderes Charakteristikum dieser Komödie die Betonung der unterschiedlichen Weltsicht und Lebenshaltung von Mann und Frau angesehen, und hier dominiere eben, so Everett, »the women's world«.[18] Die Diskussion darüber, ob dies wirklich zutrifft, hat gerade dieses Stück in den letzten Jahrzehnten besonders interessant gemacht. Von feministischer Seite ist die Auffassung

18 B. Everett, S. 320.

Everetts entschieden bestritten worden mit der Begründung, Beatrice besitze im Grunde keine eigentliche weibliche Identität, sondern übernehme völlig das Wertesystem
der patriarchalischen Gesellschaft;[19] sie, die sogar einmal
wünscht, ein Mann zu sein, suche viel eher wie ein echter
Mann zu agieren, ja sie mache sich geradezu die Macho-
Haltung zu eigen, daher auch ihre Aufforderung an den
zögerlichen Benedick, Claudio zu töten. Dieser Argumentation einer Vertreterin der neuen »gender studies«, die wie
manche andere auch einen psychoanalytischen Ansatz einbezieht,[20] kann man freilich nur bedingt folgen. Denn wenn
Beatrice nach männlichen Standards agiert, dann deshalb,
weil sie zunächst versucht, den Mann auf seinem eigenen
Felde zu schlagen. Nur in physischer Hinsicht gelingt ihr
dies nicht. Natürlich stellt sie das patriarchalische System
nicht grundsätzlich in Frage. Doch was ihre Einzigartigkeit
ausmacht und durchaus nicht mit der Übernahme männlicher Wertvorstellungen erklärt werden kann, ist ihre über-
mütig heitere Gelöstheit ebenso wie ihr »wild heart« (III,1,
112), das sozusagen als »Gegengewicht« zu ihrer Intellektualität fungiert und somit eine Balance von Verstand und
Gefühl garantiert. Im Hinblick auf den *wit* jedoch ist sie
ihm sogar überlegen, was Benedick ihr nach einer köstlichen
syllogistischen Argumentation bestätigt, mit der sie seine
Bitte um einen Kuß abweist (V,2,49 ff.). Beatrice ist damit
freilich eine rein fiktive Figur in Shakespeares Komödien-
Utopie. In der Realität hätte sie wohl kaum eine Entsprechung gefunden. Es ist allerdings interessant, daß in *Il Libro
del Cortigiano* einige recht progressive Frauenbilder disku-
tiert werden, worunter sich auch eine Beatrice von Mailand
befindet, die sich durch besondere Intellektualität auszeichnet; denn über sie heißt es, wer von ihr gehört habe, »might

19 Vgl. vor allem den Aufsatz von C. Cook.
20 So etwa bei C. T. Neely, S. 27–57. C. Cook deutet die rekurrente männliche
    Angst vor dem Gehörntwerden als Kastrationsangst, S. 186.

never againe wonder at a womans [sic] wit«.[21] Während sich
in der Renaissance gelegentlich der Gedanke der völligen
Gleichheit der Geschlechter findet,[22] ist, wie King gezeigt
hat, bei den zukunftsweisenden historischen Frauenbildern
immer auch eine gewisse Selbstherabsetzung der Frau mit im
Spiel;[23] sie wird sozusagen ein schlechtes Gewissen nicht los,
weil sie sich über die konventionellen weiblichen Rollener-
wartungen hinweggesetzt hat. Shakespeares Beatrice dagegen läuft durch ein sehr stark ausgeprägtes Selbstbewußtsein
Gefahr, aus kompromißloser Eigenliebe ihr männliches Gegenüber zu verachten, eine Tatsache, die ihr durch die Gesellschaft erst bewußt gemacht werden muß.

Da Shakespeare, wie eingangs erwähnt, *Much Ado* für das
Volkstheater geschrieben hat, werden auch Vertreter der un-
teren Gesellschaftsschichten in die Handlung einbezogen. So
ist insbesondere Dogberry eine unvergeßliche Volkstheater-
figur. Auch bei diesen Figuren ist die große gestalterische Va-
riationsbreite höchst erstaunlich; denn wie sehr unterscheidet sich doch Dogberry etwa von Bottom in *A Midsummer
Night's Dream*, obwohl beide durch ein unerschütterliches
Selbstwertgefühl die Szene beherrschen. Aber während Bottom sich selbst den unwahrscheinlichsten Situationen anzu-
passen vermag, dominiert bei Dogberry die eitle Selbstgefälligkeit, die er gegenüber Verges reichlich auszuleben versteht. Dieser wird von ihm so in Schach gehalten, daß er fast
nur Fragen stellen darf. Auf niederer gesellschaftlicher Ebene
spiegelt nun gerade Dogberrys Gehabe den Stolz wider, der
Beatrice und Benedick erst ins Bewußtsein gehoben werden
muß. Seine Sprache bietet mit ihrem Register ein Echo des

---

21 Zit. nach der zeitgenössischen Übersetzung von Sir Thomas Moby, *The
    Book of the Courtier*, London 1928.
22 M. C. King weist etwa auf Heinrich Cornelius Agrippa von Nettesheim als
    Beispiel hin (M. C. K., *Frauen in der Renaissance*, übers. von H. Fliessbach,
    München 1998, S. 217).
23 Vgl. King, S. 252; siehe zum Thema auch die wichtige Studie von J. Dusin-
    berre, *Shakespeare and the Nature of Women*, London ²1996.

Diskurses der Hauptfiguren. Auch Dogberry glaubt, das Medium Sprache souverän handhaben zu können, doch liefert er köstliche Beispiele für die Komik der Inkongruenz, weil er »hard words« in höchst unzulänglicher Kenntnis seiner Muttersprache verwendet (etwa das berühmte »Comparisons are odorous«, III,5,15), wodurch er die in Komödien beliebten Malapropismen produziert. Auch er ist auf das Urteil der Gesellschaft bedacht, auch er glaubt, das Opfer einer Verleumdung zu sein, und läßt darauf sorgfältig in den Akten vermerken, daß man ihn gerade einen Esel genannt hat.

Dadurch, daß die Kirchenszene jeweils von einem Auftritt von Dogberry und Verges »umrahmt« wird, entsteht eine der zahlreichen Ironien dieser Komödie: Hätte sich nämlich Leonato vor der Trauung die Zeit genommen, Dogberry und Verges anzuhören, hätte die Zeremonie ungestört vonstatten gehen können, und die Scheintod-Intrige hätte sich erübrigt. So jedoch wird immerhin die Düsternis der geplatzten Trauung, die in diesem Lustspiel einen erdrückenden Ernst verbreiten würde, durch die Umrahmung mit den Dogberry- und Verges-Szenen gemildert, und der Zuschauer erhält die Gewißheit eines guten Ausgangs. Der Handlungsverlauf zeigt somit auch, daß die Realität oft gerade nicht von jenen erkannt wird, die sich bewußt um ihre Interpretation bemühen und die dazu auch die intellektuelle Voraussetzung besitzen. Daß es gerade umgekehrt ganz unscheinbare Figuren wie die Wache von Dogberry und Verges sind, die das Komplott gegen Claudio und Hero trotz ihrer beruflichen Inkompetenz und Ahnungslosigkeit aufdecken, entspricht der humanistischen Umdeutung des Begriffs Torheit.[24] Wenn die ganze Welt im Grunde ein Tollhaus ist, kann gerade demjenigen, den die Welt als Narren beurteilt,

---

24 Vgl. R. C. Hassel, *Faith and Folly in Shakespeare's Romantic Comedies*, Athens (Ga.) 1980.

die Aufdeckung der Wahrheit vorbehalten sein: »what your wisdoms could not discover, these shallow fools have brought to light« (V,1,227 ff.).

Blicken wir nun noch einmal auf den Anfang von *Much Ado* zurück, so zeigt sich, daß Shakespeare uns wie so oft in seinen Dramen bereits in den ersten Zeilen unmerklich, aber vergleichbar einer musikalischen Ouvertüre, in die Welt des Stücks einführt. Wörter und Wendungen nimmt das Ohr auf, deren Doppelsinn man noch nicht erkennt, die aber trotzdem bereits atmosphärisch vorbereitend wirken. So wird etwa beiläufig über Claudios Onkel berichtet, er sei in Tränen ausgebrochen, als er von Claudios ehrenvollen Taten als Soldat gehört habe, was Leonato kommentiert mit den Worten: »there are no faces truer than those that are so washed. How much better is it to weep at joy than to joy at weeping!« (I,1,25 ff.). Später werden sich Anlässe für beides ergeben! Vor allem in Don Pedros ersten Worten, die er an Leonato richtet: »Good Signior Leonato, are you come to meet your trouble?« (I,1,88 f.), können wir im nachhinein einen ironischen Nebensinn erkennen. Die Bedeutung dieses Satzes erschöpft sich nicht darin, daß er sich im voraus für die durch seinen Besuch entstehenden Kosten entschuldigen möchte,[25] sondern seine Worte weisen auf jene »trouble« voraus, die Leonato mit seiner Tochter erleben wird, die aber auch, wie wir sahen, letztlich mit Don Pedros Spiel mit Heros Gefühlen bei seiner Heiratsvermittlung zusammenhängt. Erinnert uns der Beginn der Komödie an eine Ouvertüre, so könnte man die sogar für Shakespeare ungewöhnlich subtilen, kontrastreichen Verknüpfungen der Handlungsteile miteinander und die Wiederholungen bzw. Variationen kleiner und kleinster Motive ebenfalls mit musikalischen Kompositionsprinzipien vergleichen. Im übrigen wird in *Much Ado* der Musik und dem Tanz ein wichti-

25 Vgl. Greenblatt (Hrsg.), S. 1383.

ger Platz zugewiesen. Als stilistische Besonderheiten kommen noch die vielen Analogien und Antithesen sowie die Vorliebe für Symmetrien und das kunstvolle *patterning* der Sprache hinzu, die zu drei Viertel aus Prosa besteht, was dieser Komödie ein unverwechselbares stilistisches Gepräge verleiht. Und der Titel »Much Ado About *Nothing*« kann, nachdem man einmal dieses Stück gründlich kennengelernt hat, nur als höchst ironisch verstanden werden. Denn wir erleben hier auf ebenso amüsante wie berührende, die Gattung Tragikomödie streifende Art die Subversion geltender Werte und sozialer Befindlichkeiten – vor allem des männlichen »honour«-Begriffs und des patriarchalischen Frauenbildes.

Much Ado wurde erstmals im Jahre 1600 in einer Quarto-Ausgabe veröffentlicht. Ihrem Text, der auf Shakespeares eigenes Manuskript zurückgehen dürfte, folgt mit geringen Abweichungen die Folio-Ausgabe von 1623, weshalb dieses Drama der heute so aktuellen Textforschung keine größeren Probleme bietet. Seit ihrer Uraufführung, die wohl Ende 1598 stattfand, war *Much Ado* eine beliebte Komödie, deren zentrales Liebespaar für große Schauspielerinnen und Schauspieler stets eine Herausforderung bedeutete. So wissen wir, daß bei der Uraufführung der berühmte Will Kempe den Benedick verkörperte. Glänzende Erfolge hatten mit den Hauptrollen David Garrick, John Philip und Charles Kemble, Henry Irving, Ellen Terry, in unserem Jahrhundert Edith Evans, John Gielgud und Peggy Ashcroft sowie in neuerer Zeit etwa Katharine Hepburn, Janet Suzman, Barbara Jefford, Judi Dench, Sinead Cusack, Derek Jacobi, Michael Redgrave, Donald Sinden. Seit kurzem haben wir durch eine völlig neuartige Ausgabe dieser Komödie die Möglichkeit, zu verfolgen, wie die einzelnen Szenen bzw. individuelle Situationen in diversen historischen Inszenierungen unterschiedlich und einfallsreich wiedergegeben worden sind. Dort liest man auch ein treffendes Urteil des großen Schauspielers John Gielgud, der sich wie kaum ein zweiter in diesem Jahrhundert um *Much Ado* verdient gemacht hat. Nach den Erfahrungen mit seiner Produktion, die in der ersten Hälfte der fünfziger Jahre zu sehen war, bemerkte er: »I have only realised with this production how closely knit the play really is. [...] Everything counts.«[26]

26 Zit. nach: J. F. Cox (Hrsg.), *»Much Ado About Nothing«. Shakespeare in Production*, Cambridge 1997, S. 61.

Literaturhinweise

William Shakespeare: Much Ado About Nothing. Hrsg. von Francis H. Mares. Cambridge 1988. (The New Cambridge Shakespeare.)
- Much Ado About Nothing. Hrsg. von S. P. Zitner. Oxford 1994. (The Oxford Shakespeare.)
- Much Ado About Nothing / Viel Lärm um nichts. Übers. und hrsg. von Norbert Greiner. Tübingen 1989. (Englisch-deutsche Studienausgabe der Dramen Shakespeares.)
- Much Ado About Nothing / Viel Lärm um nichts. Engl./Dt. Hrsg., übers. und kommentiert von Holger Klein. Stuttgart: Reclam, 1993. (Universal-Bibliothek. 3727.)

Allen, J. A.: Dogberry. In: Shakespeare Quarterly 24 (1973) S. 35–53.
Barish, J. A.: Pattern and Purpose in the Prose of *Much Ado About Nothing*. In: Rice University Studies 60 (1974) S. 19–30.
Barton, A.: [Introduction to] *Much Ado about Nothing*. In: The Riverside Shakespeare. Hrsg. von G. Blakemore Evans [u. a.]. Boston 1974. S. 327–331.
Berger, H. L.: Against the Sink-a-Pace: Sexual and Family Politics in *Much Ado about Nothing*. In: Shakespeare Quarterly 33 (1982) S. 302–313.
Berry, R.: Shakespeare's Comedies. Explorations in Form. Princeton 1972.
- Shakespeare's Comic Rites. Cambridge 1984.
Brown, J. R.: Shakespeare and his Comedies. London 1957.
Cook, C.: »The Sign and Semblance of her Honour«: Reading Gender Difference in *Much Ado about Nothing*. In: Publications of the Modern Language Association of America 101 (1986) S. 186–202.
Cook, D.: The Very Temple of Delight: The Twin Plots of *Much Ado about Nothing*. In: A. Colman / A. Hammond (Hrsg.): Poetry and Drama 1570–1700. London 1981. S. 32–46.
Dawson, A. B.: Much Ado About Signifying. In: Studies in English Literature 22 (1982) S. 211–222.
Dennis, C.: Wit and Wisdom in *Much Ado About Nothing*. In: Studies in English Literature 13 (1973) S. 223–237.
Evans, B.: Shakespeare's Comedies. London 1960.
Everett, B.: *Much Ado about Nothing*. In: Critical Quarterly 3 (1961) S. 319–335.
French, M.: Shakespeare's Division of Experience. London 1981.

Hays, J.: »Those soft and delicate desires«: *Much Ado* and the Distrust of Women. In: C. R. S. Lenz / G. Greene / C. T. Neely (Hrsg.): The Woman's Part: Feminist Criticism of Shakespeare. Urbana (Ill.) 1980. S. 79–99.

Henze, R.: Deception in *Much Ado About Nothing.* In: Studies in English Literature 11 (1971) S. 187–201.

Howard, J.: Renaissance Antitheatricality and the Politics of Gender and Rank in *Much Ado About Nothing.* In: Shakespeare Reproduced. Hrsg. von J. E. Howard and M. F. O'Connor. New York 1987. S. 163–187.

Huston, J. D.: Shakespeare's Comedies of Play. London 1981. S. 122–150.

King, W. N.: Much Ado About Something. In: Shakespeare Quarterly 15 (1964) S. 143–155.

Krieger, E.: Social Relations and the Social Order in *Much Ado about Nothing.* In: Shakespeare Survey 32 (1979) S. 49–61.

Leggatt, A.: Shakespeare's Comedy of Love. London 1974.

Lewalski, B. K.: Love, Appearance and Reality: Much Ado About Something. In: Studies in English Literature 8 (1968) S. 235–251.

Mueschke, P. und M.: Illusion and Metamorphosis in *Much Ado about Nothing.* In: Shakespeare Quarterly 18 (1967) S. 53–65.

Mulryne, J. R.: Shakespeare. *Much Ado About Nothing.* London 1965.

Neely, C. T.: Broken Nuptials in Shakespeare. New Haven 1985. S. 27–57.

Prouty, C. T.: The Sources of *Much Ado About Nothing.* London 1951.

Rossiter, A. P.: *Much Ado About Nothing.* In: Angels with Horns. Fifteen Lectures on Shakespeare. Hrsg. von G. Storey. London 1961. S. 65–81.

Sales, R.: *Much Ado About Nothing:* A Critical Study. Harmondsworth 1987.

Salingar, L.: Shakespeare and the Traditions of Comedy. Cambridge 1974.

Storey, G.: The Success of *Much Ado About Nothing.* In: More Talking of Shakespeare. Hrsg. von J. Garrett. London 1959. S. 128–143.

Taylor, M.: *Much Ado About Nothing:* The Individual in Society. In: Essays in Criticism 23 (1973) S. 146–153.

Wain, J.: The Shakespearean Lie-Detector: Thoughts on *Much Ado about Nothing.* In: Critical Quarterly 9 (1967) S. 27–42.

Julius Caesar

Von Michael Hanke

Den ersten Hinweis auf eine Aufführung von *Julius Caesar*[1] verdanken wir dem jungen Schweizer Thomas Platter, den seine Grand Tour durch Europa im Jahre 1599 nach England führte. Unter dem Datum des 21. September vermerkt er in seinem Tagebuch, daß er »in dem streüwinen Dachhaus« – gemeint ist das Londoner Globe Theatre – »die Tragedy vom ersten Keyser Julio Cesare mit ohngefahr 15 personen« gesehen habe.[2] Heute gilt als sicher, daß es sich dabei um Shakespeares *Julius Caesar* und nicht um eine andere der damals so beliebten Dramatisierungen des gleichen Stoffes gehandelt haben muß. Da außerdem der Shakespeare-Verehrer Francis Meres in seiner nur ein Jahr zuvor erschienenen Bestandsaufnahme der elisabethanischen Literatur (*Palladis Tamia*, 1598) das Werk noch mit keinem Wort erwähnt, dürfte es 1598 oder 1599 entstanden und nur wenig später – möglicherweise sogar zur feierlichen Eröffnung des Globe – uraufgeführt worden sein.

Shakespeares Hauptquelle sind die in den Jahren 100 bis 115 n. Chr. entstandenen Lebensbeschreibungen des Plutarch in der Königin Elisabeth gewidmeten Übertragung von Sir Thomas North (*The Lives of the Noble Grecians and Romans*, 1579). Dieser stützt sich, wie er auf dem Titelblatt seiner Ausgabe dankbar bekennt, auf einen Verbindungsmann zum griechischen Original, den Bischof von Auxerre Jacques Amyot und dessen epochemachende französische Version

---

1 Zitiert wird nach der Ausgabe: William Shakespeare, *Julius Caesar*, hrsg. von David Daniell, Walton-on-Thames: Thomas Nelson, 1998 (The Arden Shakespeare).

2 Thomas Platter d. J., *Beschreibung der Reisen durch Frankreich, Spanien, England und die Niederlande 1595 bis 1600*, Bd. 2, hrsg. von Rut Keiser, Basel 1968, S. 791.

(Vies des hommes illustres, 1559). Beide Übersetzungen verbreiteten das Antikenbild der Renaissance und fanden bald erste einflußreiche Bewunderer: die französische in Montaigne, die englische in Shakespeare. Den Stil der englischen Version – konkret, konturenscharf, ohne Pedanterie – muß Shakespeare als kongenial empfunden haben: ganze Passagen (darunter Caesars letzten Gang zum Kapitol, die Umstände seiner Ermordung, die Geistererscheinung im Zelt des Brutus) übernimmt er fast wörtlich, unter Anpassung an die metrischen Erfordernisse der Blankverses.

Werkgeschichtlich zwischen den Historien und den großen Tragödien gelegen, nimmt Shakespeares erstes Römerdrama einen deutlich markierten Platz ein. Mit den Historien ist das Stück verbunden durch die Frage nach Ursachen und Folgen politischen Handelns: Shakespeare lenkt unseren Blick über das Schicksal seiner Hauptfiguren hinaus auf das von ihnen beeinflußte öffentliche Leben, von dem rückwirkend ihr eigenes Handeln Impulse empfängt. Neben politische treten dabei charakterbedingte Motive, womit die Brücke zur zweiten Werkgruppe geschlagen ist: denn mit *Hamlet*, *King Lear* und *Macbeth* dokumentiert das Stück Shakespeares Interesse am Bewußtseinsprozeß der tragischen Hauptfiguren, in diesem Falle des Brutus. Wir werden nicht nur Zeugen seiner langsam heranreifenden Entscheidung, den besten Freund dem Gemeinwohl zu opfern, sondern auch der Folgen seiner Tat: Er und seine Mitverschworenen werden von Antonius und Octavian in die Defensive und in den Tod getrieben. Das Schicksal Roms, das Brutus als naiver Idealist und freiheitsliebender Republikaner um den Preis eines Mordes glaubte lenken zu können, wird gestaltet von Octavian, dem künftigen Princeps Augustus. *Julius Caesar* ist damit zu gleichen Teilen politisches Stück wie Charaktertragödie, und diese Zwischenstellung hat in der Dramaturgie ihren Niederschlag gefunden. Auf den von retardierenden Momenten spannungsreich vorbereiteten Höhepunkt mit Caesars Ermordung folgt ein tiefer

Einschnitt: das Verhängnis des Bürgerkrieges nimmt seinen Lauf.

Shakespeare behandelt die geschichtlichen Ereignisse der Jahre 44 bis 42, vom Attentat auf Caesar bis zur Schlacht bei Philippi, wobei er seiner Quelle jene Abschnitte extrahiert, die den Fluß der Handlung dramatisieren. Aus den drei Viten des Brutus, Caesar und Antonius trifft er unter Wahrung des tradierten historischen Ablaufs eine geschickte Auswahl und schafft so ein Schauspiel von klassischer Kargheit und Konzentration. Daß die erforderlichen Raffungen und Streichungen einige Inkonsistenzen zur Folge haben, wird vital überspielt.

Das Stück ist weit mehr als ein bloß versifizierter Plutarch, denn die eindrucksvollen Detailschilderungen seines Vorbildes hat Shakespeare zu einer neuen dramaturgischen Ganzheit zu gestalten vermocht und dadurch zumindest in England das populäre Rombild entscheidend mitbestimmt (Mehl, S. 160 f.). Man denke nur an die Figur des Antonius, die Shakespeare mit einer der rhetorisch geschliffensten und wirkungsvollsten politischen Reden der Weltliteratur bedacht hat – noch heute eine Bewährungsprobe für junge Charakterdarsteller, da Erfolg oder Mißerfolg einer Aufführung nicht zuletzt von der Besetzung dieser Rolle abhängen. Für die beiden Forumsreden hatte Plutarch sich beschränkt auf einen signifikanten Hinweis auf den grundverschiedenen Vortragsstil: den attischen des Brutus, den asianischen des Antonius (Müller, S. 118–151).

Was Shakespeare – wie vor ihm Montaigne – durch die Übersetzung hindurch am Original fasziniert haben muß, war dessen Unvoreingenommenheit verbunden mit der Anschaulichkeit des anekdotischen Stils. Er hätte Plutarchs bunte Menschendarstellung wohl kaum als inkonsequent abgekanzelt, wie es neuere Gelehrte getan haben, denen das Gespür fehlte für dessen Realisierung seines Konzepts der »Antinomien eines Charakters« (Hugo Friedrich). Zu Beginn der Alexandervita erklärt Plutarch, daß es ihm um Lebensbilder, nicht um Geschichte zu tun sei. Kein Wunder, daß ihm seine Biographien unter der Hand zu einer »Porträtgalerie vom Schicksal gegerbter exemplarischer Individuen« (Sühnel, S. 136) geraten, denn die Besonderheit seiner Darstellungsweise liegt ebenso im menschlichen Charakter selbst wie in einem spezifisch antiken Menschenbild begründet. Dabei fällt auf, daß der Grieche Plutarch seinen Caesar mit Zügen ausstattet, die als typisch römisch gelten: »Der Mut, die Widersprüchlichkeit des menschlichen Wesens festzuhalten, ist ein römischer Zug. Hierin zeigt sich römischer Realismus und römische Seelenkunde: die Einsicht, daß sich das Individuum keinem Schema fügt und jeden Typus sprengt.«[3] Der selbstwidersprüchliche Einzelne gleiche einer fluktuierenden Menschenmenge auf dem Jahrmarkt, heißt es bei Plutarch.

Shakespeare, von gleicher Weltoffenheit, blieb es vorbehalten, derart lebensnah konzipierte Menschen auf die Bühne zu stellen. Und doch gab es schon unter seinen Zeitgenossen Kritiker, die einen so spontanen Umgang mit vermeintlich fixierten Fakten nicht tolerierten. Ihr Stimmführer war Shakespeares Freund und Rivale Ben Jonson, der sich für berufen hielt, den Londoner Bühnen mit seinen gelehrten Tragödien *Sejanus* (1603) und *Cataline his Conspiracy* (1611) zwei Modelle eines akribisch akademischen Umgangs mit der römischen Historie zu offerieren. Das Theaterpublikum war wenig beeindruckt: *Sejanus*, so erinnert sich Leonard Digges in seinem Huldigungsgedicht an Shakespeare, sei enervierend gewesen (»irksome«), *Cataline* langweilig, wenn auch gut recherchiert (»tedious, though well laboured«).[4] Stellt man die Römerdramen beider Dichter nebeneinander, so hat Shakespeare das Recht des intuitiv Schaffenden auf gestalterische Innovation mit mehr Er-

---

3 Viktor Pöschl, »Gundolfs Caesar«, in: *Euphorion* 75 (1981) S. 204–216, hier S. 209.

4 Zit. nach: F. E. Halliday, *Shakespeare and his Critics*, London 1949, S. 411.

folg praktiziert. »In Fällen, wo wir das Leben der dramatischen Kunstform nicht anpassen können: – sollen wir nicht diese Kunstform dem Leben anpassen?«, fragte Gerhart Hauptmann.[5]

Bis zur Publikation von Ernest Schanzers bahnbrechender Monographie über Shakespeares *problem plays* (1963) erging sich die Kritik mit Vorliebe in apodiktisch vorgetragenen Spekulationen über die charakterliche Integrität der beiden Zentralfiguren Caesar und Brutus, ganz so, als habe der Dramatiker sie in alter Moralitäten-Tradition konzipiert als Repräsentanten von Gut und Böse. Tatsächlich aber ist Shakespeare – wie Schanzer überzeugend nachweist – an einer Identifizierung der Zuschauer entweder mit Brutus oder mit Caesar nicht gelegen.

Vielmehr spiegelt sich in seinem Stück die bis heute umstrittene Bewertung der beiden historischen Gestalten als Protagonisten von *law and order* oder Rebellion, mit den Extremfällen einerseits der Verdammung von Brutus (neben Judas) in die unterste Hölle durch den kaisertreuen Dante; andrerseits seine Glorifizierung zum republikanischen Freiheitshelden im 18. Jahrhundert beim Kampf der Aufklärer gegen den politischen Absolutismus. Die entsprechend gegenläufige Ab- oder Aufwertung Caesars als Tyrann oder als »Weltgeschichte zu Pferd« hat Gundolf nachgezeichnet. Aus diesen ideologischen Gründen kamen Kritiker von Shakespeares Stück dazu, für die eine oder andere Hauptfigur Partei zu ergreifen. Für welchen Protagonisten sie sich auch entschieden: Mit der getroffenen Wahl war die einseitige Deutung programmiert.[6] Diese Art, voreingenommen

5 Vgl. G. Hauptmann, *Sämtliche Werke*, Bd. 6, Berlin / Frankfurt a. M. 1962, S. 1044.
6 Zum Caesar- und Brutus-Bild von der Antike bis zur Renaissance siehe Friedrich Gundolf, *Caesar: Geschichte seines Ruhms*, Berlin 1924, sowie Schanzer, S. 10–23. – Neuere Caesar-Biographien: Christian Meier, *Caesar*, München [4]1997 ([1]1982); Karl Christ, *Caesar: Annäherungen an einen Diktator*, München 1994.

zu interpretieren, ist um so erstaunlicher, als Shakespeare
sein Stück mit einer Szene beginnt, in dem er die Schwierigkeiten, den Ablauf von Geschehnissen zu verstehen, ein-
dringlich vor Augen stellt.

Die Eröffnungsszene wartet mit einem überraschenden
Stimmungswechsel auf: Zunächst ist die Bühne von Men-
schen erfüllt, schließlich fast leer; fröhlichem Treiben folgt
Bestürzung. Was ist geschehen? In Erwartung von Caesars
Heimkehr und seines bevorstehenden Triumphs über die
Söhne seines ehemaligen Freundes Pompeius sind Hand-
werker aus ihren Werkstätten zum Feiern auf die Straßen
Roms gelaufen. Die Volkstribunen Flavius und Marullus,
Anhänger des Pompeius, stellen sich ihnen entgegen und ta-
deln ihr Verhalten, ihren Müßiggang und vor allem ihren
Wankelmut – letzteres ein für den weiteren Handlungsgang
entscheidendes Motiv. Sie werfen dem Volk vor, dem neuen
Machthaber in der gleichen Weise zu huldigen wie früher
seinem Opfer, obwohl Caesar nicht aus einem Feldzug gegen fremde Nationen und Stämme zurückkehre, sondern
als Sieger in einem Bürgerkrieg, ohne Eroberungen, Beute
oder tributpflichtige Gefangene. Gesenkten Hauptes zieht
die Menge ab, während Flavius und Marullus darangehen,
die Siegerdekoration von Caesars Bildsäulen zu reißen.

Erhellend ist ein Vergleich der Szene mit ihrer Quelle,
denn bei Plutarch bietet sich ein in entscheidenden Zügen anderes Bild. Die Stimmung in Rom ist gedrückt, und die Tribunen handeln durchaus im Einklang mit dem Volk, wenn
sie sich an Caesars Bildschmuck vergreifen und jene festnehmen, die den Triumphator als König willkommen heißen.
Shakespeares Akzentverlagerung erlaubt den Schluß, daß
er die Titelfigur von Anfang an in jenes Zwielicht rücken
wollte, in dem er sie bis zum Ende beläßt. Noch vor seinem
ersten Auftritt erscheint Caesar als eine rätselhafte, das Volk
zu Begeisterungsstürmen hinreißende, die Tribunen ängsti-
gende Gestalt. Ist er ein Tyrann? Falls nicht, ist er auf dem

bestem Weg, sich zu einem solchen zu entwickeln? Wie ist sein Sieg über Pompeius und dessen Söhne zu bewerten: als Brudermord oder politische Notwendigkeit? Später wird sich zeigen, daß sogar Caesars Gegner sich in der Bewertung seines Charakters und seiner politischen Absichten keineswegs einig sind. So wird zum Beispiel die scharfe Kritik der Tribunen durch Brutus' Geständnis relativiert, daß er Caesar keinen Rechtsbruch vorwerfen könne. Offenbar hält er die Festnahme der Tribunen – möglicherweise sogar ihre Hinrichtung (I,2,284 f.) – nicht für ungesetzlich: »[...] to speak the truth of Caesar, / I have not known when his affections sway'd / More than his reason« (II,1,19–21).

Die Eröffnungsszene wirft ein erstes Schlaglicht auf die ambivalente Figur Caesars sowie die politische Spannung in Rom und führt zugleich in wichtige Motive und Stilmittel des Stückes ein. So sehr Shakespeare etwa mit der Tribunenrhetorik der Freude des elisabethanischen Publikums an sprachlichem Brillantfeuerwerk Rechnung trägt: sie steht vor allem im Dienst der Überredung und weist auf spätere Szenen voraus, in denen Cassius (I,2 und 3), Brutus und Antonius (III,2) ihre Verführungskünste erproben.

Ins Spannungsfeld rivalisierender Überredungsversuche tritt vor allem Caesar. Zunächst wird er von einem Wahrsager vor den Iden des März gewarnt; dann will Antonius ihn zur Annahme der Krone bewegen, wobei offenbleibt, ob es sich bei diesem eigenmächtig anmutenden Vorgehen um ein abgekartetes Spiel handelt (I,2). Später fleht Calpurnia ihn an, die Wohnung nicht zu verlassen, und hat mit ihren Bitten Erfolg – bis Decius, das Machtstreben Caesars klug ausnutzend, ihren warnenden Worten die Spitze zu nehmen und ihn umzustimmen weiß (II,2). Als Caesar sich auf dem Weg zum Kapitol befindet, läßt er sich nicht zur Annahme eines Briefes bewegen, dessen Lektüre sein Leben hätte retten können, und unmittelbar vor seinem Tod versuchen die Verschwörer mit Schmeicheleien, ihm die Begnadigung des Publius Cimber abzuringen (III,1). Die dramaturgische und thematische Funktion des Motivs liegt auf der Hand: Shakespeare will die Spannung bis zum Ende der ersten Spielhälfte nicht abreißen lassen und zugleich die Verführbarkeit eines Machtmenschen anschaulich darstellen.

Ihren Höhepunkt erreicht die Folge von Überredungsszenen jedoch erst nach dem Mord, mit den Forumsreden des Brutus und Antonius (III,2). Brutus bemüht sich auf sachlich-nüchterne Weise (in Prosa), seine Tat zu rechtfertigen und gewinnt die Sympathien der Römer. Es sieht in der Tat so aus, als könnten die Verschwörer einen Sieg auf der ganzen Linie verbuchen, denn die Zuhörer sind begeistert. Stimmen übertönen den Beifall und fordern, Brutus möge im Triumph nach Hause gebracht werden, eine Statue erhalten, selber Caesar werden. Doch sein Erfolg – der Zuruf des dritten Plebejers (»Let him be Caesar«, III,2,50) kann als böses Omen gelten – ist nicht von Dauer: Antonius übertrifft ihn (in Versen) an politischer und rhetorischer Raffinesse. Indem er weniger an den Verstand und mehr an das Gefühl des Volkes appelliert, vermag er die Stimmung zu kippen und das Volk auf seine Seite zu ziehen. Was eben noch als Heldentat gefeiert wurde, erscheint nach der Rede des Antonius und einem Blick auf Caesars entblößte Leiche als verabscheuungswürdiges Verbrechen.

Shakespeare macht es dem Publikum schwer, Charakter und Verhalten seiner Figuren richtig einzuschätzen, doch läßt er mehrfach durchblicken, daß er dies nicht ohne Absicht tut, vor allem in jenen Redepartien, in denen er Caesar, Brutus und Cassius ihre politische, militärische und persönliche Situation wiederholt falsch beurteilen und daran zugrunde gehen läßt. Ein erstes Beispiel: Brutus in seiner Selbstüberschätzung hält Antonius für so harmlos, daß man ihn ruhig am Leben lassen könne (»For Antony is but a limb of Caesar«, II,1,164), und überhört in dem Begeisterungssturm, den seine Rede entfacht, jene Zurufe, die auf eine völlige Verkennung seiner politischen Ideale schließen lassen (III,2,49 ff.). Und ein zweites Beispiel: Während des

Kriegsgeschehens ist der sehbehinderte Cassius – der seinem Spott über Caesars körperliche Schwächen freien Lauf gelassen hatte – gezwungen, einen Späher auszuschicken, um sich über den Ausgang der Schlacht informieren zu lassen (V,3,21 f.). Der beobachtet die Vorgänge zwar richtig, mißdeutet sie aber so gründlich, daß Cassius sich das Leben nimmt. Titinius bringt das Scheitern des Freundes auf eine ebenso einprägsame wie symbolträchtige Formel: »Alas, thou hast misconstrued every thing« (V,3,84).

Das Wort *to misconstrue* weist zurück auf die dritte Szene des 1. Aktes, die sogenannte Sturmszene. In ihr geht es um die Erklärung von Naturerscheinungen, hinter denen sich möglicherweise das Wirken und der Wille einer transzendenten Macht verbirgt. Dabei stellt Shakespeare den Zuschauer vorübergehend auf eine Ebene mit den handelnden Figuren, wenn er im szenischen Dialog die Deutung der geschilderten Phänomene (und damit das Interpretationsproblem selbst) zum Thema macht. Johannes Kleinstück, dem die folgende Deutung verpflichtet ist, schreibt dazu: »Wir finden in dieser Szene drei verschiedene Interpretationen des Sturmes und der damit verbundenen Prodigien. Die Interpretationen entsprechen jeweils einer anderen *fashion* und zeigen damit etwas vom Wesen dessen, der sie ausspricht« (Kleinstück, S. 111). In der Sturmszene – falls überhaupt – finden wir einen werkimmanenten Schlüssel zum Verständnis von *Julius Caesar*.

Auf das abendliche Rom geht ein gewaltiges Gewitter mit Donner und Blitz nieder, als Casca von Cicero auf offener Straße angesprochen und nach dem Grund seiner Unruhe gefragt wird. Dieser erzählt aufgeregt von außergewöhnlichen Naturerscheinungen, die er beobachtet hat (oder beobachtet haben will): von Feuer, das vom Himmel fiel, von einem Sklaven, dessen linke Hand in Flammen stand und dabei unversehrt blieb, von einem Löwen, der ihn, Casca, nur mürrisch anblickte und seines Weges ging. Er schließt mit den Worten, daß die Götter den aufsässigen Menschen

eine Warnung erteilen wollten und daß niemand es wagen
solle, die Botschaft des nächtlichen Schreckens unter Hinweis auf natürliche Ursachen zu entschärfen (I,3,3 ff.).

Mit Cascas erregtem Bericht kontrastiert Ciceros nüchterne Antwort. Er bestreitet nicht, daß sich das wenig einla-
dende Wetter auch als Zeichen verstehen läßt. Doch aus der
schon dem historischen Cicero eigenen distanzierten Position des Skeptikers heraus gibt er zu bedenken, daß Zeichen
sich auf vielerlei Weise auslegen lassen, daß Charakter, Tem-
perament und Intention des Interpreten bei der Deutung
eine wichtige Rolle spielen. Und hier taucht erstmals das
Wort vom Konstruieren auf:

> [...] men may construe things, after their fashion,
> Clean from the purpose of the things themselves.
>
> (I,3,34 f.)

Mit dieser sachlichen Reflexion gestattet sich Cicero keine
Deutung, er fordert nur dazu auf, die Voraussetzungen und
Folgen einer jeden spezifischen Auslegung zu bedenken.
Denn was der Interpret den Zeichen zu entnehmen glaubt,
könnte eine von den Dingen (»things«) unabhängige, frei
schwebende Gedankenkonstruktion sein, eine erfundene
Wirklichkeit.

Wie zutreffend Ciceros Kommentar ist, erweist sich,
kaum daß er die Bühne verlassen hat. Da nämlich tritt Cassius auf, der die Gunst der Stunde nutzt, um seine Verführungskunst am verängstigten Casca zu erproben. Cassius
hat sich dem Sturm bewußt ausgesetzt und scheint ihn in
vollen Zügen zu genießen, denn der Gerechte, so verkündet
er im Brustton der Überzeugung, habe von dieser Art Unwetter nichts zu befürchten, im Gegenteil: »A very pleasing
night to honest men« (I,3,43). Und um seinen Gesprächspartner der im Entstehen begriffenen Verschwörung ein-
gliedern zu können, deutet er den Sturm auf seine eigene
Weise als Warnung des Himmels vor der Tyrannei, als Symbol des blindwütig tobenden Caesar (»Now could I, Casca,

name to thee a man / Most like this dreadful night«, I,3, 72 f.) – auch wenn er vorgibt, dessen Namen aus Furcht vor Verrat verschweigen zu müssen. Ob er selbst an seine Deutung glaubt, bleibt offen, doch hat er sein Ziel erreicht: Casca läßt sich von seiner Überredungskunst verführen.

Ciceros Reflexion vermag zwar Casca vor Fehlern nicht zu schützen, kann aber uns davor bewahren, offenbleibende Fragen einer Scheinlösung zuzuführen oder Shakespeares Figuren in ein Typenschema zu pressen. Das gilt besonders für Brutus, der kaum weniger ambivalent wirkt als Caesar: ein Mann, der für das Gemeinwohl zu handeln glaubt, doch brutal und politisch instinktlos genau das heraufbeschwört, was er verhindern will. Denn die tragische Ironie des politischen Dramas liegt darin, daß die von den Verschwörern proklamierte Freiheit sogleich unter dem kalt in Szene gesetzten Proskriptionsterror der neuen Herren erstickt.

Auch an Brutus läßt sich zeigen, daß Shakespeare seinen Figuren eine nicht auslotbare Tiefendimension gegeben hat. So wird er zu Beginn seines ersten Gesprächs mit Cassius zu der an sich unverfänglichen Äußerung veranlaßt, ein Mensch könne sich selbst nur mit Hilfe eines Mediums erkennen (I,2,52 f.). Doch im Verlauf der Unterhaltung zeigt sich, daß er naiverweise voraussetzt, was Cicero später mit Recht abstreitet: daß Selbsterkenntnis – auf welchem Wege auch immer sie erstrebt oder erreicht wird – ohne Brechungen und Verzerrungen möglich sei.

Cassius kann sich daher, ohne Argwohn zu erregen, dem Freund als Spiegel empfehlen und versprechen, Brutus jene Züge zu offenbaren, die ihm sonst verborgen bleiben müßten (»That of yourself which you yet know not of«, I,2,70). Nicht einmal die damit verbundenen Schmeicheleien (»your hidden worthiness«, »I know that virtue to be in you«, I,2, 57 bzw. 90) scheinen seinem Gesprächspartner aufzufallen – zumindest stören sie ihn nicht. Den Zuschauer aber sollten sie hellhörig machen. Denn Cassius spielt seinen Einfluß vor dem akustischen Hintergrund einer Volks-Euphorie aus, die Brutus ohnehin argwöhnen läßt, Caesar könne sich zum König krönen lassen. Diese Furcht, die ihn schon vor der Begegnung mit Cassius gepackt haben muß (I,2,36 ff.) und die unter dessen Lenkung jetzt zur Besessenheit wird, zwingt ihn, sich zwischen vermeintlicher Pflicht (Erhaltung des Gemeinwohls) und Neigung (Freundschaft mit Caesar) zu entscheiden. Cassius trägt entscheidend dazu bei, ihn in diese tragische Situation zu manövrieren.

Um weitere tragische Elemente des Stückes erfassen zu können, empfiehlt sich ein Blick auf die mittelalterliche Tragödie, deren klassische Definition im Prolog und in den Anfangsversen der Erzählung des Mönchs in Chaucers *Canterbury Tales* geboten wird.[7] Chaucers Mönch berichtet, daß Fortuna vorzugsweise diejenigen stürzt, die allzu selbstgewiß auf irdische Güter (Macht, Reichtum, Ansehen, Glück in der Liebe usw.) setzen. Orientieren wir uns an dieser von der Philosophie des Boethius beeinflußten Konzeption, so liegt im Falle von Shakespeares Stück eine doppelte Tragödie vor: die des Brutus und die Caesars. Dabei ereignet sich der Glückswechsel für beide Figuren fast gleichzeitig als Resultat ihrer Hybris: für Caesar, als er sich, historischen Fakten getreu,[8] über den Senat stellt (»Caesar and his Senate«, III,1,32) und gleich darauf ermordet wird; wenig später für Brutus, als er, durch den scheinbaren Erfolg seiner Tat unvorsichtig geworden, Antonius die Leiche Caesars überläßt und ihm gestattet, den Nachruf zu sprechen.

Chaucers Mönch zufolge gehört das Klagen zu den Aufgaben der Tragödie, was in Shakespeares Stück ausgiebig geschieht, am eindrucksvollsten, wenn Antonius sich, allein über des Freundes Leiche gebeugt, ganz seinem Schmerz überläßt und dann in seiner öffentlichen Klagerede politi-

---

7 Zum folgenden vgl. D. W. Robertson, »Chaucerian Tragedy« (1952), in: Richard J. Schoeck / Jerome Taylor (Hrsg.), *Chaucer Criticism*, Bd. 2, Notre Dame 1961, S. 86–121, und Johannes Kleinstück, »Die mittelalterliche Tragödie in England«, in: *Euphorion* 50 (1956) S. 177–195.

8 Dazu Meier (Anm. 6), S. 543–578, bes. S. 564.

sches Kapital aus den Reaktionen des mitfühlenden Volkes schlägt.

Aber auch die wichtigste didaktische Funktion, die der Tragödie im Mittelalter zugeschrieben wurde, kommt zum Tragen: die durch den Sturz der Großen vermittelte Einsicht in die Vergänglichkeit des Daseins, des Strebens nach Macht und Besitz. So bricht Antonius, mit dem toten Caesar alleingelassen, in die verzweifelten Worte aus: »O mighty Caesar! Dost thou lie so low? / Are all thy conquests, glories, triumphs, spoils, / Shrunk to this little measure?« (III, 1,148 ff.). Aus den Versen spricht hochmittelalterlicher Contemptus mundi, doch ohne daß sich bei Antonius die leiseste Neigung zeigte, Konsequenzen für das eigene Handeln zu ziehen. Im Einklang mit der mittelalterlichen Tragödienkonzeption erscheint Fortuna hier als Chiffre für den selbstverschuldeten Verlust des Lebensglücks, denn der Mensch ist grundsätzlich frei, sich zu entscheiden zwischen Gut und Böse.

Doch *Julius Caesar* ist alles andere als eine christliche Tragödie, und es wäre kaum zulässig, die Entscheidungen der Bühnenfiguren an den Normen der christlichen Morallehre messen zu wollen. Dies zeigt sich in Shakespeares genialem Einfall, Caesar in den Worten des Decius für einen Augenblick in einer ahistorischen Überblendung als Schmerzensmann oder Märtyrer figurieren zu lassen, dessen blutende Wunden als Fons vitae der christlichen Ikonographie deutbar werden (II,2,83 f.). Diese Palimpsesttechnik enthält für den Kenner der Bildtradition eine unmißverständliche Verurteilung des bevorstehenden Verbrechens.

Daß in *Julius Caesar* die Eigenverantwortung des Menschen eine große Rolle spielt, klingt schon früh an in den Worten, mit denen Cassius seinen Freund Brutus zu politischem Handeln zu animieren sucht: »Men at some time are masters of their fates: / The fault, dear Brutus, is not in our stars, / But in ourselves, that we are underlings« (I,2, 138 ff.). Auch darin steckt tragische Ironie: Brutus und Cassius glauben zwar, sich zu Herren ihres Schicksals zu machen, als sie sich zum Mord an Caesar entschließen, geben aber zugleich Antonius die Möglichkeit, den erhofften Lauf der Dinge umzulenken ins politisch wohlkalkulierte Chaos des Bürgerkriegs (»Mischief, thou art afoot: / Take thou what course thou wilt« (III,2,251 f.).

Wenn in Shakespeares Charakterisierungstechnik die Tragödienkonzeption des englischen Mittelalters nachzuwirken scheint, dann nicht deshalb, weil es ihm schwergefallen wäre, sich von ihr zu lösen, sondern weil der Stoff ihn zwangsläufig in die Nähe dieser literarischen Form führte. So wird Caesars Sturz durch seinen Machthunger ausgelöst. Bei seinen Auftritten zeigt er sich fest entschlossen, nur das anzuhören, was ihm gefällt, nur das, was mit seinen Intentionen und Wünschen im Einklang zu stehen scheint. Einerseits ist er abergläubisch, wenn er Antonius beauftragt, Calpurnias Unfruchtbarkeit per Berührungszauber zu therapieren (I,2,6 ff.), andrerseits verweist er die warnenden Worte des Wahrsagers ins Reich der Träume (I,2,24); einerseits läßt er sich den Bericht der Auguren vortragen (II,2, 37 ff.), andrerseits schenkt er Calpurnias Traumdeutung nur widerwillig Glauben (II,2,55 f.), um sich dann von Decius umstimmen zu lassen (II,2,105 ff.). Wie Cassius und Brutus legt auch Caesar sich seine Sicht der Dinge zurecht, so daß er sich in dem Augenblick allem Irdischen enthoben glaubt, in dem die Dolche ihn treffen.

Indizien für Caesars Hybris und seine gespaltene Persönlichkeit lassen sich also reichlich finden. Anders als manche Kritiker meinen, dürfte es jedoch kein Zeichen von Überheblichkeit sein, wenn Caesar von sich in der dritten Person spricht – das tun auch die anderen Hauptfiguren – oder wenn er sich in seiner Selbstcharakterisierung der kosmischen Metapher vom wandellosen Polarstern bedient (»I am constant as the northern star«, III,1,60). Denn: »Wie ein oder Napoleon erscheinen will, so sieht er sich, und was ihr Wort und Wink zeigt, das ist nicht Lug und Pose, sondern ihre Wirkungsform selber.«[9] Schon in den Schluß-worten der Eröffnungsszene wird Caesar als Raubvogel charakterisiert, der sich mit kräftigen Schwingen über die anderen erhebt, als schwer zu bändigende, furchterregende Naturkraft. Analog dazu steht der von Brutus verwendete bildhafte Vergleich vom Schlangenei (»[...] think him as a serpent's egg«, II,1,32), das der vorsichtige Mann zertritt. Auch hier erscheint Caesar als eine transmoralische Gestalt. Diese und andere Metaphern für sein Machtstreben stehen in einem auffallenden Gegensatz, nicht aber im Wider-spruch zu seiner angeschlagenen Physis. Caesars Schwächen lassen seine Erfolge in dem Maße bewundernswert erschei-nen, in dem Cassius ihn als Menschen herabzuwürdigen versucht.

Caesar und Brutus unterscheiden sich bei aller Ähnlich-keit (ihrem Stolz, ihrer Selbstgerechtigkeit und ihrer An-fälligkeit für Schmeichelei) in einem wichtigen Punkt: Wäh-rend Brutus seine Entscheidungen im Blick auf das Ge-meinwohl zu treffen sucht, gibt Caesar, wiederum dem historischen Vorbild entsprechend, sich selbst das Gesetz seines Handelns. Er ist daher nur bedingt an den ethischen Normen zu messen, denen Brutus sich verpflichtet fühlt. »The cause is in my will« (II,2,71), antwortet Caesar selbst-herrlich auf die Frage des Decius, warum er nicht in den Se-nat kommen wolle. In einer vermutlich im Urtext befind-lichen, in der Folioausgabe aber revidierten Formulierung erklärt er sogar: »Caesar did never wrong, but with just cause«,[10] und führt damit das im gleichen Atemzug bekun-

---

9 Gundolf (Anm. 6), S. 9.
10 Jonson schreibt (in *Timber*): »Many times hee [Shakespeare] fell into those things, could not escape laughter: As when hee said in the person of *Cae-sar*, one speaking to him; *Caesar, thou dost me wrong*. Hee replyed: *Caesar did never wrong, but with just cause* [...]« (Ben Jonson, *Works*, Bd. 8, hrsg. von C. H. Herford und Percy Simpson, Oxford 1925, S. 584).

dete Gerechtigkeitsprinzip ad absurdum; in der Folioausgabe lesen wir: »Know, Caesar doth not wrong, nor without cause / Will he be satisfied« (III,1,47 f.).

Einige Kritiker haben Caesars Geist zum treibenden Moment des zweiten Handlungsteils erklärt, womit die Frage nach der Zentralgestalt des Stückes zugunsten der Titelfigur und die nach der gattungsmäßig korrekten Etikettierung zugunsten der Rachetragödie entschieden wäre. Als Kronzeuge wird Antonius angeführt, der seine Reflexionen an Caesars Leiche mit der Prophezeiung krönt, der Tote werde furchtbare Rache nehmen (III,1,259 ff.). Doch gegen diese Deutung spricht, daß Caesars Geist nur kurz auf der Bühne erscheint, und vor allem, daß er kein vom Bewußtsein des Brutus unabhängiges Eigenleben führt. Die Wachposten im Zelt des Brutus haben keine andere Aufgabe als die, glaubhaft zu bezeugen, daß niemand zu ihrem Herrn eingedrungen ist. Dennoch wäre es falsch, Caesars Geist als unwirklich, als bloße Gedankenkonstruktion im Sinne Ciceros zu bezeichnen, denn als Bühnenfigur führt er den Zuschauern vor Augen, daß es dem Mörder nicht erlaubt ist, seine Tat ins Unterbewußtsein zu stoßen. Darüber hinaus verkörpert er den tragischen Irrtum des Brutus, der Caesarismus lasse sich mit einem Mord aus der Welt schaffen (»We all stand up against the spirit of Caesar, / And in the spirit of men there is no blood«, II,1,166 ff.).

Im übrigen dürfte es auch kaum zulässig sein, in Antonius den von Caesar ausersehenen Rächer zu erblicken. Denn die Proskriptionsszene, in der er unter Duldung des künftigen Princeps nicht nur Caesars Testament fälscht, sondern auch (im Verein mit Lepidus, dem Dritten im Bunde) schuldlose Verwandte ans Messer liefert, läßt ihn als einen gerissenen Politiker und Strategen erkennen, dessen erste Schritte in die Politik von einer Gewissenlosigkeit zeugen, die Shakespeare weder Brutus noch Caesar anlastet.

Den Schwerpunkt des Stückes bildet die Tragödie des Brutus (Mehl, S. 167–174), die von dem Augenblick an schärfere Umrisse gewinnt, in dem Cassius das Verhalten des Freundes bewertet. Sein Urteil wiegt schwer, da er es unparteiisch im Rahmen eines kurzen Monologs fällt und da er als engster Vertrauter des Brutus besonderen Einblick in dessen Fühl- und Denkweisen hat. Mag er sich auch zu Unrecht damit schmeicheln, allein für den vermuteten Sinneswandel in Brutus verantwortlich zu sein: dies ändert nichts daran, daß er die Wirkung seiner soeben abgeschlossenen Verführungsrede richtig einschätzt. Wie hatte Caesar kurz zuvor Cassius so treffend charakterisiert? »He is a great observer, and he looks / Quite through the deeds of men« (I,2,201 f.).

Cassius wertet die Bereitschaft des Brutus, seinen Freund Caesar zu töten, eindeutig negativ und zieht damit dessen Ehrbarkeit gründlich in Zweifel. Brutus ist korrumpierbar: »[...] I see / Thy honourable mettle may be wrought / From that it is dispos'd« (I,2,307 ff.). Nicht einmal Cassius, der keine Skrupel kennt, wenn es darum geht, potentielle Gegner wie Antonius aus dem Wege zu räumen, wäre bereit, seine politischen Ideale über das Leben eines Freundes zu stellen. Er, den Brutus für einen Verbündeten im Geiste hält, ist dies nur der Form nach. Deshalb bleibt ihm ein tragischer Konflikt erspart: Seine Aversion gegen Caesar verträgt sich voll und ganz mit seinem Republikanismus.

Die Tragödie des Brutus und seine Stellung als dramatische Hauptfigur entfaltet sich vollends im großen Gartenmonolog (II,1,10–85; dazu Clemen). Schon im ersten Satz kündigt sich das Ende der Exposition an; die Entscheidung ist gefallen: »It must be by his death« (10). Die vier Abschnitte der Rede sind durch die Auftritte des jungen Lucius klar voneinander getrennt. Im ersten Abschnitt (10–34) rekapituliert Brutus, was ihm zuvor durch den Kopf gegangen sein muß; er wägt nochmals ab, was für, was gegen die geplante Tat spricht; im zweiten (46–58) fühlt er sich durch die vermeintlichen Bittschriften römischer Bürger – im Gegensatz zur Quelle handelt es sich um fingierte Briefe des Cassius – in seiner Entscheidung, Caesar zu töten, bestärkt; im dritten (61–69) faßt er seine Unruhe ins topische Bild vom Menschen als Mikrokosmos; und im abschließenden vierten (77–85) signalisiert er mit seiner Verhüllungsmetaphorik und der Apostrophe an die Verschwörung (»O conspiracy«), daß er die Bedeutung der getroffenen Entscheidung vor den anderen, nicht zuletzt aber vor sich selbst, verbergen muß – Indiz seiner Gespaltenheit noch vor dem Auftritt von Caesars Geist im Schlußakt.

Welche Bedeutung Shakespeare dem Gewissenskonflikt des Brutus beimißt, zeigt sich daran, daß er sogar Fehler in der Chronologie der Szenenfolge in Kauf nimmt (wobei das offenkundige Versehen, die Iden des März auf den Tag nach den Luperkalien zu legen, außer acht bleiben kann). Er läßt die ersten beiden Akte an zwei aufeinanderfolgenden Tagen spielen, von denen der zweite Caesars Todestag ist: in I,1 erwartet das Volk seine Siegesfeier, die in I,2 im Rahmen des Luperkalienfestes noch am selben Tag stattfindet; I,3 und II,1 spielen wenige Stunden später am Abend und in der Nacht, was sich aus Cassius' und Brutus' Verabredung für den folgenden Tag (I,2,303 ff.) ebenso ergibt wie daraus, daß der Sturm in I,3 der gleiche ist wie der, der dem Gartenmonolog vorangeht. Doch das übersichtliche Zeitgerüst wird durch eine Äußerung des Brutus beeinträchtigt, in der es um seine Schlafstörungen geht. In seinem Monolog sagt er: »Since Cassius first did whet me against Caesar, / I have not slept« (II,1,61 f.), was Portia später bestätigt: »[...] yesternight at supper / You suddenly arose, and walked about, / Musing, and sighing, with your arms across« (II,1,237 ff.). Diesen Worten zufolge müssen die insinuierenden Worte des Cassius bereits mehrere Tage zurückliegen.

Die geringfügige chronologische Inkonsistenz stört den dramaturgischen Rahmen kaum, sie erweist sich vielmehr (willkommener Nebeneffekt des kleinen Kunstfehlers) als hilfreich bei der Analyse der Figurenkonzeption. Zum einen nämlich will Shakespeare ein pausenlos ablaufendes spannendes Geschehen bieten, zum andern aber – und dies ist für das Gesamtverständnis weitaus wichtiger – will er mit dem Hinweis auf die schlaflosen Nächte, die Brutus seit seinem ersten Gespräch mit Cassius verbracht haben soll, nachdrücklich auf dessen Gewissensnot hinweisen. Daß Shakespeare dies tatsächlich im Sinne hat, wird durch einen Blick in die Quelle bestätigt. Denn auch bei Plutarch ist zwar von Brutus' durchwachten Nächten die Rede, doch Grund dafür ist nicht sein schlechtes Gewissen, sondern – Angst vor Entdeckung! Wiederum verschiebt Shakespeare die Nuance und rückt damit das tragische Dilemma des Mörders in den Vordergrund.

Brutus' Unruhe und Unsicherheit wird auch in der poetischen Gestaltung des ersten Monolog-Abschnitts deutlich, in der sich die Widersprüchlichkeit seiner Argumentation in den erratisch von Fakten zu Möglichkeiten driftenden Reflexionen spiegelt (man beachte die verräterischen Konjunktive). Entlarvt wird ein ingeniöser Selbstbetrug:

> Fashion it thus: that what he is, augmented,
> Would run to these and these extremities;
> And therefore think him as a serpent's egg,
> Which, hatch'd, would, as his kind, grow mischievous,
> And kill him in the shell.

> (II,1,30–34)

Einer bloßen Möglichkeit (»would«) wird so viel Gewicht eingeräumt, daß sie unter der Hand zur Legitimierung eines Präventivmordes wird (»kill him«). Brutus fordert sich selbst dazu auf, für wahr zu halten, was bloßes Gedankenspiel, sogar gefährlicher Selbstbetrug sein könnte.

Spätestens nach Abschluß des Monologs, wenn Brutus seine Gewissensnot ad acta gelegt hat (obwohl sie ihn weiterhin beschäftigt) und wenn er mit den Verbündeten im schützenden Dunkel seines Hortus conclusus über die taktisch geschickteste Durchführung der Mordtat berät, stellt sich dem Zuschauer die Frage nach der Legitimation dieser

Präventivmaßnahme, die – von Shakespeare in der Sphäre vorchristlicher Ethik belassen – schon die elisabethanischen Zuschauer in zwei Lager gespalten haben dürfte (Müller, S. 110–118). Denn unter den politischen Theoretikern der Zeit gab es ja nicht nur die Propagandisten des Gottesgnadentums, denen Shakespeares Caesar ohnehin bestenfalls als ›ungekrönter Monarch‹ hätte gelten dürfen, sondern auch die Monarchomachen (griech. ›Kämpfer gegen die Alleinherrscher‹), die einen Präventivmord befürworteten, sobald der politische Ehrgeiz des einzelnen zur Gefahr für die bestehende Ordnung zu werden drohte. Daher also die Frage, damals wie heute: Läßt sich ein politischer Mord ethisch überhaupt rechtfertigen und, falls ja, unter welchen Bedingungen? Für Brutus – soviel läßt sich seinen Worten entnehmen – ist Caesar noch kein Tyrann, doch k ö n n t e er sich, s o l l t e er die Krone annehmen, mit naturgesetzlicher Konsequenz (»[…] think him as a serpent's egg«, II,1,32) dazu entwickeln, selbst wenn er seine Neigungen bis zu diesem Zeitpunkt unter Kontrolle zu halten vermochte.

Brutus schlägt sich in seinem Monolog, wenn auch unter Gewissensbissen, auf die Seite der Monarchomachen. Die sittliche Bewertung seines Verhaltens steht und fällt daher mit der Einschätzung der von ihm repräsentierten politischen Position. Macht man sich seine Argumentation zu eigen, derzufolge ein ehrgeiziger Politiker in dem Augenblick beseitigt werden darf, in dem die geringste Gefahr besteht, daß er die Macht an sich reißen könnte, so ist Brutus' Rechtfertigungsrede, in der er das römische Volk von der ethischen Notwendigkeit seiner Tat zu überzeugen sucht, frei von Winkelzügen. Caesars Verbrechen sei der Ehrgeiz gewesen, und deshalb habe er ihn, ungeachtet seiner Verdienste, getötet: »[…] as he was ambitious, I slew him« (III,2,26 f.).

Die Reaktion des leicht beeinflußbaren Volkes scheint Brutus recht zu geben, doch mit der Rede des Antonius be-
...t der Umschwung. Er, dem sich die Frage nach der
...mäßigkeit seines Tuns nicht stellt, spielt gewissenlos

mit den Leidenschaften seiner Zuhörer, denen er, wie ein begnadeter Dirigent seinem Orchester, jeden gewünschten Klang zu entlocken vermag. Sein Epitaph auf den ermordeten Freund führt er über die Stufen der Preisrede und der Anklagerede hinauf bis zum raffiniert getarnten Racheaufruf, zum Kampf gegen die Verschwörer – Rhetorik wird zum Mittel der Volksverführung. In wirkungsvollem Kontrast dazu steht sein Auftritt am Ende des Stückes: Der Haß auf Brutus ist verweht, wenn er ihm, in trügerischer Eintracht mit Octavian, den ehrenden Nachruf spricht. In den Augen der Gegner erscheint Brutus nach seinem Tode so, wie er sich selbst gesehen hat und gesehen werden wollte:

> His life was gentle, and the elements
> So mix'd in him, that Nature might stand up
> And say to all the world, »This was a man!«
>
> (V,5,73–75)

Shakespeares Römertragödie entläßt den Zuschauer mit einer heilsamen Unruhe. Die Hauptfiguren tragen ihren Widerspruch in sich, und es wäre ebenso naiv wie aussichtslos, ihnen jene Ambivalenz nehmen zu wollen, die der Dramatiker ihnen im Labyrinth des menschlichen Bewußtseins zugedacht hat.[11] Den wichtigsten Grund, die eigenen (vermeintlichen oder tatsächlichen) Einsichten in das Stück dennoch zu formulieren, ohne ihnen absolute Richtigkeit zuschreiben zu wollen, hat T. S. Eliot genannt: »About anyone so great as Shakespeare, it is probable that we can never be right; and if we can never be right, it is better that we should from time to time change our way of being wrong.«

---

11 Zu neueren Tendenzen der Shakespeare-Forschung am Beispiel von *Julius Caesar* siehe Thomas' »Preface« zu seiner Monographie (1992).

Literaturhinweise

William Shakespeare: Julius Caesar. Hrsg. von John Dover Wilson. Cambridge 1949.
- Julius Caesar. Hrsg. von T. S. Dorsch. London 1955. (The Arden Edition of the Works of William Shakespeare.)
- Julius Caesar. Hrsg. von Norman Sanders. Harmondsworth 1967. (New Penguin Shakespeare.)
- Julius Caesar. Hrsg. von Maurice Charney. New York 1969. (The Bobbs Merrill Shakespeare Series.)
- Julius Caesar. Engl./Dt. Übers., kommentiert und hrsg. von Dietrich Klose. Stuttgart: Reclam, 1976. (Universal-Bibliothek. 9816.)
- Julius Caesar. Hrsg. von Arthur Humphreys. Oxford 1984. (The Oxford Shakespeare.)
- Julius Caesar. Hrsg. von Thomas Pughe. Tübingen 1987. (Englisch-deutsche Studienausgabe der Dramen Shakespeares.)
- Julius Caesar. Hrsg. von Marvin Spevack. Cambridge 1988. (The New Cambridge Shakespeare.)
- Julius Caesar. Engl./Dt. Übers. und hrsg. von Frank Günther. Mit einem Nachwort von Kurt Tetzeli von Rosador. München 1998.

Bloom, Harold (Hrsg.): Shakespeare: *Julius Caesar*. New York 1996. [Interpretationssammlung.]
Bonjour, Adrien: The Structure of *Julius Caesar*. Liverpool 1958.
Bredella, Lothar: Shakespeares *Julius Caesar* im Englischunterricht: Ein hermeneutisches Modell. In: Rüdiger Ahrens (Hrsg.): William Shakespeare: Didaktisches Handbuch. Bd. 2. München 1982. S. 561–593.
Busacker, Klaus: Shakespeares *Julius Caesar*: Vorschläge zur Behandlung des Dramas in einem Leistungskurs. Würzburg 1982.
Charney, Maurice: Shakespeare's Roman Plays: The Function of Imagery in the Drama. Cambridge (Mass.) 1961. S. 41–78, 225–229.
Clemen, Wolfgang: Shakespeares Monologe: Ein Zugang zu seiner dramatischen Kunst. München 1985. S. 109–117. [Zu Brutus' Gartenmonolog.]
Daiches, David: Shakespeare: *Julius Caesar*. London 1976.
Drakakis, John: »Fashion it thus«. *Julius Caesar* and the Politics of ...rical Representation. In: Shakespeare Survey 44 (1992) ...3.

Girard, René: Collective Violence and Sacrifice in Shakespeare's *Julius Caesar*. In: Philip Lopate (Hrsg.): The Ordering Mirror. New York 1993.

Green, David C.: *Julius Caesar* and its Source. Salzburg 1979.

Honigmann, E. A. J.: Shakespeare: Seven Tragedies. The Dramatist's Manipulation of Response. London 1976. S. 30–53, 196–198. [Zur Sympathielenkung am Beispiel von Brutus.]

Kleinstück, Johannes: Mythos und Symbol in englischer Dichtung. Stuttgart 1964. S. 109–113. [Zur Sturmszene.]

Koppenfels, Werner von: »Our Swords Into Our Proper Entrails«: Lucan und das Bild des Bürgerkrieges in der Shakespearezeit (1975). In: W. v. K.: Bild und Metamorphose: Paradigmen einer europäischen Komparatistik. Darmstadt 1991. S. 87–118.

Kytzler, Bernhard: William Shakespeare: *Julius Caesar*. Dichtung und Wirklichkeit. Frankfurt a. M. 1963. [Textvergleich.]

Leggatt, Alexander: Shakespeare's Political Drama: The History Plays and the Roman Plays. London 1988. S. 139–160, 254–255.

MacCallum, M. W.: Shakespeare's Roman Plays and their Background. Neuaufl. London 1967 (¹1910). S. 168–299.

Martindale, Charles / Martindale, Michelle: Shakespeare and the Uses of Antiquity: An Introductory Essay. London 1990. [Shakespeares Verhältnis zur Antike.]

Mehl, Dieter: Die Tragödien Shakespeares: Eine Einführung. Berlin 1983. S. 163–184.

Miles, Geoffrey: Shakespeare and the Constant Romans. Oxford 1996. S. 123–148.

Miola, Robert S.: Shakespeare's Rome. Cambridge 1983. S. 76–115.

Müller, Wolfgang G.: Die politische Rede bei Shakespeare. Tübingen 1979. S. 89–156, 237–252.

Otten, Kurt: Politische Rhetorik als kommunikationstheoretisches Problem: Eine Darstellung anhand der Tragödien *Julius Caesar* und *Coriolanus*. In: Rüdiger Ahrens (Hrsg.): William Shakespeare: Didaktisches Handbuch. Bd. 2. München 1982. S. 517–559.

Palmer, John: Political and Comic Characters of Shakespeare. Nachdr. London 1965 (¹1962). S. 1–64. [Über Brutus.]

Pinder, Brenda: *Julius Caesar*: Approaches and Activities. Exploring Shakespeare. Cambridge 1994. [Anregungen für den Unterricht.]

Riehle, Wolfgang: Shakespeare: *Julius Caesar*. In: Dieter Mehl (Hrsg.): Das englische Drama: Vom Mittelalter bis zur Gegenwart. Bd. 1. Düsseldorf 1970. S. 114–133, 379–381.

Ripley, John: *Julius Caesar* on Stage in England and America, 1599–1973. Cambridge 1980.

Schanzer, Ernest: The Problem Plays of Shakespeare: A Study of *Julius Caesar, Measure for Measure, Antony and Cleopatra*. London 1963. S. 10–70.

Schücking, Levin L.: Die Charakterprobleme bei Shakespeare. 3. Aufl. Leipzig o. J. (¹1919). S. 46–58. [Zur Konvention der Selbsterklärung am Beispiel von Caesar.]

Sehrt, Ernst Th.: Zum Verständnis des Werkes. In: William Shakespeare: Julius Caesar. Englisch/Deutsch. Hrsg. von L. L. Schükking. Hamburg 1959. S. 155–174.

Spencer, T. J. B.: Shakespeare and the Elizabethan Romans. In: Shakespeare Survey 10 (1957) S. 17–38.

Stamm, Rudolf: Das Mordgeschehen in Shakespeares *Julius Caesar:* Ein Beitrag zur gattungsgerechten Interpretation des Dramas. In: Raimund Borgmeier (Hrsg.): Gattungsprobleme in der anglo-amerikanischen Literatur: Beiträge für Ulrich Suerbaum zu seinem 60. Geburtstag. Tübingen 1986. S. 37–46. [Zur szenischen Metaphorik.]

Stewart, J. I. M.: Character and Motive in Shakespeare: Some Recent Appraisals Examined. London 1949. S. 46–55. [Kritik an Schükking.]

Sühnel, Rudolf: Plutarch, Klassiker der Biographie, und seine Übersetzer Jacques Amyot (1559) und Sir Thomas North (1579). In: Walter Berschin (Hrsg.): Biographie zwischen Renaissance und Barock: Zwölf Studien. Heidelberg 1993. S. 129–156.

Thomas, Vivian: *Julius Caesar.* Hemel Hempstead 1992. (Harvester New Critical Introductions to Shakespeare.) [Detaillierteste Interpretation, mit umfassender Bibliographie der englischsprachigen Sekundärliteratur.]

Traversi, Derek: Shakespeare: The Roman Plays. London 1963. S. 21–75.

Ure, Peter (Hrsg.): Shakespeare: *Julius Caesar.* A Casebook. London 1969. [Interpretationssammlung.]

Wickert, Maria: Antikes Gedankengut in Shakespeares *Julius Caesar.* In: Shakespeare-Jahrbuch 82/83 (1948) S. 11–33.

Wilson, Richard: William Shakespeare: *Julius Caesar.* Harmondsworth 1992.

Wolff, Emil: Shakespeare und die Antike. In: Antike und Abendland 1 (1945) S. 78–107.

As You Like It

Von Bernhard Reitz

I

Bereits in I,2 wird der Handlungsentwurf von Shakespeares Komödie festgeschrieben. »Sir, you have wrestled well, and overthrown / More than your enemies« (I,2,244 f.),[1] gesteht Rosalind mit einem nur in der Komödie möglichen, fast schon unschicklichen Freimut, worauf Orlando zum Szenenschluß bekennt, wie sehr er »heavenly Rosalind« verfallen ist. Zwei junge Menschen von Stand haben ihre Liebe zueinander entdeckt, und nach den Spielregeln der Komödie wird diese Liebe Erfüllung finden, wenn sie sich bewährt hat. Bedroht wird die Liebe, und darin folgt Shakespeare den Konventionen der klassischen Komödie, durch die Repräsentanten, aber auch die immanenten Strukturen einer patriarchalischen Gesellschaft. Duke Frederick, der Usurpator, unter dessen Herrschaft Gewalt, Gier und Neid das Leben am Hof bestimmen, verbannt seine Nichte Rosalind bei Todesandrohung. Oliver enthält seinem jüngeren Bruder Orlando nicht nur das diesem zustehende Erbe vor, er trachtet ihm auch nach dem Leben. Mit der Bedrohung von außen erhält die persönliche Bewährung, die Standhaftigkeit in der Liebe, ihre gesellschaftliche Dimension. Das Handlungsziel der Komödie ist somit nicht allein auf das private Glück der Liebenden beschränkt, es schließt die Überwindung der gesellschaftlichen Konflikte ein. Die Liebe und das Leiden, das sie zunächst erfahren, lassen die Liebenden reifen. Aber mit ihnen und durch sie reift auch die Bühnengesellschaft und tritt im Komödienschluß in eine höhere, ideale Ordnung über.

1 Zitiert wird nach The Arden Edition of the Works of William Shakespeare: *As You Like It*, hrsg. von Agnes Latham, London: Methuen, ⁵1987.

As You Like It bildet mit *A Midsummer Night's Dream*, *Much Ado About Nothing* und *Twelfth Night* die Gruppe der sogenannten »mature comedies«, die man auch als Shakespeares »romantische« Komödien bezeichnet hat. Im Kanon der Shakespearekomödien werden sie der mittleren Schaffensphase zugerechnet; es sind zugleich die bis heute meistgespielten Komödien Shakespeares. Gemeinsam ist ihnen eine Bühnengesellschaft von hohem sozialen Rang. Schauplatz oder zumindest Ausgangspunkt des Handlungsgeschehens ist ein Fürstenhof, und die in den frühen Komödien ausgeprägtere grobe und vordergründige Belustigung wird reduziert bzw. in Nebenhandlungen verlagert, während die Liebesthematik in den Mittelpunkt rückt (Suerbaum, S. 216).

Obwohl *As You Like It* erst im First Folio von 1623 als Text überliefert ist, läßt sich die Entstehungszeit recht genau eingrenzen. Francis Meres erwähnt das Stück in *Palladis Tamia* (1598) noch nicht. Doch findet sich am 4. August 1600 eine »staying order« für *As You Like It* und drei andere Stücke im Stationer's Register. Zwar ist die genaue Funktion solcher »staying orders« in der Forschung noch umstritten, es darf aber als wahrscheinlich gelten, daß sie einer Vorveröffentlichung von Raubdrucken vorbeugen sollten. Textimmanente Hinweise, etwa das Lied »It was a lover and his lass« in V,3, das sich auch in Thomas Morleys *First Book of Airs* findet, oder die Rollen des Jacques und Touchstones berechtigen zur Annahme, daß *As You Like It* zwischen dem Herbst 1599 und dem Sommer des Jahres 1600 geschrieben wurde. Hierfür spricht auch, daß Phebe in III,5,82 aus Christopher Marlowes Verserzählung *Hero and Leander* zitiert, die 1598 erschien, und Jacques mit »All the world's a stage« (II,7,139) auf das Motto des erst 1599 eröffneten Globe Theatre anspielt. Deshalb muß die Vermutung, das Stück sei bereits 1598 anläßlich der Hochzeit von Southampton und Lady Elizabeth Vernon aufgeführt worden, spekulativ bleiben.

Wenngleich *As You Like It* mit den anderen »mature comedies« die von Suerbaum benannten Grundstrukturen teilt, so nimmt es innerhalb der Werkgruppe doch eine Sonderstellung ein. Diese gründet in dem Reichtum an Nebenhandlungen und ausgeformten Themen und Motiven, der deutlich wird, wenn man das strukturell ähnlichste Stück, *A Midsummer Night's Dream*, zum Vergleich heranzieht. Auch dort müssen die Liebenden den Hof fliehen und sich, wenngleich nur in den Irrungen und Verirrungen einer Nacht, bewähren. Verknüpft wird dies mit zwei Nebenhandlungen, dem Eifersuchtskonflikt zwischen Oberon und Titania und der tragischen Liebesgeschichte von Pyramus und Thisbe, welche die Handwerker zur Aufführung bringen wollen. Eine in der Beziehung von Theseus und Hippolyta angelegte dritte Nebenhandlung ist nur in Ansätzen entwickelt.

Demgegenüber schöpft Shakespeare in *As You Like It* die Möglichkeiten, die Liebesthematik durch zugleich parallele und kontrastive Nebenhandlungen zu variieren und zu vertiefen, bis an die Grenzen des noch Relationierbaren aus. Im Wald von Arden wird das Sich-Finden von Rosalind und Orlando durch die Werbung Touchstones um Audrey, durch Silvius' Liebe für Phebe und durch Olivers Bindung an Celia kontextualisiert. Eine unmögliche Beziehung (Phebes Liebe zu Rosalind/Ganymed) sowie das Rollenspiel von Rosalind/Ganymed mit Orlando sind weitere Differenzierungen.

Parallelisierung und Kontrastierung kennzeichnen auch den doppelten Bruderzwist, der das Leben am Hof bestimmt und der im Ardenner Wald überwunden wird. Auf der Ebene des Staates hat der jüngere Bruder den älteren der Macht beraubt; auf der Ebene der Familie kann Oliver die Rechte seines jüngeren Bruders ungestraft mißachten, weil Rechtsbruch zur Grundlage des Staatswesens geworden ist. Mit dem doppelten Bruderzwist konstituiert Shakespeare mehr als nur den öffentlichen Raum, in dem sich Rosalinds und Orlandos Liebe bewähren muß. Er hat auch einen ganz unmittelbaren Bezug zur Liebesthematik. Denn durch den Bruderzwist wird deutlich, daß zur Liebe auch das Verzeihen und die Bereitschaft zur Aussöhnung gehören. In den Liebesbeziehungen wird diese Thematik bis auf Silvius und Phebe ausgespart.

So gegensätzlich wie die Brüderpaare, aber ebensowenig zu trennen wie diese sind auch die Schauplätze des Bühnengeschehens. Die Verlagerung der Handlung vom Hof in den Ardenner Wald ermöglicht eine kontrastive Darstellung von höfischem Zwang und der Freiheit der »outlawed lords«, von Stadt und Land, von »nurture« und »nature«. Dies geschieht in der langen Exposition der ersten beiden Akte, innerhalb der Liebesbeziehungen – insbesondere in der »Erziehung« Orlandos durch Rosalind –, aber auch durch Kommentatoren wie Touchstone, Corin und Jacques und durch die Nebenfiguren im Gefolge der Herzöge.

Mit den hier benannten Handlungselementen geht Shakespeare über seine unmittelbare Vorlage, Thomas Lodges *Rosalynd, or Euphues Golden Legacye* von 1590 hinaus (vgl. Latham, S. XXXV–XLVI). Lodges *Rosalynd* ist eine pastorale Prosaromanze, deren Popularität durch neun weitere Auflagen, eine davon 1598, bezeugt ist und die sich durch den Hinweis auf Lylys *Euphues* (1578) im Untertitel einer literarischen Modeströmung des späten 16. Jahrhunderts zuordnet. Ob Shakespeare auch Lodges vermutliche Quelle, die mittelenglische Versdichtung *The Tale of Gamelyn*, konsultiert hat, ist ungesichert. Von Lodge übernimmt Shakespeare das Handlungsgerüst einschließlich der Verlagerung des Geschehens an einen der Pastoraldichtung gemäßen Ort. Auch bei Lodge fliehen die Verbannten in den Ardenner Wald, den schon Ariost in *Orlando Furioso* (1532), aus dem Shakespeare den Namen Orlandos entnommen hat, als literarischen Schauplatz etablierte und auf den auch in Greenes Drama *Orlando Furioso* (1591) verwiesen wird.

Aber wie noch zu zeigen ist, entwirft Shakespeare kein ungetrübtes Bild des pastoralen Lebens, ebensowenig wie er nur pastorales Liebesglück evoziert. Insofern erweist sich der Titel seiner Komödie als vieldeutig. *As You Like It* verspricht dem Publikum, was ihm gefällt. In Einklang mit der dem Publikum unterstellten Erwartungshaltung trägt es der im Zeitgeschmack begründeten Vorliebe für pastorale Dichtung und Dramatik Rechnung. Zugleich aber werden die Konventionen des Pastoralen von Shakespeare kritisch hinterfragt. In dieser selbstreflexiven Thematisierung des dramatischen Entwurfs und nicht allein in Rosalinds Rollenspiel-im-Spiel oder in ihrem Heraustreten aus der Rolle im Epilog gründet die metafiktionale, metadramatische Dimension von *As You Like It*. Wenn aber das Publikum tatsächlich mehr bekommt als nur das, was als gefällig vorausgesetzt werden kann, dann ist Rosalinds abschließende Bitte, »to like as much of this play as please you« (V,4, 210 f.) keine Bescheidenheitsformel, sondern Verweis auf eine strukturelle Komplexität, die sich in den von ihr verkörperten Rollen allein nicht erschöpft.

II

Von der Existenz zweier Hofgesellschaften erfährt das Publikum in I,1 durch den Ringer Charles, den Oliver nach Neuigkeiten vom »new court« befragt. In knappen Worten berichtet Charles von der Usurpation (I,1,98–104). Der »neue« Herzog hat sich den Besitz des Bruders ebenso wie die Güter von dessen treuen Gefolgsleuten angeeignet. Die Mutmaßung, allein der Wunsch nach Bereicherung sei Anlaß der Usurpation gewesen, wird jedoch nachfolgend modifiziert. Duke Fredericks Warnung an Celia, Rosalind, verbliebe sie denn am Hof, würde Celia an Beliebtheit ausstechen (I,3,73–78), macht deutlich, daß Eifersucht ein nicht minder gewichtiges handlungsleitendes Motiv war.

Duke Fredericks Beweggründe erweisen sich als deckungsgleich mit denen Olivers. Auch diesem geht es nicht nur um den materiellen Vorteil, den die Einbehaltung von Orlandos Erbteil bringt. Wie Orlando selbst einräumt, fördert Oliver den dritten Bruder Jacques (der mit dem Gefolgsmann des Duke Senior nicht identisch ist und erst am Schluß einen kurzen Auftritt hat), während er Orlando jegliche Unterstützung verweigert. Daß Olivers Verhalten ebenfalls von Eifersucht bestimmt wird, offenbart sein »aside« am Schluß der ersten Szene, sein Eingeständnis, es sei ihm unerträglich, weniger Wertschätzung zu erfahren als der jüngere Bruder.

Shakespeares Komödie beginnt mit einem familiären Konflikt, dessen Bedingungen auf der höheren Ebene des Staatswesens reproduziert werden. Die den Elisabethanern geläufige Analogie zwischen der Herrschaft im Staat und dem Oberhaupt der Familie wird dadurch einerseits zwar bekräftigt, doch abgebildet wird eine Korrespondenz gestörter Ordnungssysteme. Vor diesem Hintergrund evoziert wiederum Charles den Gegenentwurf. Direkt anknüpfend an die zur Entstehungszeit von *As You Like It* populären Bühnenversionen des Robin-Hood-Motivs wie Anthony Mundays *The Downfall of Robert Earl of Huntingdon* (1598), beschreibt Charles die Hofgesellschaft des Duke Senior als »merry men [...] liv[ing] like the old Robin Hood of England [...] and fleet[ing] the time carelessly as they did in the golden world« (I,1,115–119). Bis zum 2. Akt bleibt diese idealisierende, alle Konflikte negierende Projektion der Welt der Verbannten unkommentiert. Das Paradies, das vorgebliche Goldene Zeitalter, das der Duke Senior wiedergefunden haben soll, hat zunächst nur die Funktion, die gestörte Ordnung im Herrschaftsbereich Fredericks noch eindeutiger herauszustellen.

Zur Kritik an und zur Verdeutlichung von Fredericks Herrschaft gehört die Akzentuierung ihrer Abhängigkeit von physischer Gewalt. Durch Gewalt wurde sie begründet;

Gewalt reproduziert sie nach innen. Der zunächst verbal ausgetragene Streit zwischen Orlando und Oliver, in dem sich Orlando trotz seiner fehlenden Erziehung rhetorisch zu behaupten vermag, mündet in eine von Oliver begonnene Prügelei, in der sich der vom Status her Unterlegene als der physisch Überlegene erweist, was jedoch nur weitere Gewaltbereitschaft – Olivers Mordpläne – generiert.

Keineswegs zufällig ist auch der erste Vertreter von Fredericks Hof auf der Bühne nicht ein Höfling wie Le Beau, sondern der Ringer Charles. Ungeachtet dessen, daß Charles gerade drei Söhnen eines alten Mannes die Knochen gebrochen hat, genießt er allgemeine Wertschätzung. Zwar warnt Charles Oliver, daß auch Orlando, so er ihn denn fordere, Gefahr laufe, sein Leben zu verlieren, aber an der Richtigkeit seines Tuns hat er, der Gewalt zu seinem Beruf gemacht hat, keinerlei Zweifel. Ein kritisches Licht auf seine Wertschätzung am Hof wirft dabei, daß er Oliver nicht zu durchschauen vermag und bereitwillig zu dessen Werkzeug wird.

Welche Bedeutung Gewalt an Fredericks Hof gewonnen hat, wird an zwei weiteren Stellen deutlich. Wäre er nicht Sir Rowlands Sohn, dann könnte Orlando nach dem Sieg über Charles der Gunst des Herzogs sicher sein. Denn ausweislich von Le Beaus Bericht erfreut den Hof nichts mehr als Knochenbrechen (I,1,115 ff.). Es bleibt Touchstone vorbehalten, den »Spaß«, den Rosalind und Celia nach Le Beaus Meinung verpaßt haben, ins rechte Licht zu rücken: »Thus men may grow wiser every day. It is the first time that ever I heard breaking of ribs was sport for ladies« (I,2,127–129).

Die für Fredericks Hof charakteristische Bereitschaft zur Gewalt erreicht ihren Höhepunkt im 2. Akt, in Olivers Plan, Orlando im Schlaf zu verbrennen, was diesen ebenfalls zur Flucht nach Arden zwingt. Daß sich der von Gewalt gekennzeichneten Atmosphäre niemand entziehen kann, ist zuvor auch an Rosalind und Celia deutlich geworden. Ihr erstes Auftreten zeigt sie, durchaus standesgemäß, in einem zugleich intellektuellen und scherzhaften Diskurs über die Liebe, die Wechselfälle des Glücks und die Gaben der Natur. In Einklang mit dieser Selbstdarstellung zögern sie auch, sich auf das gewalttätige Vergnügen des Ringens zwischen Charles und Orlando einzulassen. Dann aber bleiben sie trotz des kruden Willkommens, das Frederick ihnen herablassend bietet: »How now daughter and cousin? Are you crept hither to see the wrestling?« (I,2,144 f.). Die zwiespältige Situation, in der sich die Cousinen befinden, verdeutlicht Shakespeare über ihr Sprachverhalten. Wenn Celia und Rosalind vor dem Kampf an Orlando appellieren, seine Herausforderung zurückzunehmen, argumentieren sie mit den Stimmen der Vernunft und des Mitgefühls. Sie sprechen als die Repräsentantinnen einer höfischen Kultur, die mit Fredericks Usurpation aber faktisch und sprachlich ihr Ende gefunden hat. Nach dem Kampf jedoch, als sich Rosalind für »overthrown« erklärt und Celia Rosalinds Sehnsucht nach Orlando mit den Worten kommentiert, »Come, Come, wrestle with thy affections« (I,3,20), als nicht mehr kritische Vernunft wie in I,2, sondern noch nicht verarbeitete Gefühle das Sprachverhalten bestimmen, nähern sich die Cousinen zumindest sprachlich der Wirklichkeit, in der sie zu leben gezwungen sind.

Der für Fredericks Hof charakteristische Verfall aristokratischer Werte und Sitten erklärt, weshalb sowohl in Orlandos Konfrontation mit Oliver wie auch in seiner Konfrontation mit dem Herzog die Erinnerung an Sir Rowland de Boys beschworen wird, dem selbst der Herzog nicht absprechen will, daß er »honourable«, ein Ehrenmann gewesen sei. Sir Rowland, dessen Name sein jüngster Sohn als Anagramm trägt, steht für die Entwicklung, die Orlando noch durchlaufen muß. Als gerechter Vater und treuer Gefolgsmann ist Sir Rowland zugleich Verkörperung eines aristokratischen Ideals, das der als launisch (»humourous«), mißtrauisch, neidisch und gierig gezeichnete Usurpator verfehlt.

In »The Tyrant Duke of *As You Like It*« hat Daley auf der Grundlage zeitgenössischer Quellen ausführlich dargelegt, daß Shakespeare Frederick mit den Merkmalen eines Tyrannen ausgestattet hat. Einschließlich des ausgeprägten Machtbewußtseins hat Frederick alle auch Richard III. kennzeichnenden Merkmale, und wie in *Richard III* ist der Usurpator zugleich Verkörperung und Ursprung der moralischen Erosion des Gemeinwesens. Anders als die Tragödien, in denen eine neue und bessere Ordnung den gewaltsamen Sturz des Tyrannen voraussetzt, bekräftigen Shakespeares Komödien jedoch das Vertrauen auf die Lern- und Erneuerungsfähigkeit des Menschen, und hierdurch erhält das Motiv der Erziehung besonderes Gewicht.

In der Zukunftsprojektion des Stückes wird aus Orlando und Rosalind das zukünftige Herrscherpaar. Unter den Bedingungen der Exposition sind sie für diese Rolle jedoch noch keineswegs qualifiziert. Orlando ist sich zwar bewußt, daß ihm eine standesgemäße Erziehung verweigert wird; nicht jedoch, daß er diese an Fredericks Hof überhaupt nicht erfahren kann. Shakespeare verdeutlicht dies in II,7, wo Orlando, sich auf Adam und seine Not berufend, mit gezogenem Schwert vom Duke Senior einen Anteil an der Mahlzeit einfordert. Bei Lodge bittet er mit wohlgesetzten Worten. In *As You Like It* beansprucht Orlando zwar für sich »some nurture« (II,7,98), reproduziert aber das Verhalten, mit dem er sich an Fredericks Hof behauptet hat. Fredericks Herrschaft bietet auch keine Entwicklungsmöglichkeiten für Rosalind und Celia. Die Menschlichkeit, die sie empfinden, wird unterdrückt, die Zuneigung, zu der sie fähig sind, kann sich nicht entfalten. Hinter den vordergründig die Flucht in den Ardenner Wald auslösenden Bedrohungen der Protagonisten wird damit eine andere, strukturelle Notwendigkeit für ihre Lösung von Fredericks Hof sichtbar: ihre Erziehung und Entwicklung setzt eine andere Gesellschaft als die des 1. Akts voraus.

Die von Charles beschworene, aus der Geschichte gelöste

und in ein mythologisches Goldenes Zeitalter zurückver-
setzte Hofgesellschaft des Duke Senior wird jedoch im
2. Akt nicht weniger kritisch vergegenwärtigt als der Hof
Fredericks. Das Goldene, paradiesische Zeitalter der *Metamorphosen* Ovids, in dem fortdauernder Frühling herrscht,
wo die Sicherung des Lebensunterhalts keinerlei Anstren-
gung bedarf und in dem Mensch und Tier in Eintracht leben,
erweist sich als Wunschprojektion, deren Zwiespältigkeit
auch die positive Grundeinstellung des Duke Senior zu
seinem Exil nicht verdecken kann. Kein immerwährender
Frühling herrscht im Wald von Arden, sondern zum Wechsel
der Jahreszeiten gehört »the icy fang / And churlish chiding
of the winter's wind« (II,1,6 f.), und »adversity«, Widrigkeit,
ist hervorstechendes Merkmal der Natur. An deren Unwirtlichkeit leiden Rosalind, Celia und Touchstone, die den Ardenner Wald zuerst erreichen, ebenso wie Orlando und der
alte Diener Adam, den Hunger und Schwäche überwältigen.
Als »this desert place« (II,4,70) bezeichnet Rosalind ihren
Zufluchtsort; und auch für Orlando (II,6,17) ist der Wald
von Arden eine Wildnis ohne Schutz und Nahrung: »[a] desert inaccessible / Under the shade of melancholy boughs«
(II,7,110 f.; vgl. auch II,6,17).

Daß diese unwirtliche Welt kaum Raum für pastorale
Idyllen bietet und sich nicht nach dem Vorbild von Vergils
Eklogen in bukolischer Lieblichkeit entfaltet, vergegenwärtigt Shakespeare an zwei Beispielen. Um zu überleben, müssen der Herzog und seine Gefolgsleute jagen, und dies
schließt, wie in der Schilderung der Hirschjagd in II,1 deutlich wird, auch den qualvollen Tod der gejagten Kreatur
ein – für Jacques' Mitleid mit dem erlegten Hirsch hat die
Jagdgesellschaft aus sehr pragmatischen Gründen kein Verständnis.

Wie wenig die Lebensbedingungen im Ardenner Wald
der Projektion eines Goldenen Zeitalters entsprechen, zeigt
sich weiterhin in Rosalinds Gespräch mit dem Schäfer Corin, der seine Abhängigkeit von einem ungastlichen Dienst-

herrn »of churlish disposition« (II,4,78) ohne Beschönigung beschreibt. Im Wald von Arden zieren die Schafe nicht die Landschaft, um schöne Schäferinnen besser ins Bild zu setzen; sie und ihre Wolle sind Handelsgut, und Zuflucht in der Schäferhütte finden Rosalind und Celia nicht durch Nächstenliebe – auch wenn man diese dem hilfsbereiten Corin nicht absprechen kann –, sondern für bare Münze.

Dennoch wäre es falsch, Charles' Bericht von der arkadischen Hofgesellschaft des Duke Senior als unreflektierte Übertreibung eines nachweislich leicht beeinflußbaren Mannes abzutun. Hinsichtlich der Lebensbedingungen im Wald von Arden irrt er, nicht jedoch, wenn er vom Duke Senior und seinen Gefolgsleuten sagt, »[they] fleet the time carelessly« (I,1,118). In II,7 berichtet Jacques von seinem Zusammentreffen mit Touchstone, der sich seit seinem Eintreffen in Arden – »now I am in Arden, the more fool I« (II,4,13) – in der Pose des Höflings und Städters gefällt und als Zeichen seiner Urbanität seine Uhr zieht, um dann zu Jacques' Belustigung über den Fluß der Zeit zu philosophieren. Im Kontext des 2. Akts bliebe dieses Zusammentreffen funktionslos, wenn nicht Orlando in der gleichen Szene ebenfalls das Thema Zeit aufgreifen würde. Mit den Worten: »whate'er you are / That in this desert inaccessible / [...] / Lose and neglect the creeping hours of time« (II,7,109–112) versucht er, die Identität der ihm als Wilde verdächtigen Waldbewohner zu ergründen. Er befragt sie, ob sie denn je Kirchenglocken – Zeitmaß und zugleich Ausdruck von Zivilisation – gehört und je unter Menschen gelebt hätten. Mit seinem Mißtrauen kontrastiert das Vertrauen, mit dem Celia bereit ist, sich auf ein Leben in Arden einzulassen: »I like this place, / And willingly could waste my time in it« (II,4,92 f.).

Im 2. Akt ist für die aus der höfischen, urbanen Gesellschaft geflüchteten Protagonisten das Verhältnis zur Zeit zugleich Maßstab für ihre Abgrenzung von der noch unbekannten Umgebung (Orlando, Touchstone) und Möglichkeit, sich zu dieser Umwelt zu relationieren (Celia). Die Abhängigkeit der urbanen Charaktere von ihrem Zeitbewußtsein veranlaßte Halio zu der in der neueren Forschung (Wilson, Taylor) nicht unwidersprochen gebliebenen These »timelessness as a convention of the pastoral ideal [...] contrasts favourably to the time-consciousness of court and city life« (Halio, S. 88). Arden ist jedoch ebensowenig ein Ort pastoraler Idylle wie der Zeitlosigkeit. »To fleet time carelessly«, wie Charles es ausdrückt, oder »[to] lose and neglect the creeping hours of time«, wie Orlando es formuliert, bezeugt zwar einen Willen, sich dem Diktat der Zeit nicht länger zu unterwerfen, aber es enthebt der Zeit nicht.

Der im 2. Akt geführte Diskurs über die Zeit, zu dem im Aktschluß auch Jacques' »Seven Ages of Man«-Rede beiträgt, relativiert die aufmunternde Ansprache, mit der der Duke Senior eingangs seinen Getreuen das harte Leben im Exil schmackhaft machen will. Der Duke Senior preist die schmerzhaften Erfahrungen der Natur als die wahren Ratgeber, aber die Antwort auf diese Idealisierung seiner Situation gibt Amiens, ein »Freund«, ein Barde, der ein loyaler, aber nicht unkritischer Gefolgsmann ist: »Happy is your Grace, / That can translate the stubbornness of fortune / Into so quiet and so sweet a style« (II,1,18–20). Im Wald von Arden sind die Verbannten frei von den Gefahren und auch den Zwängen eines »envious court« und dadurch frei für ein ehrlicheres, freundlicheres und mitmenschlicheres Leben. Die Unwirtlichkeit der Natur, die Prüfungen, die diese auferlegt, lassen sich, das bekräftigen auch Amiens' Lieder, leichter ertragen als Undankbarkeit oder Treulosigkeit. In Arden hat der Mensch keinen anderen Feind als »winter and rough weather« (II,5,8) und insoweit erweist sich das Exil tatsächlich als ein positiver Gegenentwurf zum Leben am Hof. Aber der Wechsel der Jahreszeiten bekräftigt zugleich, daß für die Verbannten die Zeit nicht stillsteht. Sie sind aus der komplexeren höfischen und urbanen Welt herausgetreten, aber nicht aus dem Fluß der Zeit, den Jacques in

seiner »Seven Ages of Man«-Rede (II,7,139–166) in Erinnerung ruft.

Mit seiner Charakteristik der Lebensabschnitte des Menschen differenziert Jacques, wenn auch auf sehr eigenwillige
Weise, zugleich Touchstones Aussage über das Fortschrei-
ten der Zeit:

> And so from hour to hour, we ripe and ripe,
> And then from hour to hour, we rot, and rot,
> And thereby hangs a tale.
>
> (II,7,26–28)

Touchstone reduziert das Leben auf zwei Phasen des Her-
anreifens und Verfallens. Jacques dagegen trägt seine Version des neoplatonischen Lebensentwurfs vor, der den Elisabethanern geläufig war und innerhalb dessen die Lebensabschnitte des Menschen zur kosmischen Ordnung in
Bezug gesetzt werden. Obwohl Jacques' misanthropische
Perspektive offensichtlich ist, erschließt sich für nachzeitige
Leser deren ganzes Ausmaß erst vor dem Hintergrund des
neoplatonischen Konzepts. Dessen prägnanteste Ausfüh-
rung hat Allen als einen Auszug aus Proclus' *Alkibiades*-
Kommentar in den *Opera omnia* des Florentiners Marsilio
Ficino entdeckt und wie folgt übersetzt:

> The order of the stages or ages in a man's life follows
> the order of the universe. The first age follows the
> Moon's power, for then we live governed by the nutri-
> tive and vegetative faculty. The second age follows
> Mercury's power, for then we spend time studying let-
> ters, the lute and wrestling, and similar pastimes. The
> third age follows Venus's power, for then our sexual
> members swell with seed and we are continuously in-
> cited to procreation. The fourth age follows the Sun's
> power, for then strength reigns and man's life hastens
> to perfection; this is the middle age. The fifth age fol-
> lows Mars' power, for then we aspire to conquests and

victories. The sixth age follows Jupiter's power, for then we need prudence and we need to live the citizen's active life. The seventh age follows Saturn's power, for then it is natural to desist from procreation and to withdraw from corporeal things and to concern oneself with the other, the incorporeal life. Everywhere the higher embraces the knowledge of the lower, always to an outstanding, more excellent degree.

(Allen, S. 335 f.)

Nach neoplatonischer Vorstellung durchläuft der Mensch in Einklang mit der Ordnung des Universums eine aufsteigende Entwicklung, in der jeder neue Lebensabschnitt die vorangegangenen übergreift und einbezieht. Zumindest den Gebildeten in Shakespeares Publikum konnte nicht entgehen, daß Jacques diese Korrespondenz zwischen Mensch und Universum, zwischen Individuum und höherer Ordnung verschweigt und damit für die Elisabethaner grundlegende Vorstellungen außer Kraft setzt. Vor dem Hintergrund des neoplatonischen Konzepts zeigt sich auch, daß Jacques den von der Sonne regierten vierten Lebensabschnitt, den Reife kennzeichnet, gänzlich ausspart und statt dessen die Saturn zugeordnete Phase über zwei Lebensabschnitte ausdehnt.

Die »Seven Ages of Man«-Rede reduziert das Leben auf sieben miteinander innerlich nicht verknüpfte Phasen, in denen Jacques, beginnend mit dem »mewling and puking infant« und endend mit »second childishness and mere oblivion«, die positiven Inhalte des neoplatonischen Entwurfs in ihr Gegenteil verkehrt. Das elisabethanische Publikum konnte die Rede nur als Parodie begreifen; allerdings ist es eine Parodie, die explizit auch dem Menschen jede Möglichkeit der Weiter- und Höherentwicklung abspricht. Erst hierdurch erhält die Einleitung der Rede, in der Jacques den Menschen als Rollenspieler definiert, ihren Sinn. Shakespeare hat mit Jacques' Rollenverständnis zwar Generationen von soziologischen Rollentheoretikern wie Goffmann und Dreitzel ins Brot gesetzt, aber im Licht der Theaterpraxis ist es nicht weniger fragwürdig als das Menschenbild, das es substantiieren soll. Für Jacques ist der Rollenspieler Mensch Sklave der seinen jeweiligen Lebensabschnitt dominierenden Empfindungen; er agiert, was ihm seine Sinne diktieren. Aber dem Schauspieler Shakespeare war nicht fremd, und in Rosalinds Rolle als Ganymed, der Rosalind spielt, wird es nachfolgend thematisiert, daß zum Rollenspiel Rollendistanz gehört; ein Bewußtsein von der Rolle, das zugleich Abstand und tieferes Verstehen ermöglicht.

Die »Seven Ages of Man«-Rede ist als abschließender Höhepunkt der Exposition konzipiert und lenkt durch ihre Negativität den Blick auf die zentralen Themen von *As You Like It*. Indem sie dem Menschen die Entwicklungsfähigkeit und Selbstbestimmtheit versagt, negiert sie auch die Möglichkeit und den Sinn von Erziehung und damit ein weiteres zentrales Element der auf Entwicklung angelegten Liebeshandlung um Orlando und Rosalind. Auf der metadramatischen Ebene, die über das Rollenspiel evoziert wird, stellt Jacques das Theater selbst in Frage, zumindest das der elisabethanischen Zeit, das auf die konsistente Entwicklung von Charakter und Handlung ausgerichtet war. Da Jacques für das elisabethanische Publikum wesentlich eindeutiger als für nachzeitige Zuschauer eine Außenseiterposition einnimmt, bekräftigt er ex negativo, was die nachfolgenden Akte einlösen sollen.

Nicht zuletzt trägt Jacques auch zur Präzisierung des Schauplatzes bei. Der Wald von Arden konstituiert nicht eine Welt außerhalb der Zeit, sondern er ist Teil der Wirklichkeit, die allerdings von der Kontingenz komplexer gesellschaftlicher Bezüge entschlackt ist und dadurch die für die Komödie angemessene Konzentration auf die Liebesthematik ermöglicht. Doch geht diese Abgrenzung nicht so weit, daß alle gesellschaftlichen Widersprüche aufgehoben werden. In *As You Like It* wird der Schauplatz wie in keiner anderen Komödie Shakespeares durch Wahrnehmung definiert. Für den Duke Senior ist der Wald von Arden ein Ort des Friedens, an dem der Mensch zu sich selbst finden kann; für Jacques, der mehr als Misanthrop denn als Melancholiker gezeichnet wird, offenbart sich dagegen die vermeintliche Narrheit und Unzulänglichkeit des Menschen an jedem Ort. Zwischen diesen extremen Positionen stehen die anderen Protagonisten, und auch ihre sich wandelnde Wahrnehmung von Arden erweist sich als durch ihre Gefühle bedingt. Hierdurch aber wird, und das steht zu der dargelegten Wirklichkeitsdimension von Arden in keinem Widerspruch, Arden auch zu dem, was es auf der leeren Shakespearebühne ohnehin sein muß – ein imaginativer Schauplatz, der Imaginiertes anschaulich werden läßt.

III

Gemäß der neoplatonischen Vorstellung stehen die Protagonisten, die in *As You Like It* zueinanderfinden werden, in ihrem dritten, von Venus regierten Lebensabschnitt. Daß auch die Hinwendung zu der den weiteren Handlungsverlauf bestimmenden Liebesthematik im 3. Akt erfolgt, schafft eine möglicherweise nicht nur zufällige Korrespondenz. Doch bevor Rosalind und Orlando in den Mittelpunkt rücken, resümiert Shakespeare nochmals die Themen der Exposition. In III,1 wird die Undankbarkeit und das Mißtrauen eines tyrannischen Herrschers erneut gegenwärtig, wird Oliver vom Hof verbannt, weil er Orlando nicht aufzufinden wußte. Auf diese harsche Erinnerung an die Wirklichkeit folgt in der mit gut 420 Zeilen längsten Szene des Stücks zunächst Touchstones Dialog mit Corin über das Leben am Hof und auf dem Land. Touchstone geriert sich erneut als Höfling und sucht sich durch seine Wortgewandtheit gegenüber Corin zu profilieren. Aber Corin vermag gegenzuhalten, wenn er den Hof und das Landleben als unvereinbare Welten beschreibt. Er ist so einfach, wie das Leben, das er führt. Sein Bekenntnis –

> I earn that I eat, get that I wear; owe no man hate,
> envy no man's happiness; glad of other men's good,
> content with my harm; and the greatest of my pride is
> to see my ewes graze and my labs suck.   (III,2,71–75)

– ist aufrichtig und unschuldig, und die sexuell befrachtete Interpretation, die von Touchstone in Corins Schäferleben hineingelesen wird, charakterisiert nicht diesen, sondern den Narren. Touchstone trägt die Vorstellungen der höfischen Welt in den Wald von Arden, vermag aber dessen Eigengesetzlichkeit nicht aufzuheben.

Auch die Themen Zeit und Erziehung werden in III,2 fortgeschrieben. Mit »I pray you, what is't o' clock?«, einer konventionalisierten, ihrer urbanen Herkunft und nicht ihrer prätendierten Rolle gemäßen Frage, eröffnet Rosalind den Dialog mit Orlando und erhält von diesem die Antwort: »You should ask me what time o' day; there's no clock in the forest« (III,2,294–296). Als eine Bestätigung der Zeitlosigkeit des Lebens im Ardenner Wald läßt sich Orlandos Antwort jedoch gerade nicht interpretieren, denn Rosalind belehrt ihn sofort: »how time moves« (III,2,325). Dabei verlagert sie geschickt die Frage nach der objektiven Zeit, »time o' day«, in eine Diskussion der Subjektivität von Zeit, die verdeutlicht, daß in *As You Like It* nicht nur der Raum, der Schauplatz, sondern auch die Zeit der Wahrnehmung unterworfen ist. Sie galoppiert für den, der auf dem Weg zum Galgen ist; sie kriecht für die Liebenden, die warten.

Mit ihrem Diskurs über die Zeit etabliert Rosalind ihre Rolle als Orlandos Lehrerin. Anders als gegenüber Jacques, der einräumen muß, daß Orlando seinen Spott mit »petty answers« und »a nimble wit« parieren kann (III,2,266, 271), fehlen diesem gegenüber Rosalind die Worte. Ebensowenig werden die selbstreferentiellen Bezüge, in denen Rosalind sich dem Publikum als Frau zu erkennen gibt, die eine Hosenrolle spielt, von Orlando wahrgenommen. Das gilt sowohl für die Rosalind selbst unbewußten Anspielungen wie »[I dwell] here in the skirts of the forest, like fringe upon a petticoat« (III,2,329 f.), wie für den expliziten Hinweis, er könne eher Rosalind als Ganymed von der Aufrichtigkeit seiner Liebe überzeugen: »which I warrant she is apter to do than to confess she does« (III,2,378 f.). Auch auf Rosalinds Spott, sein Äußeres lasse keinerlei Anzeichen hochgradiger Verliebtheit erkennen, vermag Orlando nur mit aufrichtigen, aber wenig wortgewandten Beteuerungen seiner Liebe zu antworten.

Daß Orlando zumindest als Lyriker noch der Vervollkommnung bedarf, bezeugen seine an die Bäume gehängten holprigen Verse. Er will die Wildnis durch »civil sayings« (III,2,125) zivilisieren, aber zu mehr als der guten Absicht reicht es nicht hin. Jedoch kann sich Orlandos Erziehung nicht in literarischer Verfeinerung erschöpfen. Wie durch Jacques »Seven Ages«-Rede, mit der Shakespeare zu erkennen gibt, daß er das neoplatonische, auf die Entwicklungsfähigkeit vertrauende Menschenbild gegenüber den astrologisch-deterministischen Vorstellungen der Zeit bevorzugt, öffnet er auch mit Orlandos dichterischen Versuchen die Liebesthematik von *As You Like It* für einen unmittelbaren Gegenwartsbezug. Wenn Orlando in dem von Celia vorgelesenen Gedicht (III,2,122–151) in monotoner Reihung Rosalind als Helena, Cleopatra, Atalanta und Lucretia überlegen preist, reduziert er die noch immer populäre und als Maßstab geltende petrarkistische Lyrik auf ihre Konventionen. Diese aber, das zeigen Orlandos lyrische Ergüsse, gerinnen in der Wiederholung zu Klischees, mit denen sich Rosalinds Wirklichkeit nicht erfassen läßt.

Wie sehr Orlando, dessen lyrische Versuche Garber unter Bezug auf Erikson als adoleszente und diffuse Selbstprojektionen beschreibt (vgl. Garber, S. 106), bei der Artikulation seiner Empfindungen auf literarische Stereotypen vertraut, zeigt sich auch in IV,1. Als Rosalind, sich selbst spielend, Orlandos Werbung zurückweist, antwortet Orlando, dann müsse er sterben. Seine Antwort ist literarisch korrekt, aber in ihrem nachfolgenden Kommentar zu Troilus und zu Leander macht Rosalind deutlich, daß eine konventionalisierte Liebeslyrik den tatsächlichen Empfindungen keinen adäquaten Ausdruck verleihen kann.

Auf die gespielte Zurückweisung erfolgt in einem scheinbar ebenso von Launen diktierten Stimmungsumschlag die gespielte Eheschließung, deren tiefergehende und vorausweisende Bedeutung jedoch nicht nur von den Zuschauern wahrgenommen wird. Ihr gehen allerdings zwei Szenen voraus, in denen deutlich wird, wie jenseits ihrer sprachlichen Konventionalisierung in Liebeslyrik Liebe auch noch verstanden und empfunden werden kann. In III,3 erscheint Touchstone mit der Ziegenhirtin Audrey auf der Bühne, und bereits seine einleitenden Wortspiele um »goats«, »Goths« und »honest Ovid« etablieren einen sexuell aufgeladenen Kontext, den die tumbe Audrey allerdings nicht heraushören kann. Touchstones »Truly, I would the gods had made thee poetical« (III,3,12) läßt eine Orlandos dichterischen Anstrengungen konträre Auffassung von Liebeslyrik erkennen. Orlando will seinen Gefühlen klareren und intensiveren Ausdruck verleihen; Touchstone dagegen nutzt die poetisch überhöhte Sprache in höfischer Manier, um seine Lust, seine sexuelle Begehrlichkeit zu verschleiern, die er als einzige Empfindung für Audrey hegt und die so intensiv ist, daß sie ihn über Audreys eigentlich wenig ansprechendes Äußeres und ihren offensichtlichen Mangel an Bildung hinwegsehen läßt. Um der sexuellen Erfüllung willen, auf die Touchstone beständig anspielt, während der Landpfarrer Sir Oliver Martext erwartet wird, ist Touchstone sogar zur Eheschließung bereit. Daß er mehr als diese von der Ehe nicht erwartet, verdeutlicht sein »aside« (III,3,81–85), seine Bereitschaft, Audrey nach Gratifikation seiner Lust wieder sitzenzulassen. Damit verflacht Touchstone das Sakrament der Ehe zur Travestie, deren Vollendung jedoch von Jacques mit der Ermahnung unterbunden wird: »Get you to church, and have a good priest that can tell you what marriage is« (III,3,75–77). Der einen sprechenden Namen tragende Martext ist zu dieser Unterweisung nicht fähig; er kennt nur das Ritual als äußere Form. Doch ist sein Beharren, »Truly she [Audrey] must be given, or the marriage is not lawful« (III,3,63 f.), für das Verständnis von Orlandos und Rosalinds »mock-marriage« von Bedeutung.

In Touchstones Lüsternheit, die Ehe auf eine gesellschaftlich sanktionierte Form sexueller Befriedigung reduziert, verdeutlicht *As You Like It*, was Orlandos und Rosalinds Beziehung nicht sein darf und nicht sein wird. Daß deren Verbindung Sexualität jedoch keineswegs ausklammert, zeigt die nachfolgende Szene, in der Rosalind gegenüber Celia ihr Verlangen nach Orlando bekennt und in unbewußter Anknüpfung an die vorangegangene Thematisierung der Ehe als Sakrament von Orlandos Küssen als »as full of sanctity as the touch of holy bread« spricht (III,4, 12 f.). Gemessen an Touchstone, der Liebe auf den Vollzug des Geschlechtsakts, auf ihre animalische Dimension reduziert, ist Rosalinds Verlangen keusch. Aber in III,4 vermag sie nur von Orlandos Äußerem zu schwärmen, und dies mit einer Nachdrücklichkeit, die Celias Spott herausfordert; einen Spott, den Rosalind aufgrund der Intensität ihrer Gefühle jedoch nicht wahrnimmt. III,4 zeigt keine souveräne Rosalind, die durch ihre Selbstsicherheit und Selbstgewißheit in sich ruht und deshalb zur Erziehung Orlandos besonders befähigt ist, sondern eine junge Frau, die um Gewißheit bangt. Insofern bedarf sie selbst noch der Erziehung, was auch Celias ironischer Kommentar unterstreicht: »But all's brave that youth mounts and folly guides« (III,4,40 f.).

Wie wenig eine Liebe Bestand hat, die sich in der Anbetung von vermeintlicher oder tatsächlicher Schönheit erschöpft, die nur das Äußere wahrnimmt, illustriert Shakespeare mit der letzten Szene des 3. Akts, in der Rosalind und Celia auf Einladung Corins die als »pageant« angekündigte Werbung von Silvius um Phebe belauschen. Während sich die gleiche Werbungsszene in Lodge bruchlos in den pastoralen Kontext einfügt, ist sie in *As You Like It* als Inszenierung angelegt, die zur Distanznahme auffordert. Silvius und Phebe haben nicht nur Rosalind und Celia, sondern auch das reale Theaterpublikum als kritische Zuschauer, und ihr in Versen vorgetragenes pastorales Rollenspiel zeigt sie als der von Shakespeare etablierten Wirklichkeit des Walds von Arden entrückt.

Mit Silvius' und Phebes Auftritt wird Rosalinds Erwartung, »the sight of lovers feedeth those in love« (III,4,53), widerlegt. Auf Silvius' Liebesklage antwortet Phebe mit einer komischen Dekonstruktion eines der beliebtesten pastoralen Topoi, der Vorstellung, daß Blicke töten könnten – »Thou tell'st me there is murder in mine eye« (III,5,10). Ihrem tatsächlichen Status ist ihre literarische Differenzierungsfähigkeit unangemessen, und das vorgeblich hohe Argumentationsniveau wird auch durch das Bathos sehr praktischer Beispiele unterlaufen – »And if mine eyes can wound, now let them kill thee. / Now counterfeit to swoon [...]« (III,5,16 f.). Phebe entlarvt unbewußt den pastoralen Kontext, in dem sie agiert, als künstlich, aber da es unbewußt geschieht, hebt sie ihn auch nicht auf. Der eigentliche Einbruch der Wirklichkeit in diesen Kontext bleibt Rosalind vorbehalten. Rosalind relativiert Phebes Status als »proud mistress« und ihre vermeintliche Schönheit als »the ordinary / Of Nature's sale-work«, was den realistischen Ratschlag nach sich zieht: »Sell where you can, you are not for all markets« (III,5,42 f. und 60). Dem elisabethanischen Schönheitsideal vermag Phebe ebensowenig gerecht zu werden wie dem pastoralen. Aber solange Rosalind, die als Ganymed auftritt, selbst nicht »wirklich« ist, kann sie die Unwirklichkeit des pastoralen »pageant« nicht verändern. Phebe verfällt »the power of fancy«, die »some fresh cheek« in ihr auslöst (III,5,30), und Ganymeds Zurückweisung erregt sie mehr als Silvius' Liebesschwüre. Mit ihrem Zitat aus Marlowes *Hero and Leander,* »Who ever loved that loved not at first sight?« (III,5,82), bekräftigt Phebe, daß es mehr als Rosalinds realistisch-kritischen Tadels bedarf, um den Illusionismus pastoraler Liebesverklärung zu durchbrechen. Daß sie mit ihrem Bekenntnis zu »love at first sight« ihre vorausgegangene hochtrabende Argumentation selbst widerlegt, entgeht Phebe, nicht aber dem Publikum, das auch ihre Charakterisierung Marlowes als »dead shepherd« als Entgrenzung der prätendierten Pastorale rezipiert. Aus deren heiler Welt tritt Phebe dann endgültig durch die Arglist heraus, mit der sie den ebenso liebeskranken wie vertrauensvollen Silvius belügt und als Überbringer ihres Liebesbriefs mißbraucht.

Touchstone reduziert die Liebe auf Sexualität; Phebe auf Attraktivität, und beide erkennen ihren Partnern nur eine Objektrolle zu. Hierin vertreten sie ein niederes Verständnis von Liebe, das für Rosalind und Orlando kein Maßstab sein kann. Gegen die für Touchstones und Phebes Liebesauffassung charakteristische Unbeständigkeit des Gefühls setzt IV,1 die Aufrichtigkeit und Beständigkeit der Liebe. Orlandos Beteuerung, seine Zurückweisung durch Rosalind wäre sein Tod, mag zwar in sprachlicher Hinsicht klischeehaft sein, daß sie ernsthaft gemeint ist, daran läßt seine auf Rosalinds Kritik folgende Beteuerung, »protest her frown might kill me« (IV,1,105), keinen Zweifel. Deshalb auch stellt Rosalinds nachfolgender scheinbarer Stimmungsumschwung, der abrupte Wechsel von Zurückweisung zur »mock-marriage« keine Laune dar, sondern erweist sich als letzte Prüfung von Orlandos Aufrichtigkeit. Wenn er wirklich nicht ohne Rosalind leben kann und sie mehr liebt als sich selbst, dann kann er auch unter den Bedingungen des Rollenspiels die Ehe nicht ausschlagen.

Weshalb allerdings Celia bei der »mock-marriage« anwesend ist, bedarf der Erklärung. Rosalinds die Werbungsszene und Liebesprobe einleitendes »Come woo me, woo me; for

now I am in a holiday humour and like enough to consent«
(IV,1,65 f.) setzt eigentlich eine intimere Situation voraus,
die nur bedingt dadurch geschaffen wird, daß Celia nach
Rosalinds Aufforderung an Orlando zunächst schweigt.
Erst Rosalinds Bitte, Celia möge den Part des Priesters
übernehmen, bringt diese wieder ins Spiel. Aber dann übernimmt Rosalind diese Rolle selbst. Sie spricht Orlando das
Ehegelöbnis vor und wiederholt es für sich, so daß Celia
wiederum überflüssig erscheint. Sie wäre es tatsächlich,
wenn die gespielte Eheschließung wirklich nicht mehr als
ein Spiel wäre. Um Celias Anwesenheit richtig einzuordnen,
bedarf es der Erinnerung an Martexts Weigerung, Audrey
zu verheiraten, weil niemand anwesend sei, um sie in die
Ehe zu geben. Das wäre an sich die Aufgabe des Vaters oder
eines männlichen Verwandten, aber daß Jacques einspringen
kann, verweist darauf, daß der, der die Braut in die Ehe gibt,
zugleich auch weltlicher Zeuge des Sakraments ist.

In IV,1 hat Rosalind ihren Vater noch nicht wiedergefunden; sie hat keine anderen Verwandten als Celia, deren Anrede als »sister« in diesem Kontext besonderes Gewicht zu-
kommt. Celia »gibt« Rosalind in die Ehe, und sie ist Zeugin
eines Ehegelöbnisses, das an der Ernsthaftigkeit der Partner keine Zweifel zuläßt. Orlando heiratet »Ganymed« mit
der Aufrichtigkeit, mit der er Rosalind ehelichen würde,
während Rosalind ihren Spott über den Ehestand mit dem
die Szene beschließenden Eingeständnis ihrer grenzenlosen
Liebe zu Orlando relativiert. Innerhalb der fiktiven Welt
von *As You Like It* hat Rosalinds und Orlandos Ehegelöbnis sogar unter juristischen Gesichtspunkten Bestand. Nach
römischem Recht war die Eheschließung ein privatrecht-
licher Akt unter Zeugen, und erst unter Augustinus wurde
sie zum Sakrament der Kirche. Am Schluß von *As You Like
It* verehelicht jedoch kein Priester die Paare, sondern der
Auftritt Hymens, einer römischen Gottheit, besiegelt die
eingegangenen Verbindungen.

Die Bedeutung des Eheversprechens in IV,1 wird auch

dadurch bekräftigt, daß in dieser Szene Orlandos Erziehung ihren Abschluß findet. Unter Rosalinds Anleitung ist Orlando zwar kein besserer Dichter geworden, aber er hat von Szene zu Szene an Argumentationsfähigkeit gewonnen. Zugleich hat ihn Rosalind in den Rollenspielen belehrt, daß selbst beständige Liebe nicht frei von Launen ist, daß sie wechselnden Stimmungen unterliegt – und man diesen für den Alltag der Liebe charakteristischen Stimmungen mit Ironie und Selbstironie begegnen kann. Daß Orlando jedoch nicht nur in seiner Liebe, sondern in allem Rosalind ein ebenbürtiger Partner wird, bezeugt Oliver. Indem Orlando sich nicht nur fähig zeigt, seinem Bruder zu verzeihen, sondern dessen Leben unter Einsatz des eigenen rettet, stellt er seinen Altruismus ebenso unter Beweis wie seine Tapferkeit und damit zwei wesentliche Eigenschaften eines Herrschers. Orlando steht am Schluß des 4. Akts an der Schwelle des von Jacques ausgesparten vierten Zeitalters, das durch Stärke und Vollendung gekennzeichnet ist.

Von diesen Vorgaben her ist es schlüssig, daß Rosalind ihre bislang dominierende Rolle zumindest zeitweilig preisgibt und sich ihrer Weiblichkeit bewußt wird. Die Schwäche, die sie beim Anblick des »napkin / Dy'd in his [Orlandos] blood« zeigt (IV,3,154 f.), dient jedoch nicht allein der Situationskomik des nachfolgenden Dialogs. Garber (vgl. S. 109) hat darauf hingewiesen, daß das blutige Tuch ein qualitativ anderes Liebespfand ist als die Gedichte, die Orlando an die Bäume geheftet hatte. Ihrer wenngleich anders begründeten Deutung als Initiationssymbol ist im Hinblick auf den Entwicklungsschritt, den Orlando vollzogen hat, ebenso zuzustimmen wie den erkannten sexuellen Konnotationen, innerhalb derer das blutige Tuch Ausdruck von Orlandos Jungfräulichkeit und Treue ist. In diesem Sinne ist es jedoch zugleich Aufforderung an Rosalind, Orlando, nachdem er sich sowohl in seiner Treue zu ihr wie auch mit Olivers Rettung bewährt hat, die ersehnte sexuelle Erfüllung zu gewähren.

Bevor Rosalind dies allerdings einlösen kann, erfordert die Dramaturgie des 5. Akts gleichermaßen ein retardierendes Moment wie die Auflösung des Rollenspiels. Hymens Eröffnungsverse, »Then there is mirth in heaven, / When earthly things made even, / Atone together« (V,4,107–109), bedürfen der Vorbereitung. Als retardierendes Moment erweist sich die durch keine Werbung vorbereitete Verbindung zwischen Celia und Oliver. Daß Olivers spätes Auftreten keinen Raum läßt für die differenzierte Ausgestaltung einer neuen Nebenhandlung, ist offensichtlich. Andererseits war Celia bis zum Eheversprechen zwischen Orlando und Rosalind für die Haupthandlung unverzichtbar. Shakespeare löst dieses konzeptuelle Problem, indem er der bereits in Phebes Liebe zu »Ganymed« angelegten »Liebe-auf-den-ersten-Blick«-Thematik eine weitere Variante gibt. Orlando fragt seinen Bruder ungläubig:

> Is't possible, that on so little acquaintance you should like her? That but seeing, you should love her? And loving woo? And wooing, she should grant? And will you persever to enjoy her? (V,2,1–4)

Es ist möglich, wie sowohl Oliver als Rosalind Orlando bestätigen, der daraufhin seine noch immer unerfüllt währende Liebe um so schmerzhafter empfindet. Aber wenngleich Olivers und Celias Liebe nichts von der Selbstsucht hat, die Phebes Verlangen nach Ganymed kennzeichnet, mit der auf die Wirklichkeit außerhalb des Walds von Arden ausgerichteten Liebe zwischen Rosalind und Orlando ist sie nicht zu vergleichen. Ausweislich von V,2,9–12, wo Oliver Orlando das väterliche Erbe überläßt, werden Oliver und Celia als Schäfer in Arden verbleiben und damit Celias Aussage von II,4,93 f. wahr machen: »I like this place, / And willingly could waste my time in it«. Inwieweit dies impliziert, daß man die Liebe auf den ersten Blick besser nicht der Nagelprobe der Wirklichkeit unterzieht, läßt Shakespeare offen.

Orlandos Eingeständnis gegenüber Rosalind, »I can live
no longer by thinking« (V,2,50), bestimmt das Tempo der
letzten beiden Szenen. Aber bevor Rosalind sich offenbart
und alle Widersprüche auflöst, bleibt es Silvius vorbehalten,
zu definieren, was Liebe ist:

It is to be made of sighs and tears,
[...]
It is to be all made of faith and service,
[...]
It is to be all made of fantasy,
All made of passion and all made of wishes,
All adoration, duty and observance,
All humbleness, all patience and impatience,
All purity, all trial, all observance;
[...]   (V,2,83; 88; 93–97)

Bezeichnenderweise sind weder Touchstone noch Audrey
und auch nicht Oliver und Celia in dieser Szene anwesend,
in der Silvius über seine Rolle als liebeskranker und leicht
manipulierbarer Schäfer hinauswächst. Er hat ebenso wie
Orlando gelernt, daß Lieben auch das Leiden an der Liebe
bedeutet, aber auch ihren zukünftigen Partnerinnen ist diese Erfahrung nicht erspart geblieben. Auf dieser Grundlage
kann schließlich auch Phebe eine ehrliche Bindung eingehen
(V,4,148 f.).

IV

Im festlichen Schluß von *As You Like It* hebt Shakespeare
zunächst alle Konflikte auf. Vier Paare werden vereint; und
der Bruderzwist ist beigelegt. Mit dem 5. Akt, so scheint es,
nimmt Shakespeare seine Dekonstruktion der Pastoralkon-
ventionen zurück und gibt dem Publikum, was ihm gefällt:
die »romantische« Liebeserfüllung und die Aussöhnung aller
Widersprüche um den Preis eines in sich widersprüchlichen
Stücks: Zahllose, auch berühmte Regisseure haben die Hoch-

zeitsfeier zum Anlaß genommen, *As You Like It* durchgängig als romantische, der Zeit entrückte Komödie, als »fairy tale« (vgl. Bowe, S. 67; Thompson, S. 79) zu inszenieren. Aber *As You Like It* endet nicht mit der Hochzeitsfeier, sondern mit Rosalinds Rückkehr als »the lady the epilogue« auf eine leere Bühne und mit ihrem Hinweis auf die Theaterhaftigkeit des gerade Gezeigten. Dazu gehört, daß sie ihre eigene Theaterhaftigkeit thematisiert – »If I were a woman, I would kiss as many of you as had beards« (V,4,214–216).

Auf der Shakespearebühne wurden die Frauenrollen von jungen Männern gespielt, was Hosenrollen von vornherein doppeldeutig machte. *As You Like It* kompliziert diese geschlechtsbedingte Konstellation noch weiter, indem der Schauspieler, der Rosalinds Part innehat, in der Rolle des Ganymed gegenüber Orlando zusätzlich prätendieren muß, Rosalind zu sein. Dies hat insbesondere im Rahmen der »gender studies« zu Shakespeare (vgl. u. a. Drakakis, Hawkes, Wofford) zu Überlegungen geführt, inwieweit Rosalinds doppelter Rollenwechsel sowohl eine Entgrenzung der Rolle zur Androgynität ebenso wie zur Homoerotik hin bewirkt und gerade dadurch die metafiktionale, metadramatische Dimension des Stückes gesteigert wird. Festzuhalten bleibt, daß Rosalind ihre Schauspieleridentität erst im Epilog kommentiert, während sie als Rosalind, die vorgibt, Ganymed zu sein und Rosalind zu spielen, innerhalb dieses fiktiven Rollenentwurfs bleibt. Sowohl als die »wirkliche« wie als die Rosalind spielende Rosalind kommentiert sie die Geschlechterbeziehungen aus weiblicher Perspektive, und in der Rolle des Ganymed kann sie dies um die männliche Perspektive ergänzen. Insofern vermag Rosalind die für die Frauengestalten in Shakespeares Komödien, insbesondere aber für die dort angelegten Hosenrollen charakteristische »utopische Freiheit von den Zwängen [. . .] des Patriarchats« (Weimann, S. 30) umfassender zu nutzen als alle anderen Mädchenfiguren der Komödien und dadurch zu deren konzeptionell komplexester Repräsentantin werden.

Durch Rosalind wird die metafiktionale Dimension von *As You Like It* entscheidend mitgetragen, aber diese wird nicht nur über sie realisiert. Shakespeare nutzt die im Vergleich zur Tragödie größere poetologische Offenheit der Komödienstruktur und deren ebenfalls noch größere Nähe zur Tradition des Volkstheaters in *As You Like It*, um die Fiktion zugunsten des Gegenwartsbezugs zu entgrenzen. Hierzu zählen eher vordergründige Verweise wie das Motto des gerade eröffneten Globe und das Marlowe-Zitat ebenso wie die schon bei den Zeitgenossen umfassendere Kenntnisse voraussetzende Parteinahme für das neoplatonische Menschenbild und die Dekonstruktion der pastoralen Dichtungskonventionen. Die Partizipation an dieser metadramatischen Doppelbödigkeit von *As You Like It* ist in nachzeitigen Inszenierungen aus einsichtigen Gründen nur schwer zu vermitteln, was die Bevorzugung »romantischer« Inszenierungen erklärlich macht. Bei der Lektüre vermag sie das intellektuelle Vergnügen an Shakespeares Komödie jedoch noch zu steigern.

Literaturhinweise

Allen, Michael B.: Jacques Against the Seven Ages of the Proclan Man. In: Modern Language Quarterly 42 (1981) S. 331–346.

Alulis, Joseph: Fathers and Children: Matter, Mirth, and Melancholy in *As You Like It*. In: Joseph Alulis / Vickie Sullivan (Hrsg.): Shakespeare's Political Pageant. Essays in Politics and Literature. Lanham (Md.): Rowman & Littlefield, 1996. S. 37–60.

Barnet, Sylvan: »Strange Events«: Improbability in *As You Like It*. In: Shakespeare Studies 4 (1968) S. 119–131.

Bowe, John: Orlando in *As You Like It*. In: Philip Brockbank (Hrsg.): Players in Shakespeare 1. Cambridge: Cambridge University Press, 1985. S. 67–76.

Bryant, J. A. Jr.: Shakespeare and the Uses of Comedy. Lexington: The University Press of Kentucky, 1987.

Calvo, Clara: In Defence of Celia: Discourse Analysis and Women's Discourse in *As You Like It*. In: Katie Wales (Hrsg.): Feminist Linguistics in Literary Criticism. Essays and Studies 1994. S. 91–115.

Daley, A. Stuart: To Moralize a Spectacle: *As You Like It*, Act 2, Scene 1. In: Philological Quarterly 65 (1986) S. 147–170.

– The Tyrant Duke of *As You Like It*: Envious Malice Confronts Honor, Pity, Friendship. In: Cahiers Elisabethains: Late Medieval and Renaissance Studies 34 (1988) S. 39–51.

Drakakis, John (Hrsg.): Alternative Shakespeares. London: Routledge, 1985.

Ecker, Gisela: Der weibliche Körper bei Shakespeare im Spiel von An- und Abwesenheit. In: Jahrbuch der Deutschen Shakespeare-Gesellschaft West (1989) S. 223–241.

Elam, Keir: »As They Did in the Golden World«: Romantic Rapture and Semantic Rupture in *As You Like It*. In: Canadian Review of Comparative Literature 18 (1991) S. 217–232.

Garber, Majorie: Coming of Age in Shakespeare. London: Methuen, 1981.

– The Education of Orlando. In: A. R. Braunmuller / J. C. Bulman (Hrsg.): Comedy from Shakespeare to Sheridan. Essays in Honor of Eugene M. Waith. Newark: University of Delaware Press, 1986. S. 102–112.

Gras, Henk: Enchanting Metadrama: Shakespeare's Use of the Boy Actor in *As You Like It*. In: A. J. Hoenselaars (Hrsg.): Reclamations of Shakespeare. Amsterdam: Rodopi, 1994. S. 33–55.

Hale, John K.: »We'll Strive to Please You Every Day«: Pleasure and Meaning in Shakespeare's Mature Comedies. In: Studies in English Literature 1500–1900 21 (1981) S. 241–255.

Halio, Jay L.: »No Clock in the Forest«: Time in *As You Like It*. In: Jay L. Halio (Hrsg.): Twentieth Century Interpretations of *As You Like It*. Englewood Cliffs (N.J.): Prentice-Hall, 1968. S. 88–97.

– (Hrsg.): Twentieth Century Interpretations of *As You Like It*. Englewood Cliffs (N.J.): Prentice-Hall, 1968.

Hawkes, Terence (Hrsg.): Alternative Shakespeares 2. London: Routledge, 1996.

Hobby, Elaine: »My affection hath an unknown bottom«: Homosexuality and the Teaching of *As You Like It*. In: Lesley Aers / Nigel Wheale (Hrsg.): Shakespeare in the Changing Curriculum. London: Routledge, 1991. S. 125–142.

Hunt, Maurice: Kairos and the Ripeness of Time in *As You Like It*. In: Modern Language Quarterly 52 (1991) S. 113–135.

– Wrestling for Temperance: *As You Like It* and *The Faerie Queene*, Book II. In: Allegorica 16 (1995) S. 31–46.

Kerrigan, William: Female Friends and Fraternal Enemies in *As You Like It*. In: Valeria Finucci / Regina Schwartz (Hrsg.): Desire in the Renaissance. Princeton: Princeton University Press, 1994. S. 184–203.

Kott, Jan: The Gender of Rosalind. In: New Theatre Quarterly 7 (1991) S. 113–125.

Lerner, Laurence (Hrsg.): Shakespeare's Comedies. Harmondsworth: Penguin, 1967.

Marshall, Cynthia: Wrestling as Play and Game in *As You Like It*. In: Studies in English Literature 1500–1900 33 (1993) S. 265–287.

Naumann, Anna C.: Der Witz der Rosalind. In: Shakespeare-Jahrbuch 132 (1996) S. 93–102.

Rickman, Alan: Jacques in *As You Like It*. In: Russell Jackson / Robert Smallwood (Hrsg.): Players of Shakespeare 2. Cambridge: Cambridge University Press, 1988. S. 73–80.

Röhr, Bettina: Das Komische bei Shakespeare. Eine Analyse komischer Strukturen in *As You Like It* sowie *A Midsummer Night's Dream*, *Twelfth Night* und *Much Ado About Nothing*. Frankfurt a. M.: Lang, 1997.

Shaw, Fiona / Stevenson, Juliet: Celia and Rosalind in *As You Like It*. In: Russell Jackson / Robert Smallwood (Hrsg.): Players of Shakespeare 2. Cambridge: Cambridge University Press, 1988. S. 55–71.

Soule, Lesley Anne: Subverting Rosalind: Cocky Ros in the Forest of Arden. New Theatre Quarterly 7 (1991) S. 126–136.

Stanton, Kay: The Disguises of Shakespeare's *As You Like It*. Iowa State Journal of Research 59 (1985) S. 295–305.

Suerbaum, Ulrich: Shakespeares Dramen. Düsseldorf: Bagel, 1980.

Taylor, Donn Ervin: »Try in Time Despite of a Fall«: Time and Occasion in *As You Like It*. In: Texas Studies in Literature and Language 24 (1982) S. 121–136.

Thompson, Sophie: Rosalind (and Celia) in *As You Like It*. In: Russell Jackson / Robert Smallwood (Hrsg.): Players of Shakespeare 3. Cambridge: Cambridge University Press, 1993, S. 77–86.

Weimann, Robert: Geschlecht, Macht und Humanität bei Shakespeare. In: Shakespeare-Jahrbuch (Weimar) 124 (1988) S. 28–36.

Wilson, Richard: Will Power. Essays on Shakespearean Authority. Detroit: Wayne State University Press, 1993.

Wofford, Susanne L.: »To You I Give Myself, For I Am Yours« – Erotic Performance and Theatrical Performatives in *As You Like It*. In: Russ McDonald (Hrsg.): Shakespeare Reread. The Texts in New Contexts. Ithaca: Cornell University Press, 1994. S. 147–169.

Hamlet

Von Andreas Höfele

Wir sind Hamlet. Es gibt Millionen von ihm, Millionen von Hamlets. Studieren wir ihn, so erblicken wir uns selbst. Er repräsentiert eine permanente Befindlichkeit des Menschen. Er ist der typische moderne Charakter. Er ist der Prototyp des Liberalen. Nicht zu vergessen: Deutschland ist Hamlet!
»– aber ich identifiziere mich *nicht* mit Ophelia!«
»Natürlich nicht. Du identifizierst dich mit Hamlet. Jeder tut das.«
Nein! Ich bin nicht Prinz Hamlet.

All diese Sätze sind Zitate.[1] Sie – und die vielen anderen, ähnlichen, um die sie sich vermehren ließen – bezeugen, daß es mit diesem Stück eine besondere Bewandtnis haben muß. Nachdem es lange als Shakespeares Meisterwerk, ja, als Gipfel aller literarischen Meisterwerke galt – »*Hamlet* is the greatest creation in literature that I know of«, befand beispielsweise Alfred Lord Tennyson –, spricht zwar einiges dafür, daß es sich diesen Rang neuerdings mit *King Lear* teilen muß, wenn nicht gar an *Lear* verloren hat (Foakes, 1993). Aber Lear wird dennoch kaum je an die Stelle Hamlets treten, der greise, verblendete König niemals eine auch nur annähernd so intensive Anziehungskraft entwickeln können wie der grüblerische junge Prinz. Das Besondere an Hamlet ist, daß er Generationen von Theaterzuschauern, vor allem

---

1 Und zwar, der Reihe nach, von William Hazlitt (1818), Stopford Brooke (1913), Frank Walters (1902), E. K. Chambers (1894), Georg Brandes (1911) (alle zit. bei: Williamson, 1950), Charles Marowitz (*The Marowitz Shakespeare*, New York: Drama Book Specialists, 1978, S. 13), Ferdinand Freiligrath (»Deutschland ist Hamlet«, 1844), Iris Murdoch (*The Black Prince*, 1973, Harmondsworth: Penguin, 1975, S. 196) und T. S. Eliot (»The Lovesong of J. Alfred Prufrock«, 1917).

aber von Lesern, den Eindruck einer beispiellosen Nähe, Gleichgestimmtheit, Seelenverwandtschaft vermittelte; daß er mehr als irgendeine andere literarische Figur zum Spiegel seiner Betrachter wurde. Was ihn vor allen anderen auszeichnet, ist ein einzigartiges Zusammentreffen von Intimität und Universalität. Mit den Einblicken in seine monologisch enthüllte Innenwelt enthüllt sich zugleich der Mensch schlechthin, *conditio humana*. Hamlet, dieses Sprachkonstrukt, Gebilde aus »words, words, words«, lockt mit einem schier unwiderstehlichen Identifikationsversprechen: Erkenne dich in mir und erkenne damit, was Menschsein heißt.

Mag sein, daß diese Lockung heute nicht mehr zieht. Wenn ›der Mensch‹, wie der französische Philosoph Michel Foucault schreibt, im Verschwinden begriffen ist (Foucault, 1997, S. 462); das heißt: wenn das universalistische Menschenbild der europäischen Aufklärung als partikulare und ideologische – keineswegs überzeitlich-essentielle – ›Formation‹ erkennbar wird, dann gerät vielleicht auch der Hamlet, in dem ›wir‹ uns wiedererkennen, zur Fata Morgana: enttarnt als Produkt des bürgerlichen Individualismus in dessen heroisch-pathetischer Steigerung zum romantischen Subjektivismus; eine Kreation eher des ausgehenden 18. als des ausgehenden 16. Jahrhunderts, die sich spätestens mit dem Eintritt in unsere ›postmoderne‹ Gegenwart überlebt hat. Schon sind an Foucault und anderen poststrukturalistischen Vordenkern geschulte Shakespeare-Experten zur Stelle, um jeglichen Versuch, Hamlet ›verstehen‹ zu wollen, als pure Projektion abzutun. Hamlet, so Terence Hawkes (1992), b e d e u t e t nicht, er bekommt – je verschiedene und damit letztlich beliebige – Bedeutungen bloß zugeschrieben. Als Attacke gegen konservative Vorstellungen vom Ewigkeitswert und universalen Sinn des Meisterwerks mag diese These ihre strategische Berechtigung haben. Bei nüchterner Betrachtung erweist sie sich freilich als maßlose Übertreibung, kaum weniger fragwürdig als der psychologische Essentialismus, den sie verwirft. Einem so hochkomplexen

Zeichensystem wie *Hamlet* jegliche Eigenbeteiligung an seinen in immer neuen Verstehensprozessen sich konstituierenden Bedeutungen abzusprechen, ist schlicht abwegig. Der romantische Hamlet mag sich vom elisabethanischen wie vom modernen Hamlet erheblich unterscheiden. Doch alle drei bleiben trotz ihrer Differenzen als Versionen von *Hamlet* identifizierbar und als solche durch ebenfalls erhebliche Übereinstimmungen (der Konfiguration, des Ablaufs und des Wortlauts) miteinander verbunden. Niemand würde sie für *Macbeth*, *Die Leiden des jungen Werther* oder *The Great Gatsby* halten, wenngleich beispielsweise der Hamlet der Romantik sicherlich unübersehbare Affinitäten zu Goethes zartfühlendem Helden aufweist.

Eines dürfte nach den einleitenden Bemerkungen bereits deutlich sein: Wer sich mit *Hamlet* (dem Stück) oder Hamlet (seinem Protagonisten) befaßt, sieht sich unweigerlich auf Grundfragen des Interpretierens gestoßen, Fragen nach Möglichkeit und Grenzen von Verstehen, nach Historizität und Instabilität vermeintlich gesicherter Bedeutungen – und zwar vor allem aus zwei Gründen. Zum einen dürfte in dieses Drama mehr interpretatorische Energie, eine heftigere und anhaltendere »Wut des Verstehens« (Hörisch, 1988) investiert worden sein als in irgendein anderes literarisches Artefakt (die Bibel allenfalls ausgenommen), und diese Investition hat sich weit über den Binnenbezirk literarischer Diskurse hinaus kulturgeschichtlich verzinst. Zum anderen findet der Interpret seine Rolle durch Shakespeares nachdenklichen Protagonisten bereits besetzt, die Frage nach den Bedingungen des Verstehens im Stück selber schon nachdrücklich gestellt. *Hamlet* erweist sich als ein Text, der das Verstehen gleichermaßen herausfordert wie frustriert. Was sich uns heute als Shakespeares *Hamlet* präsentiert, ist das Musterbeispiel eines Textes, der durch die Geschichte seiner Rezeption unentwegt über- und umgeschrieben worden ist: ein ›Palimpsest‹. Suchen wir unter den Schichten späterer Überschreibungen die Urschrift freizulegen, so entdecken wir freilich, daß es diese gar nicht gibt.

Auch zu seiner Entstehungszeit ist Shakespeares *Hamlet* bereits die Umschrift einer schon mehrfach vor Shakespeare erzählten und veränderten Geschichte. Die Ursprünge des Hamlet-Stoffes reichen zurück in die isländische Sagenwelt. Bereits der Name des Helden verweist auf die altnordische Wurzel: *amloði* bedeutet soviel wie ›dämlich‹, ›blöd‹ – Eigenschaften, die man mit Shakespeares Hamletgestalt wohl kaum verbinden würde, die aber doch den Kern der Fabel namhaft machen: einen Rächer, der sich dumm stellt, um den Mörder seines Vaters in Sicherheit zu wiegen, bis die Zeit für den Vergeltungsschlag gekommen ist. Ein dänischer Mönch, Saxo Grammaticus, schrieb die Geschichte Ende des 12. Jahrhunderts zum ersten Mal nieder. In seiner lateinischen Chronik (*Historiae Danicae*) ist Amleth der Sohn Horwendils, des Königs von Jütland, und seiner Frau Gerutha. Nachdem Horwendil den König von Norwegen im Einzelkampf bezwungen hat, wird er von seinem neidischen Bruder Feng (oder Fengon) umgebracht, der alsbald seine Schwägerin Gerutha heiratet. Anders als bei Shakespeare ist der Brudermord bei Saxo kein Staatsgeheimnis. Feng rechtfertigt ihn öffentlich mit der angeblichen Grausamkeit Horwendils gegen Gerutha. Amleths vorgetäuschter Wahnsinn wird unter diesen Bedingungen zur plausiblen taktischen List:

Amleth beheld all this, but feared lest too shrewd a behaviour might make his uncle suspect him. So he chose to feign dullness, and pretend an utter lack of wits. This cunning course not only concealed his intelligence but ensured his safety. Every day he remained in his mother's house utterly listless and unclean, flinging himself on the ground and bespattering his person with foul and filthy dirt. (Bullough, 1973, S. 62)

Allerdings schöpft Feng trotzdem Verdacht und läßt den Neffen überwachen. Einer von Fengs Leuten versteckt sich unter einer Strohmatratze in Geruthas Gemach. Amleth entdeckt den Lauscher, ersticht ihn, schneidet ihn in Stücke und verfüttert ihn an die Schweine. Als seine entsetzte Mutter in Klagen über diese Untat ausbricht, herrscht er sie an:

> Most infamous of women! dost thou seek with such lying lamentations to hide thy most heavy guilt? Wantoning like a harlot, thou hast entered a wicked and abominable state of wedlock, embracing with incestuous bosom thy husband's slayer, and wheedling with filthy lures of blandishments him who had slain the father of thy son. This, forsooth, is the way that the mares couple with the vanquishers of their mates; for brute beasts are naturally incited to pair indiscriminately [...].   (Bullough, 1973, S. 65 f.)

Nun endgültig von der Gefährlichkeit seines Neffen überzeugt, beschließt Feng, Amleth töten zu lassen, aber – aus Rücksicht auf Amleths Mutter – nicht in Jütland, sondern in Britannien. Ein Brief, den Feng Amleths Begleitern mitgibt, instruiert den britischen König, Amleth unverzüglich hinzurichten. Unterwegs aber entdeckt Amleth diese Order und schreibt sie unbemerkt um: Nicht er, sondern seine beiden Begleiter sind hinzurichten, Amleth hingegen soll die britische Königstochter zur Frau erhalten. Die Anordnungen werden befolgt. Nach der Hochzeit kehrt Amleth nach Jütland zurück, wo man in Fengs Palast gerade dabei ist, seinen Tod zu feiern. Es gelingt Amleth, die Höflinge betrunken zu machen. Er fesselt die Wehrlosen, steckt den Palast an und läßt den gesamten Hofstaat in den Flammen umkommen. Feng selbst, dem er vorsorglich ein unbrauchbares Schwert zugesteckt hat, tötet er im Einzelkampf. In dieser Version der Geschichte gibt es kein Zögern. Sobald sich die Gelegenheit bietet, tötet Amleth seine Feinde ohne Verzug und ohne die geringsten Skrupel. Unangefochten herrscht in Saxos Chronik der Ehrenkodex der altnordischen Sagenwelt:

> O valiant Amleth, and worthy of immortal fame, who being shrewdly armed with a feint of folly, covered a wisdom too high for human wit under a marvellous disguise of silliness! and not only found in his subtlety means to protect his own safety, but also by its guidance found opportunity to avenge his father. By this skilful defence of himself, and strenuous revenge for his parent, he has left it doubtful whether we are to think more of his wit or his bravery. (Bullough, 1973, S. 70)

Als François de Belleforest in seinen *Histoires Tragiques* (1559–82) eine französische Fassung dieser Geschichte publiziert, sind seine christlichen Vorbehalte gegen die germanische Vergeltungsmoral deutlich spürbar. Um seinen Helden nicht als barbarischen Verbrecher verurteilen zu müssen, deutet er ihn als Vollstrecker eines göttlichen Strafgerichts. So gelingt es ihm, den ritterlichen Ehrenkodex, der die Rache fordert, mit der christlichen Morallehre, die sie verbietet, wenigstens einigermaßen in Einklang zu bringen. Abgesehen von seinem stärker moralisierenden Tenor bekräftigt Belleforest auch die bei Saxo bereits angelegte misogyne Tendenz, indem er Gerutha schon vor dem Tod ihres Mannes zur Geliebten Fengs werden läßt. Ob Shakespeare Saxos Chronik je zu Gesicht bekam, ist ungewiß. Sehr wahrscheinlich hingegen, daß er Belleforests Version kannte.

Das letzte Glied der Überlieferungskette, Shakespeares mutmaßliche Hauptquelle, aber fehlt. Wie der Prinz hat auch das Stück einen geisterhaften ›Vater‹, jenen sogenannten *Ur-Hamlet*, der, 1589 erstmals erwähnt, in den frühen neunziger Jahren des 16. Jahrhunderts in London aufgeführt worden sein muß – ein eher mäßiges Stück, wenn man den spärlichen Zeitzeugnissen glauben darf. Sein Verfasser war vielleicht Thomas Kyd, dessen höchst erfolgreiche *Spanish Tragedy* (um 1586) das Genre der Rachetragödie auf dem elisabethanischen Theater etablierte. Zeitgenössischen Hinweisen zufolge gab es in dem verlorenen *Ur-Hamlet* bereits einen Vergeltung fordernden Geist. Anzunehmen ist weiterhin, daß das Stück auch schon das Schwanken des Helden zwischen gespieltem und echtem Wahnsinn, seine langen Reflexionsmonologe – unter anderem über das Für und Wider des Selbstmordes – sowie ein Spiel im Spiel als Instrument der Rache enthielt: All diese Elemente nämlich finden sich in der *Spanish Tragedy*.[2]

Shakespeare – das zeigt dieser keineswegs vollständige Überblick – bedient sich ausgiebig bei seinen Vorgängern. Manche Ungereimtheiten seiner Version lassen sich darauf zurückführen, daß Hamlets Verhalten bisweilen weniger von internen psychologischen Motiven als von den externen Vorgaben seiner Prä-Texte diktiert wird. So kann mit dem Hinweis auf Shakespeares Vorlagen sogar die Kardinalfrage, an der sich Generationen von Interpreten mehr oder weniger vergeblich abgemüht haben, aus dem Halbdunkel tiefsinniger Seelenergründung ins nüchterne Arbeitslicht der Dramatikerwerkstatt gerückt werden. Warum zögert Hamlet? Weil das elisabethanische Publikum dies vom Helden einer Rachetragödie erwartete. Und wieso kann er, als er Polonius hinterm Wandbehang rumoren hört, seine Tathemmung plötzlich überwinden? Weil Saxos Amleth es ihm in einer analogen Situation vorgemacht hat. Natürlich ist auch dies nicht die ›ganze Wahrheit‹. Immerhin macht der Blick auf die Vorgeschichte des Stoffes aber deutlich, daß Shakespeares Drama das Ergebnis eines Adaptionsprozesses ist, dessen Spuren nur unvollständig getilgt sind. Elemente früherer Versionen ›stehen über‹, ragen in Shakespeares Version hinein – durchaus nicht immer zu bruchloser Stimmigkeit geglättet.

2 Zur Quellenfrage liegt ausgiebigste Forschungsliteratur vor. Sie hier anzuführen, wäre allein schon aus Platzgründen unzweckmäßig. Eine nützliche Übersicht der Parallelen zwischen Shakespeares *Hamlet* und seinen Vorläufern gibt Watts (1988), S. 8–10.

Im übrigen ist der Singular fehl am Platze: Nicht eine, sondern drei Versionen liegen vor. Die erste (Q1), in der Sprache der Experten *a bad quarto*, datiert von 1603: ein überaus fehlerhafter Raubdruck im handelsüblichen Quartformat; ein *reported text*, also einer, der vermutlich auf der Mitschrift einer Aufführung beruht, wofür auch seine Kürze spricht (2154 Zeilen). 1604/05 erschien die zweite Quartoausgabe (Q2), mit 3674 Zeilen die längste der drei Versionen. Sie weist eine deutlich bessere Qualität auf und basiert nach Meinung der Forschung auf Shakespeares *foul papers*, den Manuskripten des Dramatikers. In der ersten Gesamtausgabe von Shakespeares Dramen, der *First Folio Edition* von 1623 (F), erscheint eine dritte Version, in der 222 Zeilen von Q2 fehlen, dafür 83 neue hinzukommen. Ob diese Version durch Bearbeitung von Q2 zustandegekommen ist oder auf Shakespeares *fair copy* basiert, der Reinschrift des Textes, der dann zur Grundlage des *prompt book* (der Spielpartitur von Shakespeares Theatergruppe) wurde, ist strittig. *Hamlet* stellt somit »an editor's nightmare« (Watts, 1988, S. 19) dar oder, freundlicher ausgedrückt, ein unerschöpfliches Arbeitsbeschaffungsprogramm für Philologen. Von alledem ahnt der Laie nichts. Denn was er üblicherweise zu Gesicht bekommt, wenn er seinen *Hamlet* aufschlägt, ist ein *composite text*, d. h. ein ingeniöser Zusammenschnitt der drei Fassungen, bei dem die Nahtstellen sorgfältig wegretuschiert sind. Die Legitimität solchen Verfahrens ist heute umstritten. Der *composite text*, so wird häufig argumentiert, liefert ein Stück, das es so nie gegeben hat; einen hypothetischen Text, dessen Anspruch, der ›beste‹ oder gar: vom Autor ›eigentlich intendierte‹ zu sein, mehr als problematisch ist. Die Konsequenz solcher Bedenken tritt z. B. in G. R. Hibbards Oxford-Ausgabe des Stückes (1987)[3] zutage, wo der verdutzte Leser einige berühmte

3 Nach dieser wird im folgenden zitiert: William Shakespeare, *Hamlet*, hrsg. von G. R. Hibbard, Oxford: Oxford University Press, 1987 (The World's Classics).

Textpassagen vermissen und erst beim Nachschlagen im Anhang wiederfinden wird. So z. B. Hamlets »dram of eale«-Rede aus I,4 (der *eine* Fehler, der alle guten Eigenschaften eines Menschen zunichte machen kann), die Laurence Olivier als Schlüssel zu Hamlets Charakter so wichtig nahm, daß er sie zum Motto seines *Hamlet*-Films (1948) machte; und auch Hamlets Selbstbezichtigungsmonolog aus IV,4, »How all occasions do inform against me«, der seine eigene Tatenlosigkeit in Kontrast zu Fortinbras' Aktionismus setzt. Traditionell als mehr oder weniger verläßliche Wiedergaben *eines* integralen Werkganzen betrachtet, werden die Varianten heute eher als Zeichen dafür genommen, daß es die *eine* endgültige und verbindliche Fassung gar nicht gibt, vielmehr nur Stadien eines *work in progress*, mit dem der Autor vielleicht ebenso wenig zu Ende kam wie seine Interpreten.

BARNARDO. Who's there?
FRANCISCO.
    Nay, answer me. Stand and unfold yourself.
BARNARDO. Long live the King!
FRANCISCO. Barnardo?
BARNARDO. He.   (I,1,1–5)

Um das Jahr 1600 – vielleicht schon 1599, vielleicht erst 1601 – wurden diese Worte zum ersten Mal gewechselt: wie im elisabethanischen Theater üblich, unter freiem Himmel, am hellichten Nachmittag und auf leerer Bühne. Was in späteren Zeiten Lichteffekte und Kulissen übernahmen, vollbringen bei Shakespeare die Schauspieler: Gegen die taghelle Realität und ein vermutlich geräuschvolles Publikum lassen sie es Nacht werden – allein durch ihre Worte und ihr Spiel. Geisterstunde auf den Mauern des Königsschlosses zu Helsingör, und den Wachen ist unheimlich zumute. Daß etwas nicht stimmt, verrät schon die vertauschte Reihenfolge ihrer Rufe. Nicht der wachhabende Francisco, sondern Barnardo, der ihn ablösen kommt, stößt zuerst die bange Frage aus: Wer da? Mit sparsamsten Mitteln gelingt es Shakespeare, nicht nur die Atmosphäre des nächtlichen Schauplatzes beklemmend spürbar zu machen, sondern zugleich auch den Grundton für das weitere Geschehen anzuschlagen. Mit der Ausgangsfrage »Who's there?« öffnet das Stück seinen Resonanzraum: eine Welt des Zwielichtigen, der Ungewißheit, in der es keine Gewähr für beruhigende Antworten gibt. Hörbar die Erleichterung, wenn aus dem Dunkel ein bekanntes Gesicht auftaucht und nicht jenes »Ding« (21), das der skeptische Horatio als bloße Einbildung abtut, bis er es selber zu Gesicht bekommt – ein stummes Zeichen, das nach Deutung verlangt. Denn der Geist, wiewohl angesprochen, antwortet nicht. Horatios Vermutung – »This bodes some strange eruption to our state« (69) – verweist auf eine Seinsordnung, in der Mensch, Staat und Natur als Bestandteile eines theozentrischen Weltgebäudes in wechselseitiger Abhängigkeit miteinander verbunden sind. Ordnungsverstöße in einer Sphäre, so die Logik dieses kosmischen Systems, rufen Erschütterungen in den übrigen hervor. Diese christlich-mittelalterliche Vorstellung hat um 1600 bereits viel von ihrer einstigen Geltung verloren. Auf ihre stabilisierende Kraft ist in Shakespeares Drama kein Verlaß mehr. Zitiert wird sie stets gerade dann, wenn die Ordnung aus den Fugen gerät, wenn nicht der gesicherte Bestand eines weltanschaulichen ›Urvertrauens‹, sondern, im Gegenteil, eine elementare Verunsicherung zur Sprache kommt.[4]

Horatio hat recht, wenn er die Geistererscheinung mit einer Bedrohung des Staatswesens in Verbindung bringt; doch er irrt, wenn er meint, die Bedrohung komme von au-

---

4 »English tragedy is nothing less than the negation and dismantling of the Elizabethan World Picture« (Franco Moretti, 1982, S. 12). Gemäß dieser Einsicht wird das von Tillyard (1943) gezeichnete *Elizabethan World Picture* heute als eine eher irreführende Konstruktion kritisiert.

ßen, von Norwegen, wo der junge Fortinbras Truppen zusammenzieht, um die von seinem Vater im Einzelkampf gegen König Hamlet an Dänemark verlorenen Gebiete zurückzuerobern. Noch ehe der Name des Titelhelden zum ersten Mal gefallen ist, wird mit Fortinbras bereits eine Parallel- und Kontrastfigur zu Hamlet eingeführt: auch er ein Sohn, dem der Vater getötet wurde und der sich nun anschickt, diesen Tod zu rächen. Was den Geist tatsächlich umtreibt, erfährt der Zuschauer zusammen mit Hamlet in der letzten Szene des 1. Aktes, mit der die Exposition schließt. Von Zweifel oder Bedenken gegen das ihm auferlegte Rachegebot ist Hamlet hier nichts anzumerken. »Rasch wie Gedankenflug« (»with wings as swift / As meditation«, I,5,29 f.) will er zur Tat eilen, jeden anderen Gedanken als den an Rache verbannen, sobald er weiß, daß Claudius, Bruder seines Vaters und dessen Nachfolger auf dem dänischen Thron, den König im Schlaf umgebracht hat. Setzte er seinen Vorsatz unverzüglich in die Tat um, so wäre das Stück zu Ende, noch ehe es recht begonnen hätte. Shakespeares Publikum konnte sich allerdings darauf verlassen, daß der Dramatiker es so knapp nicht abspeisen würde. Seit Kyds *Spanish Tragedy* gehörten Rachetragödien zum festen Bestand des Londoner Repertoires. Und zu den festen Bestandteilen einer Rachetragödie gehörte es, daß die Rache sich verzögert: durch widrige äußere Umstände, durch Bedenken des Rächers oder auch durch sein vergebliches Bemühen, sich auf legalem Wege Recht zu verschaffen. Für Hamlet ist der Rechtsweg von vornherein ausgeschlossen. Der Verbrecher, den er strafen will, ist zugleich oberster Richter; Rache somit der einzige Weg, ihm beizukommen. Was also hemmt Hamlets Vergeltungsdrang? Ein plausibler Grund wäre Claudius' Machtstellung, der Umstand, daß er, vermutlich ständig bewacht, inmitten seines Gefolges nur schwer zu treffen sein dürfte. Doch diese naheliegende pragmatische Erklärung unterschlägt das Stück. An einer einzigen Stelle klingt sie indirekt an, dann nämlich, als Hamlet den König beim Beten antrifft: ausnahmsweise allein (III,3,73). Ebenfalls naheliegend wäre es, Hamlets Zögern durch Bedenken zu motivieren, die sich aus dem biblischen Racheverbot ergeben. »Vengeance is mine; I will repay, saith the Lord«, heißt es im Römerbrief (12,19). Doch daß Hamlet sich diesen Satz zu Herzen nähme oder sein Vorhaben durch ihn in irgendeiner Weise diskreditiert sähe, geht aus keiner seiner – wahrlich zahlreichen – Äußerungen hervor.

Shakespeare übernimmt also die genretypische Verzögerung der Rache, verzichtet aber darauf, sie in üblicher Weise zu motivieren. Mag sein, daß er es nicht für nötig hielt; daß das Rachethema und die mit ihm verbundenen Topoi und dramaturgischen Konventionen so geläufig waren, daß ihr erneutes Durchbuchstabieren sich erübrigte. Wie dem auch sei: Die Popularität des Themas auf der Bühne unterstreicht seine zeitgenössische Brisanz. »Revenge«, schreibt Francis Bacon,

> is a kinde of Wilde Justice; which the more Mans Nature runs to, the more ought Law to weed it out. For as for the first Wrong, it doth but offend the Law; but the *Revenge* of that wrong, putteth the Law out of Office. (S. 16)

Rache ist für Shakespeares Zeitgenossen ein hochgradig problematisches Phänomen – und dies nicht allein unter theologischem Aspekt. Im Laufe des 16. Jahrhunderts hatten die Könige aus dem Hause Tudor gegen die Macht der alten Adelsgeschlechter konsequent ein zentrales Gewaltmonopol durchgesetzt und damit die Grundlagen eines neuzeitlichen Staates geschaffen. Wenn Bacon von »wilder Justiz« spricht, so verurteilt er die Rache im Sinne dieser modernen Staatsräson. Zugleich muß der Philosoph aber auch zugeben, daß das Verlangen nach Rache offenbar in der Natur des Menschen liegt. An Hamlets »Natur« appelliert auch der Geist (»If thou hast nature in thee, bear it not«, I,5,81), worauf der Prinz mit wilder Entschlossenheit reagiert. Er gelobt, an nichts anderes mehr denken zu wollen als an seinen Auftrag. Zur Psychologie der Rache gehört diese ausschließliche Beschäftigung mit ihr. Im Verfolg seines Planes wird der Rächer zum monomanen Einzelgänger. Er verliert jedes Maß. Die Logik seines Tuns verlangt, daß seine Rache die Untat, die sie sühnen soll, an Grausamkeit überbietet:

> 'Tis now the very witching time of night,
> When churchyards yawn, and hell itself breathes out
> Contagion to this world. Now could I drink hot blood,
> And do such bitter business as the day
> Would quake to look on.
>
> (III,2,371–375)

Wie Hamlet hier r e d e t, so h a n d e l n die Rächer in den Stücken von Shakespeares Zeitgenossen. So handelt auch Titus Andronicus, der Held von Shakespeares eigenem frühen Schauerstück, wenn er seiner Feindin Tamora die Kadaver ihrer beiden Söhne als Fleischpasteten vorsetzt, ehe er im abschließenden Blutbad alles niedermacht, sich selbst eingeschlossen. Auf der Suche nach Gerechtigkeit begeht der typische Rächer neues, womöglich sogar größeres Unrecht und sinkt damit auf die Stufe derer, die er bestrafen will. Im Sog dieses Geschehens geht er zugrunde – eine moralisch zutiefst ambivalente Gestalt.

Auch Hamlet lädt auf dem Weg zur großen Abrechnung Schuld auf sich. Er tötet Polonius, veranlaßt die Hinrichtung Rosencrantz' und Guildensterns und trägt am Tod Ophelias zumindest eine Teilschuld. Sein sonst so ausgeprägtes und mitteilsames Moralempfinden regt sich allerdings in keinem dieser drei Fälle. Sein Gewissen bleibt bemerkenswert unbelastet. Polonius – »Thou wretched, rash, intruding fool, farewell« (III,4,32) – hat selber schuld: Warum mußte er sich einmischen! Die Gegenintrige, die Rosencrantz und Guildenstern auf ein englisches Schafott expediert, ist ein Akt der Notwehr. Auch Hamlets gefügige Kommilitonen hätten sich nicht einmischen sollen in den Kampf »of mighty opposites« (V,2,63). Ihr Sterben weckt in Hamlet kein Bedauern: »They are not near my conscience« (V,2,59). Ophelia schließlich, zu Lebzeiten aller »weiblichen« Falschheit bezichtigt (»Get thee to a nunnery«, III, 1,122 ff.) und mit rüden Späßen gedemütigt (»Lady, shall I lie in your lap?« III,2,104 ff.), löst als Tote nicht Schuldgefühle, sondern eine aggressive Tirade aus – mehr Kampfansage an ihren Bruder als Liebeserklärung:

> I loved Ophelia. Forty thousand brothers
> Could not, with all their quantity of love,
> Make up my sum – What will thou do for her?
> [. . .]
> Woo't drink up eisel, eat a crocodile?
>
> (V,1,259–266)[5]

Hamlet selbst bekennt sich nur in einem Punkt schuldig: seinem säumigen Vollzug der Rache. »I find thee apt« (I,5,31) kommentiert der Geist zunächst seinen spontanen Vergeltungsdrang. Doch er fügt auch sofort das Gegenbild dieser ungestümen »aptness« hinzu – ein Gegenbild, dem Hamlet sich seiner eigenen Selbsteinschätzung nach mehr und mehr angleicht:

> And duller shouldst thou be than the fat weed
> That roots itself in ease on Lethe wharf,
> Wouldst thou not stir in this.
>
> (I,5,32–34)[6]

---

5 Zeigt das Stück demnach einen Helden, dessen moralische Sensibilität durch Blindheit seinen eigenen Verfehlungen gegenüber gravierend eingeschränkt erscheinen soll? Dieser Lesart steht entgegen, daß Hamlet von keinem seiner Mitakteure in diesem Sinne beurteilt wird. Im Gegenteil: Sämtliche Fremdkommentare zielen darauf ab, Hamlets Perspektive als moralisch verbindliche auszuweisen. Daß diese Sympathienlenkung gelingt, belegt die Geschichte der Hamlet-Deutung nachdrücklich.

6 Hamlet über sich selbst: »Yet I, / A dull and muddy-mettled rascai« (II,2,554 f.).

Mit »Remember me« (I,5,91) nimmt der Geist Abschied; mit »Do not forget« (III,4,102) meldet er sich zurück. Doch nicht Vergeßlichkeit ist Hamlets Problem. Als ›Vergessen‹ der Rache kann sich sein Zaudern nur in einer archaisch-simplen Verhaltensdeutung darstellen, für die noch keine Spaltung zwischen Außen und Innen, Handeln und Denken existiert.[7] Der Vater-Geist spricht die Sprache dieser einfacheren, sozusagen ›prä-psychologischen‹ Welt. Wenn Hamlet in seinem ersten Monolog den Abstand zwischen Claudius und seinem Vater mit dem genauso riesigen Abstand zwischen sich selbst und Herkules vergleicht (I,2,152 f.), so belegt diese Analogie neben seinem Gefühl der eigenen Unzulänglichkeit die geradezu epochale Distanz zwischen Vater und Sohn, zwischen atavistischer Tatkraft und neuzeitlicher Innerlichkeit. Wohl bleibt Hamlet so monoman wie nur irgendein Rächer des elisabethanischen Theaters auf das Sühne heischende Verbrechen fixiert. Doch der Tat bringt ihn das nicht näher. Bereits am Ende der Szene seiner Begegnung mit dem Geist ist seine wilde Entschlossenheit zum Stoßseufzer abgeflaut:

> The time is out of joint. O cursèd spite,
> That ever I was born to set it right.
>
> (I,5,196 f.)

Hamlets einziger, offenbar sofort gefaßter Plan besteht darin, den Verrückten zu spielen. Ob diese Verstellung seinem Rachevorhaben nützt, ist allerdings zweifelhaft. Während Polonius den Wahnsinn des Prinzen als Folge von Liebeskummer diagnostiziert, wird Claudius' Mißtrauen durch Hamlets auffälliges Benehmen eher geschürt als zerstreut. Bei Saxo Grammaticus hatte die vorgetäuschte Demenz einen klaren taktischen Zweck. Bei Shakespeare fehlt dieser.

---

7 Nach Hegel (1971), S. 319–323, unterscheidet sich der Heldentypus der antiken Tragödie (z. B. Antigone) gerade in dieser Einheitlichkeit fundamental vom Helden der ›modernen‹ Tragödie (Hegels Musterbeispiel: Hamlet).

Statt dessen erhöht sich die Komplexität der Rächerfigur und macht Hamlet, nicht nur für Leser und Zuschauer, sondern auch für die Personen im Stück, zum Interpretationsproblem. Als solches – und nicht im Verfolg seiner Rache – löst Hamlet Handlung aus: die Anwerbung von Spitzeln, Lauschangriffe und Observierung. Seine eigene Initiative stößt erst ein Zufall an: der Besuch der Schauspieler, die Rezitation eines Monologs, der – was dem Zuschauer entgehen dürfte – den vierten Rächer des Stückes einführt, Pyrrhus, Sohn des Achill, der im eroberten Troja einem wahren Blutrausch verfällt. Nicht ihm, »hellish Pyrrhus« (II,2,454), sondern seinen Opfern Priamus und Hekuba wird das Mitgefühl von Sprecher und Zuhörern zuteil. Ansporn zur Rache liefert dieses Exempel trotzdem. Zwar erwähnt Hamlet das christliche Racheverbot mit keinem Wort, christlich geprägt aber sind die Bedenken, die es ihm jetzt geboten erscheinen lassen, die Verläßlichkeit des Geistes durch die Aufführung eines Schauspiels zu prüfen. Der Plan gelingt. Als Claudius auf der Bühne sein eigenes Verbrechen vorgeführt bekommt, liefert seine heftige Reaktion Hamlet den endgültigen Schuldbeweis. Ein Vorteil aber erwächst Hamlet nicht aus diesem Wissen. Vielmehr ist es sein Gegenspieler, der die Initiative ergreift. Endgültig von Hamlets Gefährlichkeit überzeugt, trifft er Vorkehrungen, ihn nach England zu schicken und dort hinrichten zu lassen. Doch ehe es dazu kommt, bietet sich dem Prinzen plötzlich die perfekte Gelegenheit zur Tat. Claudius, ins Gebet vertieft, hat sein Kommen nicht bemerkt. Unverhofft findet Hamlet sich allein in der Gegenwart seines Widersachers:

> Now might I do it pat, now he is praying.
> And now I'll do't.
>
> (III,3,73 f.)

Doch »es« bleibt ungetan. Nirgends wird Hamlets Zögern im Spielvorgang so anschaulich wie hier: Das Schwert schon gezückt, ringt er sich keine Tat ab, sondern einen weiteren

Monolog, seinen sechsten. Es genügt nicht, daß Claudius für sein Verbrechen stirbt – auch seine Seele muß vernichtet, die Strafe auf ein ewiges Jenseits von Höllenqualen ausgedehnt werden. Ist Hamlet, wenn er das fordert, der typischen Überbietungslogik der Rache verfallen? Oder ist die spitzfindige Grausamkeit seines Arguments Symptom einer unüberwindlichen Tathemmung; Zeichen dafür, daß er nach jedem Vorwand greift, um die Rache aufzuschieben? Ganz gleich, welcher Lesart man hier den Vorzug geben möchte – die dramatische Ironie der Situation ist unübersehbar. Hamlet geht, wie aus Claudius' Monolog zu erfahren ist, von einer falschen Voraussetzung aus; wiewohl in Gebetshaltung, befindet sich der König keineswegs im Stand der Gnade:

> My words fly up, my thoughts remain below.
> Words without thoughts never to heaven go.
>
> (III,3,97 f.)

Von einer Tathemmung des Prinzen kann schon in der nächsten Szene nicht mehr die Rede sein. Als Hamlet im heftigen Zwiegespräch mit seiner Mutter einen Lauscher hinterm Vorhang bemerkt, sticht er blitzschnell zu und tötet – nicht Claudius, sondern den übereifrigen Polonius, Laertes' Vater. Dieser beiläufige Mord setzt die zweite Rachehandlung des Stückes in Gang. Die Vergleichbarkeit ihrer Lage[8] macht die Unterschiede zwischen Hamlet und Laertes um so deutlicher. Beide haben ihren Vater durch Mord verloren. Doch während Hamlet sich tatenlos in Selbstvorwürfen ergeht, drängt Laertes in blindwütiger Rage auf sein Ziel. Sein Racheverlangen kennt keinerlei moralische Bedenken. Aus Empörung über die an seinem Vater verübte Untat ist er selbst zu jeder Untat bereit:

---

8 Hamlet weist selbst auf diese hin: »For by the image of my cause I see / The portraiture of his« (V,2,78 f.).

To hell, allegiance! Vows to the blackest devil!
Conscience and grace to the profoundest pit!
I dare damnation. To this point I stand,
That both the worlds I give to negligence,
Let come what comes; only I'll be revenged
Most throughly for my father.

(IV,5,131–136)

Wirkt Laertes' Zielstrebigkeit zunächst vielleicht vorbildlich, so enthüllt sich nur allzu bald die moralische Fragwürdigkeit seines Draufgängertums: Eben noch Herr über Leben und Tod des Königs, läßt er sich bereitwillig dazu anstiften, Hamlet bei einem Schaukampf mit vergiftetem Degen umzubringen.

Hamlets Bericht von seinen Abenteuern auf See (IV,6,12–29; V,2,13–56) zeigt ihn als kühn entschlossenen, ja skrupellosen Tatmenschen. Mit der Rückkunft nach Dänemark scheint diese Energie jedoch bereits wieder verebbt zu sein. Die letzte Szene der Tragödie bricht an, und Hamlet fragt, ob er nicht allen Grund habe, Claudius zu töten. Erstmals in seinen Reflexionen über die Rache ist hier von Gewissen die Rede,[9] rückt das Problem der Legitimität der Vergeltung überhaupt – wenn auch nur flüchtig – in den Blick: »is't not perfect conscience / To quit him [Claudius] with this arm?« (V,2,68 f.). Horatio, an den die Frage gerichtet ist, bleibt die Antwort schuldig und gibt statt dessen den nüchternen Hinweis, daß die Zeit zum Handeln knapp wird.

It must be shortly known to him from England
What is the issue of the business there.

(V,2,72 f.)

Worauf Hamlet entgegnet:

It will be short. The interim is mine;
And a man's life's no more than to say »one«.

(V,2,74 f.)

9 Nicht erstmals im Stück; vgl. III,1,84.

Er will sie nutzen, die knappe Zeit (»the interim«). Doch zu
was? Hat er nun endlich einen Plan? Der Nachsatz deutet
weniger auf Handlungsbereitschaft als auf passive Akzep-
tanz eines ohnehin unbeeinflußbaren Geschicks. Und diese
fatalistische Einstellung bekundet auch Hamlets letzte ›private‹ Äußerung vor dem Beginn des Schaukampfes:

> [...] There's a special providence in the fall of a spar-
> row. If it be now, 'tis not to come. If it be not to come,
> it will be now. If it be not now, yet it will come. The
> readiness is all. Since no man knows aught of what he
> leaves, what is't to leave betimes? Let be.
>
> (V,2,165–170)

Diese Sentenzen bilden mithin das Fazit, die Endstation,
an der sein Nachdenken schließlich zur Ruhe kommt: »Let
be.« Ohnehin erübrigt sich die Frage nach Hamlets Plan.
Denn auch auf der letzten Etappe bestimmt sein Gegner
Claudius den Ablauf des Geschehens. Daß Hamlet, anders
als bei Saxo Grammaticus, im blutigen Finale zusammen
mit den Schuldigen den Tod findet, entspricht ganz dem
üblichen Muster der Rachetragödie. Unüblich ist, daß Hamlet, wenn er zuletzt doch noch den Racheauftrag erfüllt
und Claudius, wie er es sich wünsche, beim Begehen einer
neuen Schandtat tötet, dies gewissermaßen in Notwehr tut
– ohne Vorbedacht, erst, als er weiß, daß seine Mutter vergiftet ist und das Gift auch bereits in ihm selber wirkt.
Shakespeare schafft mit Hamlet einen Rächer, der von der
korrumpierenden Wirkung der Rache weitgehend ausgenommen, dessen Ehre – die Ehre seines Namens, der sein
letzter Gedanke und Auftrag an Horatio gilt (V,2,297–302)
– unbefleckt bleibt, wie das abschließende Urteil des
kampflos siegreichen Fortinbras bestätigt.

Das Stück wäre demnach zu beschreiben als eine Rachetragödie, deren Held gar kein echter Rächer ist; eine Rachetragödie, bei der das Problemfeld ›Rache‹ – ihr Für und Wider, ihre Berechtigung oder Verwerflichkeit – aus dem the-

matischen Zentrum rückt und an seine Stelle ein Held tritt, der zögert: nicht weil sie, die Rache, ihm problematisch wäre, sondern weil er sich selbst zum Problem wird.

Dies zeigt bereits Hamlets erster Monolog: »O that this too too solid flesh would melt« (I,2,129–159). Verstörung, Weltekel, Isolation, die sich üblicherweise erst als Begleitumstände der Rache einstellen, treten hier bereits auf, noch ehe Hamlet überhaupt weiß, daß und wofür er Rache nehmen muß. Nicht erst in III,1 (»To be or not to be«, 57–89), sondern schon vor der Begegnung mit dem Geist trägt er sich mit Selbstmordgedanken, ist ihm die Welt »weary, stale, flat and unprofitable«, kann er seinen Gefühlen nur Luft machen, wenn er sich allein weiß. Es ist die schnelle Wiederheirat Gertrudes, die ihm das Leben abscheulich macht. Wird hier der Kern des Hamlet-Problems greifbar? Wollte Shakespeare in erster Linie zeigen, wie das Schuldigwerden einer Mutter sich verheerend auf ihren Sohn auswirkt? T. S. Eliot (»Hamlet«, 1919) nahm dies an und war zugleich auch der Meinung, daß Shakespeare an seiner Absicht gescheitert sei:

> [...] Shakespeare was unable to impose this motive successfully upon the »intractable« material of the old play. Of the intractability there can be no doubt. So far from being Shakespeare's masterpiece, the play is most certainly an artistic failure. [...] *Hamlet* [...] is full of some stuff that the writer could not drag to light, contemplate, or manipulate into art. (Eliot, 1975, S. 47 f.)

Ein Exzeß also, ein Übermaß an psychologischem Gehalt, das in der alten Rachefabel, die Shakespeare als Bauplan diente, kaum unterzubringen war? Was der frühe Eliot als Konstruktionsfehler bemängelt, macht für die meisten Betrachter allerdings gerade die besondere Qualität des Stückes aus. Ein Protagonist, der mehr zu sein scheint als bloß eine erfundene Figur in einer erfundenen Geschichte. Der zwar Bestandteil eines literarischen Textes ist, aber unauslotbar wie ein lebendiger Mensch. Schwankend zwischen maskenhafter »antic disposition« (I,5,179) und echter Verstörung, einem Zustand, der von Wahnsinn kaum mehr unterschieden werden kann, ist dieser Hamlet schon seinen Mitakteuren ein Rätsel. Schon sie werden an ihm zu – mehr oder weniger gewitzten – Interpreten. Polonius beispielsweise ist sich ganz sicher; aus seiner Sicht läßt Ophelias Bericht von ihrer Begegnung mit dem Prinzen (II,1,76–101) nur einen Schluß zu – Schwermut aus verschmähter Liebe: »*That* hath made him mad« (II,1,111).

Natürlich irrt Polonius – und hält damit all jenen Literaturwissenschaftlern, die Hamlet restlos erklären zu können meinen, einen warnenden Spiegel vor –, doch völlig abwegig wäre seine Diagnose einem elisabethanischen Publikum wohl nicht vorgekommen. Schwermut, Melancholie, nach der antiken Lehre von den vier Körpersäften (*humores*) durch ein Überhandnehmen der schwarzen Galle verursacht, war ein vieldiskutiertes Modethema der Shakespearezeit. Einer dem Aristoteles zugeschriebenen Äußerung gemäß betrachtete man sie als Privileg bedeutender Persönlichkeiten und Ausdruck besonderer geistiger Fähigkeiten. Der hochgelehrte Bücherwurm Robert Burton, der 1621 mit seiner *Anatomy of Melancholy* das enzyklopädische Standardwerk zum Thema veröffentlichte, sieht das anders. Niemand, so meint er, ist vor den Heimsuchungen des Trübsinns gefeit:

> And from these Melancholy Dispositions, no man living is free, no *Stoicke*, none so wise, none so happy, none so patient, so generous, so godly, so divine, that can vindicate himselfe, so well composed, but more or lesse some time or other, he feels the smart of it. Melancholy in this sence is the Character of Mortalitie.
>
> (Burton, Bd. 1, S. 136)

Melancholiker vernachlässigen ihr Äußeres, meiden Gesellschaft, grübeln viel, sie sind in sich gekehrt, unentschlossen bis zur völligen Passivität, lebensmüde; nach Auskunft der zeitgenössischen Autoritäten in kurzen, ›heißen‹ Zwischenphasen ihres Leidens jedoch auch plötzlich aufbrausend und impulsiv – eben so, wie Hamlet in der *closet scene* (III,4).

Die Humoralpathologie ist längst in der Rumpelkammer der Medizingeschichte verschwunden, ihr prominentestes Fallbeispiel, Hamlet, aber bis heute nicht abschließend diagnostiziert. Jede Epoche versucht ihm mit ihren eigenen psychologischen Erklärungsinstrumentarien beizukommen. Wie kann Hamlet, dem sonst jedes Tun im Für und Wider seines Nachdenkens erstickt, auf einmal kurzerhand einen Menschen abstechen? Anders gefragt: Wieso kann der, dem das bei einem Polonius gelingt, nicht auch einen Claudius erledigen? »Hier bietet sich die Auskunft«, erklärt Sigmund Freud,

> daß es die besondere Natur dieser Aufgabe ist. Hamlet kann alles, nur nicht die Rache an dem Mann vollziehen, der seinen Vater beseitigt und bei seiner Mutter dessen Stelle eingenommen hat, an dem Mann, der ihm die Realisierung seiner verdrängten Kindheitswünsche zeigt. (Freud, 1968, S. 272)

Hamlets Tathemmung als Resultat eines unbewältigten Ödipuskomplexes: Freuds Schüler Ernest Jones hat diesen Interpretationsansatz detailliert ausgearbeitet. Hamlets verdrängter frühkindlicher Wunsch, den Vater zu beseitigen, um die Liebe der Mutter ganz für sich zu besitzen, werde – so Jones – durch die Ermordung seines Vaters plötzlich wieder akut. Denn in dieser Tat des Claudius sehe sich Hamlet mit seinem eigenen unbewußten Wunsch konfrontiert. Claudius zu bestrafen, so Jones weiter, sei Hamlet in zweifacher Hinsicht unmöglich. Erstens, weil er sich mit dem Mörder identifiziere und daher gewissermaßen sich selbst töten müsse. Und zweitens, weil er Claudius, den neuen Gemahl der Mutter, zugleich auch mit seinem Vater identifiziere. Ergo hätte er neben dem symbolischen Selbstmord

auch gleich noch einen symbolischen Vatermord zu begehen. Denn:

> killing his mother's husband would be equivalent to
> committing the original sin himself [...]. Was ever a
> tragic figure so torn and tortured?   (Jones, 1949)

Nun empört sich Hamlet zwar unverkennbar heftiger über
den Beischlaf der Mutter mit dem Onkel als über die Mordtat selbst, und das macht eine ödipale Mutterbindung immerhin plausibel. Auch ist es unter psychoanalytischen Vorzeichen nicht abwegig, in Hamlets Idealisierung seines Vaters einen invertierten Vaterhaß zu sehen. Doch keinerlei
Basis in Shakespeares Drama hat Jones' Annahme einer
zweifachen Identifikation. Kein noch so versteckter Hinweis läßt darauf schließen, daß Hamlet je sich selbst, ge-
schweige denn seinen Vater mit Claudius identifizierte. Weder mit psychologischen Lehrmeinungen der Shakespearezeit noch mit denen unseres Jahrhunderts läßt Hamlet sich
also letztendlich ›erklären‹. Der Drang nach Erklärung ist
verständlich, wohl sogar unvermeidlich. Doch ebenso unvermeidlich verfehlt er das Wesentliche einer Figur, die gerade das Unauslotbare, Frag-würdige dessen hervorkehrt,
was sie »Ich« nennt. Dieses Ich, die eigene Subjektivität
wird Zielgebiet einer Suche ins Ungewisse – für die Menschen der Renaissance eine genauso Neue Welt wie der von
Columbus entdeckte Kontinent jenseits des Atlantischen
Ozeans:

> What a piece of work is a man, how noble in reason,
> how infinite in faculty, in form and moving how ex-
> press and admirable, in action how like an angel, in ap-
> prehension how like a god – the beauty of the world,
> the paragon of animals! And yet, to me, what is this
> quintessence of dust?   (II,2,301–306)

Die ganze Spannweite des zeitgenössischen Denkens über
den Menschen umfaßt diese Äußerung – den humanisti-

schen Glauben an seine unbegrenzten Möglichkeiten wie, als dessen Kehrseite, den radikalen Selbstzweifel. Wie Hamlet richtet die Renaissancephilosophie Montaignes den Blick entschieden auf das eigene Ich:

> Ich wende meinen Blick nach innen, und da halte ich ihn fest und lasse ihn verweilen. Jedermann schaut von sich weg, ich schaue in mich hinein; ich habe es nur mit mir selber zu tun; [...] ich [...] kreise in mir selbst.
>
> (Montaigne, 1991, S. 537)

Doch die Innenschau Montaignes fördert keine Gewißheit zutage. Allenfalls die, daß es Gewißheit niemals geben kann. Alles hat mindestens zwei Seiten, jeder Grund einen Gegengrund, die ganze Welt ist eine »nimmer ruhende Schaukel« (ebd., S. 623) und nicht einmal das sich selbst betrachtende Ich ist vom Strudel dieser alles relativierenden Veränderlichkeit ausgenommen. Ob Shakespeare Montaignes Schriften vor der Abfassung von *Hamlet* gelesen hat, ist nicht mit letzter Sicherheit zu beweisen. Unverkennbar aber nimmt jenes introspektive Denken, das Montaigne zur philosophischen Methode gemacht hat, in Hamlet Gestalt an. In ihm begegnet exemplarisch die Erfahrung, die die moderne Subjektivität mit sich selbst macht: Je mehr sie in sich hinein-denkt, desto mehr geht ihr die Gewißheit von der Einheit des Ichs, von seinem unteilbaren Wesenskern verloren.

Mit Hamlet betritt, wie oft gesagt worden ist, der Mensch der Neuzeit die Bühne. Allerdings unterwirft diese griffige Formel die Kategorie ›Mensch‹ stillschweigend dem Alleinvertretungsanspruch einer spezifisch männlichen Perspektive, die das Weibliche auf den Platz eines defizitären, im Stück sogar dämonisierten Anderen verweist. »Frailty thy name is woman« (I,2,146) – Hamlets Pauschalverurteilung des weiblichen Geschlechts, abgeleitet aus dem moralischen Versagen seiner Mutter, bleibt bestimmend für seine Einstellung zu den beiden Frauen des Stücks. Heftiger als je

gegen Claudius entlädt sich seine Empörung gegen die
›blutschänderische‹ Gertrude (III,4) und gegen Ophelia (III,
1,104–150). Daß ausgerechnet sie ihm als Ausbund aller
Falschheit herhalten muß – einer Falschheit, die er be-
denkenlos zum Wesensmerkmal, ja zum Wesenskern des
Weiblichen erklärt –, scheint weder mit seiner Zurückweisung durch Ophelia noch mit seinem (am Text nicht schlüssig belegbaren) Verdacht, daß sie zu diesem Zeitpunkt als
Lockvogel für seine Feinde agiert, hinreichend begründet.
Vielmehr drängt sich der Eindruck auf, daß Hamlets geradezu obsessive Misogynie wenigstens zum Teil von Selbst-
haß gespeist wird. Auch seiner eigenen »frailty« nämlich
gibt er den Namen »Weib«:[10]

> [. . .] Ay, sure. This is most brave,
> That I, the son of a dear father murdered,
> Prompted to my revenge by heaven and hell,
> Must, like a whore, unpack my heart with words,
> [. . .]   (II,2,571–574)

Wird die Frau im Denken der Renaissance als minderwer-
tige Variante des Mannes begriffen (Schabert, 1997, S. 24 f.),
so ist es nur folgerichtig, daß Hamlet seine Handlungs-
fähigkeit als ›weiblich‹, die Kraft zur Tat hingegen als eben
das erkennt, was ihm zum echten Mann fehlt (und was
ihm sowohl sein Vater, der legendäre Einzelkämpfer, als
auch Fortinbras – »Strong-in-arm« – voraushaben). »[D]as
Maß des Menschen ist der Mann« (Schabert, ebd.): Dieser
Grundsatz abendländischer Anthropologie seit der Antike
gilt auch in *Hamlet*. Und indem das Stück ›den Menschen‹
einer alles in Zweifel ziehenden Selbstbeobachtung aussetzt,
gerät Hamlet zugleich auch zum exemplarischen Entwurf
einer »anxious masculinity« (Breitenberg, 1996) – jener La-
bilität, die den Anspruch männlicher Dominanz seit jeher
begleitet.

---

10 Vgl. die zum geflügelten Wort gewordene Schlegel-Übertragung von
I,2,146: »Schwachheit, dein Nam' ist Weib!«

Neben der beherrschenden Zentralperspektive Hamlets bleibt für die Geschichte der beiden Frauengestalten wenig Raum. Was aus Gertrude nach der *closet scene* wird – ob sie sich gemäß Hamlets Anweisung ihrem Mann verweigert und wie sich dies, falls sie es tut, mit ihrem weiterhin offenbar ungetrübt guten Einvernehmen mit Claudius verträgt –, läßt Shakespeare völlig offen. Ophelias Tragödie bleibt Fragment. Gewicht bekommen ihre Worte, wenn sie als chorische Sprecherin von Hamlets seltsam verstörtem Auftritt in ihrem Zimmer berichtet (II,1,76–101) und wenn sie, nachdem seine Vorwürfe auf sie niedergeprasselt sind, das Bild jenes vollkommenen Edelmannes, Kriegers und Gelehrten zeichnet, dem der Hamlet dieser Szene nur allzu deutlich nicht mehr entspricht (III,1,151–161). Ansonsten wird sie bevormundet, von ihrem Vater, ihrem Bruder, von Hamlet. Was sie zu sagen haben könnte, ist nicht gefragt:

> [...] How now, Ophelia?
> You need not tell us what Lord Hamlet said;
> We heard it all.
>
> (III,1,179–181)

Erst der Wahnsinn gibt ihr plötzlich uneingeschränktes ›Stimm-Recht‹ und ihren Worten ein Gewicht, das ihnen die ängstliche Aufmerksamkeit des Hofes sichert. Für die Dauer ihrer beiden Wahnsinnsauftritte wird sie, was sonst Hamlet ist, »Th'observed of all observers« (III,1,155) und damit (so wie in anderer Hinsicht Laertes und Fortinbras) zu seinem Spiegel und Gegenpart. Auch am Wahnsinn scheiden sich die Geschlechter: »Whereas for Hamlet madness is metaphysical, linked with culture, for Ophelia it is a product of the female body and female nature, perhaps that nature's purest form« (Showalter, 1994, S. 224). Er ganz in Schwarz über den Totenschädel grübelnd, voller Verachtung gegen Leiblichkeit und Sexualität; sie – in Weiß, blumenbekränzt und mit offenem Haar – deren sinnbildliche Verkörperung. Er sich verschließend, sich versteigend in seinem (kontrollierten)

Wahn. Sie sich öffnend, ungehemmt in ihrer Äußerung einer anstößigen Sinnlichkeit, hinsinkend in den Tod durch Ertrinken: einen Tod, den das Stück nicht einmal zeigt und dessen Bild (IV,7,141–158) sich dennoch in seiner suggestiv symbolträchtigen Verbindung von Weiblichkeit, Wahn und Wasser – als regelrechter »Ophelia-Komplex« (Bachelard, 1942) – der europäischen Imagination aufs nachhaltigste eingeprägt hat. Dänemark ist ein Gefängnis: An niemandem bewahrheitet sich dieser Satz Hamlets eindrücklicher als an Ophelia. Als Werkzeug patriarchaler Herrschaft ist sie von Anfang an Opfer. Entkommen kann sie nur in Wahnsinn und Tod.

»Denmark's a prison« (II,2,242) – der Satz ist auch das passende Motto für die staatspolitische Dimension des Stückes, die über das Seelendrama des zaudernden Prinzen, die Abgründe der Familientragödie, leicht aus dem Blick gerät. Doch der Vatermord, den Hamlet rächen soll, ist zugleich auch Königsmord. Und was die persönlichen Beziehungen vergiftet, korrumpiert das Gemeinwesen als ganzes. »Es ist was faul im Staate Dänemark«, mutmaßt Marcellus (I,4,65). Wie faul, wird ihm und den anderen Randfiguren erst in der Schlußszene klarwerden. Vorerst aber, in I,2, zeigt sich ein Tableau intakter staatlicher Ordnung. Wie so oft arbeitet Shakespeare mit einem starken szenischen Kontrast. Dem unheimlichen nächtlichen Auftakt folgt die helle, prächtige Staatsszene; den bangen Rufen und dem vertraulichen Gespräch der Wachen folgt die öffentliche Ansprache des neuen Staatsoberhauptes (I,2,1–39); dem verstörten Umherlaufen der Wenigen der zeremoniell geordnete Einzug des gesamten Hofstaates. Eingebettet in diesen szenischen Kontrast ist die Gegenüberstellung zweier Könige. Zuerst der alte: stumm, gespenstisch, eine lichtscheue, buchstäblich frag-würdige Erscheinung in kriegerischer Rüstung. Dann, im Hofornat, Claudius, der neue: ein beredter, zugänglicher, fast jovialer Monarch, der auf jede Frage eine Antwort weiß.

Die Ironie dieses Gegensatzes liegt in der Umkehrung, in einem Rollentausch. Der rechtmäßige Throninhaber muß als verdächtiges Nachtgespenst umherschleichen; der Thronräuber posiert als Lichtgestalt. Und noch etwas ist bemerkenswert: Zwei Monate erst ist der alte König tot, und doch scheint seine Regierung einem ganz anderen, der Gegenwart schon weit entrückten Zeitalter anzugehören, in dem territoriale Konflikte zweier Staaten noch im Einzelkampf Mann gegen Mann zwischen den Herrschern entschieden wurden. Eine geradezu mythische Vorzeit wird mit dem Bild des kriegerischen alten Hamlet beschworen, eine Welt der Ritter- und Heldensagen. Das Dänemark des Claudius hingegen ist ein moderner Staat der Renaissance. Die Mittel der Diplomatie haben die archaischen Kampfrituale ersetzt. Schwerter zu Depeschen: Der Prozeß der Zivilisation ist unverkennbar. Hamlets Racheauftrag entstammt der älteren Kriegerwelt. Der Generationenwechsel wird so zur Zeitenwende, Drama zum symbolischen Austragungsort und Spiegel einer Epoche, die sich in ›dramatischem‹ Umbruch befand.

In Claudius' Herrschaftsszenario ist der schwarzgekleidete, hartnäckig trauernde Prinz der einzige Störfaktor. Als möglicher Thronanwärter, der durch die Wahl seines Onkels um seine Chance gebracht wurde, ist er für den neuen König eine latente Gefahr, die dieser dadurch zu entschärfen versucht, daß er Hamlet in seiner Nähe und damit unter Kontrolle hält und gleichzeitig – allerdings vergeblich – um sein Wohlwollen buhlt. Seine ›väterlichen‹ Ratschläge an den trauernden Neffen (I,2,87–117) wirken geradezu vorbildlich vernünftig – allerdings nur, solange etwas Entscheidendes verdeckt bleibt. Etwas, das Hamlet in scharfer Widerrede gegen seine Mutter ausspricht:

GERTRUDE.
 Thou know'st 'tis common – all that lives must die,
 Passing through nature to eternity.
HAMLET. Ay, madam, it is common.

GERTRUDE.   If it be,
  Why seems it so particular with thee?
HAMLET. Seems, madam? Nay, it is, I know not »seems«.

(I,2,72–76)

Hamlet ahnt es zu diesem Zeitpunkt vielleicht schon, wissen kann er es noch nicht: Zwischen Schein und Sein klafft am dänischen Hof der Abgrund eines Königsmordes. Die von Claudius beschworene Normalität ist Lüge. Als Repräsentant legitimer Herrschaft repräsentiert der neue König diese Herrschaft nur wie ein Schauspieler, der eine Rollenfigur darstellt, im doppelten Sinne »a vice of kings« (III,4, 90).[11] Claudius' Königtum ist ein geschickt inszeniertes Machttheater.

Und so ist es nur folgerichtig, daß Hamlet, um diesen Schein zu entlarven, das Theater als Instrument der Wahrheitsfindung einsetzt. Das Spiel im Spiel von der Ermordung des Gonzago führt jene Wirklichkeit vor, die in der Scheinwelt des dänischen Hofes verschwiegen wird. Fiktion und Realität, Schein und Sein tauschen die Plätze. Die eigentlichen Schauspieler, allen voran der falsche König, sitzen im Parkett. Das Theater wird politisch. Es wird zum Spiegel, in dem eine theaterspielende Welt ihr wahres Gesicht erblickt – gemäß dem in Hamlets Rede an die Schauspieler konstatierten Zweck des Theaterspielens:

[...] whose end, both at the first and now, was and is to hold, as 'twere, the mirror up to nature: to show virtue her own feature, scorn her own image, and the very age and body of the time his form and pressure.

(III,2,19–23)

Shakespeares Zeitalter erlebt einen ersten Höhepunkt internationaler Geheimdiplomatie und auch den Aufbau eines weitverzweigten Geheimdienstes durch Sir Francis Wal-

---

11 *Vice* – das Laster, zugleich die komisch-bösartige Figur, die das Laster in den Moralitätenspielen des Spätmittelalters verkörpert.

singham, den Staatssekretär Elisabeths I. Diese Entwicklung und die mit ihr verbundene Kritik an der wachsenden Verlogenheit und Intriganz des höfischen Lebens prägen Shakespeares Bild vom Hofe zu Helsingör. Es ist ein durchaus zeitgenössisches Bild, der Gegenwart entnommen und nicht jener einfacheren, heroischen Epoche, die mit dem Tod Hamlets des Älteren in legendäre Ferne entschwunden ist. Bespitzelung ist an der Tagesordnung. Jeder beobachtet jeden. Alle sind *actors* und *audience* zugleich, verstrickt in ein Netz von Spionage und Gegenspionage. Der König läßt Hamlet von Polonius, Rosencrantz und Guildenstern beobachten, Polonius seinen Sohn Laertes von Reynoldo. Hamlet und Horatio beobachten den König, während dieser einen gespielten Mord beobachtet, den er selbst begangen hat. Das Dänemark des Claudius ist ein Überwachungsstaat: Gefängnis und Theater verschmelzen im Stück zu einem Spiel-Raum von klaustrophobischer Enge, in dem Spiel nicht Freiheit, sondern Spiel-Zwang bedeutet, Zwang zur Verstellung. Einmal scheint es so, als könne dieses geschlossene System aufgebrochen werden: Laertes dringt an der Spitze eines bewaffneten Volksaufstandes in den Palast ein. Doch der Angriff von außen wird absorbiert. Laertes hat und verpaßt die Chance, Claudius die Macht zu entreißen. Am Ende der Szene ist er dessen Handlanger.[12] Hamlet hingegen, der das Regime von innen bekämpft, erreicht letzten Endes zwar sein Ziel, jedoch nur um den Preis des eigenen Untergangs. Einzig seine Freundschaft zu Horatio bildet eine korruptionsfreie Enklave, einen kleinen Freiraum eines von Falschheit und Verstellung unverzerrten menschlichen Umgangs und könnte daher als Modell einer besseren Gesellschaft dienen. Doch dieses utopische Versprechen bleibt unerfüllt. Horatio wird niemals der gute Ratgeber eines zweiten Königs Hamlet,

---

12 Bezeichnend Claudius' Lob: »Why, now you speak / Like a good child« (IV,5,149 f.), das sich vordergründig zwar auf Laertes' Sohnespflicht Polonius gegenüber bezieht, daneben aber auch das restituierte Herrschaftsgefälle Claudius/Laertes verdeutlicht.

sondern nur der Nachlaßverwalter eines Prinzen, der keine Gelegenheit bekam, sich königlich zu bewähren.

Bleibt Fortinbras. Er, der Neffe des norwegischen Königs, füllt am Ende das Machtvakuum am dänischen Hof. Seine Ankunft in Helsingör stellt die staatliche Ordnung wieder her. Ein Feldherr übernimmt das Kommando. Der sterbende Hamlet gibt ihm seine Stimme für die anstehende Königswahl. Und wird damit alles gut? Heutige Inszenierungen zeigen Fortinbras selten als reine Lichtgestalt. Wie Laertes ist er im Stück als Gegenbeispiel zu Hamlet angelegt. Und auch er schneidet im Vergleich zu diesem nicht eindeutig als der Bessere ab. Zwar ist er im Gegensatz zu Hamlet ein Tatmensch, doch sein kriegerischer Aktionismus verausgabt sich, wie Hamlet erkennt, in einem völlig sinnlosen Feldzug.[13] Ob in Fortinbras jenes verklärte Rittertum, das mit Hamlets Vater zu Grabe getragen wurde, wieder aufersteht – daran sind zumindest Zweifel angebracht. Die politische Welt, die Shakespeare unter dem Namen Dänemark vorführt, kennt keine Rückkehr in den Stand der Unschuld. Es ist eine Welt, wie sie der florentinische Staatsphilosoph Niccolò Machiavelli beschrieben hat, dessen Schriften von Shakespeares Zeitgenossen als Teufelswerk denunziert wurden; obwohl oder gerade weil sie nur unbeschönigt aussprechen, nach welchen Regeln das Spiel um die Macht gewonnen und verloren wird:

> Da nun ein Fürst genötigt ist, die Rolle eines wilden Tieres gut zu spielen, muß er sich den Fuchs und den Löwen zum Vorbild nehmen [...]. Er muß [...] ein Fuchs sein, um die Schlingen zu wittern und ihnen zu entgehen, und ein Löwe, um die Wölfe zu schrecken.
>
> (Machiavelli, 1990, S. 97)

---

13 Die Passage in IV,4, in der ein »Captain« Hamlet erklärt, daß es bei dem bevorstehenden Kampf von Fortinbras' Streitmacht gegen Polen um ein winziges, völlig nutzloses Stückchen Land geht, sowie der anschließende Hamlet-Monolog (»How all occasions do inform against me«) findet sich nur in Q2.

Wenn Hamlet von sich sagt, er kenne kein »scheint«, so ist das nicht wahr. Unter der Verhaltensregel einer korrupten Gesellschaft betätigt er, dem unter der Sonde der Selbstbeobachtung das eigene Erleben unwirklich wird, sich ständig als Rollenspieler. Mal der Verliebte, mal Philosoph, mal tragischer Held und häufig Clown; am schwersten aber fällt ihm die Rolle des Rächers. Und wer könnte sagen, wann der Prinz den Wahnsinnigen nur spielt? Oder gar: wer er »wirklich« ist? Diese Vieldeutigkeit hat Hamlet im Laufe der Jahrhunderte zur variablen Projektionsfläche seiner Interpreten werden lassen: zum Vertrauten, zum Seelenfreund und Bruder, zum Spiegel der eigenen Befindlichkeit. Als ein »schönes, reines, edles, höchst moralisches Wesen, ohne die sinnliche Stärke, die den Helden macht«, beschreibt Goethe ihn in *Wilhelm Meisters Lehrjahre* (Goethe, 4. Buch, 13. Kapitel, 1965, S. 246) und prägt damit das deutsche Hamlet-Bild aufs nachhaltigste. Gerade hierzulande fanden Generationen tiefsinniger junger Männer in Hamlet ihr Ebenbild. Wobei sie den Hamlet, der Ophelia beschimpft und ihren Vater ersticht, pietätvoll unterschlugen. Die Identifikation mit dem zaudernden Rächer ging sogar so weit, daß schließlich die gesamte zersplitterte Nation in ihr Platz fand. »Deutschland ist Hamlet« dichtete vier Jahre vor der Revolution von 1848 Ferdinand Freiligrath und machte diese Gleichung zur bitteren Selbstanklage der tatunfähigen liberalen Opposition gegen den verhaßten Polizeistaat Metternichs:

Deutschland ist Hamlet! Ernst und stumm
In seinen Toren jede Nacht
Geht die begrabne Freiheit um
Und winkt den Männern auf der Wacht.
Da steht die Hohe, blank bewehrt,
Und sagt dem Zaudrer, der noch zweifelt:
»Sei mir ein Rächer, zieh dein Schwert!
Man hat mir Gift ins Ohr geträufelt!«

[. . .]

Nur ein Entschluß! Aufsteht die Bahn –
Tritt in die Schranken kühn und dreist!
Denk' an den Schwur, den du getan,
Und räche deines Vaters Geist!
Wozu dies Grübeln für und für?
Doch – darf ich schelten, alter Träumer?
Bin ich ja selbst ein Stück von dir,
Du ew'ger Zauderer und Säumer![14]

Die Aktualität des Gedichtes hat sich längst erledigt. Das
alte Theaterstück aber kann als Spiegel und Projektions-
wand neuer Zeiten und Erfahrungen herhalten. Nicht, weil
es die jeweils zeitgemäßen Antworten bereithielte, sondern
weil der Betrachter sich in ihm als Fragender wiederzuer-
kennen vermag.

---

14 Von den neun Strophen des Gedichtes sind hier die erste und die letzte
   zitiert (Freiligrath, 1980, S. 74–76). Zur Geschichte der deutschen Hamlet-
   Rezeption: Pfister, 1992.

Literaturhinweise

Bachelard, Gaston: L'eau et les rêves. Paris 1942.

Bacon, Sir Francis: The Essayes or Counsels, Civill and Morall. Hrsg. von Michael Kiernan. Oxford: Clarendon, 1985.

Breitenberg, Mark: Anxious Masculinity in Early Modern England. Cambridge: Cambridge University Press, 1996.

Bullough, Geoffrey (Hrsg.): Narrative and Dramatic Sources of Shakespeare. Bd. 7. London: Routledge and Kegan Paul, 1973.

Burton, Robert: The Anatomy of Melancholy. Hrsg. von T. C. Faulkner, N. K. Kiessling und R. L. Blair. 3 Bde. Oxford: Clarendon, 1989.

Eliot, T. S.: Selected Prose. Hrsg. von Frank Kermode. London: Faber and Faber, 1975.

Foakes, R. A.: Hamlet versus Lear: Guttural Politics and Shakespeare's Art. Cambridge: Cambridge University Press, 1993.

Foucault, Michel: Die Ordnung der Dinge. Übers. von Ulrich Köppen. Frankfurt a. M.: Suhrkamp, ¹⁴1997.

Freiligrath, Ferdinand: Werke. Hrsg. von W. Ilberg. Berlin 1980.

Freud, Sigmund: Gesammelte Werke. Bd. 2 und 3: Die Traumdeutung. Frankfurt a. M.: Fischer, ⁴1968.

Goethe, Johann Wolfgang von: Werke. Hrsg. von Erich Trunz. Bd. 7: Wilhelm Meisters Lehrjahre. Hamburg: Wegner, ⁶1965. (Hamburger Ausgabe.)

Hawkes, Terence: Meaning by Shakespeare. London: Routledge, 1992.

Hegel, G. W. F.: Vorlesungen über die Ästhetik. Bd. 3: Die Poesie. Hrsg. von R. Bubner. Stuttgart: Reclam, 1971. (Universal-Bibliothek. 7985.)

Hörisch, Jochen: Die Wut des Verstehens: Zur Kritik der Hermeneutik. Frankfurt a. M.: Suhrkamp, 1988.

Jones, Ernest: Hamlet and Oedipus. London: Gollancz, 1949.

Machiavelli, Niccolò: Politische Schriften. Hrsg. von Herfried Münkler. Frankfurt a. M.: Fischer, 1990.

Montaigne, Michel de: Essais. Übers. von H. Lüthy. Zürich: Manesse, ⁷1991.

Moretti, Franco: »A Huge Eclipse«: Tragic Form and the Deconsecration of Sovereignty. In: Stephen Greenblatt (Hrsg.): The Power of Forms in the English Renaissance. Norman (Okla.): Pilgrim Books, 1982. S. 7–40.

Pfister, Manfred: *Hamlet* und der deutsche Geist: Die Geschichte einer politischen Interpretation. In: Shakespeare-Jahrbuch (West) (1992) S. 13–38.

Schabert, Ina: Englische Literaturgeschichte aus der Sicht der Geschlechterforschung. Stuttgart: Kröner, 1997.

Showalter, Elaine: Representing Ophelia: Women, Madness and Responsibilities of Feminist Criticism. In: Susanne L. Wofford (Hrsg.): William Shakespeare, *Hamlet*. Boston / New York: St. Martin's P., 1994. S. 220–240. (Case Studies in Contemporary Criticism.)

Tillyard, E. M. W.: The Elizabethan World Picture. London: Chatto and Windus, 1943.

Williamson, Claude C. H. (Hrsg.): Readings on the Character of Hamlet 1661–1947. London: Allen and Unwin, 1950.

Aus der unübersehbaren Flut der Sekundärliteratur zu *Hamlet* sind nachfolgend nur zwei markante ältere Titel sowie eine Handvoll nützlicher neuerer Einführungen und ein Essay gesondert aufgeführt.

A. C. Bradley: Lecture IV: *Hamlet*. In: A. C. B.: Shakespearean Tragedy. London: Macmillan, 1904.

John Dover Wilson: What Happens in *Hamlet*. Cambridge: Cambridge University Press, 1935.

Michael Hattaway: *Hamlet*. Houndmills/Basingstoke: Macmillan, 1987. (The Critics Debate.)

Graham Holderness: *Hamlet*. Milton Keynes / Philadelphia: Open University Press, 1987. (Open Guides to Literature.)

Cedric Watts: *Hamlet*. New York / London: Harvester Wheatsheaf, 1988. (Harvester New Critical Introductions to Shakespeare.)

Ann Thompson / Neil Taylor: William Shakespeare, *Hamlet*. Plymouth: Northcote, 1996. (Writers and their Work.)

Pfister, Manfred: *Hamlet* und kein Ende. In: William Shakespeare: Hamlet. Neu übers. von Frank Günther. München: dtv, [2]1997. S. 364–392.

Twelfth Night, or What You Will

Von Balz Engler

Titel wecken Erwartungen. *Twelfth Night, or What You Will* (dt. *Was ihr wollt, oder Die zwölfte Nacht*): Diese Titel geben allerdings keinerlei Hinweise auf den Inhalt des Stücks. *Twelfth Night*[1] deutet auf einen Anlaß hin, den Dreikönigstag, mit dem Shakespeares Publikum ganz bestimmte Vorstellungen verband. An diesem Tag wurde die Weihnachtszeit abgeschlossen, eine Zeit, die nach mittelalterlicher Tradition nicht der Einkehr diente, sondern einer fastnächtlichen Ausgelassenheit. Man spielte verkehrte Welt, und im Rahmen dieser rituell eingegrenzten Unordnung übernahm oft ein *Lord of Misrule*, eine Art Karnevalsprinz, das Szepter. Der letzte Tag wurde besonders gefeiert, ein Schluß- und Höhepunkt vor der Rückkehr in den Alltag. Am Hof war dieser Tag ein besonderer Anlaß für Musik, Verkleidung, Maskenbälle und andere Lustbarkeiten. *Twelfth Night* ruft den Geist dieses Tages auf; wenn Leslie Hotson, ein Detektiv unter den Literaturwissenschaftlern, recht hat (manche wird skeptisch), dann wurde 1601 das Stück sogar an diesem Tag zum ersten Mal aufgeführt.

Der zweite Titel, *What You Will*, kann auf verschiedenste Weise verstanden werden. Drei Möglichkeiten stehen aber für ein Verständnis des Stücks im Vordergrund: Der Titel kann sich auf die Begehrlichkeiten beziehen, deren Spiegel uns die Figuren vorhalten (*will* in Shakespeares Englisch kann alles bedeuten, vom bescheidenen Wunsch bis zur sexuellen Begierde). Der Titel kann aber auch mit einer souveränen Geste andeuten, man wisse genau, was das Publikum will; vielleicht auch, gleichgültig, was es wolle, es

---

1 Zitiert wird nach der Ausgabe: William Shakespeare, *Twelfth Night*, hrsg. von Roger Warren und Stanley Wells, Oxford: Oxford University Press, 1994.

werde es in diesem Stück schon finden. In diesem Zusammenhang mag am Titel dieses Stücks, dem einzigen Doppeltitel in Shakespeares Œuvre, sogar die Partikel *or* bedeutsam sein: Sie schließt auch noch die Titel in die Beliebigkeit des Angebots ein: einer der beiden, ja, jeder andere auch, ist ebenso möglich.

Läßt sich das Vielfältige, Ausgelassene, auch Beliebige, welches diese Titel ankündigen, und welches – so die These dieses Essays – das Stück in hohem Maße bietet, unter den Hut einer einzelnen Interpretation bringen? Der Hut muß zumindest eine sehr breite Krempe haben. Ein Stück interpretieren heißt Kohärenz schaffen (auch wenn sie in einer bestimmten Art von Paradoxien besteht), Zusammenhänge aufweisen zwischen Figuren, Handlungssträngen, Themenfeldern, sprachlichen und visuellen Bildern, Szenentypen usw., aber auch zwischen diesen Elementen und historischen Bedingungen, sowohl zur Zeit der Entstehung wie jener der Interpretation. Das Ganze, zu welchem sich diese Zusammenhänge fügen, wird man je nach Ansatz mit ästhetischen oder ideologischen Interessen zu beschreiben versuchen; und je enger, je umfassender die Zusammenhänge sind, desto höher wird man das Stück einschätzen, als desto überzeugender wird auch die Interpretation gelten.

Ein Stück interpretieren bedeutet auch, es in einem generischen Zusammenhang zu sehen. Im Falle von *Twelfth Night* wird es der einer Komödie sein – schon die erste Sammelausgabe von Shakespeares Dramen, die Folio von 1623, ordnet es dieser Gruppe zu. Die Kritik hat versucht, gemeinsame Züge an den Komödien Shakespeares herauszuarbeiten. So ist an ihnen immer wieder eine dreiteilige Struktur beschrieben worden: Die Figuren verlassen eine geordnete Welt und kehren geläutert in sie zurück – ein Muster, das sich an *A Midsummer Night's Dream* und an *As You Like It* besonders schön zeigen läßt. C. L. Barber hat in einem einflußreichen Buch (1959) diesen Dreischritt, der sich auch in rituellen Handlungen findet, in die Formel

»through release to clarification« gefaßt. Auch der Karneval, oder eben die Weihnachtszeit, fügt sich als Anlaß in dieses Muster.

Im weiteren sind die Komödien aufgrund ihrer Themen und ihrer Entstehungszeit zu Gruppen zusammengefaßt worden: *Twelfth Night* wird dabei, zusammen mit *As You Like It* und *Much Ado About Nothing*, den romantischen Komödien zugerechnet; in diesen geht es in erster Linie um die Liebe, und das Publikum kann mit den Figuren fühlen, über deren Erfahrungen es lacht.

Ein Stück, das aus dem Geist des Anlasses lebt wie *Twelfth Night*, muß sich gegen einen solchen Versuch, durch Interpretation und Klassifizierung Kohärenz zu schaffen, sträuben; denn dieser Versuch widerspricht dem, wofür es steht. Die Interpretation nach dem Dreischritt will nicht recht passen; und die Charakterisierung als romantische Komödie bleibt einseitig. Kohärenz ist bei diesem Stück, mit seinem Vielfältigen, Ausgelassenen, auch Beliebigen, eben nur auf Kosten von Ausblendung und Fokussierung zu erreichen.

Um nur ein Beispiel, aber wohl das wichtigste, zu nennen: In *Twelfth Night* laufen drei sehr verschiedene Handlungsstränge nebeneinander, eine romantische Komödie um Viola, Orsino und Olivia, eine satirische um Malvolio, Sir Toby, Sir Andrew und Maria, und eine Farce um Viola, Sebastian und Antonio. Im Laufe der Rezeptionsgeschichte stand die romantische Handlung um Viola nicht immer im Mittelpunkt; zu Shakespeares Zeit scheinen vielmehr die satirische Komödie um Malvolio und die Verwechslungskomödie um Sebastian die Hauptsache am Stück gewesen zu sein. Der früheste Beleg, das Tagebuch des Jura-Studenten John Manningham, beschreibt eine Vorstellung am 2. Februar 1601: »At our feast we had a play called *Twelve Night or what you will*, much like the comedy of errors, or Menechmi in Plautus, but most like & neere to that in Italian called Inganni. A good practise in it to make the steward believe his lady widdowe was in love with him by counterfayting a letter.« Dazu fügt sich, daß das Stück 1622 unter dem Titel *Malvolio* bei Hofe aufgeführt wurde.

Als sich das Interesse der Kritik dann in der zweiten Hälfte des 18. Jahrhunderts der Psychologie von Shakespeares Figuren zuzuwenden begann – übrigens parallel zur Wandlung von Shakespeares Stücken von Bühnen- zu Lesedramen – da rückten andere Elemente von *Twelfth Night* in den Vordergrund. Nun wurden das Innenleben der Figuren und sein poetischer Ausdruck wichtig, die verschiedenen Spielarten der Liebe und des Werbens – jene Elemente, welche die Handlung um Viola und Olivia prägen. Sympathie mit den Figuren war gefragt. An Malvolio wurde nun seine quasi-tragische Statur herausgearbeitet, im Theater etwa bei Henry Irving; der Streich, der ihm gespielt wird, wurde zunehmend zur Nebenhandlung relegiert, und die Verwechslungskomödie um Viola und Sebastian verlor an Gewicht.

Heute steht die romantische Komödie weiterhin im Zentrum des Interesses; aber anders als seit der Romantik ist nicht mehr das Innenleben der als autonome Subjekte gesehenen Charaktere, die Poesie ihres Gefühlsausdrucks der Grund dafür; in einer Abwandlung der Charakterkritik konzentriert sich das Interesse vielmehr darauf, wie Charaktere, wie Subjekte, entstehen, vor allem die soziale Konstitution der Geschlechter und ihrer Beziehungen. Im Stück kommen die verschiedensten Spielarten von Liebe vor: Orsino schmachtet nach Olivia; er fühlt sich aber auch zu seinem Pagen Cesario hingezogen (und am Schluß, als klar geworden ist, daß dieser eine Frau ist, insistiert er, daß sie ihre Männerkleidung noch anbehalte). Olivia trauert ihrem verstorbenen Bruder nach, verliebt sich aber in Cesario, dessen weibliche Züge unverkennbar sind. Viola/Cesario liebt Orsino, versetzt sich aber auch in die Rolle von Olivias Liebhaber (I,5,257). Antonio liebt Sebastian. Malvolio liebt sich selbst.

Eine anregende und sehr einflußreiche neuere Interpretation des Stücks stammt von Stephen Greenblatt, in seinem brillanten Essay »Fiction and Friction« (1988). Sie entspricht dem dargelegten Muster, indem sie sich einschränkt auf die Handlung um Viola, Orsino und Olivia und das Beobachtete verallgemeinert. Greenblatt interessiert sich für das Spiel mit homoerotischen Elementen. Er erklärt das Handlungsmuster der Komödie, anhand einer Metapher Sebastians in V,1,254 (»But nature to her bias drew in that«), mit der Bahn einer Kugel beim *Bowls*-Spiel, bei dem es darum geht, eine Kugel möglichst nahe an ein vorgegebenes Ziel zu rollen. Die Kugel bewegt sich in eine bestimmte Richtung, ändert ihre Bahn dann aber, dank des exzentrisch eingebauten Gewichts, auf ihr Ziel hin. Ähnlich verhält es sich mit den Neigungen der Menschen; das Hingezogensein zu einer Person des gleichen Geschlechts wäre zu direkt, zu einfach; am Ende führt ein »natürlicher« Drall sie zurück auf das vorbestimmte Ziel hin, die Vereinigung als heterosexuelles Paar. Die Natur, die allgemeine Ordnung der Dinge, so postuliere die Komödie, sorgt dafür, daß alles seinen rechten Gang nimmt und in Harmonie endet.

Greenblatt reichert dieses Grundmuster an, indem er konventionelle Vorstellungen der Geschlechter-Konstruktion für Shakespeares Periode in Frage stellt; er tut dies aufgrund einer Episode aus Montaignes Reisetagebuch und einer zeitgenössischen medizinischen Abhandlung aus Frankreich, von denen er annimmt, sie seien auch für ein Shakespeare-Stück relevant. Und in einer geschickten Mixtur von Kausalitäts- und Analogiedenken wendet er das, was er über medizinische Vorstellungen des Geschlechtsakts ausgeführt hat, auf jene des dichterischen Schaffens an (daher der Titel »Fiction and Friction«).

Finden die Dinge aber tatsächlich in die konventionell gegebene, »natürliche« Harmonie zurück (auch wenn diese mit einigen Fragezeichen versehen ist)? Etwas Wichtiges tritt bei Greenblatts gefälliger Interpretation in den Hintergrund: Neben der romantischen Liebe eines Orsino, einer Viola und einer Olivia werden auch Paarbeziehungen ge-

zeigt, die nicht auf gegenseitiger Zuneigung beruhen. Sir
Andrew Aguecheek wird von Sir Toby dazu angestiftet, sich
um Olivia zu bewerben – es geht um Geld. Malvolio bemüht sich um Olivias Hand – es geht um Status. Und die
Verbindung von Sir Toby und Maria ist ebenfalls nicht
leicht mit dem Begriff »romantisch« zu belegen.

Eine ähnliche Einengung der Perspektive geschieht beim
karnevalesken Motiv der Verkleidung: Es wird meist am
Beispiel der Hauptfigur, an Viola als Cesario wahrgenommen – zweifellos, weil eine Frau als Mann auftritt, was immer noch mit einem gewissen *frisson* verbunden sein mag,
vor allem, weil diese Frauen in Shakespeares Theater von
jungen Männern gespielt wurden. Aber Verkleidung kommt
in *Twelfth Night* mindestens dreimal vor, in Variationen,
deren Gemeinsamkeiten ebenso wichtig sind wie ihre Unterschiede, wie Dympna Callaghan (1993) ausgeführt hat:
Nicht nur Viola als Cesario, sondern auch Malvolio als Olivias Partner und, weniger beachtet, Feste als Priester. In jedem Fall geht es um Status: Jemand nimmt eine Rolle ein,
die ihm in der »natürlichen« sozialen Ordnung nicht zusteht: bei Viola die Frau als Mann (aber auch die Edle als
Diener), bei Malvolio der Diener als Herr, bei Feste der
Narr als Priester.

Bei diesem Spiel mit Identitäten fällt auf, daß es aus der
Perspektive verschiedener Beteiligter, der Figur selbst, der
anderen Figuren und des Publikums, Verschiedenes bedeuten kann. Die Person, die sich verkleidet, ist selbst betroffen davon, wie sie von anderen wahrgenommen wird. Die
anderen Figuren können vom Erscheinungsbild getäuscht
werden. Nur das Publikum wird in jedem Fall – notwendig
wäre auch das nicht – in die Regeln des Spiels eingeweiht.

Viola ist das eindrücklichste Beispiel. Sie verkleidet sich,
um unter widrigen Umständen sie selbst sein und ihre Zie-
le erreichen zu können. Sobald man Identität, mitgeprägt
durch das Geschlecht, auch als soziales Konstrukt aner-
kennt – eine der Stärken von Greenblatts Aufsatz –, kann

die Kleidung zu einem seiner konstituierenden Elemente werden. Damit aber wird unsicher, in welchem Maße die (Ver-)Kleidung das Geschlecht versteckt oder verändert. Diese Unsicherheit führt zu neuen Komplikationen und Ansätzen der Interpretation. Es wird möglich, die Verwirrung, vor allem aber auch die Befreiung zu thematisieren, welche ein solches Durchbrechen der Geschlechtsunterschiede für die Betroffenen bedeuten kann (wie dies vor allem Catherine Belsey, 1985, getan hat).

Viola verkleidet sich offensichtlich als Mann, weil sie glaubt, dies werde ihren Zielen als Frau dienlich sein. In I,2,55, nachdem sie vom Fürsten Orsino gehört hat und in seiner Nähe sein will, entschließt sie sich, ihm als Eunuch zu dienen, ein Plan, von dem wir später nichts mehr hören. In I,4 tritt sie dann als sein Page auf und übernimmt die Aufgabe, für ihn bei Olivia zu werben, obwohl sie viel lieber selbst seine Frau würde (I,4,41 f.). Bei der Erfüllung dieser Aufgabe kommt sie in die Lage, Olivia zu schildern, was sie selbst tun würde, wenn sie Orsino wäre, d. h., sie versetzt sich in die Rolle des Mannes, der sie nicht ist. Und als Olivia ihr einen Ring geben läßt, ist sie einigermaßen verwirrt. In einem Monolog (II,2,17–41) versetzt sie sich nun in die Rolle Olivias, die Cesario liebt, und sie selbst verzweifelt, weil sie in ihrer Verkleidung nie die Liebe Orsinos gewinnen kann. Auch später erinnert Viola uns als Publikum daran, daß sie eine Rolle spielt, die ihr nicht zusagt – am deutlichsten wohl beim Fechtkampf in III,4. Sie sieht keine Möglichkeit, selbst aus der verwirrenden Situation herauszufinden, in welche ihre Verkleidung sie, aber auch Orsino und Viola geführt hat.

Nur Viola selbst und das Publikum (außer dem Kapitän, der sie an Land bringt und dann verschwindet) wissen um das Geheimnis ihrer Verkleidung; die anderen Figuren bleiben bis zum Schluß im dunkeln. Anders als Rosalind in *As You Like It* kann sie ihre Erfahrung mit keiner anderen Figur teilen (vgl. ihren Monolog in II,2,17–41). Die Verkleidung bedeutet deshalb für sie nicht nur Befreiung, sondern auch Einsamkeit. Um so enger ist die Beziehung zwischen ihr und dem Publikum.

Bei Malvolio liegen die Dinge anders: Auch er verkleidet (und verstellt) sich, indem er sich mit gelben Strumpfbändern schmückt und ein Lächeln aufsetzt. Sein Ziel ist es, Olivia als Partnerin für sich zu gewinnen. Er glaubt dadurch zu dem zu werden, was ihm zusteht. Aber die Täuschung ist gegen ihn gerichtet: In einem raffinierten, von Maria erdachten Streich wird er dazu verführt, sich lächerlich zu machen. Er gewinnt durch Verkleidung nicht Handlungsfreiheit, sondern wird in seiner Selbstgerechtigkeit und Selbstgefälligkeit bloßgestellt. Das Publikum und alle Figuren wissen, was hier gespielt wird, außer Olivia, die erstaunlich viel Verständnis für Malvolio in seiner Schande zeigt.

Am eigenartigsten ist die Verkleidung Festes als Priester in IV,2. Sie dient allein der Unterhaltung der anderen Figuren und des Publikums. Um Malvolio als Exorzist von seinem scheinbaren Wahnsinn zu befreien, zieht Feste einen Talar und einen falschen Bart an. Beides wäre gar nicht nötig, denn Malvolio, der im Dunkeln eingesperrt ist, kann ihn offenbar gar nicht sehen. Alle, außer Malvolio, wissen um die Verkleidung. Und wir brauchen nicht anzunehmen, die Verkleidung habe irgendeinen Einfluß auf die Identität des Verkleideten; im Gegenteil, sie bringt den Narren in seiner Rolle zur vollen Entfaltung. Der Grund für die Verkleidung besteht vielmehr darin, in fastnächtlicher Manier, ziemlich unabhängig von der Handlung, die zu entlarven, deren Verkleidung man trägt. Feste macht gleich zu Beginn deutlich, daß es darum geht, sich über die Heuchelei und die gestelzte Gelehrsamkeit von Priestern lustig zu machen.

Schließlich: Wenn Verkleidung Fragen der Identität aufwirft, so werden sie für die Figuren im dritten Handlungsstrang, durch das Doppelgänger-Motiv, durch Viola und Sebastian, ganz radikal gestellt. Menschen sind auf unerklärliche Weise nicht mehr sie selbst. Als Publikum werden wir bereits zu Beginn des 2. Akts auf die möglichen Komplikationen vorbereitet. Die Figuren aber werden mit ihnen erst vom 4. Akt an konfrontiert. Dann aber schaffen die Verwechslungen, zusammen mit Violas Verkleidung, die verschiedensten Arten der Verwirrung. Sir Andrew bezieht Prügel; Sebastian wird zu seiner Verwunderung in die Ehe geführt; Antonio wird in seiner Liebe zu Sebastian zutiefst enttäuscht.

Alle geschilderten Handlungselemente existieren etwas unvermittelt nebeneinander (auch wenn sie am Schluß kunstvoll miteinander verschränkt werden); und keines vermag die anderen ganz aus dem Gesichtsfeld zu verdrängen. Sie lassen sich nur überzeugend zusammenbringen unter dem breitkrempigen Hut des Karnevals. Der Text, der uns zur Interpretation vorliegt, ist in seiner Vielfalt, ja Beliebigkeit selbst Teil dieses Anlasses, eines Ganzen, an dem auch das Publikum mitwirkt. Damit wird die Feier von Twelfth Night nicht nur für die Thematik, sondern für alle Aspekte des Stücks bestimmend.

Was für ein Anlaß ist dies? Karneval stellt die Dinge für eine genau begrenzte Zeit auf den Kopf und damit die etablierte Ordnung in Frage. Je nach der sozialen Position der Betroffenen kann Karneval deshalb Verschiedenes bedeuten. Für jene, welchen diese Ordnung dient, bedeutet er ein Ventil, das aufgestaute subversive Energien abläßt. Für jene, welche dieser Ordnung zu dienen haben, bedeutet er eine Gelegenheit, sich gegen sie aufzulehnen. In *Twelfth Night* herrscht die erste, die gutmütig-bestätigende Tendenz vor, wie Verschiedenes belegt: Das Spiel kann es sich leisten, sich über seine eigene Künstlichkeit lustig zu machen, wie Fabian angesichts des gelungenen Streichs mit Malvolio feststellt: »If this were played upon a stage now, I could condemn it as an improbable fiction« (III,4,122 f.). Der Ort der Handlung ist, wie so oft bei Shakespeare, fern von der Welt der Zuschauer, in einem Land der Vorstellung. Sein Name

»Illyrien« verweist wohl weniger auf eine in der Geographie oder Mythologie existierende Gegend, sondern nach dem Lateinischen auf eine, die »dort« (und eben nicht »hier«) liegt; gerade deswegen sind Verweise auf englische Verhältnisse, etwa im Haushalt Olivias, so wirkungsvoll: Fremdes wird vertraut gemacht, Vertrautes verfremdet. Musik spielt eine größere Rolle als in jedem anderen Stück Shakespeares; es beginnt und endet damit (auf das Lied am Schluß wird zurückzukommen sein). Lieder verschiedenster Art werden gesungen, von verschiedenen Figuren; sie wirken als Einlagen, die sich von der Handlung verselbständigen können; im Lauf der Aufführungsgeschichte konnten sie auch durchaus verschiedenen Figuren zugeteilt werden: »Come away, come away death« (II,4,50–65) etwa wurde, wie Laurie Osborne in ihrer Ausgabe des Stücks nachweist, oft Viola statt Feste zugeschrieben. Mit der Sprache wird bei jeder Gelegenheit, nicht nur von Feste, gespielt; wie der Narr feststellt: »To see this age! A sentence is but a chev'rel glove to a good wit, how quickly the wrong side may be turned outward« (III,1,11–13). Es mag kein Zufall sein, daß die Anlässe, von denen frühe Aufführungen belegt sind, nicht in öffentlichen Theatern, sondern bei Festen am Hof und an Hochschulen (den Inns of Court) stattfanden.

In diesem Vielfältigen, Ausgelassenen, Beliebigen gibt es eine Figur, die stets sie selbst bleibt, sogar wenn sie sich verkleidet: Feste, der Narr, ist von den Verwirrungen im Stück seltsam unberührt; in einem ungewöhnlichen Monolog (III,1,59–67) äußert sich Viola voller Bewunderung über sein Verhalten und seine Kunst. Er geht keine Bindung ein (anders als etwa Touchstone in *As You Like It*). Er gehört eigentlich zu Olivias Haushalt. In I,5 taucht er nach offenbar längerer, unerklärter Abwesenheit dort wieder auf. In II,4 erscheint er ohne Begründung an Orsinos Hof. Er beteiligt sich nicht an der Planung des Streichs gegen Malvolio, und er ist nicht dabei, wenn Malvolio den Brief findet und wenn er in seinem lächerlichen Aufzug vor Olivia erscheint; wo er da steckt, bleibt unklar. Er tritt erst gegen Schluß wieder auf, wenn das Spiel mit Malvolio auf die Spitze getrieben wird und (zumindest für ein modernes Publikum) seine Lustigkeit verliert. Seinen Beitrag zum Streich erklärt er als Rache dafür, daß Malvolio sich über seine Kunst mokiert habe (in I,5,79).

Seine Rolle in einem Stück mit dem Titel *Twelfth Night* läßt erwarten, daß der Narr die Rolle einer Autorität, die Rolle des *Lord of Misrule* spielt. Sein Name (er wird nur einmal im Stück genannt, II,4,11) ist wohl sprechend, wie Therese Steffen (1992) darlegt: *Festus* bedeutet lateinisch »festlich«, ist aber auch der Name eines Richters in der Apostelgeschichte. Aber die Erwartung, Feste spiele eine aktive Rolle, wird, wie wir gesehen haben, nicht erfüllt.

Feste hat das letzte Wort: Am Schluß bleibt er allein vor dem Publikum zurück und singt ein Lied, das von seiner Struktur, wenn nicht von seinem Inhalt her durchaus ein Tanzlied sein könnte. Seine Strophen beschreiben den Lauf einer alt gewordenen Welt und eines Lebens in ihr mit seinen gängigen Stationen. Die zweite und die vierte Zeile wiederholen sich jeweils und prägen die Stimmung des Lieds, eine Mischung aus Bitterkeit und Schicksalsergebenheit:

When that I was and a little tiny boy,
    With hey, ho, the wind and the rain,
A foolish thing was but a toy,
    For the rain it raineth every day.

But when I came to man's estate,
    With hey, ho, the wind and the rain,
'Gainst knaves and thieves men shut their gate
    For the rain it raineth every day.

But when I came, alas, to wive,
    With hey, ho, the wind and the rain,
By swaggering I could never thrive,
    For the rain it raineth every day.

[...]

A great while ago the world begun,
    With hey, ho, the wind and the rain,
But that's all one, our play is done,
    And we'll strive to please you every day.

                                      (V,1,385–404)

Ist das Lied tief- oder unsinnig? Sein Text ist voller zeitlicher und logischer Verknüpfungen, welche uns auffordern,
die Frage nach dem Sinn zu stellen. Aber dann wird uns
auch gesagt, »that's all one«, das sei alles gleich; was zähle,
sei einzig, ob das Stück dem Publikum gefallen habe.

Was ist der Status dieses Lieds? Sagt es etwas aus über
Feste oder ist es der Epilog zum Stück? Epiloge treten
aus dem Stück heraus, lassen es als Ganzes ins Gesichtsfeld
treten, und was sie sagen, erscheint deshalb als chorischer
Kommentar zum Ganzen, in dem die Stimme des Autors
mitspricht. Sie enden mit einer Bitte um Applaus und
thematisieren so die Aufführung als Interaktion zwischen
den Spielenden und dem Publikum. Das Lied erfüllt diese
Bedingungen; und so ist es in der Kritik auch immer wieder gelesen worden, als der Ausdruck einer Stimmung, die
uns das ganze Stück vermitteln soll: verklärte Distanz zu
den Höhen und Tiefen verwirrender menschlicher Erfahrung.

Am extremsten geschah dies vor der Entdeckung von
Manninghams Tagebuch (es wurde 1831 publiziert), als man
Twelfth Night aufgrund gewisser Anspielungen ins Jahr
1614 datierte und es damit als Shakespeares letztes Stück
betrachtete. Die Worte des Liedes wurden damals, wie Laurie Osborne (1996) gezeigt hat, als die letzten verstanden,
die Shakespeare für die Bühne schrieb; sie wurden als Beleg
dafür genommen, daß er sein Werk im Frieden mit der Welt
abgeschlossen habe, auch wenn er nicht ohne eine gewisse
Bitterkeit Abschied von der Bühne genommen habe.

Aber der Status des Liedes bleibt unklar: Ebenso kann es noch einmal die Perspektive Festes – eine von vielen – darstellen. Letztlich muß die Frage offenbleiben, wer hier, abgesehen von den zwei letzten Zeilen, spricht (bzw. singt), die Figur Festes oder der Chor, bzw. in welchem Maße Feste eine chorische Funktion hat.

Die gängige Lesart des Stückes geht aus von dem, was wir am Schluß einer Shakespeare-Komödie erwarten dürfen, ein Happy-End, bei dem die Paare zusammenfinden und bei dem die Ordnung, die vorübergehend in Frage gestellt war, sich auf neue Weise wieder etabliert. Allerdings, so wird dann als Zeichen von Shakespeares Genie vermerkt, fällt ein Wermutstropfen ins Champagnerglas. Wie in anderen Komödien Shakespeares bleibt jemand von der Feier der Harmonie ausgeschlossen: Malvolio, der wütend von der Bühne gestürmt ist. Aber Malvolio ist nicht der einzige, dem dies widerfährt. Zwar bekommen die meisten einen Partner bzw. eine Partnerin, aber nicht unbedingt jenen oder jene, den oder die sie ursprünglich wollten. Orsino bekommt seine Olivia nicht, Olivia nicht ihren Cesario. Sebastian wird einigermaßen überraschend mit einer Gattin versehen und akzeptiert sein Glück erstaunlich gelassen. Nur Viola wird mit der Person vereint, zu der sie sich von Anfang an hingezogen fühlt. Erstaunlich viele Figuren gehen leer aus: Außer Malvolio auch Sir Andrew Aguecheek und Antonio, dessen Liebe zu Sebastian am Anfang des 5. Aktes noch gefeiert wurde. Auch Feste (anders als Touchstone in *As You Like It*) bleibt am Schluß allein.

Die Ordnung, die hergestellt wird, ist, nach all dem, was geschehen ist, brüchig; und sie hat kaum, wie anderswo, eine andere Qualität als zuvor. Malvolios Drohung »I'll be revenged on the whole pack of you« (V,1,365), die meist mit Gelächter quittiert wird, bleibt im Raum stehen. »The whirligig of time« (V,1,376), der Kreisel der Zeit, dreht sich weiter und wird dafür sorgen, daß Malvolios Gelegenheit zur Rache kommt.

Das Konventionelle am Schluß mag uns an die dreiteilige Komödienstruktur erinnern, die weiter oben skizziert
wurde, das Verlassen einer Ordnung und die Rückkehr in
sie – eine Struktur, die auch dem Karneval eigen ist. Wir
mögen deshalb versucht sein, das Stück als Abbild des
Karnevals zu lesen – mit mäßigem Erfolg. Wenn wir aber
Twelfth Night als *Anlaß* ernst nehmen, dann liegt es nahe,
das Stück als *Teil* dieses Anlasses, der Phase, in der die
Dinge auf den Kopf gestellt werden, zu lesen. Mit anderen
Worten, auch die Konventionen des Genres werden in
Twelfth Night in Frage gestellt.

Literaturhinweise

William Shakespeare: Twelfe Night. Hrsg. von Laurie E. Osborne. Hemel Hampstead: Prentice-Hall, 1995. (Shakespearean Originals: First Editions.)
- Twelfth Night Or, What You Will / Zwölfte Nacht Oder, was Ihr Wollt. Übers. und hrsg. von Therese Steffen. Tübingen: Francke, 1992. [Prosaübersetzung mit Anmerkungen.]

Twelfth Night: Or What You Will (UK/USA, 1996). Renaissance Film Productions. Regie: Trevor Nunn.

Barber, C. L.: Shakespeare's Festive Comedy: A Study of Dramatic Form and its Relation to Social Custom. Princeton (N. J.): Princeton University Press, 1959.
Belsey, Catherine: Disrupting Sexual Difference: Meaning and Gender in the Comedies. In: John Drakakis (Hrsg.): Alternative Shakespeares. London: Methuen, 1985. S. 166–190.
Callaghan, Dympna: »And all is semblative a woman's part«: Body Politics in *Twelfth Night*. In: Textual Practice 7 (1993). Abgedruckt in: R. S. White (Hrsg.): *Twelfth Night*: Contemporary Critical Essays. London: Macmillan, 1996. S. 129–159.
Greenblatt, Stephen: Fiction and Friction. In: St. G.: Shakespearean Negotiations: The Circulation of Social Energy in Renaissance England. Berkeley: University of California Press, 1988. Abgedruckt in: R. S. White (Hrsg.): *Twelfth Night*: Contemporary Critical Essays. S. 92–128.
Hotson, Leslie: The First Night of *Twelfth Night*. London: Rupert Hart-Davis, 1954.
Jardine, Lisa: Twins and Travesties: Gender, dependency and sexual availability in *Twelfth Night*. In: L. J.: Reading Shakespeare Historically. London: Routledge, 1996. S. 65–77.
Osborne, Laurie E.: The Trick of Singularity: *Twelfth Night* and the Performance Editions. Iowa City: University of Iowa Press, 1996.
Potter, Lois: *Twelfth Night*: Text and Performance. London: Macmillan, 1985.
Wells, Stanley (Hrsg.): *Twelfth Night*: Critical Essays. New York: Garland, 1986.
White, R. S. (Hrsg.): *Twelfth Night*: Contemporary Critical Essays. London: Macmillan, 1996.

The Tragedy of Othello the Moor of Venice

Die Inszenierung des Ex-Zentrischen

Von Beate Neumeier

1. »[T]his monstrous birth« (I,3,396)

»[A] Monster with a Black Face, the Mouth and Eyes like a Lyon which was both Male and Female.«[1] Dieses Zitat aus dem *Stationers' Register* (1580) belegt die Definition des Monströsen als des Fremden in den Koordinaten des Bekannten, als Opposition zur Norm und als Überschreitung des dichotomen Denkens zugleich. Die dabei angesprochenen Grenzen zwischen Weiß und Schwarz, Mann und Frau, Mensch und Tier markieren die kulturellen Grenzen der englischen Renaissance zwischen Zentrum und Peripherie, Norm und Abnormität, Natur und Unnatur (göttlicher Ordnung und Teufelswerk), deren mögliche Überschreitung Angst und Faszination gleichermaßen auslöst.

Im obsessiven Interesse an diesen Grenzen wird zugleich die zunehmende Infragestellung gesellschaftlicher und kultureller Ordnungsstrukturen in den religiösen, politischen, medizinischen und literarischen Diskursformen des 16. und 17. Jahrhunderts deutlich, die zur Ausdifferenzierung und Neubewertung bzw. Herausbildung der Kategorien *race (black/white)*, *gender (femininity/masculinity)* und *mind (madness/sanity)* als Konstituenten individueller Subjektivität führen. In diesem Kontext vollzieht sich die Ablösung der Religion als des dominanten Erklärungszusammenhangs durch die (neuen) Wissenschaften im Rahmen der Diskursivierung von kultureller Alterität (und Rassismus)

1 Zit. nach: Karen Newman, »›And wash the Ethiop white‹: Femininity and the Monstrous in *Othello* (1987),« in: *Critical Essays on Shakespeare's Othello*, hrsg. von Anthony Gerard Barthelemy, New York: Maxwell Macmillan, 1994, S. 124–143, hier S. 130.

in der Ethnographie, von Geschlechterdifferenz und Sexualität in der Biologie, von Normalität und Wahnsinn in der Medizin. Die (neuen) Wissenschaften fungieren als Symptom und Heilmittel des *desire to know*, innerhalb dessen die Bedeutung des Blicks (*gaze*) zentralen Stellenwert einnimmt. Shakespeares Tragödie *Othello*[2] inszeniert und problematisiert diesen Prozeß durch die komplexe Verschränkung der angesprochenen Aspekte anhand der Hauptfiguren Othello, Desdemona und Jago, die jeweils Positionen der Marginalität und Zentralität gleichzeitig besetzen.

2. »[T]his play about stereotypes«[3]

Die Literaturkritik hat im Rahmen der Diskussion der Tragödie *Othello* unterschiedliche der angesprochenen Bereiche in den Blick genommen, insbesondere die Problemkomplexe Leidenschaft(swahn), Geschlechterdifferenz und Hautfarbe, wobei die Thematisierung ihrer Relationalität allerdings bis in die jüngste Zeit stark vernachlässigt wurde. Kaum ein anderes Shakespeare-Drama hat dabei in gleichem Maße die persönliche Stellungnahme westlicher Kritiker herausgefordert und deren eigene Vorurteile und Stereotypien bezüglich der obengenannten Themen – und insbesondere bezüglich des Rassismus – bloßgelegt. So ist die Deutung Othellos als romantischer Held häufig an die Negierung oder zwanghafte Modifikation seiner *blackness* gebunden. Ebenso oft wird die Betonung der Gewalt seines Leidenschaftswahns unhinterfragt (im Einklang mit innerdramatischen Positionen) mit exotischer Fremdartigkeit er-

2 Zitiert wird nach der Ausgabe: William Shakespeare, *The Tragedy of Othello the Moor of Venice*, hrsg. von Stanley Wells, in: W. S., *The Complete Works*, hrsg. von St. W. und Gary Taylor, Oxford: Clarendon Press, 1986 [u. ö.], S. 925–964.

3 A. Barthelemy, »Introduction«, in: *Critical Essays on Shakespeare's »Othello«*, hrsg. von A. B., S. 1–18, hier S. 3.

klärt. Anthony Barthelemys prägnante Zusammenfassung der Reaktionen der Shakespeare-Kritik auf Othellos *Moorship* von Thomas Rymer (1692) bis in die Gegenwart ist in diesem Zusammenhang als pointierter historischer Abriß des offenen oder verdeckten, bewußten oder unbewußten Rassismus lesbar.

Erst seit Eldred Jones' Studie zu *Othello's Countrymen: Africans in English Renaissance Drama* (1965) hat die Diskussion der Rassenproblematik in Shakespeares *Othello* vor allem auch im Kontext der postkolonialen Theorie und des *new historicism* andere Wege beschritten. Demgegenüber hat die feministische Literaturkritik (z. T. unter Einbeziehung neuhistorischer Perspektiven) das Augenmerk auf die Geschlechterbeziehungen und Ehevorstellungen in Shakespeares Stück im Kontext der Renaissance gerichtet. Seit den achtziger Jahren findet eine zunehmende Fokussierung auf die Relationalität zwischen den Aspekten *race, gender* (und *class*) statt, die die Funktionsmechanismen der Stereotypisierung in ihrer Prozeßhaftigkeit in den Blick nehmen und damit die Widersprüchlichkeit bzw. Komplexität der Darstellung ausloten kann. Erst eine Zusammenschau der oben angesprochenen Gesichtspunkte *race (black/white)*, *gender (femininity/masculinity)* und *mind (madness/sanity)* unter Einbeziehung des Aspekts der Wahrnehmung (*gaze*) in der Tragödie im Kontext des oben beschriebenen Paradigmenwechsels der Verwissenschaftlichung der Diskurse ermöglicht jedoch eine umfassende Analyse der »powerful chiastic splittings«,[4] die die Faszination des Dramas *Othello* ausmachen.

---

4 Patricia Parker, »Fantasies of ›Race‹ and ›Gender‹: Africa, *Othello* and Bringing to Light«, in: *Women, »Race« and Writing in the Early Modern Period*, hrsg. von Margo Hendricks und P. P., London: Routledge, 1994, S. 84–100, hier S. 95.

3. »[C]ontradictory positions in relation to power«[5]

Die Verschränkung der Positionen im Verhältnis zur Macht gilt sowohl für die von Ania Loomba diskutierten Aspekte von »Sexuality and Racial Difference« als auch für die anderen obengenannten Themenkomplexe. So steht Othellos Marginalisierung als *blackamoore* seiner Macht als Mann und General der venezianischen Armee gegenüber. Desdemonas Machtlosigkeit als Frau steht im Gegensatz zu ihrer gesellschaftlichen Position als weiße Aristokratin. Jagos Machtstellung als weißer Mann schließlich wird durch seine Position als (beruflich übergangener) *malcontent* und möglicher *cuckold* konterkariert. Alle drei Hauptfiguren werden im Verlauf des Stückes der Hexerei bzw. Teufelei bezichtigt. Allen dreien werden im Verlauf der Tragödie daher unterschiedliche Positionen bezüglich der Relationen *fairness/blackness, good/evil, reason/passion* zugesprochen. Diese Verschränkung der Positionen ermöglicht die gleichzeitige Problematisierung und Bestätigung der im Drama angesprochenen Stereotypien.

3.1. Race (Black/White): »An extravagant and wheeling stranger« (I,1,138)

Die Konzeption des Titelhelden als »Moor of Venice« als offensichtlichste Form von *otherness* in der Tragödie muß im Kontext der Tradition der Negativbesetzung von *racial otherness* in den religiösen bzw. religiös gefärbten Diskursformen der englischen Renaissance gesehen werden, wo *blackness* zunächst im Rückgriff auf die Genesis als göttliche Strafe gefaßt und mit dem Bösen, mit Teufel und Hexerei in Verbindung gebracht wird (»a damned soul may

5 Ania Loomba, »Sexuality and Racial Difference«, in: *Critical Essays*, hrsg. von A. Barthelemy, S. 162–186, hier S. 165.

and doth take the shape of a blackamoore«[6]). Diese Definition von *blackness* (als Ausdruck der Grenzüberschreitung und Negierung des christlichen Wertesystems) verbindet sich mit den geo- und ethnographischen Diskursen der Entdecker, die die Neue Welt in Opposition zur zivilisierten christlichen Welt als primitive und barbarische, von Zauberkulten und Hexerei beherrschte Welt konstruieren.[7] Gleichzeitig wird damit aber auch die Entwicklung eingeleitet, derzufolge der Glaube an Hexerei selbst zum Zeichen der Primitivität wird, von dem sich die aufgeklärte europäische Elite distanziert. (»The literate were already inclined to see themselves as distinct from a populace construed as gullibly victimised by shrewd demons or robbed by charlatans performing tricks.«[8])

Mit diesen Vorstellungen verbindet sich die Faszination des Exotischen und des Monströsen, die sich in der Entdecker- und Reiseliteratur der Zeit[9] durch die Verbindung von Faktizität und Fantastik etwa in der Beschreibung der »Anthropophagi« manifestiert. Wenn zudem Ambroise Paré in *Des monstres et prodiges* (1573) im Zusammenhang der Beschreibung weiblicher Formen der Sexualität auf Leo Africanus, den christianisierten *native* und Verfasser der *Geo-*

---

6 Reginald Scot, *The Discoverie of Witchcraft* [1584], mit einer Einl. hrsg. von Hugh Ross Williamson, London: Centaur Press, 1964. Vgl. hierzu auch Keith Thomas, *Religion and the Decline of Magic: Studies in Popular Beliefs in Sixteenth- and Seventeenth-Century England*, London: Weidenfeld and Nicolson, 1971.

7 Vgl. James I, *Daemonologie*: »[...] where the devil finds greatest ignorance and barbarity, there assails he grossliest« (*Minor Prose Works of King James VI and I*, hrsg. von James Craigie, Edinburgh: Scottish Text Society, 1982). Zit. nach: Diane Purkiss, *The Witch in History: Early Modern and Twentieth-Century Representations*, London: Routledge, 1996, S. 253.

8 D. Purkiss, *The Witch in History*, S. 256. Auch der Verweis auf »different kinds of excentricity« im Kontext der *Othello*-Kritik entstammt Purkiss' Diskussion (S. 250).

9 Vgl. Leo Africanus, *A Geographical Historie of Africa* (1526; engl. 1600); *The Travels of John Mandeville* (in: Hakluyt, *Principal Navigations*, 1589); Richard Willes, *The History of Travayle* (1577).

graphical Historie of Africa (1526; engl. 1600), als Textbeleg
verweist, so treten hierin die gemeinsamen quasi-pornographischen Züge zwischen Reiseliteratur und Literatur des
Monströsen im 16. Jahrhundert zutage, wie Patricia Parker
überzeugend darlegt.[10] Die Angst vor der Berührung mit
dem Fremden und die daraus resultierenden Abwehrme-
chanismen werden besonders deutlich im Kontext der Geschlechter*beziehungen*, wo die Rassenmischung als Monstrosität beschworen wird: »Before the English had wide
experience of miscegenation, they seem to have believed
[...] that the black man had the power to subjugate his partner's whiteness, to make them both black, a literal blackness
in the case of a child, a metaphorical blackness in the case of
a sexual partner.«[11] Gleichzeitig markieren die Anfänge des
Sklavenhandels in dieser Periode den Beginn ökonomisch-
politischer Interessen am Fremden. Der durch Elisabeth I.
erteilte Deportationsbefehl für 89 Schwarze im Jahre 1596
belegt sowohl die Präsenz von Schwarzen in England als
auch ihre Perzeption als Gefahr (»to take up such black-
amoores [...] considering her Majesty's good pleasure to
have those kinde of people sent out of her lande«[12]). Dies
verweist auf die Zusammenhänge zwischen der Entstehung
von Imperialismus und rassistischer Ideologie.

Shakespeares Stück verbindet die dargestellten Diskurse,
in denen sich Vorstellungen des Teuflischen, Bestialischen,
Monströsen und des Primitiven, Exotischen mit dem Erotischen mischen, mit den beiden gegensätzlichen Repräsen-
sentationsformen des Schwarzen im englischen Renaissancetheater, dem teuflischen »villainous Moor« und dem

10 P. Parker, »Fantasies of ›Race‹ and ›Gender‹«, S. 95.

11 K. Newman, S. 132.

12 Zit. nach: Ruth Cowhig, »Blacks in English Renaissance Drama and the
Role of Shakespeare's *Othello*«, in: *The Black Presence in English Litera-
ture*, hrsg. von David Dabydeen, Manchester: Manchester University
Press, 1985, S. 1–25, hier S. 6.

»white Moor« als würdigem orientalischen Herrscher, (dessen *blackness* im Text nicht thematisiert wird).[13] Shakespeare geht jedoch noch weit darüber hinaus. Indem Othello die Positionen des Monströsen und des Heldenhaften gleichzeitig besetzt, kann Shakespeares Tragödie rassistische Stereotypisierung sowohl kritisieren als auch bestätigen (»Othello is *both* monster and hero«[14]). Als General wird Othello im Stück von den Venezianern als edler Bewahrer der venezianischen Werte und Kultur gefeiert (»the valiant Moor«, I,3,47), als Ehemann Desdemonas wird er im Sinne der beschriebenen Diskurse zur Verkörperung des mit sexuellen, bestialischen und teuflischen Assoziationen besetzten Monströsen (»an old black ram«, I,1,88). Ebenso ambivalent ist Othellos Selbstdefinition, wie insbesondere in den drei autobiographischen Erzählungen deutlich wird, die den Rahmen und das Zentrum seiner Beziehung zu Desdemona und damit der Tragödie ausmachen.

Die »story of my life« (I,3,128), durch die Othello Desdemonas Liebe gewinnt, ist eine Geschichte von Abenteuer und Gefahr, von exotischen Gefilden und fantastischen Wesen (»the cannibals that each other eat, / The Anthropophagi, and men whose heads / Do grow beneath their shoulders«, I,3,142–144). In dieser »traveller's history« (I,3,138) besetzt Othello die Positionen von Subjekt und Objekt, von Zentralität und Alterität zugleich, im Sinne eines Leo Africanus, der den Blick der christlichen Entdecker auf die eigene Vergangenheit internalisiert hat und die Erwartungshaltung des Publikums, dessen Lust am Exotischen, befriedigt.[15] Während diese Lebensgeschichte

---

13 Vgl. den Auszug aus Eldred Jones' *Othello's Countrymen*, »Othello – An Interpretation«, in: *Critical Essays*, hrsg. von A. Barthelemy, S. 39–54.

14 K. Newman, S. 131.

15 Vgl. K. Newman, S. 131: »Othello is both a speaking subject, a kind of George Best recounting his tales of conquest, and at the same time the object of his ›traveler's historie‹ by virtue of his blackness which orginates with the very monstrous race he describes.«

Othello vom Vorwurf der Hexerei (»thou hast practised on her with foul charms, / Abused her delicate youth with drugs or minerals / That weakens motion«, I,3,74–76) freisprechen soll, an deren Stelle die Magie des *story-telling* tritt, assoziiert sich Othello später in der Geschichte der Liebesmagie des Taschentuchs selbst dezidiert mit einer exotischen Tradition des Nekromantischen (»That handkerchief / Did an Egyptian to my mother give. / She was a charmer [. . .]«, III,4,55–57).[16]

Vor seinem Selbstmord am Ende des Dramas entwirft Othello schließlich seine Geschichte vor dem Hintergrund der Ereignisse und im Blick auf die Zukunft nochmals neu: »Speak of me as I am« (V,2,351). Die dann folgende Deutung der Ereignisse diktiert Othello als eine Art Nachruf in der distanzierten und distanzierenden dritten Person. Die Problematik seiner Selbstkonstruktion als Internalisierung des Diskurses über das Fremde wird hier besonders deutlich, wenn sich Othello als Verteidiger der Christenheit beschreibt, den aber seine Mordtat an Desdemona mit dem »base Indian« in Bezug setzt.[17] Diese Verschränkung steigert sich noch, indem seine Diktion eine einstige Ruhmestat im Dienste des venezianischen Staates in Aleppo zu dem Mord an Desdemona und zu dem unmittelbar bevorstehenden Selbstmord in assoziative Nähe rückt: »[. . .] in Aleppo once, / Where a malignant and a turbaned Turk / Beat a Venetian and traduced the state, / I took by th' throat the circumcised dog / And smote him thus. *(He stabs himself.)*« (V,2,361–365). Damit dokumentiert das Ende nochmals – und unversöhnlich – das Ausmaß der Selbstspaltung Othellos durch die Anverwandlung des weißen Diskurses der Al-

---

16 Vgl. D. Purkiss, S. 263. Zur Bedeutung des Taschentuchs vgl. auch Lynda Boose, »Othello's Handkerchief: ›The Recognizance and Pledge of Love‹«, in: *Critical Essays*, hrsg. von A. Barthelemy, S. 55–67.
17 Zur Diskussion der Textvarianten »Indian/Judean« vgl. A. Barthelemy (Hrsg.), »Introduction«, S. 5 f.

terität, innerhalb dessen er als christlicher venezianischer General den heidnischen »circumcised dog« (V,2,364) in sich richten muß.

So inszeniert (und analysiert) Shakespeares Tragödie die Funktionsmechanismen rassistischer Stereotypie innerhalb der »orientalist and colonial discourses«[18] in der Außen- und der Innenperspektive des *racial other*. Dabei erscheint Othello jeweils sowohl als militärischer Repräsentant des christlichen, patriarchalischen Venedig als auch als heidnischer Ex-Sklave und Magier. Dies wird im Kontext des Stücks ermöglicht durch das Ausspielen der kulturellen moralischen Assoziationen von *black/fair* (mit *good/evil*) gegen Vorstellungen der Spaltung von Innen und Außen. Dabei kann Othellos *blackness* ebenso wie Desdemonas – und Jagos – *fairness* mit ihrer jeweiligen tatsächlichen – oder scheinbaren – moralischen Verfassung sowohl kontrastiert als auch korreliert werden. Nur bei Othello jedoch führt dies aufgrund der Internalisierung unvereinbarer Positionen zur Spaltung in den »near-schizophrenic hero.«[19]

3.2 Gender (Femininity/Masculinity): »She has deceived her father, and may thee« (I,3,293)

»In Europe, the increased emphasis on heterogeneity of peoples and groupings [...] occurs alongside the escalation of patriarchal discourses on the separateness of female identity from masculine.«[20] Diese Gleichzeitigkeit verweist bei aller Unterschiedlichkeit auf denselben Mechanismus der Ausdifferenzierung als Abwehrstrategie und damit auf die unterschwellige Nähe zwischen Othello und Desdemona: »Othello internalizes alien cultural values, but the otherness which divides him from that culture and links him to the

18 A. Loomba, S. 172.
19 Ebd., S. 171.
20 Ebd., S. 168.

play's other marginality, femininity, remains in visual and verbal allusion.«[21]

Die Weiblichkeitsdiskurse der Renaissance vor allem in Religion, Politik und Medizin dokumentieren den Prozeß einerseits der Infragestellung traditioneller Vorstellungen von Geschlechterdifferenz sowie andererseits ihrer erneuten Bekräftigung unter anderen Vorzeichen. Das Ideal der Frau als *silent, chaste* und *obedient* und seine Negativfolie verweisen auf das in den vorreformatorischen religiösen Diskursen geprägte dualistische Weiblichkeitskonzept von *saint* und *whore*. Die demgegenüber im Protestantismus postulierte *conjugal affection* und *spiritual equality* von Mann und Frau bei gleichzeitigem Beharren auf männlicher Autorität macht das Dilemma zwischen der Aufwertung des Weiblichen einerseits und der aus Sicht der Kirchenväter notwendigen weiblichen Disziplinierung andererseits deutlich. Die im Zusammenhang mit Veränderungen der Familien- und Sozialstruktur sich manifestierende Aufwertung des Privaten und das (wenn auch begrenzte) Öffentlichwerden des Weiblichen bedingen sich gegenseitig. In diesem Kontext verweist die in unterschiedlichen Diskursen deutliche Appropriation bislang männlich besetzter Tugenden wie *eloquence* und *self-assertion* durch die Frau nicht nur auf Veränderungen des Weiblichkeitsbildes, sondern zugleich auf die zunehmende Identifizierung weiblicher Normabweichung als Symbol der sozialen Mobilität schlechthin. Wenn die Familie als ideologisches Modell des Staates fungiert, muß die weibliche Rebellion gegen die familiäre patriarchale Ordnung (vor allem unter dem Aspekt des Postulats von Freiheit und Gleichheit) zugleich als Angriff auf die politische Ordnung verstanden werden.

Besonders augenfällig wird die Problematisierung etablierter Geschlechtergrenzen in dem u. a. in einem Pamphletkrieg ausgetragenen Streit um die biologische bzw. kulturelle Begründung der Geschlechterdifferenz, in dem die Angst vor einer Annäherung der Geschlechter im Sinne der *Man-Woman* und des *Womanish-Man* beschworen wird. Das Abebben dieser gesellschaftlichen Debatte in der Regierungszeit von Charles I. verweist dabei auch auf die allmähliche Ablösung des medizinischen Ein-Geschlecht-Modells, demzufolge die Frau als *inverted or botched male* erscheint, durch das Zwei-Geschlecht-Modell, innerhalb dessen die Frau als *equal in her own sex* definiert wird. Die erneute Festschreibung der Geschlechtergrenzen im patriarchalischen Sinne erfolgt dabei (nach dem offenbaren Versagen der primär kulturellen Bestimmung von Geschlecht als Garantie einer stabilen Geschlechterdifferenz) nunmehr unter den scheinbar unüberwindbaren Vorzeichen der Biologie.[22]

Vor diesem Hintergrund gilt Dympna Callaghans im Rahmen ihrer Analyse von *Woman and Gender in Renaissance Tragedy* aufgestellte Behauptung, »[…] at the root of all transgression is woman,«[23] in gesteigertem Maße für Shakespeares Desdemona, deren Verhalten in mehrfacher Hinsicht traditionelle Geschlechtergrenzen überschreitet: Sie hat *gegen* den Willen des Vaters (»Where most you owe obedience«, I,3,179) sich mit Othello verbunden, dem Mann *ihrer* Wahl, zu dessen Werbung sie *selbst* den Anstoß gab (»[…] she thank'd me; / And bade me, if I had a friend that lov'd her, / I should but teach him how to tell my story, / And that would woo her. Upon this hint I spake«, I,3,162–165). Überdies richtet sich *ihr* Begehren auf einen *Außenseiter* der Gesellschaft, einen exotischen Fremden. Ihre Transgression wird durch den Aspekt der *racial other-*

---

22 Vgl. Thomas Laqueur, *Making Sex: Body and Gender from the Greeks to Freud*, Cambridge (Mass.): Harvard University Press, 1990.

23 Dympna Callaghan, *Woman and Gender in Renaissance Tragedy: A Study of »King Lear«, »Othello«, »The Duchess of Malfi« and »The White Devil«*, New York: Harvester Wheatsheaf, 1989, S. 55.

ness Othellos verschärft, da im Kontext der beschriebenen Diskurse die Ehe mit Othello selbst als eine Form von *adultery*[24] verstanden werden kann. Ebenso wie Othello erweist sich Desdemona in der Tragödie jedoch als »a split, inconsistent subject,«[25] als selbstbewußte töchterliche Verfechterin weiblicher Eigenständigkeit in der Partnerwahl *und* als gehorsame Ehefrau, die sich schweigend in ihr Schicksal ergibt. Als Aristokratin soll sie die Garantin von Othellos Integration in die venezianische Gesellschaft sein, als ungehorsame Frau wird sie zum Auslöser von Othellos Fall.

Wenn Desdemonas Liebe zu Othello im Text über seine Abenteuergeschichte etabliert wird, die ihn als ehemaligen Sklaven (»sold to slavery«, I,3,137) *und* als jetzigen Befehlshaber (»the battles, sieges, fortunes / That I have passed«, I,3,129 f.) präsentiert, so tritt der Aspekt des *wishfulfilment* der hinter verschlossenen häuslichen Türen gehaltenen Frau zutage (»she wished / That heaven had made her such a man«, I,3,161 f.). Während die gemeinsame Erfahrung der Marginalisierung sie mit Othello verbindet, wird ihr seine Machtposition jedoch zum Verhängnis, wenn von der Ehefrau dieselbe Unterordnung erwartet wird wie zuvor von der Tochter. Konsequenterweise wird daher das in der Werbungsphase von Othello als reizvoll empfundene Selbstbewußtsein Desdemonas (»[…] my wife is fair, feeds well, loves company, / Is free of speech, sings, plays, and dances

---

24 Vgl. Michael Neill, »Unproper Beds: Race, Adultery, and the Hideous in *Othello*«, in: *Critical Essays*, hrsg. von A. Barthelemy, S. 187–215, hier S. 205: »In the seventeenth century adultery was conceived […] to be quite literally a kind of adulteration – the pollution or corruption of the divinely ordained bond of marriage. […] Its unnaturalness was traditionally expressed in the monstrous qualities attributed to its illicit offspring. […] It is Iago's special triumph to expose Othello's color as the apparent sign of such monstrous impropriety. He can do this partly by playing on the same fears of racial and religious otherness that had led medieval theologians to define marriage with Jews, Mahometans, or pagans as ›interpretative adultery‹.«

25 A. Loomba, S. 172.

well. / Where virtue is, these are more virtuous«, III,3,188–190) in der Ehe beim Eintreten für Cassio zum Indiz der Überschreitung nicht nur der Gebote der *silence* und *obedience*, sondern auch der *chastity*. (»O curse of marriage / That we can call these delicate creatures ours / And not their appetites!«, III,3,272–274). In diesem Zusammenhang gewinnt die Sensualität Desdemonas als »the most explicitly erotic and sensual of Shakespeare's heroines«[26] entscheidenden Stellenwert.

Bereits zu Beginn der Tragödie wird Desdemonas »oral/ aural desire« hervorgehoben (»She'd come again, and with a greedy ear / Devour up my discourse«, I,3,148 f.)[27] und mit dem Wunsch assoziiert, Othello nach Zypern zu begleiten (»The rites for why I love him are bereft me / And I a heavy interim shall support / By his dear absence. Let me go with him«, I,3,257–259).[28] Demgegenüber trennt Othello im Einklang mit der Kultur, der er sich anverwandeln möchte, *body* und *mind*, *lust* und *spiritual love* und weist jegliches sexuelle Begehren als Motivation *seines* Wunsches nach ihrer Begleitung von sich: »[...] I therefore beg it not / To please the palate of my appetite« (I,3,261 f.). In diesem Kontext kann der Altersunterschied zwischen Othello (»I am declined / Into the vale of years«, III,3,269 f.) und Desdemona einerseits als Abwehr des Vorwurfs des *base appetite* seinerseits fungieren, andererseits als Erklärung für die Angst vor Desdemonas *inconstancy*. Jagos Überredungsstrategien können deshalb zum Erfolg führen, weil Othello sein Wertsystem teilt und gleichzeitig dennoch ein Außenseiter im kulturellen Kontext

---

26 A. Loomba, S. 179.
27 Vgl. K. Newman, S. 133: »Her responses to his tales are perceived as voracious – she ›devours‹ his discourses with a ›greedy ear‹, conflating the oral and aural«.
28 Vgl. hierzu auch die Diskussion um die Textvarianten (I,3,250 f.) in Quarto I (»my heart's subdued / Even to the *utmost pleasure* of my lord«) und Folio (»My heart's subdued / Even to the *very quality* of my lord«) in: A. Barthelemy, »Introduction«, S. 3 f. (Hervorhebung von Verf.).

bleibt. Der Verlust der ausschließlichen Verfügung über den weiblichen Körper bedeutet den Verlust männlicher Ehre und Identität.[29] Desdemonas Sensualität impliziert in diesem Denksystem von Anfang an die mögliche Wandlung von *saint* zu *whore*. Diese Auffassung wird bezeichnenderweise von allen männlichen Figuren im Stück geteilt, von Brabantio über Cassio bis zu Jago und Othello. Aufgrund dieser dichotomen Sichtweise der Idealisierung oder Verdammung der Frau kann Jago mit der Eifersucht Othellos rechnen, ja sogar mit seinem Wahnsinn, der sich aus der »Norm« in letzter Konsequenz ergibt.[30]

Die Literaturkritik hat zu Recht wiederholt auf die misogynistischen Implikationen dieses dualistischen Frauenbildes verwiesen, dem von den Frauen der Tragödie vergeblich ein differenzierteres Bild sowie mit der protestantischen Ehe-Ethik der *conjugal affection* und *spiritual equality* eine alternative Form der Geschlechterbeziehung gegenübergestellt werde. Desdemonas Kennzeichnung und Aburteilung als *general's general* durch Jago (»Our general's wife is now the general«, II,3,307 f.) verweist in diesem Zusammenhang implizit auf die kulturelle Angst vor dem Zusammenbruch der traditionellen Geschlechterdifferenz und damit auf die »Notwendigkeit«, die Heldin endgültig zum Schweigen zu bringen. Dies wird vor allem dadurch deutlich, daß Emilias

---

29 Zum Zusammenhang zwischen Ehre und Ehrlichkeit vgl. Peter Stallybrass, »Patriarchal Territories: The Body Enclosed«, in: *Rewriting the Renaissance*, hrsg. von Margaret W. Ferguson, Maureen Quilligan und Nancy J. Vickers, Chicago: Chicago University Press, 1986, S. 123–142, hier S. 137. Zum Zusammenhang zwischen Ehr-, Reputations- und Identitätsverlust vgl. Cassios Aussage im Drama: »Reputation, reputation, reputation – O, I ha' lost my reputation, I ha' lost the immortal part of myself, and what remains is bestial!« (II,3,254–257).

30 Zur Konzeption Jagos in diesem Kontext vgl. P. Stallybrass, »Patriarchal Territories«, S. 132: »his is the voice of ›common sense‹, the ceaseless repetition of the always-already ›known‹, the culturally ›given‹«, und K. Newman, S. 132: »Iago is a cultural hyperbole; he does not oppose cultural norms so much as hyperbolize them«.

outspokenness am Ende der Tragödie (»'Tis proper I obey him, but not now«, V,2,203) ebenso bestraft wird wie das Schweigen der Desdemona, das von Othello nicht mehr als weibliche Tugend, sondern als täuschendes Verschweigen begriffen wird. Beide Frauen werden Opfer einer Ideologie der Geschlechterdifferenz, die bereits die Möglichkeit des Verstoßes gegen die Gebote der weiblichen *silence, obedience* und *chastity* als Angriff auf die Grundfesten der Gesellschaft unbarmherzig ahnden muß. Ironischerweise kann in diesem Kontext auch Jagos Übernahme der weiblichen Rolle in seiner Erzählung von Cassios Liebestraum oder in der »parody-marriage« zwischen Jago und Othello (III,3) als Symptom des Zusammenbruchs der traditionellen Geschlechterdifferenz gedeutet werden. Dies kann aber auch als alternativer homosozialer oder homoerotischer Subtext zur heterosexuellen Oberfläche des Stücks verstanden werden.[31] Othello jedenfalls rechtfertigt seine Tat im Namen der Ehre und des venezianischen Wertesystems und weist damit den persönlichen Eifersuchtswahn als Motivation von sich (»Yet she must die, else she'll betray more men«, V,2,6. – »For naught I did in hate, but all in honour«, V,2,301), wenngleich dem die Leidenschaftlichkeit seiner Tat widerspricht, bei der Othello erstmals in der Tragödie Aspekte erotischer Sinnlichkeit enthüllt (vgl. 4. *Gaze*).

3.3 Mind (Madness/Sanity): »when I love thee not / chaos is come again« (III,3,93)

Von Beginn der Shakespeare-Kritik an wurde *Othello* als Studie des Eifersuchtswahns (und seiner Erzeugung) interpretiert. Während jedoch in jüngerer Zeit Shakespeares an-

---

31 Vgl. Nancy Gutierrez, »Witchcraft and Adultery in *Othello*: Strategies of Subversion«, in: Jean R. Brink / Maryanne C. Horowitz / Allison P. Coudert (Hrsg.), *Playing with Gender: A Renaissance Pursuit*, Urbana (Ill.): Illinois University Press, 1991, S. 3–18.

dere große Tragödien *Hamlet*, *King Lear* und *Macbeth* verstärkt unter dem Aspekt der Ausdifferenzierungsbemühungen des Wahnsinns in der Renaissance gedeutet wurden, blieb *Othello* hiervon seltsamerweise ausgeklammert. Dies ist um so erstaunlicher, als gerade in *Othello* mit der Diskussion von Norm und Abnormität, Übernatürlichem und Natürlichem, Leidenschaft und Vernunft ein ganzes Spektrum an Fragestellungen im Kontext dieses hochkomplexen Netzwerks der Wahnsinnsdiskurse des frühen 17. Jahrhunderts aufgeworfen wird.[32]

Auf die epidemische Zunahme der Beschäftigung mit Aspekten des Wahnsinns in der englischen Renaissance wurde vor allem seit Foucaults bahnbrechender Studie über *Wahnsinn und Gesellschaft: Eine Geschichte des Wahns im Zeitalter der Vernunft* (1961; dt. 1969) immer wieder verwiesen. Entscheidend für die Analyse sind hierbei die in den verschiedenen Bereichen stattfindenden Ausdifferenzierungs- und Abgrenzungsversuche des Wahnsinns von anderen Phänomenen in einem Prozeß, der um die Mitte des 17. Jahrhunderts zu einer Verschiebung des dominanten Wahnsinnsdiskurses vom religiös-moralischen auf den medizinisch-psychologischen Bereich führt. Neben dem Weiterwirken der mittelalterlichen religiösen Diskurse des Wahnsinns als Besessenheitssymptom bzw. göttliche Strafmaßnahme dokumentieren insbesondere die Traktate über Hexerei den Versuch der Abgrenzung des Natürlichen vom Übernatürlichen, d. h. der Einbildung von äußerer Einflußnahme durch teuflische Kräfte. Zugleich verweist die Deutung von Hexerei als von Machtgelüsten motivierte Rebellion gegen die göttliche Autorität in dieser Zeit auf die Verbindung zu politischen Diskursen der Abgrenzung des Wahnsinns von subversiver Auflehnung gegen die staatliche

---

32 Vgl. Beate Neumeier, *Madness and Gender in English Renaissance Drama* [in Vorb.].

Autorität oder gegen gesellschaftliche Rollenerfüllung. Innerhalb der medizinisch-psychologischen Diskurse verbinden sich Vorstellungen der »devilish possession« mit solchen der »humoural imbalance«. Wenn die Humorallehre der Zeit Deutungsmodelle für pathologische Zustände (Timothy Bright, *A Treatise of Melancholy*, 1586) und für unterschiedliche Temperamente (Juan Huarte, *The Examination of Men's Wits*, 1594) hervorbringt, dann wird hier zugleich der Übergang von Normalität und Wahnsinn sichtbar. Besonders deutlich zeigt sich das etwa auch, wenn jedes Übermaß an Leidenschaft als Wahnsinn gedeutet wird, da hierdurch die Vernunft, die Instanz moralischer Entscheidungsfähigkeit, zugunsten der Imagination außer Kraft gesetzt werde, wie etwa in John Downames *A Treatise of Anger* (1609) oder in Robert Toftes *The Blazon of Jealousy* (1615).[33]

All diese Facetten werden in Shakespeares *Othello* angesprochen. Darüber hinaus ist das Drama als frühe Inszenierung der Assoziation von *madness* und *race* sowie *madness* und *femininity* deutbar, wie sie später im 19. Jahrhundert im Rahmen rassistischer bzw. patriarchalischer Ideologien pseudowissenschaftlich begründet wurden. Zentralen Stellenwert in der Tragödie hat in diesem Kontext die Diskussion über die Ursachen des Leidenschaftswahns im Übernatürlichen (*witchcraft, devil possession*) oder Natürlichen (*passion, humour*) sowie um die Auslotung der Erscheinungsformen des Wahns (*trance, epilepsy, fury, frenzy, delusion*) und seiner Konsequenzen (*murder, self-murder*).

---

33 Vgl. Thomas Hobbes, *Leviathan*, New York: Crowell-Collier Publishing Company, 1962, S. 63: »to have stronger and more vehement passions for any thing, than is ordinarily seen in others, is that which men call madness«. Zur Ausdifferenzierung des Wahnsinns in der Renaissance vgl. auch Thomas Elyot, *The Castel of Helthe* (1541); Thomas Wright, *The Passions of the Minde in Generall* (1604); Thomas Adams, *Mystical Bedlam, or The World of Mad-Men* (1615); Jacques Ferrand, *A Treatise On Lovesickness or Erotic Melancholy* (1623) und natürlich die umfassendste Darstellung in dieser Zeit: Robert Burton, *The Anatomy of Melancholy* (1621).

Dabei wird vor allem der religiöse Diskurs des Glaubens an Hexerei ausgespielt gegen den psychologischen Diskurs des Zweifels (und der inneren Spaltung). Obgleich die Titelfigur dabei im Mittelpunkt steht, können auch Desdemona und Jago als Teil eines Wahnsinnsszenariums begriffen werden, an dessen Anfang Jagos (berufliche und private) Eifersucht auf Othello steht, gefolgt von Desdemonas Liebeswahn gegenüber Othello und schließlich von Othellos mörderischer Eifersucht. Jeweils steht dabei die Begründung des Wahns in Hexerei oder Psychologie zur Diskussion. Jeweils muß die Außenprojektion der Anerkennung der Innenperspektive des *other* weichen.

So wirkt Brabantios Vorwurf der Hexerei Othellos als Erklärung für Desdemonas Verhalten naiv angesichts von Othellos Beschreibung der Psychologie seines *story-telling*, die Desdemonas Freiheitssehnsucht beflügelt und so das Weibliche als »the crack in the Venetian power structure«[34] enthüllt. Dieselbe Außenprojektion als Abwehrstrategie zeigt sich später in Othellos Beschimpfung Desdemonas als Hexe (Des*demona*), in der sich die (persönliche und kulturelle) Angst vor weiblicher Schönheit und Sinnlichkeit[35] mit der Angst vor weiblicher Überschreitung der Geschlechtergrenzen verbindet. Und auch die Erklärung von Jagos *motiveless malignity* als Ausgeburt der Hölle ist als Versuch der Außenprojektion wertbar, die die gesellschaftlichen Machtstrukturen unangetastet läßt.[36]

Dabei ist Jagos Strategie gegenüber Othello von Anfang an explizit psychologischer Natur: »I put the Moor / At

---

34 D. Purkiss, S. 5.

35 Vgl. dazu P. Parker, S. 89: »The prinicipal criterion for such substitutes for the directly ocular therefore became their reliability as testimony«.

36 Vgl. hierzu auch Nancy Gutierrez' Diskussion (S. 12) von Jagos »devilish practices«, wie etwa die »interruption of marital consummation [...] commonly attributed to witches in various manuals« sowie »the parodic marriage service« in III,3. »Such inversion of ritual is a mark of witchcraft practices [...].«

least into a jealousy so strong / That judgment cannot cure. [...] / [...] And practising upon his peace and quiet / Even to madness« (II,1,299–301, 309 f.). Sie basiert auf der Auslegbarkeit von Zeichen im Zusammenhang des herrschenden *race-gender*-Systems. In diesem Sinne ist *Othello* ein Drama über die Macht der Sprache als ideologisches Konstrukt: Durch die Komplementärstrategie von anfänglicher Andeutung und Offenheit und später immer stärker werdender Einengung und Vereindeutigung gelingt es Jago, mit Hilfe mehrerer geschickt inszenierter *mis-readings* bestimmter Zeichen (Taschentuch, ›Liebesszene‹), den arglosen Othello scheinbar ohne Zutun in den Wahnsinn zu treiben (»I told him what I thought and told no more / Than what he found himself was apt and true«, V,2,183 f.). Othello wird so – laut Jago – Opfer seiner eigenen Denkweise. Doch ist es Jago, der dies umzusetzen versteht, da er von der Differenz zwischen Zeichen und Bedeutung ausgeht, Othello dagegen von ihrer in Desdemona symbolisierten Kongruenz: »But I do love thee; and when I love thee not, / Chaos is come again« (III,3,92 f.). Der Verlust des Taschentuchs symbolisiert den Verlust des Glaubens an die Magie der beiderseitigen Liebe (»There's magic in the web of it«, III,4,69) und damit Chaos und Identitätsverlust. Othellos Glauben an die magische Kraft des Wortes, die an dessen Essentialität gebunden ist, steht Jagos Demonstration der reinen Funktionalität des Wortes gegenüber, dem keine Magie mehr zugrunde liegt. Jagos Aussage über Desdemona, Cassio liege »with her, on her; what you will« (V,1,34), verweist implizit auf ihre beliebige Interpretierbarkeit. Für Othello verkehrt sich hierdurch existentielle Sinnhaftigkeit in Wahnsinn.

Durch die Bloßlegung des Konstruktcharakters von Bedeutung über die Arbitrarität der Zeichen tritt die manipulative Macht des *wit* an die Stelle der magischen Kraft der *witchcraft* und verweist auf die Spaltung zwischen Innen(leben) und Außen(ansicht), zwischen Denken und Sprechen. Ironischerweise wird somit in der Figur des Othello die

Evidenz der Spaltung, und damit die Inszenierung des Identitätsverlusts, zum Beleg der Individualität des »interiorized subject«.[37] Jagos Selbstdarstellung als Arzt des Patienten Othello unter Einsatz des entsprechenden (pseudo-)wissenschaftlichen medizinisch-psychologischen Diskurses verweist dabei auf die Gleichzeitigkeit der Herausbildung des personalen Individuums und der Ausdifferenzierung und Ausgrenzung des Wahnsinns (»my medicine works«, IV,1,43 – »My lord is fall'n into an epilepsy. This is his second fit. He had one yesterday«, IV,1,48 f. – »The lethargy must have his quiet course; / If not, he foams at mouth, and by and by / Breaks out to savage madness«, IV,1,52 f.).

4. *Gaze (vision/language)*: »*Give me the ocular proof*« (*III,3,365*)

Wenn Shakespeares Tragödie *Othello* den Prozeß der Ablösung religiös geprägter Erklärungsmuster bezüglich *race (black/white)*, *gender (femininity/masculinity)* und *mind (madness/sanity)* durch die (neuen) Wissenschaften inszeniert und problematisiert, so nimmt im Zusammenhang des *desire to know* die Bedeutung des Blicks zentralen Stellenwert ein. Dies zeigt sich auf der Handlungsebene natürlich vor allem in der obsessiven Forderung nach *ocular proof*, die ironischerweise gerade nicht eingelöst wird. Denn alle von Jago gelieferten Zeichen funktionieren über Sprache. Dies gilt für das scheinbar Desdemona betreffende Gespräch Jagos mit Cassio (IV,1,90–165) ebenso wie für Jagos Bericht von Cassios angeblichem Liebestraum (III,3,423–430) und schließlich auch für den Einsatz des Taschentuchs.

Die in *Othello* inszenierte Obsession mit dem *ocular proof* verweist aber zugleich implizit auf die Neubewertung

---

37 Vgl. Joel Fineman, »The Sound of O in *Othello*: The Real of the Tragedy of Desire«, in: *Critical Essays*, hrsg. von A. Barthelemy, S. 104–123.

des Blicks in der Renaissance. Sigrid Schade und Silke Wenk haben im Zusammenhang der Verwissenschaftlichung der Kunst in der frühen Neuzeit von der »Genese des voyeuristischen Blicks« gesprochen, »eines Blicks aus der räumlichen Distanz«, »der mißt und berechnet«, »der eindringen will in die Geheimnisse der Natur«, und »der selbst nicht gesehen werden will.« Vor diesem Hintergrund werde schließlich »das Bild des weiblichen Körpers [...] zum privilegierten Schauplatz der Enthüllung von Natur«.[38] Diese Verbindung zwischen der Faszination bezüglich der biologischen Erforschung des weiblichen Körpers und der geo- und ethnographischen Erfassung der Neuen Welt in der Renaissance manifestiert sich vor allem in der Similarität der Diskurse über eine Sprache »of ›opening‹ to the eye's inspection what had been secret, closed, or hid«.[39] In diesem Sinne verbinden sich in der Darstellung Desdemonas Aspekte des Weiblichen und des exotisch Fremden, des Barbarischen, etwa in Othellos quasi-kannibalistischen Assoziationen ihrer Liebe im Kontext des Reiseberichts (»She'd come again, and with a *greedy* ear / *Devour up* my discourse«, I,3,148 f.: Hervorhebung von der Verf.) oder in ihrer eigenen ahnungsvollen Assoziation mit dem tödlichen Schicksal einer »maid called *Barbary*« (IV,2,25) kurz vor der Mordtat (»She was in love, and he she loved proved mad / And did forsake her. She had a song of willow. / [...] / And she died singing it«, IV,2,26–29.)

Die voyeuristische Perspektive des Stücks bezieht sich jedoch nicht nur auf das Weibliche allein, sondern zugleich – und insbesondere – auf den sexuellen Akt. Michael Neill hat im Rahmen der Diskussion der »scopophile economy of this tragedy« das Bett als »hidden object of the play's imaginative

---

38 Sigrid Schade / Silke Wenk, »Inszenierungen des Sehens: Kunst, Geschichte und Geschlechterdifferenz«, in: *Genus: Zur Geschlechterdifferenz in den Kulturwissenschaften*, hrsg. von Hadumod Bußmann und Renate Hof, Stuttgart: Kröner, 1995, S. 340–407, bes. S. 383, 391 f.

39 P. Parker, S. 87.

obsession« bezeichnet, als Ort der Spekulation, der Phantasie und der voyeuristischen Zwanghaftigkeit. Dies wirke durch die unablässige verbale Präsenz, aber visuelle Absenz von Ort und Akt um so intensiver und gelte innerdramatisch ebenso wie für die Wirkung auf das Publikum.[40] In der Tragödie wird zunächst zweimal das Bild der Vereinigung von Othello und Desdemona beschworen, um dann jeweils abrupt unterbrochen zu werden.[41] Im 1. Akt geschieht dies durch die von Jago initiierte Intervention Brabantios, im 2. Akt durch seinen inszenierten Aufruhr um den betrunkenen Cassio. Später wirkt Jagos Strategie ironischerweise über die Betonung der Unmöglichkeit der Visualisierung des Akts zwischen Desdemona und Cassio: »Would you, the supervisor, grossly gape on, / Behold her topped?« (III, 3,400 f.). – »It is impossible you should see this, / Were they as prime as goats, as hot as monkeys, / As salt as wolves in pride, and fools as gross / As ignorance made drunk« (III,3, 407–410).[42] Gleichzeitig erreicht er sie aber wiederum mit Hilfe verbaler Beschwörung im Bericht von Cassios angeblichem Liebestraum (III,3,415–430) und später seiner möglichen Augenzeugenschaft (IV,1,24 f.).

Sprachliche Visualisierung wird wie in den Reiseberichten, den ethnographischen und geographischen Texten der Zeit zum Ersatz des direkten *ocular proof*. So entsteht »a visual language of espial«,[43] wobei der Augenzeugenbericht, und damit die Frage nach seiner Verläßlichkeit, zum ent-

---

40 Vgl. M. Neill, S. 194, 199.
41 Zur »constant instantiation of Othello's *coitus interruptus*« und zur damit verbundenen Zeitstruktur der Tragödie vgl. J. Fineman, S. 115, und M. Neill, bes. S. 193 f.
42 Zur Relation von Verbalem und Visuellem in *Othello* vgl. auch J. Fineman, S. 110: »[...] Shakespeare is both enabled and constrained to develop novel literary subjects of verbal representation for whom the very speaking of language is what serves to cut them off from their ideal and visionary presence to themselves.«
43 P. Parker, S. 88.

scheidenden Legitimationskriterium werden.[44] In diesem gemeinsamen erotischen und epistemologischen Impuls erkennt Patricia Parker die Verbindung zwischen Othellos Abenteuergeschichte am Anfang des Dramas und Jagos Spionageberichten heimlicher Liebesakte.[45]

Am Ende der Tragödie jedoch wird das imaginativ ständig präsente Bett endlich tatsächlich enthüllt, und es kommt zum »ocular proof of all that the audience have most desired and feared to look upon«, zu einer »perverse (adulterate) performance«[46] des ehelichen Akts mit quasi-nekrophilen Zügen, wobei das Ehebett zum Totenbett wird: »*(He kisses her.)* O balmy breath, that dost almost persuade / Justice to break her sword! One more, one more. / Be thus when thou art dead, and I will kill thee / And love thee after. One more, and that's the last. *(He kisses her.)*«, V,2,16–19). Die hierin deutliche Verbindung von Blick und Herrschaft betrifft aber nicht nur die Titelfigur, sondern den durchgängigen objektifizierenden *male gaze* in der Tragödie, der in letzter Konsequenz zum toten Körper der zum Schweigen gebrachten Frau (Desdemona, Emilia) führen muß. In der Bewegung der szenischen Ent- und anschließenden Verhüllung dieser gewaltsamen *blood wedding*[47] (durch das Öffnen und Schließen der Bettvorhänge) vollzieht sich »a pornographic doubleness that simultaneously panders to the eye and averts the gaze« und demonstriert »that particular form of crossing and othering in which

---

44 Vgl. in diesem Kontext die Thematisierung des Zweifels an Othellos abenteuerlicher Lebensgeschichte durch Jago: »Mark me with what violence she first loved the Moor, but for bragging and telling her fantastical lies« (II,1,223 f.).

45 Vgl. P. Parker, S. 92. Vgl. in diesem Kontext auch M. Neills Beschreibung der quasi-pornographischen Illustrationen dieser Szene sowie der Theaterkonvention des 19. Jahrhunderts »to screen the murder from the audience by closing the curtains upon the bed« als Beleg für die Intensität kultureller Angst und Faszination hinsichtlich »race and sex« (S. 189).

46 M. Neill, S. 190, 200.

47 M. Neill, S. 201.

what is brought to ›light‹ is at the same time that which cannot – or must not – be ›seen‹.«[48]

Im Zusammenhang dessen, was nicht gesehen werden kann und darf, gerät schließlich noch eine weitere in der Pamphletliteratur der Zeit beklagte »Monstrosität« des englischen Renaissancetheaters in den Blick, die Spaltung Desdemonas in Bühnenfigur und *boy actor*. Der die Tragödie bestimmende voyeuristische Blick auf den Körper und den sexuellen Akt gewinnt hierdurch eine zusätzliche Dimension. Besonders augenfällig wird dies in der Szene zwischen Desdemona und Emilia vor der Mordtat, als das Entkleiden Desdemonas Qualitäten des Striptease annimmt, wenn zweimal explizit auf das Fehlen eines Nachtgewands verwiesen wird (»EMILIA. Shall I go fetch your nightgown? – DESDEMONA. No, unpin me here«, IV,3,33). Die hierin implizierte voyeuristische Spannung kann sich im Renaissancetheater auf den *boy actor* ebenso beziehen wie auf die weibliche Rolle und gerade deshalb nicht eingelöst werden. So verweist die voyeuristische Grundstruktur der Tragödie implizit auf die Grenzen des »transvestite theatre«. Am Ende der Epoche tritt das »eindeutige« Bild der Schauspielerin als Übereinstimmung zwischen Kleidung und Biologie, sozialem Marker und Geschlecht an die Stelle des *cross dressing* als Ausdruck der In- oder Multistabilität des Zuschauerblicks zwischen dem *boy actor* und seiner weiblichen (Ver-)Kleidung. In diesem Zusammenhang wird die von Sigrid Schade und Silke Wenk beschriebene Verbindung sichtbar zwischen den Konstruktionen des ganzen Körpers und der Zweigeschlechtlichkeit sowie der Konstituierung des bürgerlichen Individuums im Kontext der Genese des voyeuristischen Blicks.

So ermöglicht die Verschränkung der Positionen der Zentralität und Marginalität bezüglich *race*, *gender* und *mind* in den drei Hauptfiguren Othello, Desdemona und Jago im

48 P. Parker, S. 100.

Kontext einer Diskussion des Blicks eine Auslotung der
Validität traditioneller religiös geprägter Erklärungszusam-
menhänge von *blackness, femininity* und *madness* gegenüber neuen wissenschaftlichen Diskursformen. Dabei zeigt
sich auch der Konnex zwischen dem Siegeszug der wissenschaftlichen Diskursivierung und der »Vereindeutigung«
des Blicks. Mit der Inszenierung des Ex-Zentrischen zielt
Shakespeares *Othello* somit auf das Zentrum der grundlegenden Problematisierung gesellschaftlicher und kultureller
Ordnungsstrukturen im 16. und 17. Jahrhundert.

Literaturhinweise

Race

Barthelemy, Anthony: Black Face, Maligned Race: The Representations of Blacks in English Drama from Shakespeare to Southerne. Baton Rouge: Louisiana University Press, 1987.
– (Hrsg.): Critical Essays on Shakespeare's *Othello*. New York: Maxwell Macmillan, 1994.
Greenblatt, Stephen: Renaissance Self-Fashioning: From More to Shakespeare. Chicago: Chicago University Press, 1980.
Jones, Eldred: Othello's Countrymen: Africans in English Renaissance Drama. Oxford: Oxford University Press, 1965.
Loomba, Ania: Gender, Race, Renaissance Drama. Manchester: Manchester University Press, 1989.
Newman, Karen: »And wash the Ethiop white«: Femininity and the Monstrous in *Othello* (1987). In: Critical Essays on Shakespeare's *Othello*. S. 124–143.
Orkin, Martin: Othello and the »Plain Face« of Racism. In: Shakespeare Quarterly 38 (1987) S. 166–188.
Parker, Patricia: Fantasies of »Race« and »Gender«: Africa, *Othello* and Bringing to Light. In: Women, »Race«, and Writing in the Early Modern Period. Hrsg. von Margo Hendricks und P. P. London: Routledge, 1994. S. 84–100.
Singh, Jyotsna: Othello's Identity, Postcolonial Theory, and Contemporary African Rewritings of *Othello*. In: Women, »Race«, and Writing. S. 287–299.
Tokson, Elliot H.: The Popular Image of the Black Man in English Drama, 1550–1688. Boston: G. K. Hall, 1982.

Gender and Sexuality

Aughterson, Kate (Hrsg.): Renaissance Woman: Constructions of Femininity in England. A Sourcebook. London / New York: Routledge, 1995.
Baines, Barbara J.: »Introduction«. In: Three Pamphlets on the Jacobean AntiFeminist Controversy. Delmar (N. Y.): Facsimiles and Reprints, 1978.
Bray, Alan: Homosexuality in Renaissance England. London: Gay Men's Press, 1982.

Callaghan, Dympna: Woman and Gender in Renaissance Tragedy: The Study of *King Lear, Othello, The Duchess of Malfi* and *The White Devil*. New York: Harvester Wheatsheaf, 1989.

Ferguson, Margaret W. / Quilligan, Maureen / Vickers, Nancy J. (Hrsg.): Rewriting the Renaissance. Chicago: Chicago University Press, 1986.

Goldberg, Jonathan: Sodomitries: Renaissance Texts, Modern Sexualities. Stanford: Stanford University Press, 1992.

Harvey, Elizabeth D.: Ventriloquized Voices: Feminist Theory and English Renaissance Texts. London / New York: Routledge, 1992.

Haselkorn, Anne M. / Travitsky, Betty (Hrsg.): Renaissance Englishwoman in Print: Counterbalancing the Canon. Amherst (Mass.): Massachusetts University Press, 1990.

Hull, Suzanne W.: Chaste, Silent and Obedient: English Books for Women 1475–1640. San Marino: Huntington Library, 1982.

Jardine, Lisa: Still Harping on Daughters: Women and Drama in the Age of Shakespeare. Brighton: Harvester, 1983.

Jones, Ann Rosalind: Counterattacks on »the Bayter of Women«: Three Pamphleteers of the Early Seventeenth Century. In: Renaissance Englishwoman in Print: Counterbalancing the Canon. Hrsg. von Anne M. Haselkorn und Betty Travitsky. S. 45–62.

Laqueur, Thomas: Making Sex: Body and Gender from the Greeks to Freud. Cambridge (Mass.): Harvard University Press, 1990.

Levine, Laura: Men in Women's Clothing: Anti-Theatricality and Effeminization from 1579 to 1642. In: Criticism 28 (Frühjahr 1986) H. 2. S. 121–143.

Macfarlane, Alan: Marriage and Love in England: Modes of Reproduction 1300–1800. Oxford: Blackwell, 1986.

Maclean, Ian: The Renaissance Notion of Woman. Cambridge: Cambridge University Press, 1980.

Neely, Carol Thomas: Women and Men in *Othello* (1980). In: Critical Essays on Shakespeare's *Othello*. Hrsg. von Anthony Barthelemy. New York: Maxwell Macmillan, 1994. S. 68–91.

Rose, Mary Beth: The Expense of Spirit: Love and Sexuality in English Renaissance Drama. Ithaca: Cornell University Press, 1988.

Shepherd, Simon: Amazons and Warrior Women: Varieties of Feminism in Seventeenth-Century Drama. Brighton: Harvester, 1982.

Smith, Bruce R.: Homosexual Desire in Shakespeare's England. Chicago: Chicago University Press, 1991.

Stone, Lawrence: The Family, Sex and Marriage in England 1500–1800. London: Weidenfeld and Nicolson, 1977.

Warnicke, Retha: Women of the English Renaissance and Reformation. New York: Greenwood Press, 1983.

Wayne, Valerie: Historical Differences: Misogyny and *Othello*. In: The Matter of Difference: Materialist Feminist Criticism of Shakespeare. Hrsg. von Valerie Wayne. New York / London: Harvester, 1991. S. 153–179.

Woodbridge, Linda: Women and the English Renaissance: Literature and the Nature of Womankind 1540–1620. Chicago: Chicago University Press, 1984.

Zimmerman, Susan (Hrsg.): Erotic Politics: Desire on the Renaissance Stage. New York / London: Routledge, 1992.

Madness

Babb, Lawrence: The Elizabethan Malady: A Study of Melancholia in English Literature from 1580 to 1642. East Lansing: Michigan State College Press, 1951.

Hallet, Charles A. / Hallet, Elaine S.: The Revenger's Madness. Lincoln: University of Nebraska Press, 1980.

MacDonald, Michael: Mystical Bedlam: Madness, Anxiety, and Healing in Seventeenth-Century England. New York: Harper and Row, 1970.

Neely, Carol Thomas: »Documents in Madness«: Reading Madness and Gender in Shakespeare's Tragedies and Early Modern Culture. In: Shakespeare Quarterly 42 (1991) H. 3. S. 315–338.

Porter, Roy: A Social History of Madness: Stories of the Insane. London: Weidenfeld and Nicolson, 1987.

Purkiss, Diane: The Witch in History: Early Modern and Twentieth-Century Representations. London: Routledge, 1996.

Reed, Robert: Bedlam on the Jacobean Stage. 1952. New York: Octagon Books, 1970.

Rosen, George: Madness in Society: Chapters in the Sociology of Mental Illness. Chicago: University of Chicago Press, 1968.

Salkeld, Duncan: Madness and Drama in the Age of Shakespeare. Manchester: Manchester University Press, 1993.

Schiesari, Juliana: The Gendering of Melancholia: Feminism, Psychoanalysis, and the Symbolics of Loss in Renaissance Literature. Ithaca/London: Cornell University Press, 1992.

Schleiner, Winfried: Melancholy, Genius, and Utopia in the Renaissance. Wiesbaden: Harrassowitz, 1991.

Skultans, Vieda: English Madness: Ideas on Insanity 1580–1890. London: Routledge and Kegan Paul, 1979.

Thomas, Keith: Religion and the Decline of Magic: Studies in Popular Beliefs in Sixteenth- and Seventeenth-Century England. London: Weidenfeld and Nicolson, 1971.

Gaze

Fineman, Joel: Shakespeare's Perjur'd Eye. Berkeley / Los Angeles: University of California Press, 1986.

Freedman, Barbara: Staging the Gaze. Ithaca: Cornell University Press, 1990.

Salgado, Gamini: Eyewitness of Shakespeare. London: Sussex University Press, 1975.

Schade, Sigrid / Wenk, Silke: Inszenierungen des Sehens: Kunst, Geschichte und Geschlechterdifferenz. In: Genus: Zur Geschlechterdifferenz in den Kulturwissenschaften. Hrsg. von Hadumod Bußman und Renate Hof. Stuttgart: Kröner, 1995. S. 340–407.

King Lear

Von Gerd Stratmann

Shakespeares *King Lear* ist, so empfindet offenbar eine neue Generation von Interpreten, durch die weihevolle Ehrfurcht einer älteren Kritik fast erstickt worden. Seit etwa zwei Jahrzehnten ist man dabei, die liebgewonnene »Eigentlichkeit« der christlichen und humanistischen *Lear*-Deutungen zu dekonstruieren und ganz neue, scheinbar marginale Aspekte in den Vordergrund zu rücken. Das *New Casebook* (*King Lear*, hrsg. von Kiernan Ryan, 1993) hat mit dem Vorgänger (*King Lear*, hrsg. von Frank Kermode, 1969) kaum noch etwas gemein. *King Lear*, ein zeitloses Meisterwerk, welches Menschliches »schlechthin« darstelle? Süffisant erinnern die jungen Wilden daran, daß solche angebliche Zeitlosigkeit und Schlechthinnigkeit höchst zeitgebundene Entdeckungen des 20. Jahrhunderts waren und ihre letztlich kurze Blütezeit erst nach dem Zweiten Weltkrieg erlebten.

Tatsächlich galt die Tragödie fast drei Jahrhunderte lang vielen Kritikern als unwahrscheinlich, unerträglich oder unspielbar. Dr. Johnson, Charles Lamb, W. M. Thackeray und Tolstoi, um nur die prominentesten und meistzitierten Skeptiker zu nennen, zählten das Stück zu den weniger geglückten oder gar mißglückten Schöpfungen des Barden. Erst in den letzten fünfzig Jahren hat sich »der Schwerpunkt des allgemeinen Interesses an Shakespeare [...] von *Hamlet* auf den *Lear* verlagert«, was Raimund Borgmeier (1977) noch damit begründete, »daß der Mensch unserer Zeit aufgrund der spezifischen Thematik einen besseren Zugang hat als frühere Epochen«.[1]

---

1 R. Borgmeier, »Nachwort«, in: W. Shakespeare, *King Lear / König Lear*, engl./dt., übers. von R. B. [u. a.], hrsg. von R. B. und Barbara Puschmann-Nalenz, Stuttgart: Reclam, 1977 [u. ö.] (Universal-Bibliothek, 9444), S. 255.

Das sieht die neue Generation ein wenig anders. Was Borgmeier den »besseren« Zugang nennt, ist für sie eine ihrerseits kulturell und ideologisch motivierte Konstruktion der Nachkriegszeit. Terence Hawkes beispielsweise fragt nach der »Konkurrenz verschiedener Lesarten, die darum wetteifern, kulturelle Bedeutungen zu generieren«, und diagnostiziert für die Jahre nach dem Kriege eine Neigung, die erlebten Katastrophen in einer möglichst universalisierten (und das heißt auch: unpolitischen) *Lear*-Deutung gespiegelt zu sehen:

> All of these experiences – the shattering of worlds, the holocaust, the loss of Empire – suggest a climate in which *King Lear* might urgently climb to the top of a list of Shakespeare's plays, there to be constructed as a masterpiece of universal destruction and decline which had particular relevance to the British Isles.[2]

Solche Relativierungen lassen bereits ahnen, daß hier Vorstellungen von Literatur Pate standen, die den vormaligen Doyens der Shakespeare-Exegese, von Bradley und Wilson Knight bis Heilman und Elton,[3] gänzlich fern lagen. Zumindest ein kurzer Blick auf diese theoretischen Modelle ist daher unvermeidlich. Die neuen Programme begründen nicht nur die ungewohnten Fragen, die die jüngere Kritik an die Tragödie heranträgt; sie machen auch verständlicher, warum sich ihre Vertreter von den ganzheitlichen *Lear*-Deutungen der Nachkriegszeit geradezu provoziert fühlen mußten.

Zwei Ismen werden in diesem Zusammenhang immer wieder beschworen: der *New Historicism*, der vor allem die

---

2 Terence Hawkes, *William Shakespeare: »King Lear«*, Plymouth 1995, S. 63 (Authors and their Work).
3 Standardwerke der damaligen Zeit: A. C. Bradley, *Shakespearean Tragedy*, London 1904, Neuaufl. 1987 [u. ö.]; G. Wilson, *The Wheel of Fire*, London 1949; Robert B. Heilman, *This Great Stage. Image and Structure in »King Lear«*, Washington 1948 [u. ö.]; William R. Elton, *»King Lear« and the Gods*, San Marino, 1966.

amerikanische Kritik seit dem Beginn der achtziger Jahre beherrschte, und, als britisches Pendant, der *Cultural Materialism*. Dabei sind die beiden Etikette von nur begrenztem Nutzen. Sie lassen sich kaum säuberlich voneinander scheiden; und sie umfassen inzwischen ein unüberschaubares Spektrum von Positionen und Paradigmen. Eine ganze Reihe von grundsätzlichen Perspektiven ist ihnen jedoch gemeinsam. Dazu gehört insbesondere die entschiedene Weigerung, der Literatur eine »Autonomie« oder überhaupt einen privilegierten Rang unter den kulturellen Funktionen zuzuerkennen. Literatur erscheint nicht mehr als Museum zeitloser menschlicher Wahrheiten, sondern als nur eine unter den anderen »signifying practices«[4] (also unter den »Sinn« produzierenden Praktiken) einer Kultur, interagierend mit diesen – und mit den Machtinteressen innerhalb der jeweiligen Gesellschaft. Diese Verflechtungen literarischer Diskurse mit anderen Diskursformen und Machtvektoren aufzudecken, wird zur Aufgabe der neuen Literaturanalyse.

Man sollte hinzufügen: Gerade dort, wo für eine Literatur beansprucht wird, sie diene allein ästhetischen und allgemein-menschlichen Normen, bedarf es der kritischen Dekonstruktion. Auch das sogenannte Meisterwerk verliert so die Aura »organischer« Geschlossenheit. Ganz im Gegenteil geht es nun darum, die in den Text eingeschriebenen Spannungen zwischen konkurrierenden Interessen, die Widersprüche und gerade auch die »Ausgrenzungen« bloßzulegen. Daß beispielsweise im Renaissance-Drama *»das* Menschliche, welches zum Ausgangspunkt für die ästhetischen und moralischen Wirkungen der Tragödie wird, sich zumeist explizit auf das Männliche beschränkt«,[5] gewinnt

---

4 Jonathan Dollimore / Alan Sinfield (Hrsg.), *Political Shakespeare: New Essays in Cultural Materialism*, Manchester: Manchester University Press, 1985, S. VIII.

5 Kathleen McLuskie, »The Political Bard: Feminist Criticism and *King Lear*«, in: *New Casebook*, S. 48–59, hier S. 48.

nunmehr zentrale Bedeutung: Coppélia Kahn schreibt eine ganze Interpretation, die ausgeht von »The Absent Mother in *King Lear*«,[6] also von den Spuren dessen, was im Text unterdrückt wird:

> But in the analyses of New Historicism and Cultural Materialism, the silenced are encouraged to speak.[7]

Beide postmodernen Schulen analysieren die Texte also gegen den Strich, wobei tendenziell aber doch ein gewisser Unterschied deutlich wird. Während die amerikanischen Vertreter des *New Historicism* eher dazu neigen, in einem literarischen Werk die – verschleierten – Affirmationen von Herrschaftsverhältnissen aufzuspüren, geht es den britischen Neuerern im Gegenteil meist darum, in der Literatur die versteckten Signale der Verweigerung und des potentiellen Widerstands sichtbar zu machen. In beiden Schulen wird den absoluten Versionen einer *condition humaine* die Relativität des Politischen entgegengesetzt; aber es leuchtet ein, daß die beiden Ausgangsfragen gerade im Falle der *Lear*-Kritik zu ganz verschiedenen Antworten führen müssen. Um noch einmal Dollimore zu zitieren:

> [...] did the plays reinforce the dominant order, or do they interrogate it to the point of subversion? According to a rough and ready division, new historicists have inclined to the first view, cultural materialists to the second.[8]

Es versteht sich beinahe von selbst, daß diese jüngeren Interpreten auch das eigene Tun ihren theoretisch begrün-

---

6 Ursprünglich erschienen in: Margaret Ferguson / Maureen Quilligan / Nancy Vickers (Hrsg.), *Rewriting the Renaissance*, Chicago/London, 1986; abgedr. in: *New Casebook*, S. 92–113.

7 T. Hawkes, S. 13.

8 Jonathan Dollimore, »Critical Developments: Cultural Materialism, Feminism and Gender Critique and New Historicism,« in: Stanley Wells (Hrsg.), *Shakespeare. A Bibliographical Guide*, Oxford: Oxford University Press, 1990, S. 414.

deten Maßstäben unterwerfen. Sie pflegen eine Selbstreflexion und »Metakritik«, die ihren Vorgängern weitgehend fremd waren. So stellen sie explizit die Frage, welche affirmativen oder subversiven Bedeutungen den jeweiligen Shakespeare-Deutungen im Kontext des 20. Jahrhunderts, z. B. innerhalb der etablierten kulturellen Institutionen (des Theaters, des Faches Englisch an Schulen und Universitäten), zukommen und welche Bedeutung ihnen eigentlich zukommen sollte.

Diese spärlichen, notwendigerweise undifferenzierten Hinweise auf eine Grundsatzdebatte, die die jüngste Shakespeare-Forschung so offensichtlich inspiriert hat, lassen bereits vermuten, welche Aspekte des *King Lear* neuerdings in den Mittelpunkt des Interesses rücken mußten: die politische Macht, gesehen insbesondere aus der Perspektive ihrer Opfer; die vom Text zur Schurkenrolle verdammten, marginalisierten oder ausgegrenzten Charaktere bzw. Gruppen (Goneril und Regan, Cornwalls Diener, aber auch obdachlose Vaganten, Töchter, Bastarde überhaupt); die Brüche bzw. Widersprüche im sozialen und ideologischen Gefüge der Bühnengesellschaft; der Zusammenbruch von Identitätskonstruktionen (im Wahnsinn, in Verlust von Rang und Funktion); die Echos von *Lear*-Themen und -Deutungen in späteren Jahrhunderten, z. B. in unserer eigenen Gegenwart.

Es war nun keineswegs so, daß die alten Paradigmen der *Lear*-Kritik sich gleichsam über Nacht in ihr Gegenteil verkehrt hätten. Schon die Arbeiten der sechziger Jahre waren bei weitem nicht so monolithisch, wie man dies zuweilen liest. Es gab Übergänge, es gab Kritiker, die man heute nachträglich als unbewußte Vermittler zwischen dem Alten und Neuen identifizieren kann. An drei von ihnen soll hier kurz erinnert werden, weil sie ganz verschiedene, aber jeweils typische Häresien repräsentierten: Arnold Kettle, der den »Humanismus«, den die Nachkriegsforschung dem *Lear* bescheinigt hatte, nun (1964) behutsam, aber unmißverständlich politisierte; Jan Kott, dessen »absurde« Aktualisierung der Tragödie (1964) die Praxis der *Lear*-Inszenierungen für fast zwei Jahrzehnte zu beherrschen schien und so indirekt auch auf die jüngere Kritik zurückwirkte; und schließlich Edward Bond, ein Dramatiker, dessen »Anti-Lear«[9] (*Lear*, 1971) Leitmotive der späteren britischen Debatte mit erstaunlicher Genauigkeit vorwegnahm.

Arnold Kettles »From Hamlet to Lear« stand einerseits noch deutlich im Kontext der Nachkriegsdebatte. Der Aufsatz beschreibt den Weg Lears als die Geschichte eines Königs, der ein Mensch wird – und damit auch ein Held. Hier geriet der Marxist Kettle in eine verblüffende Nähe zu christlichen (und meist »optimistischen«) Deutungen eines Textes, der nach Bradleys berühmtem Diktum auch »The Redemption of King Lear« hätte heißen können. Ein Vergleich mag das illustrieren. Hier ist Muir, der im Vorwort zur Arden Edition von 1952 die christlichen Interpretationen mit kaum verhüllter Sympathie folgendermaßen zusammenfaßte:

> The old Lear died in the storm. The new Lear is born in the scene in which he is reunited with Cordelia. His madness marked the end of the wilful, egotistical monarch. He is resurrected as a fully human being [. . .]. He unlearns hatred, and learns love and humility. He loses the world and gains his own soul.[10]

Auch Kettle versteht Lears Fall in die Tiefen menschlicher Entwürdigung zugleich als Auferstehung (»Lear [. . .] falls only to rise and become a man«[11]); auch er scheint die –

---

9 Vgl. Gerd Stratmann, »Edward Bond: *Lear*«, in: K.-D. Fehse / N. Platz (Hrsg.), *Das englische Drama der Gegenwart*, Frankfurt a. M. 1975, S. 274–298.

10 K. Muir, »Introduction«, in: W. Shakespeare, *King Lear*, hrsg. von K. M., London 1952 [u. ö.] (The Arden Shakespeare), S. LV.

11 Arnold Kettle, »From Hamlet to Lear«, in: A. K.: *Literature and Liberalism: Selected Essays*, Manchester 1988; zitiert aus dem Wiederabdruck des *Lear*-Teils unter dem Titel »The Humanity of *King Lear*«, in: *New Casebook*, S. 17–30; hier S. 26.

gleichsam subversiv-optimistische – Lektion in »konkreter« Solidarität mit dem Elend der Armen für die eigentliche Botschaft der Tragödie zu halten, eine Botschaft, die auch den Horror des letzten Aktes überstrahlt.

Hier freilich enden die Parallelen. Für Kettle bleibt die »Bekehrung« Lears (und Gloucesters) streng der sozialen Realität verhaftet, auf die sie sich bezieht. In einer Welt, »in der die alte Ordnung dekadent erscheint und die Vertreter des Neuen prinzipienlos agieren«,[12] lernt Lear zu fühlen, was die Armen fühlen. Kettle zitiert Lears »bewegtes Gebet«,[13] welches er zu einer Schlüsselstelle erklärt:

> Poor naked wretches, wheresoe'er you are,
> That bide the pelting of this pitiless storm,
> How shall your houseless heads and unfed sides,
> Your loop'd and window'd raggedness, defend you
> From seasons such as these? Take physic, Pomp;
> Expose thyself to feel what wretches feel,
> That thou mayst shake the superflux to them,
> And show the Heavens more just.
>
> (III,4,28–36)

Dieses Mitfühlen bringt Lear dazu, sich mit den Armen zu solidarisieren, später sogar zu identifizieren:

> For in his powerlessness he is forced to recognise the pervasive helplessness of the poor in the face of the power of the rich, those who have property. Thus his direct personal contact with ruling-class inhumanity leads him to question the validity of property itself and the authority and exemption from elementary human moral values it confers.[14]

---

12 Ebd., S. 23 (meine Übersetzung).
13 Zitiert wird hier und im folgenden nach The Arden Edition of the Works of William Shakespeare: *King Lear*, hrsg. von Kenneth Muir, London: Methuen, 1985.
14 Kettle, S. 24 f.

Kettle entdeckt hier Anklänge (»pre-echoes«) an die *Radicals* des späteren 17. Jahrhunderts, an Swift and Blake und sogar an Engels, der das, was Lear »the art of our necessities« (III,2,70)[15] nennt, zum Ausgangspunkt eines materialistischen Gesellschaftsmodells machen sollte. So werden in dieser Version der Tragödie neben Lear und Gloucester auch solche Figuren bzw. Rollen wie der Poor Tom und der Narr (in Kettles Lieblingsinszenierung »a plain, down-to-earth, somewhat Brechtian peasant«) zu den Zeugen eines subversiven Humanismus, der zugleich gegen die alte feudale Ordnung und gegen die Egoismen einer entstehenden bürgerlichen Kultur eine utopische Menschlichkeit setzt. Subversiv findet Kettle es beispielsweise auch, daß sich das Glück der Schurken zum ersten Mal zu wenden beginnt, als der Duke of Cornwall durch die Hand eines bloßen Dieners fällt: »A peasant stand up thus!« (III,7,79).

Kettles Aufsatz, obwohl zweifellos auch älteren Deutungstheorien verpflichtet, nahm damit spätere Motive der kritischen Diskussion vorweg: Er politisierte und historisierte, was in der Mehrzahl der damaligen Interpretationen als zeitlos menschlich erschienen war; er konzentrierte sich auf die Stimmen im Text, in denen die sozial Entrechteten und die Opfer des berühmten elisabethanischen Weltbildes zu Wort kamen; und er bekannte sich schließlich zu einer historischen Perspektive, die Bezüge zu späteren Jahrhunderten und zur eigenen Gegenwart nicht scheute.

Auch Jan Kott gehörte in mancher Hinsicht noch in die Deutungstraditionen, gegen die er sich so vehement zu wenden schien. Sein »*King Lear*, or Endgame«[16] machte Theatergeschichte, übrigens auch und ganz besonders an den deutschen Theatern. Wilhelm Hortmann konstatierte noch für die frühen achtziger Jahre eine Dominanz von

---

15 Kettle, S. 30.
16 Ursprünglich erschienen als Kapitel in: *Shakespeare Our Contemporary*, London 1964; wiederabgedr. in: *Shakespeare*, »*King Lear*«, hrsg. von Frank Kermode, London 1969.

»Kott-inspired endgame versions of the play«,[17] die zunehmend zu einer Versteinerung und einem Verlust von Bedeutungsnuancen geführt habe. Tatsächlich gehörten die historischen und psychologischen Differenzierungen nicht zu Kotts Stärken. Dennoch kann man die Rolle, die er für die allmähliche Unterminierung der »kanonischen« *Lear*-Interpretationen spielte, kaum hoch genug einschätzen.

Angesichts des Bekanntheitsgrades des absurden *Lear*, den Kott in seinem Kapitel und nach ihm so viele Regisseure in ihren Inszenierungen popularisierten, mag es genügen, wenn man an die zentralen Elemente dieser Konstruktion erinnert. Kott nimmt die Thesen seiner »christlichen« Vorgänger durchaus auf. Auch er findet in Lears Weg deutliche Anspielungen auf die Gestalt Hiobs, aber er sieht diese grotesk parodiert:

König Lear endet seine wahnsinnige Tirade mit den Worten:

No rescue? What! a prisoner? I am even
The natural fool of fortune.   (IV,6)

Dann läuft er hüpfend von der Bühne. Aber vorher noch läßt er sich den drückenden Schuh ausziehen. Er ist bereits zum Narren geworden, er kann sich das erlauben. Auf der Bühne Hiobs wurde von vier Narren die mittelalterliche Sottie über den Fall und Verfall der Welt gespielt. Aber in beiden Endspielen, in dem Shakespeares und in dem Becketts, ist eine Gegenwart zusammengebrochen: die der Renaissance und die unsrige. Die Abrechnung ist sehr ähnlich.[18]

Im *King Lear* erscheint »das Buch Hiob von Narren gespielt« – da die Götter tot sind, wirken sogar und insbeson-

---

17 Wilhelm Hortmann, *Shakespeare on the German Stage: The Twentieth Century*, Cambridge: Cambridge University Press, 1998, S. 224.
18 Jan Kott, *Shakespeare heute*, aus dem Polnischen übers. von P. Lachmann, München 1970, S. 164.

dere die vielen Versuche der Charaktere, sich eines göttlichen Sinns zu vergewissern, lächerlich. Am Ende haben Lear und Gloucester alle sinnreichen Illusionen verloren, die der Narr schon zu Anfang verspottet hatte. Die feudale Ordnung ist, wie sie hoffnungslos leidend erkennen, »absurd und läßt sich nur noch mit den Kategorien des Absurden erfassen.« Deshalb fallen auch die Staatsaktionen im Hintergrund (auf der Ebene der »Macbeth-Bühne«, wie Kott dies nennt) der Lächerlichkeit anheim:

> [Auf der »Macbeth-Bühne«] mordet, schlachtet und foltert man einander, dort paart man sich und wälzt sich in den Betten, teilt Königreiche auf. Aus der Perspektive Hiobs, der aufgehört hat, nach Gott zu reden, ist das eine Narrenbühne. Die Bühne jener Narren, die noch nicht wissen, daß sie Narren sind.[19]

Man kann noch heute verstehen, warum die Theater damals den Versuchen solcher Rhetorik widerstandslos erlagen. Kott bot ihnen nicht nur eine Interpretation, er wies ihnen auch Wege, das gesamte dramaturgische Repertoire des absurden Theaters für ihre Inszenierungen nutzbar zu machen: das Clowneske und eine bis ins Extreme ausgespielte Körperlichkeit, die groteske Komik der sinnlos gewordenen großen Gesten ebenso wie eine im Wahnsinn und in der Narrheit zerfallende Sprache. Auch der Raum der neuen Lear-Inszenierungen – die leere Bühnen-Ebene, auf der Gloucester seine groteske Selbstmord-Pantomime vollführt; der parodistisch angelegte Kontrast zwischen Hiob-Bühne und Macbeth-Bühne – erinnerte nun unmißverständlich an Becketts Theater.

Wie Hortmanns Klage andeutet, führte die ihrerseits universalisierende Konzeption Kotts schließlich zu einer Erstarrung. Die Charaktere waren auch in dieser Endspiel-Version als *Everyman*-Figuren angelegt, die in einem, wenn

19 Kott, S. 163.

auch sinnlos gewordenen, Theatrum mundi agierten (beides Termini, die Kott selber in seinem Kapitel benutzt). Darüber darf man aber nicht vergessen, daß »*King Lear* or Endgame« zum Zeitpunkt der Publikation die Debatte um die Tragödie in neue Bewegung brachte und eher als provokante Dekonstruktion liebgewordener *Lear*-Versionen wirkte. Kott hatte in seiner Deutung vor allem bei den Brüchen und Diskrepanzen des Textes angesetzt. Er hatte gegen die Ebene der im Stück zur Sprache kommenden Abstraktionen (z. B. der beiden im Konflikt liegenden Auffassungen von »Nature«) die Elemente ausgespielt, die vorher eher vernachlässigt worden waren: die Vulgarismen des Narren, Lears Ekel vor der Sexualität, die Nacktheit des Poor Tom, die krasse und sinnlose Gewalt, die grotesken Regressionssymptome des wahnsinnigen Königs usw.

Der Dramatiker Edward Bond verdient hier eine Erwähnung, weil sein 1971 noch als Sakrileg empfundener *Lear* eine Auseinandersetzung mit dem Shakespeareschen Original begann, die eine Reihe von Literaturwissenschaftlern in den achtziger Jahren aufgegriffen und systematisiert hat. Bond sah im *King Lear* »a sort of sacred monster in the English theatre«,[20] in der kritiklosen Verehrung des »Meisterwerks« geradezu ein Ärgernis. Indem sein Anti-*Lear* die Charaktere umwertet, den Ursprung der Gewalt neu bestimmt, sich eindeutiger auf die Seite der Opfer schlägt und schließlich den Weg Lears über die resignierende Einsicht hinaus zu einer (freilich nur symbolischen) Tat führt, vermittelt es indirekt auch eine höchst kritische Interpretation der Vorlage.

Die beiden »bösen« Schwestern führen sich zwar in Bonds *Lear* noch blutiger und sadistischer auf als in der Shakespeareschen Vorlage, werden aber in einer überdeutlich symbolischen Szene als zunächst unschuldige Opfer der elterlichen Moral und Gewalt vorgeführt: Im Gefängnis erscheinen dem König die Geister der beiden kleinen Mäd-

20 Interview von Bond, zit. in: Stratmann, S. 294.

chen, die seine Töchter einmal waren, und streifen sich das Totenhemd ihrer Mutter über. Sie nehmen damit in unwissentlicher Freiwilligkeit das Gewand der sozialen Ordnung und Entfremdung an – der Moment jenes ersten Selbstmordes, den wir nach Bonds Theorie alle begehen.

Umgekehrt tritt Cordelia als moralische »Stalinistin« auf, »an absolute disaster for any society«: »So I very much wanted to convey through that figure that the people who have manipulated or taken over the language of ethics in our society are in fact very violent and destructive people.«[21] Entsprechend kehrt sich auch die Bildlichkeit in Bonds Lear um;. die Metaphern der Gewalt und Denaturierung gelten hier nicht mehr denjenigen, die die Ordnung der göttlichen »Natur« antasten, sondern den Vertretern dieser Ordnung selber.

Welche Deutung des *King Lear* hinter dieser Umdichtung steht, deutet sich hier bereits an. Wie manche der späteren *New Historicists* glaubte schon Bond, in Shakespeares Tragödie (»a work of blind resignation«) Spuren der Komplizenschaft mit den Ordnungsprinzipien der Macht zu entdecken. Wie diese will er dem modernen Zuschauer nahelegen, das Geschehen aus der Perspektive der Opfer (der Königstöchter, der sterbenden Soldaten, der ausgebeuteten Bauern usw.) zu sehen. Das fällt sowohl in Bonds Text als auch in seinen Begleitkommentaren z. T. recht holzschnittartig aus. Aber der kritische Impuls, der sich hier äußerte, wirkte zweifellos weiter.

Springt man nunmehr in die achtziger Jahre, wird man beinahe überwältigt von der wuchernden Vielzahl neuer Aspekte, die thematisiert werden. Die Unübersichtlichkeit ist größer, als sie ohnehin schon war.[22] Das liegt nur teilweise

---

21 Stratmann, S. 295.
22 Wie Peter Wenzel gezeigt hat (*Die Lear-Kritik im 20. Jahrhundert*, Amsterdam 1978), war es auch in der älteren *Lear*-Forschung um die gegenseitige Kenntnisnahme der Interpreten nicht gut bestellt (vgl. S. 212 ff. passim).

an einem allgemeinen Mißtrauen gegenüber allen »integrie-
renden« Interpretationen; es liegt offenbar auch daran, daß
die Bereitschaft, sich auf konkurrierende Thesen einzulassen,
eher abgenommen hat. So können die folgenden Skizzen
kaum mehr bieten als Streiflichter, Hinweise, denen man
durch entsprechende Lektüre folgen könnte. Die Auswahl ist
freilich nicht völlig subjektiv. Sie konzentriert sich auf solche
thematischen Komplexe und prinzipiellen Perspektiven, die
– z. B. durch Sammelbände wie *Alternative Shakespeares*, *Political Shakespeare* oder das *New Casebook* (vgl. die Litera-
turhinweise) – eine Art »alternative Kanonisierung« erfahren
haben: auf eine Gruppe von feministischen Studien, auf historisch mehr oder weniger spezifische Untersuchungen zu
den politisch-ökonomischen Machtverhältnissen (d. h. ihrer
Mythisierung oder subversiven Infragestellung im *King
Lear*) und auf die im Text problematisch werdende sprachliche Repräsentation.

Die feministischen Analysen haben vielleicht am erfolg-
reichsten dazu beigetragen, unser Bild des *King Lear* zu verändern. Sie kommen im einzelnen zu höchst unterschiedlichen Ergebnissen; eines aber ist ihnen gemeinsam: Sie
lassen es heute fast unverständlich erscheinen, daß in den
Deutungen der Nachkriegsjahrzehnte die ins Auge sprin-
gende »Geschlechtsspezifik« des Dramas kaum eine Rolle
spielte. Kathleen McLuskie rekapituliert eindrucksvoll die
Symptome einer fundamentalen Misogynie, die nicht nur die
einschlägigen Monologe des wahnsinnigen Lear, sondern die
Handlung, die Metaphorik und die Dramaturgie ganzer Szenen beherrscht. Gonerils und Regans »Unmenschlichkeit«,
die als Verstoß gegen die Natur selber erscheint, ist durchge-
hend definiert »in terms of their gender, sexuality and position within the family«.[23] Albany, des Wahnsinns nicht ver-
dächtig, weiß sich in dieser Hinsicht einig mit dem rasenden
König:

23 K. McLuskie, »Feminist Criticism and *King Lear*«, in: *New Casebook*,
S. 49.

Tigers, not daughters, what have you perform'd?
A father, and a gracious aged man,
Whose reverence even the head-lugg'd bear would lick,
Most barbarous, most degenerate! have you madded.
[...]
If that the heavens do not their visible spirits
Send quickly down to tame these vilde offences,
It will come,
Humanity must perforce prey on itself,
Like monsters of the deep.

(IV,2,40–50)

Das ist nicht so sehr weit entfernt von Lears besessenen
Phantasien, in denen er weibliche Sexualität als »Zentrum
und Quelle der universellen Verderbnis« identifiziert und
sie verantwortlich macht für den Zusammenbruch aller
Ordnung:

Down from the waist they are Centaurs,
Though women all above:
But to the girdle do the Gods inherit,
Beneath is all the fiend's: there's hell, there's darkness,
There is the sulphurous pit – burning, scalding,
Stench, consumption; fie, fie, fie! pah, pah!

(IV,6,126–131)

Selbst die Figur Cordelias, so argumentiert McLuskie
weiter, ist wenig geeignet, die patriarchalische Abscheu vor
der Macht der Frauen zu relativieren. Auch diese Tochter (»Who redeems nature from the general curse«, IV,6,
207) biete letztlich »an example of patriarchy restored.«[24]
McLuskie erkennt und beklagt andererseits, daß solche
»nüchternen Analysen der Shakespearschen Mystifizierun-
gen« der Wirkung der Tragödie nur wenig anhaben könnten. In dem Maße, in dem Lear sich vom hochfahrenden
Autokraten zu einer im psychischen Zusammenbruch an-

24 McLuskie, S. 49.

rührenden Figur wandle, verfestige sich die kritiklose Sympathie des Zuschauers. Als Lear in verzweifeltem Sarkasmus die Rolle parodiert, die seine Töchter von ihm erwarten, kann er sich der Anteilnahme des Publikums sicher sein:

> Do you but mark how this becomes the house:
> »Dear daughter, I confess that I am old;
> Age is unnecessary: on my knees I beg
> That you'll vouchsafe me raiment, bed and food.«
>
> (II,4,154–157)

Dies empfindet Regan als »unsightly tricks« – nicht ganz zu Unrecht, wie McLuskie meint. Was Lears Parodie so wirkungsvoll überspiele, sei die Tatsache, daß die Liebesprobe des 1. Aktes zumindest ebenso »unsightly« war: das Ergebnis einer patriarchalischen Familienstruktur, die den Frauen und Kindern jegliche Rechte absprach. Daraus wird dann die Empfehlung für die modernen Interpretationen und Inszenierungen abgeleitet, den Text gegen seinen ideologischen Strich zu verfremden:

> Such a production of meaning offers the pleasure of understanding in place of the pleasure of emotional identification. In this context Lear's speeches about nature and culture are part of an argument, not a *cri de cœur*; the blustering of his threats is no longer evidence of the destruction of a man's self-esteem but the futile anger of a powerful man deprived of male power.[25]

Im Spektrum feministischer Stimmen nimmt McLuskie jedoch eine extreme Position ein. Anderen Kritikerinnen erscheint Lear als der in der Tat tragische Fall des patriarchalischen Mannes, der zwischen seiner rigiden männlichen Rolle und seinen emotionalen Bedürfnissen zerrissen wird.

25 Ebd., S. 56.

In diesen Deutungen gewinnt beispielsweise die Reichsteilungszene einen ganz neuen Subtext:

> The play's beginning [...] is marked by the omnipotent presence of the father and the absence of the mother. Yet in Lear's scheme for parcelling out his kingdom, we can discern a child's image of being mothered. He wants two mutually exclusive things at once: to have absolute control over those closest to him and to be absolutely dependent on them.[26]

Bei Coppélia Kahn (bis zu einem gewissen Grad auch bei Madelon Gohlke[27] und Val Richards[28]), wird Lear zu einem »Fall«, den Freud mit der pointierten Wendung »Seine Majestät, das Baby« gekennzeichnet hat. Lear verspürt nun im Alter, ebenfalls gemäß Freud, das Bedürfnis nach mütterlicher Liebe, das er als Vater und Herrscher systematisch unterdrückt hatte. Sogar noch in dem Moment, da er Cordelia verdammt, erinnert er sich seiner Hoffnung, »to set my rest / on her kind nursery« (I,1,123 ff.) und (wie ein Baby) »unburthen'd crawl to death« (I,1,41). Entsprechend versteht Kahn seinen Wahnsinn als namenlose Wut über den Verlust der ersehnten Mutter, seine kannibalistische Metaphorik als »oral rage«.[29] Kahn zitiert die »pelican daughters« (III,4,72) und »The barbarous Scythian, / Or he that makes his generation messes [...]« (I,1,116 f.).

Selbst scheinbar »ausgedeutete« Zitate fügen sich überraschend in diesen Kontext; so ist Lears »we came crying hither: / Thou know'st the first time that we smell the air /

---

26 Coppélia Kahn, in: *New Casebook*, S. 99.

27 Vgl. M. Gohlke, »›I wooed thee with my sword‹: Shakespeare's Tragic Paradigms«, in: Carolyn Ruth Swift Lenz / Gayle Greene / Carol Thomas Neely (Hrsg.), *The Woman's Part. Feminist Criticism of Shakespeare*, Urbana/London 1980, S. 150–170.

28 Vgl. Val Richards, »›His Majesty the Baby‹: A Psychoanalytic Approach to *King Lear*«, in: Lesley Aers / Nigel Wheale (Hrsg.), *Shakespeare in the Changing Curriculum*, London / New York 1991, S. 162–179.

29 C. Kahn, in: *New Casebook*, S. 101.

We wawl and cry« (IV,6,178 ff.) für Madelon Gohlke »the most powerful image of separation in *King Lear*, that of the child who is banished by his mother«.[30] Es scheint mit dieser Deutung einherzugehen, daß der Weg Lears bis zur letzten Szene dann doch wieder als eine Art Erlösung (oder Therapie) verstanden wird. Lear entdeckt, so Kahn und andeutungsweise auch Richards, die »Frau in sich selber«, zunächst noch in abwehrender Panik:

> O! how this mother swells upward toward my heart;
> *Hysterica passio!* down, thou climbing sorrow!
> Thy element's below.
>
> (II,4,56–58)

Am Ende – (»For, as I am a man; I think this Lady / To be my child Cordelia«, IV,7,68 f.) – nimmt er Abschied von seinen Phantasien und kann sowohl die Dualität als auch das Band zwischen Vater und Tochter akzeptieren. Das ist, um es mit der fast psychiatrischen Studie von Val Richards zu formulieren, der »Beginn der Selbst-Differenzierung«.[31]

Obwohl zumindest Kahn einen Blick auf den sozialen Kontext wirft, d. h. die Entwicklung der Familie in der Renaissance, darf man doch anmerken, daß es den zitierten feministischen Studien meist um überzeitliche Konstellationen der Geschlechter geht. Die Untersuchungen zum Thema der politischen und ökonomischen Macht dagegen bekennen sich sämtlich zu einer historischen Relativität, obwohl sie es teilweise bei recht generellen Bezügen auf den Kontext belassen. Letzteres gilt etwa für Jonathan Dollimores »Materialist Reading«.[32] Nach einer Abrechnung mit all den Interpretationen, die er dem »Essentialist Humanism« zurechnet, deutet er in sehr groben Strichen an, wie die Prioritäten einer materialistischen Lesart aussehen würden. Lears Eingeständnis, daß Autorität eine Funktion von »of-

30 M. Gohlke, S. 157.
31 V. Richards, S. 177.
32 J. Dollimore, *Radical Tragedy*, Brighton 1984, S. 195–202.

fice« und »power« ist, gipfele in der Erkenntnis, daß die materielle Macht der »Gerechtigkeit« vorausgeht und nicht umgekehrt:

> [...] The usurer hangs the cozener.
> Thorough tatter'd clothes small vices do appear;
> Robes and furr'd gowns hide all. Plate sin with gold,
> And the strong lance of justice hurtless breaks;
> Arm it in rags, a pigmy's straw does pierce it.

(IV,6,164–168)

Für Dollimore sind solche Szenen Belege dafür, daß es im *King Lear* vor allem um »power, property and inheritance« gehe:

> [...] we see the cherished norms of human kindness shown to have no »natural« sanction at all. A catastrophic redistribution of power and property – and, eventually, a civil war – disclose the awful thruth that these two things are somehow prior to the laws of human kindness rather than vice-versa (likewise [...] with power in relation to justice).[33]

Diese Determination der humanistischen Werte durch Macht und Besitz, des Bewußtseins durch das Sein, sieht Dollimore im *Lear* wieder und wieder illustriert: natürlich in der Liebesprobe, in der das Zu- oder Absprechen von Land und Herrschaft zum Maß der »Liebe« werden, aber etwa auch in der ironischen Tatsache, daß sowohl der gütige Gloucester als auch der Schurke Cornwall die »Loyalität« Edmunds in der gleichen (materiellen) Weise belohnen wollen. Edmund seinerseits, der den materialistischen Nexus zwischen Macht/Besitz und Wertkonstruktionen von Anfang an durchschaut, weiß sich von ihm besonders abhängig. Das Ende der Tragödie – genauer: »the refusal of closure« – bestätigt in dieser Deutung noch einmal und

33 Dollimore, S. 197.

endgültig, daß Shakespeare jede Illusion von »Wiedergutmachung« bewußt sabotierte. Ganz kann man sich hier
nicht dem Eindruck entziehen, daß Dollimore die humanistischen Versionen zwar materialistisch »auf die Füße«
stellt, ihnen aber außer der prinzipiellen Umwertung wenig
hinzufügt. Ähnliches gilt übrigens für Kiernan Ryan. Er
nämlich spitzt Kettles Thesen noch einmal ein wenig zu,
beschreibt den dramatisierten Konflikt zwischen den »traditionellen« Herrschaftsstrukturen und dem neuen skrupellosen Individualismus und kommt zu dem Ergebnis:

> But the text ultimately urges us to reject both the wan-
> ing and the waxing world-views it explores in favour of
> a perspective whose purchase on our imagination and
> moral sense is far more powerful: a perspective implic-
> itly committed to equality, mutuality and cooperation
> rather than division, domination and exploitation.[34]

Das Zitat ist, gerade weil es so vertraut anmutet, aufschlußreich. Es demonstriert, daß die neue Debatte bei all
ihren Abrechnungen mit der alten doch sehr viel mehr
Kontinuitäten verrät, als dies ihre Protagonisten zugeben
möchten. Selbst der witzige Einfall von Terence Hawkes,
den *King Lear* als Drama über »unemployment« vorzustel-
len, gehört in diese Reihe von Interpretationen, deren Ori-
ginalität sich eher auf neue Akzentuierungen des Vertrauten
beschränkt. Hawkes führt die Figur des Poor Tom auf die
»masterless men« zurück, die als entwurzelte Opfer der *en-
closures* und einer sich allmählich auflösenden Ständegesellschaft in wachsender Zahl das Land durchstreiften. Man erkennt sogleich die Parallelen zur Welt des *King Lear*, durch
die so viele orientierungslose Figuren stolpern (darunter
auch ein »arbeitsloser« König: »This king, too, is unem-
ployed, massively redundant [. . .]«[35]):

34 K. Ryan, »*King Lear*: The Subversive Imagination«, in: *New Casebook*,
S. 78–89, hier S. 78.
35 T. Hawkes, S. 50.

If *King Lear* is seen as a play which to some extent re-
cords the initial upheavals of such a gigantic change,
then its chronicle of lost certainties, wrecked inherit-
ances and no-longer-playable roles [...] can be said to
construct an extended and apt metaphor of loss, failed
connections, misdirected energies, for which some
sense of catastrophic »unemployment« is an accept-
able shorthand.[36]

Der Versuch, *King Lear* entschiedener als zuvor – und
unter den Vorzeichen eines *New Historicism* – historisch zu
»lokalisieren«, hat eine Reihe von Studien hervorgebracht,
die die »Interaktion« dieses Textes mit anderen, bisher
vernachlässigten zeitgenössischen Materialien wirklich anschaulich werden lassen. Einige dieser Arbeiten gehören zu
den aufregenden Neuentdeckungen. Zwei sollen hier kurz
vorgestellt werden – wobei vorausgeschickt werden muß,
daß sich »Zusammenfassungen« hier eigentlich verbieten.
Die Argumentationen stützen sich auf so viele Bausteine
und punktuelle Beziehungen, daß pauschale Kurzversionen
kaum einen Eindruck von ihrer Dichte geben können.

Das erste Beispiel ist Leah Marcus' »Retrospective: *King
Lear* on St Stephen's Night, 1606«.[37] Der Titel ist präzise
und programmatisch zugleich. Marcus versucht, einige der
Bedeutungen zu rekonstruieren, die die Tragödie noch be-
anspruchte, als sie (wie belegt ist) aufgeführt wurde »before
the Kings Maiestie at Whitehall upon S. Stephans night in
Christmas Hollidayes«, nämlich im Jahre 1606. Das hieß
natürlich eine Rückkehr zum Text der sogenannten *Pied-
Bull*-Quarto-Version von 1608, deren »lokale« Implikationen und Anspielungen in der Folio-Edition von 1623 zu einem guten Teil getilgt worden waren.

36 Hawkes, S. 48.
37 In: L. Marcus, *Puzzling Shakespeare*, Berkeley/London 1988, S. 148–159;
   wiederabgedr. in: *New Casebook*, S. 114–129.

Nur ein Ergebnis dieser detaillierten Recherche soll herausgehoben werden, eine bisher nicht erkannte Verbindung zwischen zwei scheinbar weit auseinander liegenden Aspekten des Textes: dem Thema der Reichsteilung und den vielen Plädoyers für *charity*. Daß Shakespeares Warnung vor den Gefahren einer Teilung einerseits und, andererseits, die Selbststilisierung James' I. als eines Einigers in engem Zusammenhang standen, hatten bereits viele Forscher kommentiert. Leah Marcus aber macht plausibel, daß der Quarto-Text nicht nur als indirektes Votum für ein einiges, schottisch-englisches Britannien zu verstehen war, sondern – für ein höfisches Publikum am Stephans-Tag – auch als Appell, die für diesen Tag kirchlich empfohlene Mildtätigkeit zu praktizieren, vor allem gegenüber den rechtlosen Schotten, die ins Land strömten und auf milde Gaben besonders angewiesen waren. Sie waren ein Teil des Problems, welches durch den Nichtvollzug der politischen Union entstand. Bedenkt man, daß in den universellen Deutungen die Komplexe Reichsteilung und *charity* entgegengesetzten Sphären zugeordnet wurden (der Macbeth-Bühne und der Hiob-Bühne, der Politik und der »reinen« Menschlichkeit), so muß man diese »Politisierung« eines zentralen Text-Elements als wichtige Differenzierung werten.

Stephen Greenblatt ist wahrscheinlich der Name, den man spontan assoziiert, wenn es um die Shakespeare-Forschung des *New Historicism* geht. Seine scharfsinnige Untersuchung »Shakespeare and the Exorcists«[38] unterzieht eine »Quelle« des *King Lear*, die schon lange bekannt war, aber als völlig marginal galt, genauerer (und kreativer) Prüfung. Shakespeare las, das kann man den wörtlichen Entleihungen entnehmen, Harsnetts Buch *A Declaration of Egregious Popish Impostures*, als er am *King Lear* arbeitete.

---

38 In: Patricia Parker / Geoffrey Hartman (Hrsg.), *Shakespeare and the Question of Theory*, New York / London 1985, S. 163–187.

Harsnett hatte seine Schrift gegen die von der Katholischen
Kirche sanktionierte Praxis des Exorzismus verfaßt – eine
Praxis, die er als Scharlatanerie und, vor allem, als bloßes
»Theater« entlarven will. Hier setzt Greenblatt nun seine
Dialektik an. Indem Shakespeare seinen Poor Tom bzw.
Edgar die *Declaration* zitieren läßt, scheint er zunächst
Harsnetts Diagnose zu bestätigen. Edgar spielt, indem er
die Namen der Dämonen lallt oder in einer neuen Rolle seinem blinden Vater die Vision eines besonders schaurigen
»fiend« suggeriert (»[...] he had a thousand noses, / Horns
whelk'd and wav'd like the enridged sea«, IV,6,70 f.), offenbar »Theater«, wie der Zuschauer weiß. Im Interagieren der
beiden Texte geschieht aber nun etwas, das plötzlich subversiven Charakter beansprucht:

> Edgar's possession is a theatrical performance, exactly
> in Harsnett's terms, but there is no saving institution,
> purged of theater, against which it may be set, nor is
> there a demonic institution which the performance
> may be shown to serve. On the contrary, Edgar's mim-
> ing is a response to a free-floating, contagious evil
> more terrible than Harsnett would allow.[39]

Die »Entleerung« der Dämonologie (als Theater im Theater) deutet nur um so nachdrücklicher auf ein Gesellschaft-
liches-Böses, das aus keiner »Institution« oder Kosmologie
mehr Sinn beziehen kann. So werden hier aus dem Verhältnis zu einer scheinbar irrelevanten Quelle weitreichende
Einsichten (über die Säkularisierung des Bösen, das Verhältnis von Fiktion und Lüge, kulturelle Mythen und Entmy-
thisierungen) abgeleitet. Dabei spielen in Greenblatts Argumentationen freilich viele weitere Bausteine eine Rolle, die
hier im einzelnen nicht genannt werden können.

Eine Probe aus der Werkstatt der Dekonstruktionisten

---

39 Greenblatt, S. 182.

soll diesen Streifzug über das Feld der Neuen Debatte beenden. Jonathan Goldberg (»Perspectives: Dover Cliff and
the Conditions of Representation«[40]) verfolgt die Karriere
des Wortes »Dover« im Laufe des Stückes – »a site of desire, the hope for recovery or, at least, repose, restoratives
to answer ›eyeless rage‹ [. . .]«. Dieses Wort hat, aus der Sicht
des Dekonstruktionisten, den großen Vorzug, daß Shakespeare ihm verweigert, »to arrive at the place it (apparently)
names, a failure, in other words, for signifier to reach signi-
fied«.[41] Natürlich folgt dann Edgars berühmte Beschwörung einer illusionären Dover-Klippe. Nach einigen kurzen
historischen Exkursen (z. B. über die Entwicklung perspek-
tivischer Malerei) zieht Goldberg zwei Verbindungen, die
vorher wohl noch nicht so gesehen wurden: Einmal sieht er
in den früheren Beschwörungen des Nichts (»nothing will
come of nothing«) eine erste Einführung in die Paradoxien,
aus denen die Klippe von Dover entsteht: »[. . .] IV,6 shows
just what we accede to in seeing *King Lear*, and implicates
the audience in its annihilative vision«.[42] Zweitens entdeckt
Goldberg in dieser Szene einen metadramatischen Ausflug
in die Grenzbereiche der Repräsentation: »The representation of the real, the realisation of the representation, is in
question.«[43]

40 In: David M. Bergeron / G. Douglas Atkins (Hrsg.), *Shakespeare and
Deconstruction*, New York [u. a.] 1988, S. 245–256; wiederabgedr. in:
New Casebook, S. 145–157, auf das sich auch die folgenden Zitate beziehen. Schon ein kurzer Blick in *Shakespeare and Deconstruction*
zeigt, daß Goldberg eher zu den vermittelnden und gemäßigten De-
konstrukturisten gehört. Jackson I. Copes »Shakespeare, Derrida, and
the End of Language in *Lear*« (S. 267–283) beispielsweise versucht,
ausgehend von den letzten Worten des Narren: »And I'll go to bed at
noon« (III,6,88), eine »Kollation« der Sprache Shakespeares und der
Derridas und Foucaults – ein Versuch, der z. T. mit seiner eigenen Her-
metik kokettiert.
41 J. Goldberg, in: *New Casebook*, S. 147.
42 Ebd., S. 155.
43 Ebd., S. 149.

Goldbergs Argumentation leidet ein wenig darunter, daß sie sich weigert, Anschluß bei der großen *Lear*-Debatte (gerade auch bei ihren »historischen« Stimmen) zu suchen oder ihr seinerseits Anknüpfungspunkte zu bieten.

Diese Debatte selber aber scheint keineswegs an Schwung zu verlieren. Und was mehr ist: Sie hat das »Meisterwerk« *King Lear*, das sie einmal demontieren wollte, eher bestätigt und um Bedeutungen bereichert.

Literaturhinweise

William Shakespeare: King Lear. Hrsg. von G. K. Hunter. Harmondsworth 1972. (New Penguin Shakespeare.)
- King Lear. In: The Riverside Shakespeare. Hrsg. von G. Blakemore Evans [u. a.]. Boston 1974. S. 1249–1305.
- King Lear / König Lear. Engl./Dt. Übers. von Raimund Borgmeier. Hrsg. von R. B. und Barbara Puschmann-Nalenz. Stuttgart: Reclam, 1977 [u. ö.]. (Universal-Bibliothek. 9444.)
- King Lear. Hrsg. von Stanley Wells und Gary Taylor. Oxford 1986. (The Oxford Shakespeare.) [Umstrittene Ausgabe; druckt in polemischer Wendung gegen die üblichen »gemischten Texte« die beiden Originalversionen, die Quarto-Version von 1608 und die Folio-Ausgabe von 1623, getrennt und jeweils vollständig ab.]

Es liegt eine ganze Reihe von Anthologien vor, die jeweils das Spektrum zeitgenössischer *Lear*-Kritik oder die neuesten Perspektiven der Shakespeare-Forschung insgesamt exemplarisch näherzubringen suchen. Besonders nützlich für eine erste Orientierung:

Kermode, Frank (Hrsg.): Shakespeare: *King Lear*. A Casebook. Rev. Neuaufl. London 1992. (¹1969).
Ryan, Kiernan (Hrsg.): *King Lear*. London 1993. (New Casebooks.)
Thompson, Ann (Hrsg.): *King Lear*. The Critics Debate. London 1988.

Allgemein zu neuen Tendenzen der Shakespeare-Forschung sind folgende Aufsatzsammlungen wichtig:

Aers, Lesley / Wheale, Nigel (Hrsg.): Shakespeare in the Changing Curriculum. London / New York 1991.
Dollimore, Jonathan / Sinfield, Alan (Hrsg.): Political Shakespeare. New Essays in Cultural Materialism. Manchester 1985.
Drakakis, John (Hrsg.): Alternative Shakespeares. London / New York 1985.
Howard, Jean E. / O'Connor, Marion F. (Hrsg.): Shakespeare Reproduced: The Text in History and Ideology. New York / London 1987.
Lenz, Carolyn Ruth Swift / Greene, Gayle / Neely, Carol Thomas (Hrsg.): The Woman's Part. Feminist Criticism of Shakespeare. Urbana/Chicago/London 1980.

Parker, Patricia / Hartman, Geoffrey (Hrsg.): Shakespeare and the Question of Theory. New York / London 1985.

Ausgewählte Studien zu verschiedenen Aspekten (alle mit mindestens einem Kapitel über *King Lear*):

Atkins, G. Douglas / Bergeron, David M. (Hrsg.): Shakespeare and Deconstruction. New York / Bern [u. a.] 1988.

Booth, Stephen: *King Lear, Macbeth*, Indefinition and Tragedy. New Haven / London 1983.

Callaghan, Dympna: Women and Gender in Renaissance Tragedy: A Study of *King Lear, Othello, The Duchess of Malfi* and *The White Devil*, New York / London 1989.

Erikson, Peter: Patriarchal Structures in Shakespeare's Drama. Berkeley / Los Angeles / London 1985.

Evans, Malcolm: »Signifying Nothing«: Truth's True Contents in Shakespeare's Text. Brighton 1986.

Foakes, R. A.: *Hamlet* versus *Lear*: Cultural Politics and Shakespeare's Art. Cambridge 1993.

Goldberg, S. L.: An Essay on *King Lear*. Cambridge 1974.

Greenblatt, Stephen: Shakespearean Negotiations: The Circulation of Social Energy in Renaissance England. Oxford 1988.

Holderness, Graham: The King's Two Bodies: Text and Genre in *King Lear*. In: English 45 (1996) S. 1–31.

Kronenfeld, Judy: *King Lear* and the Naked Truth: Rethinking the Language of Religion and Resistance. Durham (N. C.) 1998.

Tetzeli von Rosador, Kurt: Presented Nakedness in *King Lear*. In: Archiv für das Studium der Neueren Sprachen und Literaturen 228 (1991) S. 26–40.

Macbeth

Die Zerstörung der Natur

Von Horst Breuer

Shakespeares *Macbeth*, millionenfach rezipiert als Stadttheater-Abendprogramm, Schulstoff, universitäres Prüfungsthema: Ob ein frischer Blick auf einen solchen Gegenstand gelingen kann? Die Lektüre – das schließt eine Aufführungsvorbereitung mit ein – ist ein Balanceakt zwischen Pseudofamiliarität, akkumulierter Wissenschaft und der Sprengkraft des Texterlebnisses selbst. Das Schauspiel ist nahezu vierhundert Jahre alt (mutmaßliches Entstehungsdatum: 1606), und doch zeigt sich immer wieder, daß es nichts von seiner Wucht und Größe eingebüßt hat.

Man kann *Macbeth* historisierend lesen als politische Warnung vor Umsturz, Thronusurpation und tyrannischer Willkürherrschaft, als Hommage an den Stuart-König Jakob I. und das Gottesgnadentum des legitimen Herrschers, als Exemplum gegen Wertezerfall und die Verführungskraft des Bösen. Aber es gilt auch, das Werk nicht von seinem Zukunftshorizont abzuschneiden und es moderner Sensibilität offenzuhalten. Shakespeare ist eine künstlerische Ausnahmeerscheinung. Kein anderes Œuvre der Weltliteratur ist so resistent gegen Alterung und museale Unschädlichmachung. Der gewissermaßen stereoskopische Blick auf *Macbeth* – historisch *und* präsentisch – zeigt einen Text von bestürzender Eindringlichkeit und Tiefe. Es geht um existentielle Grundbefindlichkeiten und Grenzsituationen: um Mord und Glaubensverlust, Egomanie und Machtgier, um Angstterror und seelische Qual, das Herausfallen aus allen haltgebenden Ordnungen, um schreckliches Alleinsein und eine große, postpsychotische Erstarrungskälte. Das Schauspiel verfügt über eine einzigartige metaphorische Dichte und sprachliche Vielfalt. *Macbeth* ist ein Stück, das alptraumhafte Perspektiven und weite gedankliche Erlebnisräume zu öffnen vermag. Der Text ist allerdings auch ein komplexes Gebilde mit reicher Wirkungsgeschichte, kein griffiger, interpretatorisch und didaktisch gut handhabbarer Gegenstand. Der Kritiker und Essayist kann lediglich hoffen, Teilansichten des Riesenpanoramas zu geben.

Macbeth ist das Drama der Naturentfremdung. Die Welt des Stücks ist von giftigen Dunstschwaden und nachtschwarzem Dunkel erfüllt. Die Sonne ist in ihrem Umlauf gestört, die Tierwelt zeigt sich bösartig verändert (II,4).[1] Alles wirkt unvertraut, fremd (Schlüsselwort »strange«). Halluzinationen und unwirkliche Erscheinungen erfüllen das Zwielicht. »'Tis unnatural, / Even like the deed that's done« (II,4,10 f.), flüstern die Überlebenden der Katastrophe; »unnatural deeds / Do breed unnatural troubles« (V,1,69 f.). Alles ist todinfiziert. Seht her, rufen die Entkommenen, »look upon death itself«, »see / The great doom's image« (II,3, 79 f.). Schaurige Verkörperung des Naturwidrigen sind die drei Hexen, mannweibliche Zwitterwesen, unbekannten Mißbildungen gleich, »that look not like th'inhabitants of the earth« (I,3,41). Wie schweflige Schlammblasen (»bubbles«, I,3,79) gehören sie zu einer fahlen, endzeitlich verseuchten Heidelandschaft (»this blasted heath«, I,3,77). Ihnen verdankt Macbeth das Allmachtsversprechen (»[thou] shalt be King«, I,3,50), kraft dessen er sich von allen Traditions- und Lebenszusammenhängen lossagt.

Seine Gattin steht ihm nicht nach, verfolgt das Projekt sogar noch radikaler. Auch Lady Macbeth, zunächst ganz ehrgeizige Rationalistin, entsagt einer naturhaft begrenzten Existenz. Herausfordernd und zynisch kehrt sie sich von

---

1 Zitiert wird nach der Ausgabe: William Shakespeare, *The Tragedy of Macbeth*, hrsg. von Nicholas Brooke, Oxford 1990 [u. ö.] (The Oxford Shakespeare.) Andere Shakespeare-Werke werden zitiert nach: *Complete Works*, hrsg. von Peter Alexander, London 1951.

ihrer herkömmlichen Leiblichkeit und Affektwelt ab. »Unsex me here«, ruft sie den Kräften zu, die sie aus Traditionsenge und Naturverfallenheit befreien sollen, »make thick my blood«, »take my milk for gall«; macht mich männlich-hart, entmenschlicht mich, entledigt mich aller Heimsuchungen durch Natur (»visitings of nature«, I,5,40–47). Selbst als längst klar ist, daß das Autonomieversprechen umschlägt in Entfremdung und Psychose, sucht Macbeth nach Mitteln und Wegen, dem Rückfall in Naturgrenzen Einhalt zu gebieten. Gibt es keine Arzneidroge, bedrängt er den universitätsgelehrten Mediziner, die alle Schreckbilder der Erinnerung aus dem Hirn tilgt und selbstzerstörerische Schuldgefühle und Grübelzwänge unterdrückt? »Canst thou not minister [Heilmittel verabreichen] to a mind diseased, / Pluck from the memory a rooted sorrow, / Raze out the written troubles of the brain«, mittels »some sweet oblivious antidote« (V,3,39–42)? So wie Macbeth seine Machtposition mit Gewalt erringt und verteidigt, so sucht er auch nach gewalttätigen Techniken, die persönliche Vorgeschichte zu bannen und die innere leibseelische Natur niederzuhalten.

Shakespeares Text ist, ähnlich wie *King Lear* (aber weniger einseitig konservativ), durchzogen von einem emphatischen Naturbegriff. Natur bezeichnet sowohl das allgemeine Lebensprinzip, das sich in den Einzelwesen, quasi nach einer »Urschrift« (»copy«, III,2,41), individualisiert, als auch die Besonderheit dieser Einzelwesen, ihre gattungstypischen Affekte und Charakterzüge. Im Naturbegriff des Schauspiels sind die lebensspendenden und lebenserhaltenden Vorgänge mit der Einbindung des Einzelnen in die soziale Gemeinschaft verknüpft. Eine wahrhaft universelle Symbol- und Metaphernkette verdeutlicht dieses Naturprinzip auf vielen Ebenen. Dieses Sprachbilder-Geflecht macht das Stück einzigartig. Um seinetwillen (zumindest) sollte man den Originaltext und nicht eine Übersetzung lesen. Ein Hauptmotiv ist hierbei der Schlaf – sowohl Motiv wie genuines Symbol, empirisch und signifikant.[2] Der Schlaf gehört essentiell zur Natureintracht, »the innocent sleep«, »balm of hurt minds« (II,2,35–38), »the season [Konservierungsmittel] of all natures, sleep« (III,4,142). In *2 Henry IV* heißt der Schlaf »Amme der Natur« (»gentle sleep, / Nature's soft nurse«, III,1,5 f.). Die zentrale Tat in *Macbeth* wird gegen einen Schlafenden verübt. Schlaflosigkeit oder der »falsche«, gequälte Schlaf des Schlafwandelns und der Alpträume sind die Folge.

Assoziativ verbunden mit dem »guten« Schlaf ist ein anderes Bild der Harmonie mit der Natur: der Säugling (*babe*), der in vielerlei Anschlüssen steht zu Mütterlichkeit, Fortpflanzung, Fruchtbarkeit, Nachkommenschaft, Lebenszyklus, Friede, Gewaltlosigkeit. Der Säugling liegt in unschuldigem, wehrlosem Schlummer. Ihm ist im Text die lebensspendende Muttermilch zugeordnet. Sie ist die »sweet milk of concord« (IV,3,98); der Macbeth des Stückbeginns ist noch »full o' th' milk of human kindness [Gattungshaftigkeit]« (I,5,16). (Vgl. *King Lear*, wo eine Figur mit »milky gentleness« in Verbindung gebracht wird, I,4,342.) Das Kleinkind steht für die friedlich sich erneuernde Generationenfolge; es bedeutet Fortbestand des Lebens in naturhafter Gemeinschaft. Auch das Tierreich ist im Stück in diese Symbolkette einbezogen. An den Zinnen der Macbeth-Burg bei Inverness baut, in einer zu Recht berühmten Szene voller

2 Die literaturwissenschaftliche Terminologie ist leider aufgrund der langen Begriffsgeschichte nicht eindeutig. Im vorliegenden Zusammenhang werden die Haupttermini wie folgt verstanden: 1. *Motiv*: ein wiederkehrendes sächliches oder sprachliches Textelement (Beispiel: die Blume in James Joyces *Ulysses*); 2. *Thema*: ein den Text bestimmender Leitgedanke (Beispiel: die Rache in *Hamlet*); 3. *Metapher*: ein kurzgeschlossener Vergleich (Beispiel: »Du bist ein Schatz!«); 4. *Symbol*: ein komplexer sächlicher Textaspekt mit weiterreichender (verdeckter) Bedeutung; ein Besonderes, in dem ein Allgemeines erkennbar wird (Beispiel: der Mississippi in Mark Twains *Huckleberry Finn*). 1 und 3 sind klein, kurz, einfach, 2 und 4 groß, umfangreich, vielfältig. Eine klare Trennung ist allerdings nicht immer möglich, etwa zwischen Motiv und Symbol.

dramatischer Ironie, die Hausschwalbe ihre »fruchtbare Wiege« (»procreant cradle«, I,6,8) – ausgerechnet hier, im Reich des Todes und der Unfruchtbarkeit. Als Zugvogel wird sie »guest of summer« genannt (I,6,3); so wird der Anschluß zum Thema der Gastfreundschaft hergestellt. Mit dem Säuglingsmotiv berührt sich ebenfalls das dynastische Thema des Schauspiels. Macbeths Kinderlosigkeit und Banquos väterliche Gründung des Stuart-Geschlechts sind ein wesentliches Verwicklungselement der dramatischen Handlung.

Macbeths Mordtat bedeutet die Zerstörung der Natureintracht. »Macbeth does murder sleep, the innocent sleep«, »Macbeth shall sleep no more« (II,2,35–43). Die Hexen verhängen Schlaflosigkeit als Strafe (I,3,19–25). Lady Macbeth macht sich anheischig, ihr trinkendes Baby von der Brust zu reißen und ihm den kleinen Schädel zu zerschmettern (I,7,54–58). Ihre Muttermilch wünscht sie zu Galle verkehrt, dem Körpersaft der Aggression und Bosheit (I,5,47). Die Hexen werfen Säuglingsteile in den Zaubersud (IV,1, 30). Macbeth veranlaßt – wie der biblische König Herodes – das Abschlachten von Kleinkindern (IV,3,204). Die Wehrlosigkeit des Säuglings ist in einer besonders bemerkenswerten Wendung metaphorisch verbunden mit dem Auge, dem verletzlichen, tränenden, mitleidvollen Hauptwahrnehmungsorgan des Menschen: »the eye of childhood« (II, 2,53), »the tender eye of pitiful day« (III,2,50). Das Baby wird zugleich zum machtvollen Himmelsfürsten: Mitleid, so heißt es in einer grandiosen Metaphernkette, ist ein nackter Säugling, der als Wind-Gottheit die Sturmwolken reitet und als Engel des Gerichtstags die Mordtat kündet, bis jegliches Auge tränt (I,7,21–25). Das Auge ist das Tagesorgan, das sich im Schlaf schließt und das vom Anschauen des Zerstörungswerks versehrt wird (»destroy your sight / With a new Gorgon«, II,3,73 f.). Es ist der Sonne vergleichbar (einem weiteren Himmelsfürsten), die sich nach dem Mord am rechtmäßigen König weigert aufzugehen (II,4,5–7).

Unschuldig und harmlos wie der schlafende Säugling oder die nistende Schwalbe ist auch die Blume, der Inbegriff des Naturschönen (sowie eine kleine Paradies-Allegorie): unter ihr verborgen lauert Macbeth als todbringende Schlange (I,5,65 f.). Gegenbild zur Wehrlosigkeit und Nacktheit des Säuglings sind Harnisch und Schwert. Sie sind die Panzerrüstungen und Vernichtungswaffen der Männer- und Kriegerwelt, in der mit Ingrimm und politisch kalkulierter *atrocitas* um Herrschaft gerungen wird. Am Stück-Ende ruft Macbeth nach seiner Rüstung wie nach einer seelischen Panzerung: »Give me my armour« (V,3,32), »At least we'll die with harness on our back« (V,5,52). In Parallele hierzu steht sein Glaube, unverwundbar zu sein – außer durch einen Gegner, der gewissermaßen keine Anteile von Weiblichkeit hat: »None of woman born / Shall harm Macbeth« (IV,1,94 f.; vgl. V,7,12–14 und 43–61). Hier tauchen die Säuglings- und Mütterlichkeitsmotive in nochmaliger Abwandlung auf. Ein letztes Mal akzentuiert diese Symbolkette das Thema der Lebensfeindlichkeit und Unmenschlichkeit.

Zur Naturbindung gehört in Shakespeares Text auch das »traditional«[3] verstandene Netz der Gemeinschaft und Verwandtschaft. Der nach überliefertem Recht herrschende König spricht seine Vasallen als »sons, kinsmen, thanes« (I,4, 36) an. »Thanes« sind die »Degen«, die Gefolgsleute der germanischen und keltischen Stammesfürsten und Hochkönige. Die Welt des Stücks ist eine diachrone Mischung aus *Beowulf* und Renaissance. Die Thans sind »Recken« (Qualitätskrieger) ebenso wie baroniale Clanhäuptlinge. Am Stückende führt der neue König zwar die normannische Feudalverfassung ein, aber auch er versteht die Kronvasallen als »my thanes and kinsmen« (V,7,92), Gefolgsleute und Sippenangehörige. Im idealen Gemeinwesen sind die Vasallen dem *overlord* ergeben in Liebe und Treue; ihr

---

3 Begriff von Max Weber; bezeichnet die beharrende, brauchtumsorientierte Welt der Vormoderne (also etwa vor 1750).

Dienst ist nicht erzwungen durch Befehl und Sold (vgl.
V,2,19 f.). Macbeth hingegen macht sich anfangs gegenüber
dem Vetter und Lehnsherrn Duncan und später gegenüber
der Adelsgemeinschaft des »faith-breach« (V,2,18) schuldig.

Symbol des Gemeinschaftsgeistes ist das gesellige Mahl,
das Bankett (»our feasts and banquets«, IV,1,35). Es ist das
Ritual der Kommunität. Das Festessen gleicht dem Schlaf,
der charakterisiert wird als »chief nourisher in life's feast«
(II,2,39). Hier werden die Waffen und Rüstungen abge-
legt, Gastfreundschaft und Familienbande besiegelt. Das gemeinsame Mahl setzt aristokratisches *housekeeping* und
noble Freigebigkeit in ihr Recht. Um so radikaler erscheint
Macbeths Treuebruch gegen Gefolgsherrn, Sippenhaupt
und schutzbefohlenen Gast (I,7,12–16). Das gastfreundliche
Liebesmahl wird zur Falle, zum tödlichen Köder. Auch das
durch Banquos Geist unterbrochene Staatsbankett mit den
Provinzfürsten (»solemn supper«, III,1,14) kennzeichnet
Macbeths treulose Herrschaft und den Bruch aller kommunitären Bande. An die Stelle des rituellen Gastmahls tritt
einsames Grauen: »I have supped full with horrors« (V,5,
13). Die Festmahlsmetaphorik hat sich verkehrt zum Über-
druß des Schrecklichen.

Die alte Welt der Kommunität wird durch Macbeth außer Kraft gesetzt. Sie ist geschildert als eine Existenzform
der guten Nachbarschaft, der Festfreude, des zyklischen
Wachstums und der gesicherten Nachkommenschaft. Im
Stück wird sie nicht sentimental verherrlicht, sondern dient
als symbolische Gegenwelt zur individualistischen Vereinzelung. »That which should accompany old age, / As honour, love, obedience, troops of friends, / I must not look to
have«, weiß Macbeth am Ende seines Weges (V,3,24–26).
Gegen die Vereinsamung schützt auch nicht die enge, gesell-
schaftsabgewandte Liebesbeziehung. Bei Shakespeare ist die
intime, symbiotische Liebe nicht unbedingt positiv konno-
tiert, wie die Beziehung zwischen Claudius und Gertrud in
Hamlet belegt. Die Ausschließlichkeit dieser Bindung steht,

aus der Sicht des Mannes, der Gemeinschaftstreue und der
Kavaliersfreundschaft im Wege und signalisiert Charakter-
schwäche des Ehehaupts. Der einer sensiblen Paarliebe ver-
fallene Fürst ist den Ratgebern und Adligen entfremdet.
Wenn Macbeth seine Gattin »my dearest love« (I,5,57)
nennt, »my dearest partner of greatness« (I,5,10), »dearest
chuck [Küken]« (III,2,48), so belegt das weniger seine Zärt-
lichkeit als den verderblichen Einfluß der Lady. Das Paar
hat sich tendenziell in eine *folie à deux* eingesponnen. In ihrer Intimität ist diese Paarbeziehung allerdings betont modern gezeichnet, einfühlsam und anklammernd. Letztlich
aber schützt die intime Nähe beide Gatten nicht vor der
emotionalen Verstörung und Vereisung, die das Heraustreten aus naturhafter Kommunität mit sich bringt.

Der Mord ist eine Aufkündigung des universellen Treue-
prinzips, ein Bruch des »Vertrags« mit der Natur.

> [...] Come, seeling night,
> Scarf up the tender eye of pitiful day,
> And with thy bloody and invisible hand
> Cancel and tear to pieces that great bond
> Which keeps me pale.
>
> (III,2,49–53)

Mit diesen Worten beschwört Macbeth seinen Pakt mit der
Nacht, dem Medium der Autonomie und des Allmachts-
wahns, seine Absage an Bindung und Begrenzung. Auch in
King Lear (I,1,92) oder *As You Like It* (I,2,255) ist »bond«
das naturhafte Liebesband der Sippentreue. In insistenter
Lichtmetaphorik ist in *Macbeth* die Nacht die grause Gegenwelt zum lebensspendenden Tag (»tender eye of pitiful
day« – Leitbegriff *pity*, verbunden mit dem Auge als Son-
nenmetapher; »seeling night« – *seel* ›aufbräuen‹ ist ein Begriff aus der Falknerei). Nachts streifen Eulen und Wölfe,
Mörder und Dämonen umher; brave Wesen fühlen erschau-
ernd deren Gegenwart und schützen sich mit einem Gebet
(II,2,22). Macbeth spürt an seinen leiblichen, kreaturhaften

Reaktionen (»which keeps me pale«), daß er in einem
schwer löslichen Naturvertrag (»bond«) steht. In gewaltsa-
mer Unterdrückung dieses Wissens will er die Fessel zerbrechen (»cancel and tear to pieces«).

An die Stelle des kommunitären Eingebundenseins tritt
die Krone als Signum der Omnipotenz, »the ornament of
life«, wie sie ironischerweise genannt wird (I,7,42), »the
golden round« (I,5,27), trügerisches Zeichen der Ganzheit
und völligen Unabhängigkeit. In *3 Henry VI* stellt die Kö-
nigskrone das höchste Glücksversprechen dar (»a crown, /
Within whose circuit is Elysium«, I,2,29–31). Hochmütig
(aber unterschwellig angstvoll) ruft Macbeth: Wenn der Be-
freiungshieb das All-einzige und All-endende wäre (»the
be-all and the end-all«, I,7,5), dann würden wir die religiösen Jenseitshoffnungen bereitwillig aufs Spiel setzen (»we'd
jump the life to come«, I,7,7). Wir existieren zwar gewissermaßen nur auf einem Uferstreifen der Zeitlichkeit (»here, /
But here, upon this bank [. . .] of time«, I,7,5 f.), jenseits dessen sich der Ozean der Ewigkeit erstreckt; aber dieses irdische »Hier« ist unsere einzige Gewißheit.[4] Aus Macbeth
spricht der provokante Renaissance-Skeptiker und Atheist,
der, wie Christopher Marlowes Doctor Faustus, seine Seele
(»mine eternal jewel«, III,1,67) für irdische Gottähnlichkeit
hingibt. Auch das so verstandene Seelenprinzip darf der
moderne Leser deuten als das Eingebundensein in überindi-
viduelle (kosmische) Naturzusammenhänge (religiös formuliert: in die Schöpfung).

Anders als Doctor Faustus ist Macbeth allerdings nahezu
von Beginn an ein Gequälter. Wir erleben ihn nie als den,
der das erstrebte Ziel genießt. Die Krönung oder irgendwelche erfolgreichen Regierungsaktivitäten werden nicht
gezeigt. Der neue Machthaber wird von Alpträumen heimgesucht (»the affliction of these terrible dreams / That shake

---

4 Zur textlichen Problematik von »this bank and shoal of time« (I,7,6) vgl.
H. Breuer, »Macbeth's ›bank and school of time‹ once more«, in: *Shakespeare Jahrbuch* 135 (1999) S. 93–99.

us nightly«, III,2,20 f.). Er ist geplagt von Sicherungszwängen und verfolgt, mißtrauisch wie Claudius in *Hamlet*, den konkurrierenden oder sich verweigernden Adel mit grausamer Unterdrückung. Macbeths Seelenfrieden ist auch durch die unklare Nachfolgefrage erschüttert. Er hat mit seiner Gattin keine Kinder, und Banquos Sohn Fleance (laut Prophezeiung Ahnherr der Stuarts, vgl. I,3,67) hat den Mordanschlag überlebt. (Die historische bzw. legendäre Lady Macbeth war zum zweitenmal verheiratet, daher die Mutterschaftsanspielung in I,7,54). So ist die Königswürde für Macbeth schon bald »a fruitless crown« und »a barren sceptre« (III,1,60 f. – man beachte auch hier die Unfruchtbarkeitsmetapher). Die Angstträume gehen über in Paranoia und affektive Erstarrung. »Consider it not so deeply«, hatte frühzeitig und ahnungsvoll die Gattin gewarnt, »it will make us mad« (II,2,29–33). Und sie spürte: »Our desire is got without content« (III,2,5). Macbeth vermag die innere Panik nicht loszuwerden (»on the torture of the mind to lie / In restless ecstasy [Raserei, Wahn]«, III,2, 23 f.). Fast neidisch sagt er vom toten Duncan: »After life's fitful fever he sleeps well« (III,2,26). Und die Königin pflichtet bei, daß der Platz bei den Opfern mehr Seelenfrieden verspricht als ständige weitere Täterschaft (»'Tis safer to be that which we destroy, / Than by destruction dwell in doubtful joy«, III,2,7 f.).

Macbeths Gemüt ist voller Unruhe und Bosheit (»full of scorpions is my mind«, III,2,39), nicht nur zu anderen, sondern auch zu sich selbst. Dies nimmt seinem tyrannischen Regime allerdings nicht die sadistische Grausamkeit. Beim Überfall seiner Spezialgarde auf die Haushaltung Macduffs hat man den Eindruck, als wäre nicht mehr das Mißtrauen des Usurpators die Antriebskraft für das Zerstörungswerk, sondern die blinde Wut des Unglücklichen auf alle unschuldig Zufriedenen. Von der seelisch zerbrochenen Gattin trennt den Alleinherrscher eine immer größere Gefühlskälte. Sein Abwehrkampf am Schluß ist geprägt von psychopathischem Furor. »Some say he's mad; others, that lesser hate him, / Do call it valiant fury«, heißt es von ihm (V,2,13 f.). Die Burg Dunsinane (nördlich Perth) ist uneinnehmbar befestigt. Daß Macbeth den Angreifern nicht trotzt, sondern die offene Schlacht sucht, ist ein halb suizidaler Akt, die Erfüllung einer längst eingetretenen inneren Verödung (»I have lived long enough«, V,3,22). Das Projekt einer Aufkündigung des Naturvertrags endet in Vereinsamung und Selbstzerstörung.

Gewalt und Zerstörung sind von Beginn an mit dem Protagonisten assoziiert. Er ist nicht nur ein ingrimmiger, furioser Krieger, sondern auch geheimnisvoll angezogen von dem Denkbild *doom – damnation – destruction*. »Deep damnation« begleitet seine Mordgedanken (I,7,20). »Like a breach [Bresche] in nature« sehen Duncans Wunden aus (II,3,115). Macduff beschreibt den Leichnam des Königs als Abbild des Weltuntergangs und Jüngsten Gerichts (»the great doom's image«, II,3,80), als Meisterstück allgemeiner Auflösung (»Confusion now hath made his masterpiece«, II,3,68). Halb in Verstellung, halb ernst sagt Macbeth angesichts des toten Repräsentanten der alten Weltordnung: »From this instant / There's nothing serious in mortality«, »grace is dead« (II,3,94–96). Hoffnung und Freude des Lebens zerrinnen zum Nichts: »Nought's had, all's spent« (III,1,5). Eine allumfassende Gleichgültigkeit hat die Welt ergriffen (»all is but toys [Tand, Trivialitäten]«, II,3,96), das Subjekt wird Fremdling im eigenen Selbst (»to know my deed, 'twere best not know myself«, II,2,72; vgl. II,2,50).

Die erstrebte Allmacht verkehrt sich zum megalomanischen Zerstörungswunsch: »Let the frame of things disjoint« (III,2,17), »I 'gin to be aweary of the sun / And wish th' estate o' th' world were now undone« (V,5,49 f.). Die Wörter *do – deed – done – undone* tönen wie unheilvolle Glockenschläge durch den Text. Wie eine apokalyptische Prophezeiung klingt Macbeths Beschwörung der Hexen:

> Though you untie the winds, and let them fight
> Against the churches; [...]
> Though castles topple on their warders' heads;
> Though palaces and pyramids do slope
> Their heads to their foundations; though the treasure
> Of nature's germen tumble all together,
> Even till destruction sicken: answer me.

(IV,1,66–74)

Die urbildhaft geordnete Reproduktionsfähigkeit der Natur gewährleistet den Fortbestand der Kreatur. Der lebensbewahrende »Samen« (*germen*) ist in einem »Hort« (*treasure*) bewahrt. Der Größenwahn des Protagonisten gipfelt in dem Wunsch, diese Keime des Lebens mögen durcheinandergewirbelt werden und im Chaos untergehen, bis selbst der personifizierten Zerstörung übel wird (*sicken* ›sich übergeben‹) vom Übermaß des Verschlungenen. (Vgl. *King Lear*, III,2,8: »Crack nature's moulds [Gußformen], all germens spill at once«.)

Macbeths abschließendes monologisches Vermächtnis ist das Credo des Nihilismus: Alles ist ziellos und gleichgültig, ohne Zukunftsversprechen (»Tomorrow, and tomorrow, and tomorrow, / Creeps in this petty pace from day to day«), die Existenz erfahren wir illusionär, inauthentisch wie ein Schattenbild und unsinnig wie einen verrückten Wortschwall (»Life's but a walking shadow, [...] a tale / Told by an idiot, full of sound and fury / Signifying nothing«, V,5,19–28). Diese Sinnentleerung und Desorientierung betrifft nicht nur den individuellen Lebensentwurf, sondern ist auch eine Absage an die Idee der geschichtlichen Vernunft. Noch bevor der europäische Fortschrittsglaube und Zivilisationshochmut sich so recht etabliert hatten – und lange bevor sie sich in den Katastrophen des 20. Jahrhunderts desavouieren –, formuliert Shakespeares Macbeth die nihilistische Gegenposition.

Der Nihilismus ist der philosophische Reflex der narzißtischen Wut des im Kosmos alleingelassenen Individuums. Das Subjekt fühlt sich ungeborgen und vereinzelt, ohne Außenhalt. Seine Existenzform ist kontingent, bloße Setzung; hinter ihr steht: nichts. Verloren ist das Aufgehobensein in Kommunität und tradierter sinnhafter Ordnung. Die menschliche Gesellschaft ist nicht länger Teil eines Weltplans, einer fundamentalen Vorgabe, einer historischen Gewißheit. Daß in diesem Ordnungsschwund auch eine Befreiung liegt, ein Aufbruch zu Mündigkeit und Selbstbestimmung – der aber wiederum einen amoralischen und gefährlich zerstörerischen Charakter hat –, ist in *Macbeth* dramatisiert. Grandios und entsetzlich ist das Individuum in seiner Ungebundenheit. Das Schauspiel führt den Weltriß vor, welcher sich dem Protagonisten auftut, der in autonomer Vernunft sich von der Natur abtrennt und so ins Nichts, in die Bodenlosigkeit katapultiert. »He had kicked himself loose of the earth«, heißt es von einem anderen wahnwitzigen Zerstörer, Joseph Conrads Mr Kurtz in der Erzählung *Heart of Darkness* (1899), »he was alone, and I before him did not know whether I stood on the ground or floated in the air.« Dieser Bindungsverlust ist übrigens nicht willentlich rückgängig zu machen; wir können nur lernen, damit selbstversöhnlich umzugehen.

Der Nihilismus ist eine typisch moderne Haltung. Sein Begriff gehört ins 19. und 20. Jahrhundert. Seine – berechtigte – Anwendung auf Shakespeares Schauspiel zeigt, über welch weitreichende Facettenvielfalt der Text verfügt. Dieses »Unabgegoltene« des Kunstwerks (Ernst Bloch) ist der Grund, warum die vorliegende Deutung einen verschlungenen Weg zwischen historisierenden und aktualisierenden Auslegungsmomenten wählt. Beide Tendenzen müssen einander ergänzen. Jede für sich greift zu kurz. Die rein historisierende Interpretation – also die Rekonstruktion der mutmaßlichen Autorintention und des zeitgenössischen Verständnisses – beraubt den Text seines Nachlebens und seiner ästhetischen Erfahrungsdimension. Die rein präsentische Lektüre – also die direkte Anbindung des Werks an moderne Vorstellungen – gerät notwendigerweise selektiv und inkonsistent.

Mit den bisherigen Schwerpunktsetzungen sind allerdings eingestandenermaßen wichtige Textaspekte zu kurz gekommen, sowohl solche des Entstehungshorizonts als auch der Wirkungsgeschichte. Zum Vergangenheitshorizont gehören insbesondere die übernatürlichen Handlungsteile, die Religiosität der Figuren sowie die das Geschehen überhöhende Sakralmetaphorik des Schauspiels. Die Tragweite dieser Bereiche wird sich gegenwärtigen Lesern kaum spontan erschließen. Für den Text-Kosmos ist der gesalbte König im Gemeinwesen, was Hostie und Tabernakel im geweihten Altarraum sind. Der Mord ist nicht nur ein Akt des Hochverrats, ein Staatsstreich, sondern ein Sakrileg, ein Vorbote des Weltendes und Jüngsten Tags (II,3,68–80, I,7,16–25) – oder, moderner gesprochen, Indikator eines epochalen Kulturwandels. Das Stück ist erfüllt von dämonischen Wesen, die mit dem Teufel im Bund stehen: Wetterhexen und Fatumsschwestern (»wyrd sisters«), Personifikationen des zauberisch Bösen, »instruments of darkness« (I,3,125), »spirits« (I,5,39), »night's black agents« (III,2,56). In ihnen sind keltische Naturgottheiten, germanische Schicksalsmächte, antike Sibyllen, christliche Dämonologie und volkstümlicher Hexenglaube zusammengeführt. Immer wieder werden im Text Hölle und Satan (»fiend«) genannt, oft mit Macbeth identifiziert. Macbeths Burg bei Inverness wird in ausgedehnten Anspielungen im komischen Pförtner-Solo (II,3,1–19) mit dem Hölleneingang des spätmittelalterlichen Dramas verglichen (siehe etwa *The Harrowing of Hell*, Chester Cycle).

Der Königsmord wird begleitet von einem umfangreichen Katalog gemeinplatzartiger Omina, die Umsturz und Anarchie ankündigen (II,4). Macbeth hört, unmittelbar nach der Tat, im Nebengemach ein Gebet sprechen und hat das kaum unterdrückbare Bedürfnis, in den Segenswunsch des »Amen« einzustimmen (II,2,20–32). Das traditionale Königtum ist wie von einem archaischen Tabu beschirmt, dessen Bruch die zwangsläufige Selbstzerstörung des Täters in Gang setzt. Lady Macbeth begrüßt den König mit dem geheuchelt frommen Wunsch, sein Fürbitter (»hermit«, I,6,21) sein zu dürfen. Auch dies gehört zum religiösen Bezugsrahmen des Werks. Die Doppelzüngigkeit des Teufels als eines Lügengeists ist ein zentraler Faktor im Plot des Stücks (»equivocation«: mehrdeutige, irreleitende Aussage oder Prophezeiung, »Zweideutelei«; I,3,125–127, II,3,8–11 und 28–34, V,5,42–44, V,7,49–52). Insbesondere die Hexenszenen spielen mit einem dämonologischen Apparat, der sich hart am Rande des Obskurantismus bewegt (vgl. etwa IV,1,1–83) und nicht als bloße psychische Projektion (wie etwa Banquos Erscheinung in der Bankett-Szene, III,4) umgedeutet werden kann. Im Kontext des Hexenwahns des 17. Jahrhunderts sind sie ein besonders problematischer zeitgeisthafter Aspekt des Schauspiels. (Vgl. auch die Darstellung von Joan la Pucelle in Shakespeares *1 Henry VI.*) Ähnliches gilt, unter umgekehrtem Vorzeichen, für den mit der Aura des Heiligen und der Gabe des Heilens umgebenen englischen König Eduard den Bekenner, dessen »heavenly gift of prophecy« der Wortgaukelei der Hexen gegenübergestellt ist (IV,3,140–159).[5] Der künftige schottische König Malcolm schließlich beruft sich philisterhaft fromm auf den Schutz der »powers above« (IV,3,238).

Der naturhafte, kommunitäre Weltzustand und seine Störung durch lebenswidrige Versachlichung und Gewaltherrschaft sind mithin im Text in einer Weise magisch-religiös konzipiert, die der modernen Lektüre Schwierigkeiten bereiten muß. Die spirituelle Belebung der Welt gehört in ihrer polydämonistischen Vorstellungskraft einer vergange-

---

5 Über das königliche »Handauflegen« (*touching*) gegen die Skrofulose (*the King's evil*) hat der französische Historiker Marc Bloch ein in der Anglistik wenig bekanntes Buch geschrieben (*Les rois thaumaturges*, Paris/Straßburg 1924).

nen Stufe an, einem vor-aufklärungszeitlichen Denken. Es
ist für heutige Betrachter zwar kulturgeschichtlich rekon-
struierbar, aber nicht wirklich in ungeteilter Subjektivität
nachvollziehbar. Auch Analogien zu modernem Hokuspo-
kus helfen letztlich nicht weiter. Ganz bruchlos kann das
Verständnis eines durch kulturelle und historische Distan-
zen entrückten Texts eben nicht sein.

Zu kurz greift ebenfalls der Versuch vieler Interpreten,
das Werk unter die Leitbegriffe des Bösen (*evil*) und der
Sünde zu stellen. So werden die dunklen, destruktiven Seiten der Menschheitsgeschichte lediglich essentialisiert und
ontologisiert. Diese Vorgehensweise paßt sich der Text-
strategie an, statt diese zu prüfen. Die Analyse sollte jedoch
ihren Standort außerhalb des Untersuchungsgegenstands
suchen. Die Lektüre muß sich der Tatsache stellen, daß
selbst die großen Werke – neben anderen Bedeutungs-
schichten – auch eine konformistische Rasterung haben. Sie
ist literaturwissenschaftlich zu erforschen, darf aber nicht
als letzter Interpretationshorizont verstanden werden. Wir
lassen uns von *Macbeth* in Bann schlagen nicht we gen,
sondern tro tz seiner zeitgeisthaften Züge. Erst die darunter liegenden widerspenstigen, avancierten Werkschichten
unterscheiden das Schauspiel von geringeren Texten seiner
Zeit. Auch das vielgenannte orthodoxe »elisabethanische
Weltbild« gehört zu den konformistischen Aspekten, die
das Stück mit minderen Zeugnissen der Epoche teilt.

Das Spannungsfeld zwischen dem komplex geschichteten
Werk der Vergangenheit und der modernen, wissenschaftlich gestützten Lektüre zeigt sich in ähnlicher Schärfe an
der Genus-Problematik des Schauspiels. Männlichkeit und
Weiblichkeit sind in *Macbeth* auffällig codierte Leitbegriffe.
Der alte Weltzustand steht unter patriarchalischem Vorzeichen. Der König – der schottische Duncan ebenso wie
der englische Eduard – ist eine heilig-entrückte väterliche
Gestalt. Die Geschlechter sind in traditioneller Manier
scharf voneinander getrennt. Die Männer dieser frühfeu-

dalen Stammesgesellschaft sind kriegerische Anführer, die Frauen Gastgeberinnen, Familienmütter und »consorts«. Die Gemahlinnen haben nicht einmal eigene Namen (Lady Macbeth, Lady Macduff). Von der Genealogie sind sie weitgehend ausgeschlossen. Quasi mutterlos erstreckt sich die künftige königliche Linie (»the seeds of Banquo«, III,1, 69; »Banquo's issue«, IV,1,117) durch die Geschichte der Nation. Ob hier auch Jakobs I. misogyne Einstellung den Text beeinflußt hat? Weiblichkeit ist in *Macbeth* jedenfalls mit Sanftmut, Ängstlichkeit und »Brutpflege« verbunden, Männlichkeit mit Tapferkeit, Gefühlszurückhaltung und Machtstreben.

Auch Macbeths Gegenspieler weisen jede »Kontamination« durch Weiblichkeit weit von sich. Macduff weiß sich, wie ein antiker Sagenheld, durch seine »unmütterliche« Geburt ausgezeichnet (V,7,41–46), Malcolm durch seine vorbildhafte Keuschheit (»unknown to woman«, IV,3,126). Dämonische Wesen haben ordnungswidrigen Zwittercharakter (die mannweiblichen Hexen, I,3,45–47). Eine ihren Geschlechtsort überschreitende Frau (Lady Macbeth) mag, wie Medea, tragische Größe haben, ist aber auch mit Schlechtigkeit und Amoral assoziiert (verführende Eva sowohl wie in Männerdomänen eindringende, ungehörig Einfluß nehmende *hic mulier*; vgl. Goneril und Regan in *King Lear*). Die sanfte Lady Macduff ist das positive Gegenbild (IV,2). Am Ende sind beide Frauen tot. Das Schlußtableau verzichtet auf weibliche Figuren.

Zum Klischee der Femme fatale gehört auch, daß Lady Macbeth ihren schwankenden Gatten als feige und unmännlich verspottet. Er wiederum versteigt sich angesichts ihrer Entschlossenheit zu dem zwiespältigen Kompliment: »Bring forth men-children only« (I,7,73). Männlichkeit steht im Text für Bereitschaft zu Kampfestaten und Zorn (bei Macbeth, Macduff und den beiden Mördern). Der Männlichkeitsbegriff erfährt allerdings eine bemerkenswerte Nuance durch seine Bindung an den Humanitätsbegriff (*man*

›Mann‹, ›Mensch‹; I,7,46). In der Figurentwicklung der
Königin siegt schließlich die herkömmliche Weiblichkeit,
insofern Emotionalität und Schwäche Oberhand gewinnen.
Ihr Versuch, sich wie der Gatte selbstsetzend-autonom zu
entwerfen, endet in Schuldqual und seelischer Dekompen-
sation, vielleicht auch im Suizid (V,7,100 f.). Anders als ihr
Gemahl wendet die Königin ihre Verzweiflung jedoch nach
innen, gegen sich selbst, was den Eindruck einer teilweisen
Entsühnung hervorruft.

In seinem Geschlechterbild präsentiert der Text also überwiegend konformistische Vorstellungen, unterläuft diese
aber zugleich durch Ambivalenzen sowie durch eine gewissermaßen hysterische Übersteigerung des Männlichkeits-
diskurses (ähnlich wie in *Coriolanus*). Männlichkeit ist in
Macbeth von Beginn an nicht zu trennen von pervertierter
Blutrünstigkeit; die Hexen haben – neben anderen Aspekten – auch eine groteske, ja karnevaleske Seite und erscheinen
als die Phantombilder männlicher Ängste vor dem »Anderen«, vor Androgynie und anarchischer Subversion; und
Lady Macbeths scheiternder Versuch der Grenzüberschreitung ist Teil der tragischen Perspektive des Schauspiels.[6] Solche vielfältigen Bedeutungsschichtungen und schillernden
Bewertungsnuancen geben Shakespeares Texten immer wieder ihren polyphonen, nicht-monolithischen Charakter.

Nicht zum Entstehungshorizont, sondern zur Rezeptionsgeschichte gehört ein anderes Auslegungsproblem,
nämlich die Textlektüre nach dem Deutungsmuster des figürlichen Psychologismus. Vorweg sei festgestellt, daß die
meisten Figuren des Schauspiels – wie nicht anders zu erwarten – *flat characters* sind, also als zweidimensionale Ak-
tanten erscheinen, die durch einen wenig umfangreichen
Satz von Merkmalen und Sprachzügen charakterisiert sind.
Aus manchen Gestalten spricht stellenweise weniger die

---

6 Vgl. Jutta Schamp, *Repräsentation von Zeit bei Shakespeare: »Richard II«,*
»1,2 Henry IV«, »Macbeth«, Tübingen 1997, S. 317.

Rolle als das imaginative Textganze (wie bereits A. C. Bradley feststellte). Es ist geradezu ein Kennzeichen unseres Stücks, daß immer wieder Sätze fallen, die in ihrem poetischen, visionären Reichtum weit über das jeweilige Figurprofil hinausgehen, etwa bei dem ersten Mörder (III,3,6–8). Auch die Pförtnerszene (II,3,1–39) setzt in groteskkomischer Weise eine Reihe von Textmotiven fort. Andere Gestalten gehören zur übernatürlichen Sphäre oder sind – beispielsweise Duncan, der Greis (*Old Man*), der blutbespritzte Sergeant – allegorisch überhöht. Selbst die Rolle des Banquo hat mehr Kontrastfunktion als Eigenständigkeit und Vielschichtigkeit.

Auf alle diese Figuren ist ein psychologischer Realismus naturgemäß nicht anwendbar. Gern wird er jedoch als Deutungskonzept benutzt bei den beiden Protagonisten, Lord und Lady Macbeth. Sie erscheinen als »runde«, mehrdimensionale Charaktere, die von Umfeldfiguren unterschiedlich kommentiert werden. Sie legen nicht nur »lebensecht« wirkende widersprüchliche Verhaltensweisen an den Tag, sondern machen auch Entwicklungen und Wandlungen durch und verfügen über ein facettenreiches Redespektrum.[7] Sind diese beiden Figuren also nach Kriterien der psychologischen Wirklichkeitserfahrung zu beurteilen, sei's gemäß Einfühlung des Lesers, sei's als wissenschaftlich gestütztes »Psychogramm«?

Der figürliche Psychologismus ist Teil des *character criticism* des 19. und frühen 20. Jahrhunderts und unterliegt auch den hiermit verbundenen Bedenken: Er ist unhistorisch, überträgt also moderne Emotionen und Mentalitäten auf Gestalten der Vergangenheit; er ist naiv gegenüber gesellschaftlichen und diskursiven Konstrukten, etwa Geschlechterpolaritäten; und er ist tendenziell blind gegenüber den Formkonventionen des literarischen Mediums, welche

---

7 Zu dramatischen Charakterisierungstechniken vgl. Manfred Pfister, *Das Drama: Theorie und Analyse*, München 1977, S. 220–264.

die Illusion des Realismus bestimmen. Ein Denkverbot sollte hieraus für die Textanalyse trotzdem nicht abgeleitet werden. Die Tragödie will schließlich in der Tat beim Zuschauer Anteilnahme für die Schicksale der Figuren wecken und starke empathische Gefühle ins Spiel bringen. Zumindest bei Lady Macbeth kann das durch eine differenzierte psychologische Ausgestaltung der Figur gelingen. Sie könnte beispielsweise konzipiert werden als eine leidenschaftlich gegen die engen Schranken herkömmlicher Weiblichkeit Aufbegehrende, eine Fanatikerin des moralischen Skeptizismus und der forcierten Selbstverwirklichung – zugleich aber jemand, der die verschüttete eigene Menschenliebe unterschätzt. Erste Risse in ihrer selbstgewählten Fassade zielstrebiger Härte sind früh erkennbar (»I have given suck, and know / How tender 'tis to love the babe that milks me«, I,7,54 f.; »Had he not resembled / My father as he slept, I had done't«, II,2,13 f.), werden jedoch von ihr ignoriert. Noch im dritten Akt, als Königin, zischt sie ihrem die Fassung verlierenden Gatten ein warnendes »What, quite unmanned?« und »Fie, for shame« zu (III,4,73 f.).

Dann aber tritt sie in den Hintergrund, und wir erleben sie erst wieder im 5. Akt als vom Schuldtrauma zerrüttete Schlafwandlerin, der die Bilder der Bluttat nicht aus dem Sinn gehen (»Yet who would have thought the old man to have had so much blood in him«, V,1,36–38). Die Figur ist unstrittig die eindrucksvolle Studie einer sich selbst Gewalt antuenden Person, die in aufbegehrendem Kraftgefühl und hochmütiger Selbstsicherheit die Grenzen der Humanität überschreitet. Schließlich werden die unterdrückten »schwachen« Anteile (Sanftheit, liebende Fürsorge, Fähigkeit zu Selbstzweifeln und Schuldgefühlen) bestimmend, und das überlastete Ich versinkt in ein Schattenreich der Selbstanklagen und Reinigungszwänge. Man braucht kaum moderne klinische Terminologie zu bemühen (Wiederkehr des Verdrängten, Waschzwang, Depression usw.), um die Einfühlungsgabe des Autors, sein Wissen um extreme Seelenlagen und die psychologische Feinheit seiner Figurzeichnung zu bewundern. Der einer figürlich-realistischen Sichtweise verpflichtete Interpret sollte sich allerdings bewußt sein, daß die Figur der Lady Macbeth immer ein Textkonstrukt bleibt und damit, wie Ina Schabert schreibt, verstanden werden muß »als Folgeerscheinung der pervertierten Männlichkeit der Männerwelt« des Stücks, nicht als isolierte lebensechte Person (*Englische Literaturgeschichte*, 1997, S. 171).

Bei dem Protagonisten des Schauspiels, Macbeth, werden die Grenzen des figürlichen Realismus sehr viel klarer erkennbar. Hier scheint es einigermaßen problematisch, von der »Charakterstudie eines Mörders«, dem »Psychogramm eines Diktators« und dergleichen mehr zu sprechen. Macbeth ist ähnlich facettenreich wie etwa Hamlet angelegt (eine von Shakespeares differenziertesten Gestalten), aber anders als bei Hamlet sind bei Macbeth die figürlichen Teilaspekte und Schichtungen kaum psychologisch legiert. Diese Figur unterliegt vorwiegend anderen Funktionsgesetzen. Man kann Macbeth etwa, gemäß den historischen Quellen, als frühmittelalterlichen Recken und Stammeshäuptling verstehen, der das Tabu der Gefolgschaftstreue und der Unantastbarkeit des *high king* bricht – aber wie paßt das zusammen mit Macbeth dem Renaissancemenschen und »faustischen« Selbstbefreier, dem Machiavellisten und Nihilisten, der dreihundert Jahre vor Friedrich Nietzsche Gott für tot und die Existenz für absurd erklärt (»grace is dead«, »a tale told by an idiot«)?

Man kann Macbeth als psychopathischen Despoten konzipieren, der sich an die Macht putscht und diese mit Zähnen und Klauen verteidigt, wiederholt heimgesucht von neurotischen Ängsten und Zweifeln – aber wie brächte man in dieser Auffassung den Visionär unter, der sich selber in jeder Situation auf den Begriff zu bringen weiß und noch im 5. Akt sich und seinem Land jugendliche Unschuld, »pristine health« (V,4,51) zurückwünscht? Wo bliebe der imaginative Phantast, der Stimmen hört (»Sleep no more«), blutige Dolche sieht und mit Gespenstern Zwiesprache hält? Wo die Lady zuwenig Phantasie hat, hat Macbeth zuviel; wo ihm Bedenken kommen, gibt sie sich als Scharfmacherin. Dieser kontrastive Aspekt steht der figürlichen Ganzheit der Titelgestalt eher im Wege. Das Hauptstichwort »fear« überlagert den blutrünstigen Kämpfer und rücksichtslosen »Höllenhund« (V,7,33), ohne daß diese höchst eindrucksvollen Teilaspekte sich zu runder Personhaftigkeit fügen ließen.

Je nach Gesamtkonzeption kann die Titelfigur folglich sehr unterschiedlich angelegt werden. Im Text ist jedenfalls weit mehr der einbildungsmächtige, angstzerquälte Macbeth gestaltet als der verbohrte, abgefeimte Machtpolitiker. Und doch müssen wir dem Protagonisten offenbar den unbezwingbaren Führungsehrgeiz glauben, die »vaulting ambition«, die nach der Metapher des Pferdsprungs jedes Fortkommenshindernis kraftvoll zu überwinden sucht und die Gefahr des Sich-Übernehmens, des Marloweschen »overreaching«, nicht scheut (I,7,25–28). Die Doppelperspektive aus Introspektion und seelischer Verhärtung ergibt sich aus den dramaturgischen Notwendigkeiten der »Selbsterklärung« (L. L. Schücking) einerseits und der Handlungsdynamik andererseits; sie fügt sich zu keinem realistischen Charakterporträt.

Den Macbeth des Schlußakts kann man als den Berserker fassen, der blindlings um sich schlägt und so viele Gegner wie möglich mit sich in den Untergang reißen will – aber selbst hier noch spricht er wie außerhalb der Rolle von seiner seelischen Erschöpfung (»I am sick at heart«, V,3, 19), von den Verwünschungen der Untertanen (»curses, not loud but deep«, V,3,27) und von seinem vergifteten Gemütszustand (»my slaughterous thoughts«, V,5,14). So spricht kein mit psychologischem Realismus gezeichneter Sadist und Psychopath. Der würde beschönigen, verleugnen, intellektualisieren, rechtfertigen, ausweichen. Macbeth

aber weist von Beginn an auf seine »black and deep desires«
(I,4,52), vergleicht sich dem Tyrannen und Schänder Tarqui-
nius (II,1,56), nennt Duncan »meek« (I,7,17) und »gracious« (huldvoll, durchlauchtig, gnadenvoll – III,1,65) und
bezeichnet seine anderen Opfer als »unfortunate souls«
(IV,1,167). Wieder und wieder fragen wir uns, wie so viel
Einsicht mit solch destruktiver Unbeirrbarkeit einhergehen
soll. Macbeth spricht von seinem Verrat (»treason«, III,2,
27), seinen grauenhaften Mordplänen (»withered murder«,
II,1,53; »a deed of dreadful note«, III,2,47), von der Unbe-
stechlichkeit des Rechts, das er mit Füßen tritt (»even-
handed justice«, I,7,10). Wie bei einigen Nebenfiguren gehört vieles in seinem Redetext zum imaginativen Raum des
Schauspiels als ganzem, nicht zu einem psychologisch geschlossenen Figurkonzept.

Macbeth ist daher zu verstehen als vielfach zusammengesetzte, aspektreich sich überlagernde Figur: Krieger, Macht-
mensch, Frommer, liebender Gatte, Verführter, Selbstkom-
mentator, Visionär, Angstbesessener, Egomane, Machiavel-
list, Atheist, Sadist, Zyniker, Wahnkranker, Amokläufer,
Massenmörder. Sein Lebensweg vom loyalen Gefolgsmann
und Kriegshandwerker zum Thronräuber und weiter zum
Tyrannen und Schlächter wirkt eher wie ein Exemplum
denn eine »Kriminal-Biographie«. Aber auch als abschrek-
kender Bösewicht für fromme Erbauung taugt der Protagonist nicht. Er ist Teil eines unerhörten schriftstellerischen
Experiments. Moralische Kategorien werden dieser Shakespeareschen *tour de force* ins Herz der Finsternis und De-
struktion letztlich nicht gerecht.

Die Titelfigur des Schauspiels ist also nur in Teilbereichen
eine psychologische Studie der Angst, der Todsünde, des
Machthungers. Als Ganzes aber ist sie Inbegriff der modernen Selbstvergottung. Macbeth ist die figürliche Innenan-
sicht der Naturbeherrschung: Vergewaltiger seiner selbst,
individualistischer *uomo singolare*, der sich aus dem Natur-
verband losreißt und die kommunitäre Existenzform ab-

schüttelt. Er ist der »metaphysische selfmade-man« (Günther Anders, *Die Antiquiertheit des Menschen*), der die alte einengende Weltordnung zurückweist und zu spät merkt, daß damit auch Humanitätsgrenzen und seelischer Halt verlorengehen. Um diesen Verlust zu beglaubigen, entzündet er, jedenfalls rhetorisch, den Weltbrand universeller Zerstörung. Die drei prophetischen Hexen sind hierbei eine boshafte Version des Walter-Benjaminschen »Engels der Geschichte«, der mit schreckgeweiteten Augen auf den Sturm des Fortschritts zurückblickt.

Die letzte Konsequenz wird im Handlungsgang des Schauspiels zwar verhindert. Am Schluß wird die zivile Ordnung wiederhergestellt. Aber es ist eine soziale Organisationsform zweiten Grades, die durch das Stahlbad der Auflösung und des Zweifels gegangen ist. Die Möglichkeit der Liquidation aller festen Verhältnisse ist nunmehr in der Welt. *Macbeth* markiert diese absolute Kulturschwelle. Nichts wird sein wie vorher.

Literaturhinweise

William Shakespeare: Macbeth. Hrsg. von Kenneth Muir. London 1951 [u. ö.]. (The Arden Shakespeare.)
- Macbeth. Hrsg. von A. R. Braunmuller. Cambridge 1997. (The New Cambridge Shakespeare.)
- Macbeth. Hrsg. von Rex Gibson. Cambridge: Cambridge University Press, 1997. [Schulausgabe.]
- Macbeth. Übers. von Dorothea Tieck. Hrsg. von Dietrich Klose. Stuttgart: Reclam, 1970. (Universal-Bibliothek. 17.)
- Macbeth. Engl./Dt. Übers. und hrsg. von Barbara Rojahn-Deyk. Stuttgart: Reclam, 1977 [u. ö.]. (Universal-Bibliothek. 9870.)
- Macbeth. Hrsg. von Barbara Rojahn-Deyk. Stuttgart: Reclam, 1987. (Universal-Bibliothek. 9220.) [Fremdsprachentext.]
- Macbeth. Übers. von Frank Günther. München: dtv, 1995.

Nachfolgend sind Monographien und Sammelbände der letzten dreißig Jahre zu *Macbeth* aufgeführt.

Bartholomeusz, Dennis: *Macbeth* and the Players. Cambridge 1969.
Benecke, Ingrid: Stundenblätter *Macbeth*. Stuttgart 1985. (Stundenblätter Englisch.)
Blits, Jon H.: The Insufficiency of Virtue: *Macbeth* and Natural Order. Lanham (Md.) 1996.
Bloom, Harold (Hrsg.): Major Literary Characters: Macbeth. New York 1991.
Brown, John Russell (Hrsg.): Focus on *Macbeth*. London 1982.
Calderwood, James L.: If It Were Done: *Macbeth* and Tragic Action. Amherst (Mass.) 1986.
Cookson, Linda / Loughrey, Bryan (Hrsg.): Critical Essays on *Macbeth*. London 1988. (Longman Literature Guides.)
Coursen, H. R.: *Macbeth*: A Guide to the Play. Westport (Conn.) 1997.
Fawkner, Harald William: Deconstructing *Macbeth*: The Hyperontological View. Rutherford (N. J.) 1990.
Hawkes, Terence (Hrsg.): Twentieth Century Interpretations of *Macbeth*: A Collection of Critical Essays. Englewood Cliffs (N. J.) 1977.
Jorgensen, Paul A.: Our Naked Frailties: Sensational Art and Meaning in *Macbeth*. Berkeley (Cal.) 1971.

Kliman, Bernice W.: *Macbeth*. Manchester 1992. (Shakespeare in Performance.)

Long, Michael: *Macbeth*. New York 1989. (Harvester New Critical Introductions to Shakespeare.)

Muir, Kenneth / Edwards, Philip (Hrsg.): Aspects of *Macbeth*: Articles Reprinted from *Shakespeare Survey*. Cambridge 1977.

Nostbakken, Faith: Understanding *Macbeth*: A Student Casebook to Issues, Sources, and Historical Documents. Westport (Conn.) 1997. (Literature in Context.)

Paul, Anthony: The Torture of the Mind: *Macbeth*, Tragedy, and Chiasmus. Amsterdam 1992.

Rosenberg, Marvin: The Masks of *Macbeth*. Berkeley (Cal.) 1978.

Rudorff, Wolfgang: William Shakespeare, *Macbeth*: Grundlagen und Gedanken zum Verständnis des Dramas. Frankfurt a. M. 1991.

Schoenbaum, Samuel (Hrsg.): *Macbeth*: Critical Essays. New York 1991. (Shakespearean Criticism.)

Scott, Robert O.: Lektürehilfen: William Shakespeare, *Macbeth*. 2. Aufl. Stuttgart 1989. (Lektürehilfen Englisch.)

Sinfield, Alan (Hrsg.): *Macbeth*. Basingstoke 1992. (New Casebooks.)

Wain, John (Hrsg.): Shakespeare, *Macbeth*: A Casebook. 2. Aufl. Basingstoke 1994. ([1]1968.)

Wheeler, Thomas: *Macbeth*: An Annotated Bibliography. New York 1990.

Williams, Gordon: *Macbeth*: Text and Performance. Basingstoke 1985.

Wills, Garry: Witches and Jesuits: Shakespeare's *Macbeth*. New York 1995.

The Tempest

Von Walter Pache

Shakespeares spätes Stück *The Tempest*[1] scheint sich dem deutenden Zugriff zu entziehen. Generationen von Kritikern haben versucht, unter der »glatten« Oberfläche mit ihrem knappen Zeitrahmen und ihrem geradlinigen Handlungsverlauf Tiefenschichten zu entdecken und verborgene Gesamtdeutungen auf allegorischer, psychologischer oder ideologischer Grundlage zu formulieren. Die kritische Geschichte des Stückes mutet wie eine Abfolge reduktiver Schematisierungen an, die jeweils einzelne Facetten grell beleuchten, ohne der Vielschichtigkeit des Textes insgesamt gerecht zu werden. Auch die reiche Fülle von Bearbeitungen ist wohl kein Zufall, sondern Folge dieser besonderen Komplexität und Schwierigkeit.

1. *Romanzenhandlung und Gattungstradition*

Es geschieht nicht sehr viel in diesem Stück, das sich, um eine schöne Formulierung von Ludwig Tieck zu zitieren, mit dem »leisen Fortschritt einer Begebenheit von kleinem Umfang« begnügt. Wie in kaum einem zweiten Stück Shakespeares (ausgenommen vielleicht die frühe *Comedy of Errors*) wird die Einheit von Zeit, Ort und Handlung konsequent gewahrt. Das Stück setzt kurz vor dem Höhepunkt einer langen Vorgeschichte ein, die um die unrechtmäßige Absetzung des Mailänder Herzogs Prospero durch seinen Bruder Antonio und seine Verbannung auf eine einsame Insel kreist. Prospero erzählt seiner Tochter Miranda die Geschichte von Thronverlust, Vertreibung und zwölfjährigem

1 Zitiert wird nach The Arden Edition of the Works of William Shakespeare: *The Tempest*, hrsg. von Frank Kermode, London: Methuen, 1968.

Exil, nachdem in der Eröffnungsszene der Schuldige, Herzog Antonio von Mailand samt Bruder Sebastian und Sohn Ferdinand in Begleitung von Alonso, dem König von Neapel, im Sturm Schiffbruch erleiden und auf die Insel Prosperos verschlagen werden. War Prospero damals der Leidende, so steuert er nun, dank magischer Kräfte und mit Hilfe des Luftgeistes Ariel, den er aus der Hand der Magierin Sycorax befreit hat, die weitere Entwicklung mit souveräner Hand. Als Regisseur auf der Inselbühne lenkt er die ineinander verschränkten Erlebnisse der in drei Gruppen versprengten Gegner. Ferdinand, der sich als einziger Überlebender glaubt, trifft Miranda, verliebt sich spontan in sie und tritt zeitweise in Prosperos Dienste. Die desorientierte Hofgesellschaft bricht zu einer Wanderschaft durch das Insellabyrinth auf, wobei der Usurpator Antonio mit Sebastian plant, König Alonso und Prosperos treuen Hofmann Gonzalo zu ermorden, um so erneut die Herrschaft zu übernehmen. Die dritte, »komische« Gruppe, bestehend aus dem Diener Stephano und dem Narren Trinculo, trifft auf Caliban, den versklavten und verbildeten Urbewohner der Insel, den Sohn von Sycorax, den beide für seinen Plan, den verhaßten Inselherrn zu beseitigen, gewinnen möchte. Durch Prospero und Ariel vereitelt, schlagen die Mordpläne fehl. Prospero verzeiht seinem Bruder Antonio unter der Bedingung, in sein früheres Amt wieder eingesetzt zu werden. Miranda und Ferdinand werden ein Paar. Prospero selbst verzichtet auf seine Magie, um auf dem wunderbarerweise unversehrt gebliebenen Schiff mit den übrigen nach Mailand zurückzukehren. Der ungeduldige Ariel wird aus seinen Diensten entlassen. Caliban bleibt allein auf der Insel zurück.

The Tempest ist nach den Maßstäben der Shakespeare-Zeit ein kurzes Stück, in dem sich Handlungs- und Aufführungszeit ungefähr entsprechen. Da im Text oft auf den Zeitablauf Bezug genommen wird, läßt sich gut verfolgen, daß Prosperos Aktion etwa vier Stunden in Anspruch nimmt. Sie beginnt um zwei Uhr nachmittags mit dem Schiffbruch und endet etwa um sechs Uhr. »What is the time o' th' day«, fragt Prospero Ariel gleich zu Beginn. Als dieser antwortet: »Past the mid season«, setzt Prospero sich selbst einen Termin: »The time 'twixt six and now / Must by us both be spent most preciously« (I,2,239–241). Im 5. Akt wird auf diesen Zeitraum verwiesen: »How's the day?«, fragt Prospero (V,1,3), und Ariel erwidert: »On the sixth hour; at which time, my lord, / You said our work should cease« (V,1,4 f.). Damit wird zugleich eine Parallele zwischen dramatischem Spiel und Theaterwirklichkeit hergestellt, da auch die Aufführungen in Shakespeares London gewöhnlich um sechs Uhr endeten.

Innerhalb dieses knapp bemessenen Zeit- und Spielraumes präsentiert sich das Stück als eine Art analytisches Drama. Lange zurückliegende Konflikte brechen auf, spitzen sich zu und werden gelöst. Neue Motive tauchen im Verlauf der Handlung nicht auf. Der Zuschauer wird zudem von Anfang an in den Bekehrungsplan Prosperos eingeweiht, so daß er alles, was geschieht, aus ironischer Distanz verfolgen kann. Die handelnden Figuren lassen den Zuschauer kaum an ihren inneren Spannungen teilhaben; sie bleiben gleichsam verschlossen. Eine Handlungsspannung, wie sie sich aus dem Spiel des Zufalls oder aus psychologischen Gegensätzen ergeben könnte, entwickelt sich nicht. Dies ist der Preis für die große Einheitlichkeit der Fabel, die – so mag es auf den ersten Blick erscheinen – kaum problematisch, sondern eher schlicht wirkt und ihre Kräfte klar zu verteilen scheint: hier die positive Kraft einer humanen Zivilisation, dort das Triebhaft-Dumpfe und moralisch Korrupte. *The Tempest* – ein allegorisierendes Thesenstück?

Bevor diese Frage beantwortet werden kann, ist der Ort des Stücks im Kontext des Gesamtwerkes zu bedenken. Im *Tempest* vollzieht Shakespeare eine drastische Kehrtwendung. Nach den großen Tragödien *Hamlet*, *Othello*, *Macbeth* mit ihren zerrissenen Helden, an deren Konflikten

und an deren Schicksal, das lange auf des Messers Schneide
steht, der Zuschauer emotional intensiv Anteil nimmt, wendet sich Shakespeare nun wieder der Komödie als einer
Gattung zu, die ihn bereits zu Beginn seiner Laufbahn be-
schäftig hat. Zu den typischen Komödien-Elementen in *The
Tempest* zählt das Motiv der Versöhnung nach Trennung,
die Konfliktlösung durch Verzeihen und Gnade, aber auch
die farcenhafte Nebenhandlung. Ferner ist auch die pastorale Szenerie der Insel – im Gegensatz zu Hof und Stadt ein
Ort, an dem das Gute verwirklicht werden kann und der
zum Schauplatz von Prosperos Bekehrungsversuch wird –
wesentlicher Bestandteil dieser Dramenform. Dennoch ist
The Tempest weit entfernt von den frühen Verwechslungs-
komödien. Seit der Romantik, genauer gesagt, seit Samuel
Taylor Coleridge, hat es sich eingebürgert, den *Sturm* – wie
auch andere späte Stücke Shakespeares, vor allem *Pericles*
(1608), *Cymbeline* (1609), *The Winter's Tale* (1610) – unter
der Sammelbezeichnung *romances* zusammenzufassen. Die
romance, fußend auf griechischen und mittelalterlichen Tra-
ditionen, präsentierte sich in der elisabethanischen Zeit als
eine aus vielerlei Strömungen zusammengesetzte Mischgat-
tung, in der literarische und volkstümliche, narrative und
dramatische Quellen zusammenspielen und die charakteristische Motive aufweist: Sturm- und Schiffbruch, Trennung
und Wiedersehen von Liebenden, unwahrscheinliche Zufälle. All diese Stücke spielen in einer der Alltagswirklich-
keit entrückten, poetisch verklärten Sphäre. Typisierte, psychologisch kaum vertiefte Figuren agieren in einer nicht
wahrscheinlichen, von Einbrüchen des Übernatürlichen geprägten Handlung.

Die *romance* ist eine dramatische Mischform. Auch Elemente der Tragödie fließen ein, wie das Problem der gefähr-
deten Autorität, insbesondere, wie bei König Lear, der pro-
blematische Verzicht auf die legitime Herrschaft, die Gefährdung der natürlichen Ordnung, die sich im Toben der
Elemente manifestiert, und schließlich auch der Konflikt

zwischen Rache und Vergebung. Und doch hat Shakespeare mit dem *Tempest* Neuland betreten. Charakteristisch für das Stück ist, wie für Shakespeares Spätwerk überhaupt, die souveräne Erweiterung des dramatischen Aktionsradius: modellhaft nimmt das Stück damals aktuelle philosophisch-politische Fragen unter die Lupe – das humanistische Utopie-Ideal, die Problematik von Entdeckung und Kolonisation, die Legitimation politischer Autorität –, verknüpft diese »realistische« Dimension aber virtuos mit ganz »unrealistischen« Formen: emblematisches Maskenspiel, moralische Allegorie, magisches Zaubermärchen.

2. Historischer und kultureller Kontext

The Tempest – in den Jahren 1610/11 verfaßt und zum ersten Mal wahrscheinlich im Herbst 1611 aufgeführt – nimmt in Shakespeares Werk eine Sonderstellung ein. Wer die *First Folio*, die erste Gesamtausgabe der Dramen (1623), aufschlägt, findet es dort an erster Stelle abgedruckt, überaus sorgfältig ediert und mit Akt- und Szenenangaben sowie ausführlichen Bühnenanweisungen versehen, was damals durchaus nicht die Regel war. Vielleicht wollten die Herausgeber damit den Modellcharakter des Stückes, aber auch ihre editorische Leistung hervorheben. Entstanden ist *The Tempest* jedoch als letztes Werk, das Shakespeare allein zugeschrieben wird. Beide Umstände haben dem Stück schon bald einen gewissen Nimbus verliehen, so als habe der Dramatiker vor seinem Rückzug in das Privatleben von Stratford gleichsam seinen Abschied aus der Öffentlichkeit theatralisch inszeniert und sich selbst in der Rolle der Hauptfigur, des Magiers Prospero, ein Sprachrohr geschaffen. *The Tempest* als Rückblick auf ein bewegtes Leben im Lichte milder Altersweisheit? Die These entspringt dem nie versiegenden Wunsch nach vertieftem Einblick in Shakespeares Biographie, der für immer spekulativ bleiben muß.

Belegbar ist hingegen, daß dem *Tempest* ein gewisser repräsentativer Rang zukam. Dafür spricht nicht nur die bereits erwähnte Plazierung am Beginn der Folio-Ausgabe, sondern auch die Aufführungsgeschichte selbst. Eine frühe, wenn nicht die erste Aufführung fand am 1. November 1611 am Hofe von König Jakob I. in der Banketthalle des damaligen Palastes von Whitehall statt. »Hallomas nyght was presented att Whithall before the Kings Majestie, a play called the Tempest«, wie es in der Liste des *Master of the Revels*, des für die Hofaufführungen zuständigen Beamten, heißt. Eine weitere Festaufführung ist für den Winter 1612/1613 belegt, als in London die Hochzeit von Jakobs Tochter Elizabeth mit Kurfürst Friedrich V. von der Pfalz stattfand. Man hat gelegentlich vermutet, daß *The Tempest* als Stück, das auf spektakuläre Illusions- und Zaubereffekte setzt, speziell für die Aufführung in der Banketthalle von Whitehall geschrieben wurde, wo für die damalige Zeit modernes Theater mit aufwendiger Bühnentechnik gespielt werden konnte. Der Beweis ist nicht schlüssig zu führen – zumal auch das Blackfriars-Theater, das Shakespeares Truppe *The King's Men* seit 1608 als *private theatre* bespielte, mannigfaltige Theatereffekte erlaubte, wie sie eine konventionelle Bühne der damaligen Zeit, wie etwa das Globe- oder das Swan-Theater, nicht zuließ.

Daß *The Tempest* in einem weiteren Sinne Zeitstück war, läßt sich indes nicht von der Hand weisen. Manche Themen des Dramas weisen Bezüge zur politischen Situation der damaligen Zeit auf. Die Hochzeit der Erben verfeindeter Familien galt als wichtige Maßnahme zur Sicherung dynastischer Stabilität. Auch die Frage nach Strafe und Gnade als Ausdruck höchster herrscherlicher Kraft sowie nach dem rechten Verhalten des Souveräns, seiner Legitimation und Autorität, die sich an die Gestalt und das Handeln Prosperos knüpfen, haben sehr wohl einen ernsten realen Hintergrund. Der Zusammenhang mit dem offiziellen Festkalender des Hofes ist nicht nur historisch aufschlußreich, sondern spiegelt sich auch im Formenarsenal des Stückes selbst, vor allem im Hinblick auf die Tradition der *court masque*. Dieses höfische Maskenspiel, das zu Beginn des 17. Jahrhunderts in Mode kam, war ein aufwendiges Ausstattungsstück, das an Kostüm- und Lichteffekten, an Musik und allegorischen Szenen nicht sparte – eine Art Gesamtkunstwerk, das seine Blütezeit gerade während der Regierung Jakobs I. erlebte. In den *masques* als dramatischer Alternativform vermischten sich die Grenzen von höfischer und Theaterwelt: Berufsschauspieler und Laien traten gemeinsam auf. Shakespeares *Tempest* nimmt im 4. Akt ausdrücklich auf diese Maskentradition Bezug, als Prospero zur Verlobungsfeier Ferdinands und Mirandas ein allegorisch-mythologisches Spiel herbeizaubert. Iris, die Götterbotin, führt zwei Göttinnen zusammen, um die königliche Hochzeit zu feiern: Ceres als Göttin der Fruchtbarkeit und der Erde und Juno, die als Gemahlin des Jupiter für eheliches Glück, aber auch für die Luft steht. Die Handlung ist rudimentär: Iris versichert Ceres, daß Venus und Cupido, die die Entführung ihrer Tochter Proserpina planten, geflohen sind.

Als Spiel im Spiel hat die *masque* somit eine Spiegelungsfunktion: Die auf der Ebene von Prospero und Caliban feindlichen Kräfte sind hier versöhnt. Zugleich spiegelt die *masque*, die ja im 4. Akt als Vordeutung auf ein glückliches Ende erscheint, die Thematik von Keuschheit und Fruchtbarkeit. Sie entwirft zudem die Vision eines Goldenen Zeitalters. Schließlich ist eine zeitgeschichtliche Anspielung unübersehbar: Jakob I. mußte als Nachfolger von Königin Elizabeth darauf bedacht sein, die durch sie begründete mythische Überhöhung der Kombination von Jungfräulichkeit und Herrschermacht für die dynastische Propaganda einzusetzen. Darüber hinaus aber verweist die allegorische Einlage als Inszenierung in der Inszenierung auf den theatralischen Charakter des Stückes selbst. Insgesamt ist *The Tempest* natürlich keine *masque*, sondern ein Stück, das mit dieser Form und ihren Konventionen spielt. Durch den Ablauf der Handlung wird die Aussage der *masque* überdies unvermittelt relativiert. Die festliche Inszenierung bricht jäh ab, als Prospero sich des drohenden Komplotts Calibans und seiner Spießgesellen erinnert (IV,1,139–142). Shakespeare nutzt also den repräsentativen Charakter der Alternativform und ihre Tendenz zur festlichen Überhöhung, bringt aber durch ihren fragmentarischen Charakter auch seine Skepsis gegenüber der in ihr gestalteten Utopie zum Ausdruck.

3. *Chaos und Harmonie*

Prosperos Insel, so entlegen sie auch sein mag, liegt nicht außerhalb unserer menschlichen Welt, sondern wird zum Schauplatz ihrer elementaren Konflikte: Unordnung und Ordnung, Chaos und Harmonie, Herrschaft und Gnade. Im Titel des Stückes schwingen Bedeutungsnuancen mit, die in der üblichen deutschen Übersetzung (*Der Sturm*) verlorengegangen sind. Der vom lateinischen *tempestas* abgeleitete Begriff verweist nicht nur auf Unwetter und Sturm, sondern auch auf Jahreszeit und Zeitumstände, auf stürmische, unruhige Perioden, denen Beruhigung folgen kann. *The Tempest* ist also, dem elisabethanischen Weltbild zufolge, emblematisches Sinnbild jener subversiven Kräfte, die das hierarchische Gefüge des göttlichen Kosmos, der Natur, der menschlichen Gesellschaft zerstören können. Man kann daher *The Tempest* lesen als die Inszenierung eines Spiels über bedrohte und gerettete Ordnung, über den Versuch eines Ausgleichs und über die Gefahren, denen ein derartiger Ausgleich ausgesetzt ist.

So werden wir gleich in der Eröffnungsszene durch den Schiffbruch mit einer Situation der Unordnung konfrontiert, die die gesellschaftliche Rangordnung außer Kraft zu setzen scheint: »What cares these roarers for the name of King?«, ruft der Bootsmann zu Beginn (I,1,16 f.). Der Sturm

erzwingt die egalitäre Gleichheit aller. Gleich in der folgenden Szene (I,2) stellt sich allerdings heraus, daß Sturm und
Schiffbruch samt der von ihnen verursachten menschlichen
Orientierungslosigkeit kein Naturereignis, sondern Ergebnis einer magischen Versuchsanordnung sind. Alle Teilneh-
mer des Spiels sind an einem Ort versammelt, aus dem es
kein Entweichen vor dem geplanten Experiment gibt. Als
Leiter des Versuchs hat Prospero eine Machtstellung wie
kaum eine zweite Figur in Shakespeares Werk, vielleicht mit
Ausnahme des Herzogs in *Measure for Measure*. Durch ein
künstlich provoziertes Durcheinander soll die rechtmäßige
Ordnung wiederhergestellt werden, die durch einen wider-
rechtlichen Eingriff gestört worden ist (vgl. I,2,28–32).

Zu seiner Tochter Miranda gewandt eröffnet Prospero
dann den Blick in tiefere Schichten des Problems. Was er
über die Wurzeln der augenblicklichen Lage sagt, läßt freilich erkennen, daß seine Absetzung und damit die Verletzung von Herrschaft und Ordnung nicht ohne seine
Mitschuld möglich waren. So war es nicht zuletzt die Ver-
nachlässigung der Herrscherpflichten, die den Usurpator
Antonio begünstigt hat. Im Verlauf des 1. Aktes treten weitere Einzelheiten der Vorgeschichte zutage, und zwar sowohl in der Beziehung zwischen Prospero und Ariel als
auch in der zwischen Prospero und Caliban. Wir erfahren
dadurch, daß das jeweilige Ordnungssystem nicht für sich
steht, sondern in die Entwicklung von Herrschaftsverhältnissen eingebettet ist. Als Ariel seinen Meister Prospero an
dessen Versprechen erinnert, ihm die Freiheit zu schenken,
verweist ihn dieser seinerseits zurück an sein qualvolles
Sklavendasein unter Calibans Mutter Sycorax: »Thou best
know'st / What torment I did find thee in; thy groans / Did
make wolves howl, and penetrate the breasts / Of ever-an-
gry bears [...]« (I,2,286–289). Bei Prosperos Eintreffen auf
der Insel hat dort offenbar kein herrschaftsfreies Vakuum
bestanden, sondern ein anderes, aus Prosperos Sicht auf primitive Gewalt gegründetes Ordnungssystem, das er nun

zwar nicht gänzlich abschafft, dessen er sich aber doch für seine eigenen Zwecke bedient. Ariels Dienstbarkeit ist der Preis der Freiheit.

Der 1. Akt berichtet als Exposition eindrucksvoll über die spannungsvolle Vorgeschichte der dramatischen Handlung: die Absetzung Prosperos, die Befreiung Ariels, die »Kolonisierung« der Insel. Zugleich aber wird schon hier umrißhaft eine künftige Ordnung erkennbar. Sie besteht nicht allein darin, daß Prospero Vorbereitungen für die Wiederherstellung seiner rechtmäßigen Herrschaft trifft, sondern auch in der Inszenierung der Begegnung von Miranda und Ferdinand als Trägern einer idealen Gesellschaft. Diese ist nicht mehr von hierarchischen Strukturen geprägt, sondern von freiwilliger Unterordnung aus Liebe: »[...] all corners else o' th' earth / Let liberty make use of; space enough / Have I in such a prison«, sagt Ferdinand am Beginn seiner harten Lehrzeit bei Prospero (I,2,494–496). Politisch gesprochen: Der von Korruption und Gewalttätigkeit entstellten zeitgenössischen Wirklichkeit wird eine neue Wirklichkeit mit neuen Werten gegenübergestellt.

In die Hintergründe der bestehenden Konfliktsituation und seinen Rettungsplan weiht Prospero zwar die Zuschauer ein, nicht aber die auf der Insel neben ihm und gegen ihn agierenden Gruppen. So sind in den folgenden Akten alle gegen Prospero gerichteten Vorstöße wegen seiner magischen Übermacht von vornherein zum Scheitern verurteilt: das machiavellistische Komplott Antonios und Sebastians gegen König Alonso, das zynisch eine Herrschaft der Unterwerfung vorsieht und mit unmündigen Befehlsempfängern rechnet, ebenso wie die versuchte Rebellion Calibans, der seinerseits zur Unterwerfung unter die allerdings gänzlich ungeeigneten grotesken Figuren Stephano und Trinculo bereit ist. Prospero nützt seine Position der souveränen Überschau drastisch aus. Nachdem es ihm allerdings im letzten Akt gelungen ist, die Kraft seiner Feinde zu lähmen, verzichtet auch er auf den weiteren Einsatz seiner übernatürlichen Macht und kehrt zur milden Menschlichkeit zurück: »Yet with my nobler reason 'gainst my fury / Do I take part: the rarer action is / In virtue than in vengeance« (V,1,26–28). Vor der gemeinsamen Rückkehr lädt Prospero die einstigen Gegner zur versöhnenden Erinnerung an das Vergangene und zur Bilanzierung früheren Unrechts ein; er bereitet damit den Boden für eine neue Phase, in der das, was war, zwar nicht in Vergessenheit geraten, aber doch nicht die Zukunft belasten soll: »Let us not burthen our remembrance' with / A heaviness that's gone« (V,1,199 f.).

Man kann diese hier angekündigte neue Zeit aus dem Geist der Überwindung von Chaos und Zwietracht als utopische Dimension des Stückes bezeichnen. Im Verhalten Prosperos zeichnet sich eine Vision der Versöhnung und Verzeihung als Grundlage des menschlichen Zusammenlebens ab, ebenso wie in der Beziehung zwischen Ferdinand und Miranda eine Vision der Liebe zwischen triebhafter Sinnlichkeit und konventionell-höfischer Auffassung, ferner in der Balance der unterschiedlichen Kräfte auch eine politische Vision. Allerdings drängt sich angesichts der mannigfaltigen Spannungen, Brechungen und Konfrontationen, auf denen diese Vision ruht, die Frage auf, ob Shakespeare letztlich an der Gültigkeit des Ordnungsmodells festhält, indem er seine Belastbarkeit zeigt – oder ob er das Modell selbst in seiner problematischen Brüchigkeit zeigen will. Im Grunde sind es ja sehr heterogene Visionen, die den verschiedenen Gruppen zugeordnet sind: Prospero vertritt das Prinzip einer höheren Menschlichkeit, veredelt durch Erziehung; Gonzalo mit seinem Traumbild eines Goldenen Zeitalters ein egalitäres Modell völliger Gleichberechtigung. Die anarchischen Extreme verkörpern hingegen Caliban und Ariel: jener einen instinktiven und ins Destruktive verkehrten Freiheitsdrang, dieser das Ideal absoluter Freiheit der Individualität als Harmonie mit den Elementen. Auch Mirandas berühmte Vision einer »brave new world« (V,1,182), mit der sie in der Schlußszene dem König Alonso und dessen Gefolge entgegentritt, gehört angesichts der wenig vorbildhaften Hofgesellschaft und der fortdauernden Spannungen zu den begrenzten und naiven Utopien des Stückes, wie Prosperos trockene Replik »'Tis new to *thee*« (V,1,184, Hervorhebung vom Verf.) verdeutlicht. Aldous Huxleys Romantitel, der die »schöne neue Welt« zitierend aufnimmt, hat diese Ironie bewahrt und verstärkt.

Die unterschiedlichen Utopieansätze sind also nicht bruchlos miteinander vereinbar, sondern stellen sich gegenseitig in Frage, um nicht zu sagen: sie heben sich gegenseitig auf. An die Stelle einer gemeinsamen Lösung tritt eine Konkurrenz der Perspektiven, deren Synthese das Stück nicht leistet, sondern dem Zuschauer überläßt. Wenn sich Prospero im Epilog, aus seiner Rolle heraustretend, an die Zuschauer wendet und darum bittet, ihn durch Beifall zu befreien (1–20), so weist er damit auf das offene Ende des utopischen Projektes hin. Es bleibt vorerst Entwurf. Nur in der realen Welt kann die in Szene gesetzte Utopie ihre praktische Tauglichkeit erweisen. Überdies wäre es hier, wie auch sonst bei Shakespeare, verfehlt, wollte man parabelhafte Eindeutigkeit und die bloße Illustration einer unangefochtenen Moral erwarten. Das Stück bringt unterschiedliche Perspektiven ins Spiel, es inszeniert Konflikte und bietet schließlich eine theatralische Lösung an, nicht aber eine eindeutige moralische oder religiöse Antwort.

4. Prospero im Zwielicht

Daß das von Prospero raffiniert arrangierte Versöhnungs- und Erlösungsspiel nicht ohne Störungen und Konflikte abläuft, ja sogar eine gewisse Vorläufigkeit und Fragwürdigkeit behält, liegt nicht zuletzt in der Problematik des Regisseurs begründet. Prospero, der die Lösung des Herrschaftsproblems anstrebt, ist zugleich Teil des Problems selbst.

Seine Position ist nicht nur deshalb keineswegs unangreifbar, weil er als Herrscher von Mailand Fehler gemacht hat, sondern auch weil seine Macht räumlich und zeitlich beschränkt ist. Prospero steht nicht in olympischer Abgeklärtheit über dem Gang der Dinge, sondern ist ihm selbst unterworfen. Sein Name – wörtl.: »der Glückliche« oder »der Erfolgreiche«, auch »der Beglückende« – bezeichnet also nur einen Teil seines Wesens. Man sieht heute schärfer, daß Prospero nicht die wohlwollende Vaterfigur ist, zu der ihn die Kritiker vor allem des 19. Jahrhunderts gemacht haben, sondern eine durchaus zwiespältige Erscheinung. Väterlich mild tritt er nur Miranda gegenüber, hinhaltend verhält er sich zu Ariel, streng und unerbittlich zu Caliban. Prospero ist überdies einer, dem man übel mitgespielt, der Unrecht erlitten hat, er ist aber auch gewalttätig und unberechenbar – ein Magier, der vergeben, aber auch vernichten kann.

Prospero wird im Stück ausdrücklich als Vertreter einer dämonischen Sphäre gekennzeichnet. Bei der Beurteilung seiner magischen Kunst ist das elisabethanische Weltbild zu bedenken, in dem sich mittelalterliche und Renaissancevorstellungen mischten. Die Magie galt zwar (wie Kurt Tetzeli gezeigt hat) einerseits als *royal science*, als standesgemäße Beschäftigung des Monarchen, lenkte andererseits aber auch von den eigentlichen Aufgaben des Regierens ab. Magische Praktiken galten allgemein als unerlaubte, weil gotteslästerliche Kommunikation mit dem Teufel, Ausdruck widernatürlicher Neugier und eines zur Hybris gesteigerten Erkenntnisdranges. Zugleich war die Magie nicht allein wichtiger Gegenstand theologischer und wissenschaftlicher Spekulation, sondern handfester Bestandteil der Alltagsrealität. Um Prospero in Schutz zu nehmen, hat man ihn als Vertreter der guten »weißen« Magie gedeutet, der als gleichsam göttliche Instanz seine Gegner zur Rechenschaft zieht, um ihnen schließlich zu vergeben, während Caliban mit seiner Mutter Sycorax der bösen »schwarzen« Magie zugeordnet wurde. Prospero ist jedoch selbst in den Zwiespalt der schwarzen Magie verwickelt und muß sich aus seiner Verblendung befreien. Seine Bereitschaft zur Selbsterkenntnis, zum Verzicht auf die Magie und damit auf das Scheinhafte setzt sich allerdings nur allmählich durch. Noch im großen Monolog des 4. Aktes erscheint Prosperos Haltung unausgewogen. Zwar durchschaut er die Scheinhaftigkeit der Welt mit großer Schärfe, doch schickt er sich gleich darauf an, Caliban kraft seiner magischen Kunst hart zu bestrafen. Erst zum Schluß bekennt sich Prospero zur eigenen beschränkten Menschlichkeit, auch zur Mit-Menschlichkeit, indem er von der Magie Abschied nimmt und statt dessen die Musik als Helferin anruft: »But this rough magic / I here abjure; and, when I have requir'd / Some heavenly music [...] I'll break my staff« (V,1,50 ff.).

Prosperos schillerndes Wesen zeigt sich nicht zuletzt in seinen Beziehungen zu den anderen handelnden Personen, insbesondere den beiden außermenschlichen Gestalten, die in einem zwiespältigen Verhältnis zu ihm stehen. Die eine ist der Luftgeist Ariel, der Prospero in widerwilliger Ergebenheit dient, seit dieser ihn von der Zwangsherrschaft der Magierin Sycorax befreit hat. Als wandelbares und eigentlich unsichtbares Wesen nimmt Ariel nur ungern und auf Befehl Gestalt an. Nicht minder rätselhaft ist die dem Luftgeist Ariel antipodisch zugeordnete erdhafte Gestalt Calibans. Man hat seinen Namen als Anagramm für *Cannibal* gedeutet – ein Begriff, der sich zur Zeit Shakespeares vor allem auf Bewohner der Westindischen Inseln bezog, über die man seit Kolumbus Kunde hatte. Als »A savage and deformed slave« wird Caliban im Personenverzeichnis der Folio-Ausgabe bezeichnet. Bildmuster für ungeschlachte Monstergestalten konnte Shakespeare der zeitgenössischen Entdeckerliteratur (z. B. *Purchase his Pilgrimes*, 1556) entnehmen. Wie Caliban eigentlich aussieht, ist schwer zu sagen. Im Verlauf des Stückes werden immer neue, unzulängliche Beschreibungsversuche gemacht. Er ist Fisch, Reptil, halb menschliches, halb dämonisches Primitivwesen, brutal und geil, zugleich aber auch naiv und gefühlvoll. Caliban, aus der Sicht Prosperos die negativste Figur, bleibt widerborstiger Störenfried bis zum Schluß. Als Naturwesen, das in seiner amphibischen Gestalt eine unberechenbare Elementarwelt vertritt, entzieht er sich den Regeln der menschlichen Gesellschaft und der menschlichen Moral. Aus moderner Sicht ist die durch Caliban eröffnete Perspektive nicht einfach zu verstehen, da *The Tempest* kein Stück aus dem Geiste von Jean Jacques Rousseau ist. Caliban tritt keineswegs als edler Wilder auf, wie ihn später das 18. Jahrhundert als Inbegriff einer noch nicht entfremdeten Menschlichkeit verstand. Eher steht er in der Tradition des *wild man* der europäischen Folklore: halb bedrohliche, halb karnevaleske Gegenfigur zur zivilisierten Ordnung. Prospero vertritt »die Kunst«, die bändigende und gebändigte Kraft der Zivilisation; Caliban hingegen verkörpert »die Natur«, d. h. den stets drohenden Einbruch des Elementaren in die Regeln der humanen Welt, den es nach Kräften abzuwehren gilt (*Nature-/Nurture*-Kontrast). Die Natur des *Tempest* ist nicht freier Entfaltungsraum des Menschlichen, sondern das Primitive und potentiell Bedrohliche, das der kontrollierenden Kraft der Zivilisation unterworfen werden muß.

Doch obwohl Caliban unverkennbar Merkmale des radikal Anderen, den Maßstäben der Prospero-Welt Entgegengesetzten aufweist, ist er andererseits auch keine rein diabolische Gestalt. Bei aller Primitivität und Bedrohlichkeit ist er gerade in seinem Anderssein und im Leiden daran auch ein Wesen, das unser Mitgefühl anspricht. Caliban sieht sich als legitimer Herrscher eines Naturreichs (»Which first was mine own King«, I,2,344), in das er Prospero, den Neuankömmling, zunächst einbeziehen wollte (»And show'd thee all the qualities o' th' isle«, I,2,339). Prospero seinerseits trat ursprünglich als Erzieher auf, der das Naturwesen Caliban an seine eigene, aus seiner Sicht höhere Existenzform heranführen wollte. Dieser Vermittlungsversuch von Natur und Kultur ist durch Calibans eruptive Primitivität und Gewalttätigkeit gegenüber Miranda gescheitert. Aber auch Prospero scheint als Pädagoge versagt zu haben. »You taught me language; and my profit on't / Is, I know how to curse« (I,2,365 f.), lautet Calibans bitterer Kommentar zu seiner Unterwerfung und Ausgrenzung. Das Verhältnis von Prospero und Caliban scheint heillos zerrüttet; die Kluft zwischen dem Menschlichen und dem Elementaren ist nicht mehr zu überbrücken. Somit ist die mühsam bewahrte Insel-Ordnung Resultat eines gescheiterten Erziehungsvorgangs, der beiden Partnern tiefe Wunden geschlagen hat. Dennoch bekennt sich Prospero am Schluß, nachdem er noch einmal an die Untaten Calibans – »this demi-devil«, wie er ihn hier nennt (V,1,272) – erinnert hat, auch zur dunklen Seite der eigenen Existenz: »this thing of darkness I / Acknowledge mine« (V,1,275 f.). Hier wird wiederum eine perspektivische Offenheit des Stücks erkennbar, die sowohl der Deutung wie auch der theatralischen Umsetzung einen weiten Spielraum bietet.

5. Wo liegt Prosperos Insel?

Prosperos Insel stellt zwar ein von der Außenwelt abgeschirmtes Experimentierfeld dar, liegt jedoch nicht jenseits der Wirklichkeit, sondern läßt sich lokalisieren. Nimmt man die Angaben im Text wörtlich, war die Hofgesellschaft auf dem Rückweg von Tunis, wo Claribel, die Tochter des Königs von Neapel, mit dem dortigen König vermählt wurde (II,1,66 ff.), als Prosperos Sturm sie vom Kurs abbrachte. Demnach wäre anzunehmen, daß die Insel irgendwo auf halbem Wege zwischen den Küsten Afrikas und Süditaliens im Mittelmeer liegt. Nun wird eine derartige geographische Lokalisierung zwar dem Handlungszusammenhang gerecht, nicht aber der symbolischen Bedeutung der Insel, vor allem dann, wenn man den bereits angesprochenen dramatischen Konflikt zwischen Natur und Kultur ins Auge faßt. Dieser Konflikt hatte im Laufe des 17. Jahrhunderts durch intensivere Kontakte mit Amerika und durch die Ausdehnung des britischen Handelsimperiums an Aktualität gewonnen. Einen unmittelbaren Hinweis darauf, daß die Zauberinsel in diesem Sinne auch Teil der Neuen Welt ist, bietet eine Stelle im 1. Akt. Ariel erzählt, wohin er das Schiff des Königs gesteuert hat: »[...] in the deep nook, where once / Thou called'st me up at midnight to fetch dew / From the still-vex'd Bermoothes, [...]« (I,2,227 ff.). Die stets stürmischen oder unruhigen Bermuda-Inseln waren ein für die Elisabethaner sprichwörtlicher Schauplatz magischer Künste – darüber hinaus ein Ort, der wenige Jahre zuvor durch Berichte über ein aufsehenerregendes Schiffsunglück vor der Küste von Virginia ins Bewußtsein des englischen Publikums gerückt war. Daß Shakespeare diesen »amerikanischen« Hintergrund im Auge hatte, lassen auch andere Indizien im Text vermuten. So war Setebos, den Caliban als seinen Schutzgott anruft (I,2,375), der Name einer Dämonengestalt der Patagonier, von dem in einer zeitgenössischen Schilderung der Entdeckungsreisen Magellans die Rede ist (Richard Eden, *The Decades of the New World of West India*, 1555). Wenn Ariel in derselben Szene sein Lied »Come unto these yellow sands, / And then take hands« anstimmt (I,2,377 f.), so spielt der antwortende Refrain »Bow-wow. / The watch dogs bark« (I,2, 384 f.) womöglich auf zeremonielle Tanzriten der nordamerikanischen Indianer in Virginia an, von denen zeitgenössische Berichte erzählten.

Handelt es sich hierbei um mehr dekorative Ausschmückkung, so verhält es sich anders mit jener Szene, in der der alte Gonzalo vor der amüsiert spottenden Hofgesellschaft seine Utopie eines gewaltfreien Gemeinwesens erläutert, dessen Mitglieder ohne Mißgunst im Einklang mit der Natur glücklich leben:

All things in common Nature should produce
Without sweat of endeavour: treason, felony,
Sword, pike, knife, gun, or need of any engine
Would I not have; but Nature should bring forth,
Of it own kind, all foison, all abundance
To feed my innocent people.

(II,1,155–160)

Dieses überschwengliche Lob einer alternativen Gesellschaft reiht sich nicht nur in die Tradition literarischer Utopien ein, sondern lehnt sich stellenweise wörtlich an einen Essay von Michel de Montaigne an. Betitelt »Of the Cannibals«, zeichnet dieser Text ein sehr positives Bild einer menschlichen Naturrasse jenseits des Atlantiks, die, von den Verfolgungen und Korruptionen der Zivilisation, aber auch von hierarchischen Herrschaftsbezügen frei, in einem egalitären Naturzustand lebe.

Die Neue Welt und ihre Erschließung gehört also ohne Zweifel wesentlich zum Bedeutungshorizont des Stückes. Unter dem kolonialen Blickwinkel rückte auch Caliban, der noch den Kritikern des 18. Jahrhunderts als nicht genau bestimmbares Naturwesen galt, im Verlauf des viktorianischen Zeitalters in den Mittelpunkt der Aufmerksamkeit – in dem Maße, wie sich eine evolutionsgeschichtliche Denkweise einerseits, eine Auseinandersetzung mit der Eingeborenenproblematik im britischen Kolonialreich andererseits verbreitete. Robert Browning, der viktorianische Lyriker, läßt Caliban in seinem dramatischen Monolog »Caliban upon Setebos« (1864) über das Leiden der kreatürlichen Welt und ihre Distanz zu einem indifferenten Gott reflektieren. Der deutsche Literaturhistoriker Georg Gottfried Gervinus meinte um die Mitte des 19. Jahrhunderts, Shakespeare wolle in der Gestalt des Caliban »die große, zeitgemäße Frage von der Berechtigung der europäischen Usurpation über die wilden Eingeborenen der Neuen Welt« beantworten. Doch erst in den letzten Jahrzehnten unseres Jahrhunderts wurde Prosperos Gegenspieler zu einer komplexen Chiffre für die Auflehnung der Unterdrückten gegen die europäische Herrschaft. Man hat Caliban sogar als »the only American in Shakespeare« bezeichnet und *The Tempest* als Prototyp der amerikanischen Fabel gedeutet: die Reise aus der Zivilisation in die Natur als Befreiungs- und Läuterungsritual (Leo Marx).

Gerade unter dem Aspekt des »Postkolonialen« haben es in den letzten Jahren zahlreiche Kritiker unternommen, Shakespeare als politischen Autor neu zu entdecken. Besonders der *new historicism* hat in jüngster Zeit zu zeigen versucht, daß zeitgenössische Texte, wie die bereits erwähnten *Bermuda Pamphlets*, für den *Tempest*, für den eine Quelle im engeren Sinne bisher nicht gefunden wurde, nicht nur ein Reservoir einzelner Motive darstellen, sondern auch eine Art ideologische Vorlage, auf die das Stück dialogisch Bezug nimmt: Kolonisierung erscheint als göttlicher Auftrag zur Verbreitung christlicher Kultur, wobei ein mit wohlwollender Autorität agierender Gouverneur sowohl die primitiven, widerspenstigen Eingeborenen zur Räson bringt als auch gegen moralische Zersetzung in den eigenen Reihen vorgeht. *The Tempest* wäre demnach ein kolonialistischer Diskurs in dem Sinne, daß es auf die Notwendigkeit der Unterwerfung der »unzivilisierten Wilden« durch die zivilisierte weiße Rasse hinweist. Eine andere Deutungsschule liest das Stück radikal »gegen den Strich« und versucht seinen Kolonisierungsmythos zu decouvrieren: Aus der Sicht des wehrlosen Opfers erscheint der überlegene Inselherrscher Prospero als autoritärer Menschenverächter und weißer Rassist. *The Tempest* wäre demnach nicht zuletzt auch eine verschlüsselte Darstellung und Kritik der kolonialen Expansion Englands, wobei Prospero als Prototyp des Imperialisten erscheint, hinter dessen väterlicher Maske tyrannische Kräfte lauern.

Namentlich schwarzafrikanische und karibische Autoren haben auf der Suche nach der Begründung einer nicht entfremdeten Tradition Shakespeares Stück als paradigmatischen Text entdeckt und im Konflikt zwischen Caliban und Prospero den Bezugspunkt für die Definition ihrer eigenen ethnischen und kulturellen Identität gesehen. *The Tempest* wird in dieser Sicht zum Musterbeispiel eines imperialen Kanons: Ein weißer Eroberer versklavt die ›primitive‹ Bevölkerung, zwingt ihr seine Sprache auf und setzt seinen als universal-menschlich getarnten Hegemonieanspruch praktisch und ideologisch durch. Gegen die Gefahr, die aufgenötigte Herrschaftsinterpretation zu übernehmen, hilft nur das parodistisch-subversive »Zurückschreiben«. So wurde Shakespeares Text zum »Prä-Text« für immer neue Gegenstücke (vgl. etwa V. S. Naipaul, *Guerillas*, 1975; Randolph Stow, *Visitants*, 1979). Unter solchen postkolonialen Revisionen nimmt die 1969 veröffentlichte Fassung des aus Martinique stammenden Autors Aimé Césaire, betitelt *Une Tempête. Adaption de »La Tempête« de Shakespeare pour un théâtre nègre*, eine besondere Rolle ein. Césaire verwandelt Shakespeares Romanze in ein straff durchmotiviertes, dreiaktiges Lehrstück über die Befreiung Afrikas und deren politisch-psychologischen Kontext.

6. »The Tempest« auf der Bühne

Auf Theatermacher, Interpreten und Bearbeiter hat *The Tempest* stes eine besonders große Anziehungskraft ausgeübt. Der Grund hierfür liegt vielleicht darin, daß das Stück eine »offene Perspektivstruktur« (Manfred Pfister) aufweist, d. h. eine bewußt angelegte Vielschichtigkeit und Mehrdeutigkeit, die Zuschauer und Leser zur eigenen Reaktion, zum Schließen von Lücken und zum Deuten von Widersprüchen herausfordert. Während manche späten Stücke Shakespeares nach dem Ende der elisabethanisch-jakobäischen Kunstperiode für lange Zeit nahezu in Vergessenheit gerieten, ist *The Tempest* stets ein populäres, wenn auch nie unumstrittenes Stück geblieben. Bereits manchen Zeitgenossen mißfiel Shakespeares scheinbar unbekümmerte Stilmischung. Kritik schwingt etwa in dem Urteil von Shakespeares berühmtem Zeitgenossen Ben Jonson mit, der selbst unter den Prämissen einer ganz anderen Komödienform im Vorwort zu seinem Stück *Bartholomew Fair* (1614) den Einwand formulierte, Shakespeare sei nicht willens, »to make nature afraid in his plays«, in denen er Märchen und Stürme erzeuge und ähnliche phantastische Kunststücke, »to mix his head with other men's heels«.

Als öffentliche Kunstgattung ist das Drama stark an den jeweiligen Zeitgeschmack gebunden. Seit der Wende des literarischen Klimas im späten 17. Jahrhundert mußte sich gerade ein so vielschichtiger und auf Bühneneffekte bezogener Text wie *The Tempest* einschneidende Bearbeitungen gefallen lassen. Shakespeare galt den Vertretern des Klassizismus bei aller Bewunderung als regelloses Naturgenie, das der »Verbesserung« bedürfe. Selbst der für das elisabethanische Drama ungewöhnlich einheitliche Aufbau des *Tempest* genügte den Anforderungen der klassizistischen Regelpoetik und dem gewandelten Geschmacksideal der Zeit nicht. Daher erweiterte der Dramatiker William Davenant 1667 unter Mitwirkung von John Dryden den Personalbestand, um die Symmetrie des Handlungsablaufs stärker hervorzuheben: Miranda erhielt als Gegenfigur eine Schwester Dorinda, Caliban eine Schwester Sycorax. Ferner trat neben Ferdinand ein junger Mann namens Hippolito auf, der noch nie eine Frau gesehen hat. In Davenants Fassung erhielt das Stück, das nun *The Tempest, or the Enchanted Island* hieß und in dem Shakespeares Textanteil nur noch ein Drittel betrug, stärker komödienhafte Züge. »Sensationelle Effekte und versteckte Schlüpfrigkeiten«, die sich aus der Personenkonstellation ergaben, wurden, wie ein deutscher Theatergeschichtler (Rosemann, 1957) tadelnd vermerkt, nicht verschmäht. Da auch Musik und Tanz eine große Rolle spielten, erscheint es kaum verwunderlich, daß schon wenige

Jahre später eine erste Opernfassung entstand (Thomas Shadwell, 1673).

The Tempest gewann in Davenants fast parodistischer Form in der Folgezeit große Popularität. Samuel Pepys, der Gesellschaftslöwe und Tagebuchschreiber der Restaurationszeit, der das Stück innerhalb von vier Monaten fünfmal sah, rühmte es als »very pleasant, and full of so good variety that I cannot be more pleased almost in a comedy«. Davenants Fassung, die in den folgenden Jahren immer wieder abgewandelt wurde, blieb bis weit ins 19. Jahrhundert auf dem Spielplan englischer Theater, obwohl der berühmte Schauspieler und Theaterleiter David Garrick bereits am 20. Oktober 1757 Shakespeares Originaltext im Londoner Drury-Lane-Theater mit geringen Kürzungen und Zusätzen auf die Bühne gebracht hatte. Erst in der viktorianischen Zeit kehrte man auf der Bühne zum Shakespeare-Text zurück; die Deutungstraditionen von Theater- und Literaturkritik näherten sich wieder einander an.

Als die europäische Romantik Shakespeare neu entdeckte und ihn zum Schutzpatron und Vorbild einer anti-klassizistischen Poetik erhob, deren Kernbegriff imagination lautete, avancierte The Tempest zum Paradebeispiel. Shakespeares Spätwerk galt nun als ein Stück, das nicht nur das Wunderbare in den Mittelpunkt rückte, sondern in der Gestalt des Prospero das Ideal des Poeten selbst als des mächtigen Beschwörers der Naturkräfte auf die Bühne zu bringen schien. Vorbereitet wurde diese Wendung bereits um die Mitte des 18. Jahrhunderts. Alexander Pope, der einflußreiche Schriftsteller und Kritiker des Neoklassizismus, rühmte den Tempest zusammen mit A Midsummer Night's Dream als »noblest efforts of that sublime and amazing imagination« und hob hervor, daß Shakespeare unmittelbar aus dem Geist der Quellen der alten Poesie geschöpft habe. Mit dem Namen Pope ist auch der Beginn der Tempest-Rezeption auf der deutschen Bühne verknüpft. William Warburton, Popes Schüler und literarischer Testamentsvollstrecker, gab 1747 eine kommentierte Shakespeare-Ausgabe heraus. In dieser leider unzulänglichen Ausgabe lernte der junge Christoph Martin Wieland *The Tempest* kennen. Im September 1761 inszenierte er das Stück, vermutlich in eigener Übersetzung, mit einer Gruppe von Laienschauspielern der »Evangelischen Komödiantengesellschaft« seiner Heimatstadt Biberach unter dem Titel *Der Sturm oder Der erstaunliche Schiffbruch* – die erste Aufführung eines Shakespeare-Stückes in Deutschland unter dem Namen seines Autors. Der Erfolg des *Tempest* regte Wieland zu seiner Shakespeare-Übersetzung an – motiviert, wie Ernst Stadler 1910 schrieb, von einem »hohen, aber ein wenig unbestimmten Enthusiasmus« und daher nicht frei von Mängeln. Dennoch bezogen sich spätere Übersetzer immer wieder auf Wielands Version, so Johann Joachim Eschenburg, der seine Prosafassung 1775 erscheinen ließ, so auch Ludwig Tieck mit seiner Bearbeitung 1796. August Wilhelm Schlegels Übersetzung, die 1798 erschien, gilt noch heute in Deutschland als kanonisierter Text – auch wenn ihm seither zahlreiche neuere Versionen von Johann Heinrich Voß (1818) bis Frank Günther (1996) gefolgt sind.

Ludwig Tieck war es auch, der Shakespeares Spätwerk zum Vorbild nicht nur für einen bestimmten Dramentyp, sondern sogar für die Gestaltung des Übernatürlichen überhaupt erhob. Im *Sturm*, so Tieck, gelinge es Shakespeare in musterhafter Weise, die Illusion des Irrationalen, die im Theater schwerer herzustellen sei als in der Prosa mit ihrem vermittelnden und manipulierenden Erzähler, von Anfang bis Ende aufrechtzuerhalten, ohne daß es je zu einer Desillusionierung komme. In seinem großen Essay »Shakespeares Behandlung des Wunderbaren« (1793), aus dem eingangs zitiert wurde, entwickelt Tieck die einflußreiche These, die einzigartige Genialität des Elisabethaners liege darin, dem modernen Zuschauer über seine aufgeklärte Vernünftigkeit hinwegzuhelfen und ihn vollkommen von der Realität des Wunderbaren, von »dem schönen Wahnsinn des Dichters« zu überzeugen, und zwar durch die Totalität der Welt des Phantastischen, durch eine breite Skala von Emotionen, die immer das tragische Extrem vermeiden, durch geschickten Einsatz des Komischen, schließlich durch die Einbeziehung der Musik. Den *Sturm* hielt Ludwig Tieck neben dem *Sommernachtstraum* für das Stück, in dem Shakespeare die den Zuschauer überwältigende Täuschung durch das »Wunderbare« am eindringlichsten gelinge, weil sie hier am unmittelbarsten gestaltet sei. Während die Tragödie eine Schule der Leidenschaft (*Othello*) vorführe oder eine Geisterwelt, die uns mit Schrecken und Schauder erfülle (*Macbeth*), entfalte die Komödie – wie Tieck es sah – eine milde und zugleich zugängliche Zauberwelt: »Das Reich der Nacht ist hier von einem sanften Mondschein erhellt: wir treten dreist zu den freundlichen und ernsten Gestalten hinzu, die uns ebenso wenig schrecken als schädlich sind.«

Während Tiecks *Sturm*-Deutung ein romantisch verklärtes Shakespeare-Bild wesentlich mitbegründete, leitete Christoph Martin Wielands Biberacher Pioniertat eine lange und weitverzweigte Aufführungsgeschichte in Deutschland ein, die allerdings mit zeitlicher Verzögerung einsetzte. Noch Goethe vertrat in seinem Essay »Shakespeare und kein Ende!« (1815) die Auffassung, Shakespeares Stücke seien »nicht für die Augen des Leibes«, sondern wendeten sich an »unsern innern Sinn«, entfalteten also erst beim Lesen ihre geistige Wirkung. Auch Theodor Fontane, der als Londoner Theaterkorrespondent 1855 eine Aufführung des *Tempest* am Sadler's-Wells-Theater rezensierte, gibt zu erkennen, daß das Stück damals nicht zum Repertoire deutscher Bühnen gehörte, wenn er die Frage stellt, ob das heimische Publikum überhaupt für die, wie er sagt, »grotesk-komische Seite des Stückes«, nämlich die Caliban-Handlung, reif sei.

Im gleichen Jahr, 1855, brachte allerdings der berühmte Theaterleiter und Regisseur Franz Dingelstedt, nachmals einer der geistigen Väter der 1864 gegründeten Shakespeare-

Gesellschaft, zum ersten Mal eine eigene Bearbeitung des *Sturm* im Münchner Hoftheater auf die Bühne. Dingelstedts aufsehenerregende Inszenierungen in Weimar 1866, Mannheim 1868 und Wien 1877 waren bahnbrechend für einen naturalistischen, opulenten Aufführungsstil und begründeten eine neue Tradition, die bis zu Max Reinhardts Inszenierung des *Sturm* an der Berliner Volksbühne (1915) reichte. Im gleichen Jahr leitete die Aufführung am Münchner Künstlertheater eine Phase der Abstraktion und Stilisierung ein, der in unserer Zeit philosophisch begründete Deutungsversuche auf der Bühne folgten: Peter Brooks Stratforder Inszenierungen (1957 und 1963), in deren Nachfolge vielleicht auch die jüngste Inszenierung (1996) von Dieter Dorn an den Münchner Kammerspielen steht. Sie spiegelt im übrigen eine radikal skeptische Sicht des Stückes, in der ein zermürbter Prospero als melancholischer Magier alle Bemühungen an der Uneinsichtigkeit und am Egoismus des Einzelnen resigniert scheitern sieht. Ein auch nur oberflächlicher Überblick über die englische Aufführungsgeschichte würde den Rahmen dieses Beitrags sprengen: Hervorzuheben wären die Prachtinszenierungen des 19. und frühen 20. Jahrhunderts – Samuel Phelps (Sadler's Wells, 1847/49); Charles Kean (Princess's, 1857); Herbert Beerbohm Tree (Haymarket, 1904). Der große Shakespeare-Darsteller John Gielgud hat den Prospero 1930 und 1940 (Old Vic), später auch in Stratford (1957) und am Londoner National Theatre (1974) gespielt.

Ein letzter Punkt: Wie kaum ein zweites Stück Shakespeares ist *The Tempest* mit Musik verwoben: »[…] the isle is full of noises, / Sounds and sweet airs, that give delight, and hurt not«, wie Caliban meint (III,2,133 f.). Zeitgenössische Kompositionen zweier Lieder Ariels sind überliefert, und findige Forscher haben berechnet, daß zwischen Henry Purcell (1695) und John Eaton (1985) nicht weniger als fünfzehn Opern entstanden sind, deren Textbuch auf Shakespeares *Tempest* fußt. Der krönende Höhepunkt allerdings,

Mozarts Plan der Vertonung eines aus dem Repertoire des Wiener Volkstheaters stammenden *Sturm*-Librettos, bleibt Gegenstand phantasievoller Spekulation – auch wenn geheimnisvolle Bezüge zwischen Shakespeares Stück und der *Zauberflöte* zu bestehen scheinen. Wie dem auch sei: Der Wohlklang der Musik steht kontrapunktisch zur stürmischen Kakophonie des *Tempest*. Musik als heilende Kraft erlöst eine chaotisch verwirrte Welt, in der menschliche Bindungen zerbrechen oder versteinern, und macht die abstrakte Utopie einer kosmischen Harmonie sinnlich hörbar. Der Einsatz der Musik, so hatte Ludwig Tieck bemerkt, schläfere den Verstand ein und mache das Unwahrscheinliche glaubhaft. Die musikalische Struktur des Textes, seine Wortmusik bewirkt aber auch, daß Shakespeares schwieriges Spätwerk – zugleich politisches Drama, Zauberstück, Allegorie von Gerechtigkeit und Gnade und Parabel von Eigenart und Anderssein – jenseits aller nüchternen Textanalysen immer wieder, immer neu einen subjektiven, romantisch-sentimentalen Zauber entfaltet, den wir als Zuschauer und Leser für uns erleben und bewahren.

Literaturhinweise

Borgmeier, Raimund: Shakespeares *Tempest* als Utopie. In: Poetica 7 (1975) S. 189–202.

Brockbank, Philip: *The Tempest*: Conventions of Art and Empire. In: Later Shakespeare. London 1966. S. 183–207. (Stratford-upon-Avon Studies. 8.)

Brown, Paul: »This thing of darkness I acknowledge mine«: *The Tempest* and the Discourse of Colonialism. In: Political Shakespeare. New Essays in Cultural Materialism. Hrsg. von John Dollimore und Alan Sinfield. Manchester: Manchester University Press, 1985. S. 48–71.

Brydon, Diana: Re-writing *The Tempest*. In: World Literature Written in English 23 (1984) S. 75–78.

Czach, Cornelia: Die Logik der Phantasie. Shakespeares Spätstücke. Frankfurt a. M.: Lang, 1986.

Doran, Madeleine: Endeavors of Art. Madison: University of Wisconsin Press, 1972.

Griffiths, Trevor R.: This Island's mine: Caliban and Colonialism. In: Yearbook of English Studies 13 (1983) S. 159–180.

Greenblatt, Stephen: Shakespearean Negotiations: The Circulation of Social Energy in Renaissance England. Berkeley: University of California Press, 1988.

– Learning to Curse: Aspects of Linguistic Colonialism in the Sixteenth Century. In: First Images of America: The Impact of the New World on the Old. Hrsg. von Fredi Chiapelli. Bd. 2. Berkeley 1976. S. 561–580.

Knight, George Wilson: The Shakespearian Tempest. London: Methuen, 1953.

Kott, Jan: Shakespeare Our Contemporary. Garden City: Doubleday, 1964. – Dt. Shakespeare heute. Aus dem Polnischen übers. von Peter Lachmann. München 1964.

Marx, Leo: Shakespeare's American Fable. In: Leo Marx: The Machine in the Garden. Technology and the Pastoral Idea in America. New York: Oxford University Press, 1979. S. 34–72.

Palmer, D. J. (Hrsg.): Shakespeare: *The Tempest*. A Casebook. London: Macmillan, 1968.

Pfister, Manfred: Studien zum Wandel der Perspektivenstruktur in elisabethanischen und jakobäischen Komödien. München: Fink, 1974.

Rohrsen, Peter: Ein antikolonialistischer Sturm. Zu Aimé Césaires »Bearbeitung von Shakespeares *Sturm* für ein Negertheater«. In: Shakespeare-Jahrbuch (West) (1972) S. 150–169.

Rosemann, Wolfram: Shakespeares *Sturm* auf der deutschen Bühne. Diss. Köln 1957.

Sisson, C. J.: The Magic of Prospero. In: Shakespeare Survey 11 (1958) S. 70–77.

Tetzeli von Rosador, Kurt: Magie im elisabethanischen Drama. Braunschweig: Westermann, 1970.

The Tempest. Hrsg. von Nigel Wood. Buckingham/Philadelphia: Open University, 1995. (Theory in Practice Series.)

Tieck, Ludwig: Shakespeares Behandlung des Wunderbaren. In: Werke in zwei Bänden. Bd. 2. Berlin/Weimar: Aufbau, 1985. S. 373–406.

Walch, Günter: Supermanns Stürme. In: William Shakespeare: Der Sturm. Zweisprachige Ausgabe. Übers. von Frank Günther. München: dtv, 1996. S. 219–243.

Weimann, Robert: Shakespeares *Sturm* und die Kunst der Weltaneignung. In: Sinn und Form 28 (1976) S. 210–218.

Eine erste Fassung des vorliegenden Aufsatzes ist erschienen in: *Große Werke der Literatur. Eine Ringvorlesung an der Universität Augsburg.* Hrsg. von Hans Vilmar Geppert. Tübingen/Basel: Francke, 1995. S. 125–145.

Die Autorinnen und Autoren der Beiträge

ELFI BETTINGER

Geboren 1954. Studium der Anglistik, Slavistik und Germanistik in Freiburg und Berlin, Lehr- und Forschungsaufenthalte an der University of East Anglia, Norwich, und am Jesus College, Cambridge. Promotion in Anglistik an der Freien Universität Berlin. 1993–95 Postdoktorandin im Graduiertenkolleg »Geschlechterdifferenz und Literatur« der Ludwig-Miximilians-Universität München. Seit 1995 Wissenschaftliche Assistentin am Institut für Englische Philologie der Freien Universität Berlin.

Publikationen: Das umkämpfte Bild. Zur Metapher bei Virginia Woolf. 1993. – (Hrsg., zus. mit Thomas Meier-Fohrbeck) Von Shakespeare bis Chomsky. Arbeiten zur Englischen Philologie an der Freien Universität Berlin. 1987. – (Hrsg., zus. mit Julika Funk) Maskeraden. Geschlechterdifferenz in der literarischen Inszenierung. 1995. – Mehrere Aufsätze zur englischen Literatur und feministischen Literaturwissenschaft. Zahlreiche Rezensionen u. a. im Shakespeare-Jahrbuch sowie Übersetzungen und Nachworte.

HORST BREUER

Geboren 1943. Promotion (1971) und Habilitation (1977) an der Universität Freiburg i. Br.; Professor für Englische Literatur an der TU Berlin (1979–80), der Universität Marburg (1980–96) und der Universität Trier (seit 1996).

Publikationen: Samuel Beckett. Lernpsychologie und leibliche Determination. 1972. – Vorgeschichte des Fortschritts. Studien zur Historizität und Aktualität des Dramas der Shakespearezeit. 1979. – Historische Literaturpsychologie. Von Shakespeare bis Beckett. 1989. – Fünfzig Aufsätze in Fachzeitschriften zur englischsprachigen Literatur.

BALZ ENGLER

Geboren 1944. Studium der Anglistik, Germanistik und Kunstwissenschaft. Professor für Englische Literatur an der Universität Basel.

Publikationen: Rudolf Alexander Schröders Übersetzungen von Shakespeares Dramen. 1974. – Reading and Listening: The Modes of Communicating Poetry and their Influence on the Texts. 1982. – (Hrsg., zus. mit Vreni Dietler) Dr. Fährima verzellt. 1970. – (Hrsg. und Übers.) William Shakespeare: *Othello.* 1976. (Englisch-deutsche Studienausgabe von Shakespeares Dramen.) – (Hrsg., zus. mit Georg Kreis) Das Festspiel. 1988. – (Hrsg.) Writing & Culture. 1992. – Zahlreiche Aufsätze zur englischen Literatur, zu Medien und Theater.

MICHAEL HANKE

Geboren 1957. Studium der Anglistik und Germanistik in Kiel und Exeter. Dr. phil. Lehrbeauftragter an der Universität/GHS Duisburg im Fachbereich Sprach- und Literaturwissenschaften.

Publikationen: John Crowe Ransoms Lyrik und europäische Dichtungstraditionen. 1995. – (Hrsg.) Englische Gedichte des 20. Jahrhunderts: Interpretationen. 1997. – (Hrsg.) Amerikanische Short Stories des 20. Jahrhunderts: Interpretationen. 1998. – Aufsätze zur englischen und amerikanischen Literatur des 19. und 20. Jahrhunderts in Zeitschriften und Sammelbänden.

ANDREAS HÖFELE

Geboren 1950. Studium der Anglistik, Germanistik und Theaterwissenschaft in Frankfurt und München. Professor für Englische Literaturwissenschaft an der Universität Heidelberg.

Publikationen: Die szenische Dramaturgie Shakespeares. 1976. – Parodie und literarischer Wandel. 1986. – Malcolm Lowry. 1990. – Aufsätze zur englischen Literatur, insbesondere zu Shakespeare und zum 19. und 20. Jahrhundert, sowie fünf Romane, zuletzt: *Der Spitzel.* 1997.

GÜNTHER JARFE

Geboren 1942. Studium der Germanistik und Anglistik in Freiburg und Hamburg. Dr. phil. Professor für Didaktik der englischen Sprache und Literatur an der Universität Passau.

Publikationen: Kunstform und Verzweiflung. Studien zur Typologie der Sonettgestalt in Dante Gabriel Rossettis *The House of Life*. 1973. – Der junge Auden. Dichterische Verfahrensweisen und ihre Bedeutung in W. H. Audens Frühwerk. 1985. – (Mithrsg.) Understanding the Modern Short Story. Student's Book. 1994. Teacher's Book. 1995. – (Hrsg.) Literaturdidaktik – konkret. Theorie und Praxis des fremdsprachlichen Literaturunterrichts. 1997. – Mehrere Textausgaben sowie zahlreiche Aufsätze zu W. H. Auden, Dorothy Canfield, D. G. Rossetti, Shakespeare, Muriel Spark, Swinburne, Richard Wagner und zur Rolle der Literatur im Englischunterricht in Zeitschriften und Sammelbänden.

RAINER LENGELER

Geboren 1933. Studium der Fächer Englisch, Deutsch, Niederländisch, Fanzösisch in Löwen, Köln und Leeds. Dr. phil. Bonn (1963), Dr. phil. habil. Kiel (1971). Professor für Englische Philologie an den Universitäten Düsseldorf (1973–79) und Bonn (1979–98). Ordentliches Mitglied der Nordrhein-Westfälischen Akademie der Wissenschaften seit 1987.

Publikationen: Tragische Wirklichkeit als groteske Verfremdung bei Shakespeare. 1964. – Das Theater der leidenschaftlichen Phantasie. Shakespeares *Sommernachtstraum* als Spiegel seiner Dichtungstheorie. 1975. – Shakespeares Sonette in deutscher Übersetzung. Stefan George und Paul Celan. 1988. – Shakespeares *Much Ado about Nothing* als Komödie. 1992. – (Hrsg.) Die englische Literatur in Text und Darstellung. Bd. 3: 17. Jahrhundert I. 1982. – Zwölf Aufsätze zu Dramen und Gedichten Shakespeares in Zeitschriften und Sammelwerken.

BEATE NEUMEIER

Geboren 1955. Studium der Anglistik und Amerikanistik, Germanistik und Philosophie in Würzburg und an der Manchester University. Professorin für Englische Literaturwissenschaft an der Universität zu Köln.

Publikationen: Spiel und Politik: Aspekte der Komik bei Tom Stoppard. 1986. – (Hrsg.) Jüdische Literatur und Kultur in Großbritannien und den USA nach 1945. 1988. – Aufsätze zum englischsprachigen Drama und Roman. In Vorb.: Gender and Madness in English Renaissance Drama.

Walter Pache

Geboren 1940. Studium der Anglistik, Germanistik und Geschichte in Tübingen, Hamburg, Berlin und München. Professor für Englische Literaturwissenschaft an der Universität Augsburg. Gestorben 2000 während der Drucklegung des vorliegenden Bandes.

Publikationen: Profit and Delight. Didaktik und Fiktion als Problem des Erzählens. 1980. – Einführung in die Kanadistik. 1981. – Beiträge zur Literatur- und Kulturgeschichte zwischen Dekadenz und Moderne. 1999. – (Hrsg.) Die englische Literatur in Text und Darstellung. Bd. 6: 18. Jahrhundert II. 1983. – (Hrsg. und Übers., zus. mit R. C. Perry) Ben Jonson: *Volpone or The Fox / Volpone oder Der Fuchs.* 1974 [u. ö.]. – (Hrsg. und Übers.) William Shakespeare: *The Comedy of Errors / Die Komödie der Irrungen.* 1998. – (Hrsg. und Übers.) William Shakespeare: *Measure for Measure / Maß für Maß.* 1990 [u. ö.]. – Zahlreiche Aufsätze zu Shakespeare und zur britischen und kanadischen Literatur, vor allem des 19. und 20. Jahrhunderts.

Bernhard Reitz

Geboren 1946. Studium der Anglistik, Geschichte und Politik. Professor und Leiter des Forschungs- und Lehrbereichs Anglistik am Seminar für Englische Philologie der Johannes-Gutenberg-Universität Mainz.

Publikationen: Das Problem des historischen Romans bei George Eliot. 1975. – The Stamp of Humanity. Individuum, Identität, Gesellschaft und die Entwicklung des englischen Dramas nach 1956. 1993. – (Hrsg.) Die englische Literatur in Text und Darstellung. Bd. 8: 19. Jahrhundert II. 1982. – Zahlreiche Sammelbände, Textausgaben und Aufsätze zum englischen und amerikanischen Drama.

Wolfgang Riehle

Geboren 1937. Studium der Anglistik, Germanistik und Latinistik an den Universitäten Tübingen, München und Durham (Großbritannien). Professor für Englische Philologie in Graz seit 1973. Korrespondierendes Mitglied der österreichischen Akademie der Wissenschaften.

Publikationen: Das Beiseitesprechen bei Shakespeare. 1964. – Untersuchungen zur englischen Mystik des Mittelalters. 1977 (engl.:

The Middle English Mystics, übers. von B. Standring, 1981). – T. S. Eliot. Erträge der Forschung. 1979. – Shakespeare, Plautus and the Humanist Tradition. 1990. – Geoffrey Chaucer. 1994. – Shakespeares Trilogie *King Henry VI* und die Anfänge seiner dramatischen Kunst. 1997. – (Hrsg., zus. mit H. Foltinek und W. Zacharasiewicz) Tales and »their telling difference«. Zur Theorie und Geschichte der Narrativik. Festschrift zum 70. Geburtstag von Franz K. Stanzel. 1993. – (Hrsg., zus. mit H. Keiper) Anglistentag 1994 Graz. Proceedings of the Conference of the German Association of University Teachers of English. 1994. – (Übers.) Die Wolke des Nichtwissens. ⁵1995. – Zahlreiche Aufsätze zu Shakespeare sowie zur Geschichte der englischen Literatur vom Mittelalter bis zur Gegenwart.

DIETRICH ROLLE

Geboren 1929. Studium der Anglistik, Germanistik und Philosophie in Münster, Tübingen und Baltimore. Professor für Englische Philologie an den Universitäten Bochum (1969–73), St. Louis (Mo.) (1972–73) und Mainz (seit 1973, emeritiert 1995).

Publikationen: Fielding und Sterne. Untersuchungen über die Funktion des Erzählers. 1963. – Ingenious Structure. Die dramatische Funktion der Sprache in der Tragödie der Shakespearezeit. 1971. – (Hrsg.) Die englische Literatur in Text und Darstellung. Bd. 5: 18. Jahrhundert I. 1983. – (Mithrsg. 1962–76) Shakespeare Newsletter. – Zahlreiche Aufsätze zur englischen Literatur und zu englisch-deutschen Beziehungen in Sammelwerken und Zeitschriften.

SABINE SCHÜLTING

Geboren 1965. Studium der Anglistik, Romanistik und Publizistik in Münster und München. Dr. phil. Wissenschaftliche Assistentin für Englische Literaturwissenschaft an der Pädagogischen Hochschule Erfurt.

Publikationen: Wilde Frauen, fremde Welten: Kolonisierungsgeschichten aus Amerika. 1997. – Aufsätze zu William Shakespeare, zur Literatur und Kultur der frühen Neuzeit und des 19. Jahrhunderts sowie im Bereich der Gender Studies.

GERD STRATMANN

Geboren 1939. Studium der Anglistik, Germanistik und Philosophie in Köln, Göttingen und Erlangen. Seit 1972 Professor für Englische Philologie (British Studies) an der Ruhr-Universität Bochum. Mitherausgeber der Periodika *anglistik & englischunterricht* (seit 1977) und *Journal for the Study of British Cultures* (seit 1994).

Publikationen: Englische Aristokratie und klassizistische Dichtung. 1965. – (Hrsg.) Augustan Poetry. 1970. – (Hrsg. und Übers.) William Shakespeare: *The Tempest / Der Sturm.* 1982. – (Mithrsg.) Einführung in die zeitgenössische irische Literatur. 1980. – (Mithrsg.) Functions of Literature. 1984. – (Mithrsg.) Neue Lesarten, neue Wirklichkeiten. Zur Wiederentdeckung des 18. Jahrhunderts durch die Anglistik. 1992. – (Mithrsg.) Word and Action in Drama. 1994. – Zahlreiche Aufsätze zur Literatur und Kultur des 18. Jahrhunderts, zur Geschichtsschreibung des 19. Jahrhunderts, zum modernen britischen Drama und Theater, zu den British Cultural Studies.

William Shakespeare

EINZELAUSGABEN
IN RECLAMS UNIVERSAL-BIBLIOTHEK

Philipp Reclam jun. Stuttgart

Der Neue Reclam Shakespeare

ZWEISPRACHIG

Philipp Reclam jun. Stuttgart

Fremdsprachentexte

IN RECLAMS UNIVERSAL-BIBLIOTHEK

Englische und amerikanische Dramen

Philipp Reclam jun. Stuttgart

Fremdsprachentexte

IN RECLAMS UNIVERSAL-BIBLIOTHEK

Englische Prosa

Margaret Atwood: *Polarities*. Selected Stories. 170 S. UB 9008

James M. Barrie: *Peter Pan*. 219 S. UB 9294

John Buchan: *The Thirty-Nine Steps*. 221 S. UB 9051

Anthony Burgess: *A Clockwork Orange*. 261 S. UB 9281

Lewis Carroll: *Alice's Adventures in Wonderland*. Ill. 165 S. UB 9160

Gilbert Keith Chesterton: *Two Father Brown Stories*. 80 S. UB 9223

Joseph Conrad: *Heart of Darkness*. 189 S. UB 9161

Roald Dahl: *Three Tales of the Unexpected*. 96 S. UB 9215

Charles Dickens: *A Christmas Carol*. 155 S. UB 9150

Arthur Conan Doyle: *The Speckled Band*. Four Sherlock Holmes Stories. 184 S. UB 9003

Daphne Du Maurier: *The Birds*. 76 S. UB 9287 – *Don't Look Now*. 109 S. UB 9054

English Aphorisms. 148 S. UB 9296

English Expressions. 147 S. UB 9288

English Proverbs. 151 S. UB 9235

Nadine Gordimer: *Town and Country Lovers*. Three Stories. 96 S. UB 9237

Graham Greene: *The Basement Room*. Selected Stories. 144 S. UB 9015 – *The Third Man*. 173 S. UB 9180

James Herriot: *Yorkshire Tales*. 165 S. UB 9044

Aldous Huxley: *Brave New World*. 323 S. UB 9284

Christopher Isherwood: *Goodbye to Berlin*. 328 S. UB 9010

Jerome K. Jerome: *Three Men in a Boat*. 295 S. UB 9256

Philipp Reclam jun. Stuttgart